Manfred Dimde

Nostradamus total

Manfred Dimde

NOSTRADAMUS TOTAL

Seine letzten Geheimnisse: Alle Texte, alle Methoden, alle Deutungen

Bisher unveröffentlichte Erkenntnisse über Nostradamus

Das Schicksalsbuch der Menschheit

Alle Verse bis 2199 jetzt mit Kurzkommentar

Wann der Dritte Weltkrieg wirklich kommt

und wie wir uns schützen können

Eine Papstchronik, die Zukunft des Christentums

und weitere aktuelle Themen

Magnus

Bildnachweis:
Bavaria-Bildagentur, dpa-Bildagentur,
Laenderpress Bild Agentur, Archiv M. Dimde,
Staatliche Museen zu Berlin
»Kupferstich Kabinett«

1. Auflage: Oktober 1994
2. Auflage: Juli 1995
3. Auflage: September 1996

Lizenzausgabe mit freundlicher
Genehmigung der bettendorf'sche verlagsanstalt GmbH
Essen - München - Ebene Reichenau
für Magnus Verlag, Essen

Schutzumschlag: Zero Grafik und Design GmbH, München
Umschlagfoto: BAVARIA/Stättmayer

Gesamtherstellung: Millium Media Management
Printed in Germany

ISBN 3-88400-052-7

Inhalt

Teil 1

NOSTRADAMUS

Wie ich dem Geheimnis des Sehers auf die Spur kam

Schicksalhafte Begegnungen mit dem Katharerwissen

Der Prophet beginnt wieder zu sprechen

Im Jahre 1981 löste ein gewisser Herr Fontbrune in Frankreich eine Nostradamus-Welle aus. Es war nicht die erste, und es wird nicht die letzte gewesen sein. Ausgangspunkt der aufsehenerregenden Veröffentlichung war ein Hinweis auf einen »Sieg der Rose«. In der Rose erkannte man den Sozialismus und im Wahlsieg des François Mitterand eine eingetroffene Prophezeiung von Nostradamus. Damals hatte ich mit Nostradamus noch nicht viel im Sinn. Ich hatte zwei Bücher im Schrank, die ich irgendwann einmal gekauft haben mußte – ich konnte mich nicht einmal an den Kauf erinnern. Nun lag also das Buch von Jean Charles de Fontbrune vor mir, und mein Interesse an Nostradamus war erwacht. Wenn ich heute so an diese Tage zurückdenke, dann fällt mir ein, daß ich enttäuscht war. Außer einer ominösen Rose nichts Neues aus dem Garten des Nostradamus?

Lustlos schaute ich mir meine beiden anderen Nostradamus-Bücher an. Das eine stammte von einem Karl Drude aus München, der versucht hatte, in das Geheimnis des Nostradamus mittels eines »magischen Quadrats« einzudringen. Seine Hypothese war interessant genug, von mir nochmals gelesen zu werden. Dies war der Ausgangspunkt meiner eigenen Nostradamus-Entdeckungen. Karl Drude hatte aus allen lateinischen Floskeln des Nostradamus, die er in sein Buch der Prophezeiungen untergemischt hatte, einen einzigen zusammenhängenden Text gemacht und diesen in ein Quadrat von 31 x 31 Buchstaben geschrieben. Er war fündig geworden, hatte das selber aber gar nicht bemerkt!

Der Nabel des magischen Quadrats, d. h. die 9 Buchstaben im Mittelpunkt, ergaben eine Botschaft:

E S E
O S Q
A N E

Setzt man die Buchstaben in Zahlenwerte um, was legitim ist, dann findet man an den Ecken des magischen Quadrats

5 . 5
. . .
1 . 5

also die Zahl 1555, das Jahr, in dem Nostradamus seine Prophezeiungen, zumindest den ersten Teil, veröffentlicht hatte.
Ferner findet man, wenn man bei sieben Uhr anfängt zu lesen:

A O E SEQNS
was unschwer als
A und O ist Sequenz identifiziert werden kann.
Alpha und Omega ist Sequenz
10 ist Sequenz

Nostradamus hatte für mich zu sprechen begonnen. Ich war elektrisiert, und das Entdeckungsfieber hatte mich gepackt.

Die Entdeckung des Buchs der Anweisungen

Was nun folgte, begreife ich bis heute nicht. Tagsüber ging ich meiner Arbeit im Büro nach. Abends und dann bis zwei oder drei Uhr nachts saß ich über den Texten. Die Siegel des Nostradamus brachen auf, sobald ich sie nur ansah. Schon nach zehn Tagen kannte ich das Geheimnis der Textzerlegung, um den von Nostradamus komprimierten Text wieder in seiner vollen Bedeutung lesen zu können. Innerhalb von vier Wochen wurde es möglich, die lateinischen Texte ohne weitere Hilfsmittel, wenn man von einem Wörterbuch absieht, zu entschlüsseln.
Der Lateintext entpuppte sich als eine Art Begleittext, ähnlich wie wir heute Computerprogrammen eine »Read-me-Datei« oder »Lies-mich-Datei« für den Anwender mitgeben. Vier Wochen lang sprach Nostradamus über sein »Buch der Anweisungen«, wie ich diesen Text seither nenne, zu mir. Es ist eine für die heutige Zeit ungewöhnliche Sprache mit Ausdrücken wie:

Bettler mit hohler Hand
wenn Du umherirrst wie eine Kichererbse
wie redest Du leer daher
das Ganze ist mit Mühe verdeckt, damit es sich ausbreite
die mit Blut und Tränen beladenen Weissagungen

Für mich war es eine spannende Zeit, an die ich gerne zurückdenke. Neugier und Spannung steigerten sich von Zwischenergebnis zu Zwischenergebnis. Aber der »große Durchbruch« wollte sich im Herbst 1981 trotz allem nicht einstellen.
Schon bald war mir klar, daß ich hier mit Handarbeit und der Bearbeitung von Buchstaben nach Buchstaben nicht weiterkommen konnte. Also kaufte ich mir meinen ersten Mikrocomputer. 1981 kam dies der Anschaffung eines PKW gleich. Für PKWs standen allerdings schon Straßen zur Verfügung, auf denen man fahren konnte. Mit meinen Nostradamustexten bewegte ich mich auf einem Terrain, das seit 420 Jahren nicht mehr befahren worden war.

Studenten – Computer – Analysen

Mit dem ersten Computer fingen für mich die Probleme an. Vor seinem Einsatz brauchte ich ein Spezialprogramm. So etwas gab es nicht auf dem freien Markt zu kaufen. Also mußten Studenten gesucht werden, die bereit waren, die erforderlichen Arbeiten auszuführen. Profis waren nicht zu bezahlen.
Wenn ich heute zurückblicke, dann war das vielleicht sogar gut, denn nur die Geduld der Studenten und deren Bereitschaft, ungewöhnliche Wege zu gehen, um eine neue Art von Kreativität zu schaffen, führte mich zum Ziel.
Die rund 160 000 Zeichen des Gesamttextes mußten auf Auffälligkeiten analysiert werden. Die ersten Computer des Jahres 1983 benötigten hierfür noch sieben Stunden. Dann mußte ich feststellen, daß meine Fragestellungen womöglich nicht der Verschlüsselungsphilosophie des Meisters entsprachen. Also mußte ein neuer Ansatz programmiert, womöglich sogar ein ganz anderes Programm geschrieben werden.

Programme, immer wieder Programme

So ging das Woche für Woche, sogar Jahr für Jahr, denn die Suche wurde immer komplizierter. Zwischenergebnisse gab es

genug, aber nicht den ganz großen Durchbruch mit dem Aha-Effekt!
Hier einige der damaligen Ergebnisse in Stichworten, die bestimmte Codes und Entschlüsselungsprogramme bezeichnen:

Fünferblöcke
Zwölfertafeln
Spiralen einwärts
Spiralen auswärts
Buchstabenanalysen
Diagonalen lesen
Große Texttafel

Alles, was für mich damals Neuland war, entpuppte sich mit den Jahren als durchaus in der Renaissance bekanntes Wissen, das innerhalb der zahlreichen Geheimgesellschaften und Ordensbünde angewandt wurde. An dieser Stelle statte ich gern und von Herzen den Programmierern, die mir geholfen haben, einen ausdrücklichen Dank ab:

1983 bis 1988 Volker Schablinski
1986 bis 1989 Frank Wegmann
1990 bis 1993 Mathias Auer
1990 bis 1993 Holger Behrend
1993 bis 1994 Klaus Dimde

Danke für Eure Geduld und Intelligenz, Euren Einfallsreichtum und Spürsinn.

Der Experte von Salon

Meine erste Begegnung mit Monsieur Chapus verdanke ich der Stadt Salon en Provence im Jahre 1983. Ich hatte um den Kontakt zu einem Nostradamus-Experten gebeten, mit dem ich einige für mich wichtige Fagen besprechen konnte. Die Antwort aus der Stadtverwaltung kam umgehend, und ich freute mich auf den *Julitag*, an dem ich am frühen Nachmittag meinen Gesprächspartner Chapus treffen würde. Als Treffpunkt war das Hotel de Ville, also das Rathaus, vorgeschlagen worden.
Ich malte mir in meiner Phantasie aus, was für einem Gelehrten ich nun begegnen würde, um von ihm alles über Nostradamus zu erfahren. Aber im Leben kommt es irgendwie doch anders, als man denkt. Nun stand ich dem Monsieur Chapus gegenüber. Er in einem blauen Arbeitsoverall, ich im Touristenoutfit mit kurzer Hose und kurzärmeligem Sommerhemd und Sandalen. Wo war mein Professor, mit schneeweißem Haar und Gelehrtenbrille auf der Nase? Statt dessen lächelte mich ein alter Mann von etwa 70 Jahren an, streckte mir seine schwielige Hand entgegen, begrüßte kurz die Stadtangestellte, nahm mich dann bei der Hand und sagte: »Na, dann kommen Sie mal, ich konnte mich etwas freimachen, meine Frau hat nichts gemerkt, lassen Sie uns zum Nostradamus-Haus gehen.«
Meine Sprachlosigkeit dauerte wohl zu lange, denn Monsieur Chapus begann, mich aufzuklären: »Hier in Salon hat sich bis vor wenigen Jahren niemand um Nostradamus gekümmert. Sie haben die Stadtverwaltung mit Ihrem Brief ganz schön in Verlegenheit gebracht. Schließlich wurde ich vom Bureau de Tourisme gefragt, ob ich Ihnen weiterhelfen will. Sie müssen wissen, ich habe lange vor dem Zweiten Weltkrieg schon begonnen, das Nostradamus-Haus zu renovieren, so gut ich konnte, damit es nicht ganz verfällt. Ich hatte es seinerzeit gekauft, weil es niemand haben wollte. Inzwischen hat es die Stadt übernommen, so daß diese Last von mir genommen ist. Jetzt ist es nur noch meine Frau, die schimpft, wenn ich mich zu lange mit Besuchern wegen Nostradamus unterhalte.«

Privat im Hause des Michel de Notredame

Wir hatten das Nostradamus-Haus erreicht, und Monsieur Chapus öffnete mir die Tür. »Voilà«, sagte er und schwieg. Wohl hatte er die Erfahrung gemacht, daß die Nostradamus-Fans erst einmal stumm die Atmosphäre des Hauses auf sich einwirken lassen wollten.
Mir erging es nicht anders. Hier hatte also der Mann gelebt, mit dessen Leben ich mich jetzt schon so viele Monate beschäftigte. Irgendwo hier hatte er gegessen, geschlafen, vielleicht mit Freunden diskutiert oder Katharina von Medici und ihren Söhnen von den Abenteuern erzählt, die er in der Zukunft ersehen konnte.
»Waren Sie schon in St. Rémy?« fragte mich Monsieur Chapus.
»Ja«, erwiderte ich, »schon einige Male. Ich bemühe mich, die Zusammenhänge zwischen der Kirche St. Martin, dem alten römischen Badeort Glanum und Nostradamus herzustellen. Da gibt es irgenwelche Zusammenhänge. Ich bin mir ganz sicher.«
Monsieur Chapus schaute mich auf einmal prüfend an.

»Sie haben recht, ich bin nur erstaunt, denn Sie sind der erste Deutsche, der mich darauf anspricht. Gibt es denn irgend jemanden, der bei Ihnen in Deutschland darüber geschrieben hat?« fragte er. »Nein, nicht daß ich wüßte. Ich wundere mich ohnehin, daß sich niemand bei uns in Deutschland die Mühe gemacht hat, vor Ort die Daten zum Lebenslauf des Nostradamus nachzuprüfen. Als ich damit anfing, merkte ich schnell, wie wenig wir in Deutschland von Nostradamus wirklich wissen.« Ich wurde anscheinend wieder einsilbig, und Monsieur Chapus war offenbar erfahren genug, den deutschen Nostradamus-Besucher sich selbst zu überlassen. Er ging wortlos in den Nebenraum. Ich blieb im ersten Stock des Hauses für einen Moment alleine zurück, und mir ging durch den Kopf, was ich denn nun wußte von diesem Nostradamus, der hier rund sechzehn Jahre in diesem Haus gelebt hat und der in diesem Zimmer wohl gestorben ist.

Zwei Seelen, ach, in meiner Brust: Das Haus

Wer heute nach Salon en Provence fährt, um das Nostradamus-Haus zu besuchen, bekommt nichts Weltbewegendes zu sehen. Trotzdem vermittelt der Besuch einen Hauch von Rückerinnerung und Alltag, wie er sich im 16. Jahrhundert hier abgespielt haben dürfte. Ursprünglich muß es ein typisches Geschäftshaus südländischen Typs gewesen sein. Ein Haus mit drei Ebenen, ein Eckhaus. Zur Straße hin ohne Fenster. In der Mitte des Gebäudes, im Erdgeschoß, befand sich ein großes Tor. (Es ist heute zugemauert und durch eine kleine Tür ersetzt.)
Im ersten Stock befand sich ein großer Raum, der zu Zeiten Nostradamus‘ durch ein schönes großes Bogenfenster zum Innenhof und Garten Licht erhielt. Ein gleichgroßer Raum befand sich im zweiten Stock. Aufgrund des dicken Mauerwerks und der Steinfußböden dürfte es sich um sehr angenehm klimatisierte Räume gehandelt haben.
Auf dem Dach des Gebäudes befand sich, dem Geschmack der damaligen Zeit entsprechend, ein Flachdach mit Balustrade, so wie man es heute auf Zeichnungen des alten Schlosses L'Empérie sehen kann.

Geld war im Hause Nostradamus vorhanden, der Kindersegen blieb, wie wir wissen, nicht aus. Ständig kamen vornehme Besucher ins Haus, so daß die zwingende Notwendigkeit bestand, mehr Platz zu schaffen, d. h. das Gebäude mußte erweitert werden. Ein kompletter Anbau mit Küche und Wohnräumen für die Familie wurde gebaut. Das ursprüngliche Gebäude blieb offensichtlich dem Familienpatriarchen vorbehalten. Zwischen Alt- und Neubau wurde eine steinerne Rundtreppe vom Parterre bis zum Dach des Hauses errichtet. Diese Turmtreppe gehört heute zu den Merkwürdigkeiten des Restanwesens und diente offensichtlich als – für die damalige Zeit – vornehmes Treppenhaus. Gleichzeitig dürfte es auch als bauliche Basis für den astronomischen Ausguck, den Hochsitz des Astronomen, gedient haben.

Vermutlich hatte dieser zehn bis zwölf Meter hohe, steinerne Turmbau noch einen weiteren Zweck erfüllt. Sicher ist, daß er

Ein alter Stich vom Wohnhaus des Nostradamus in Salon,
heute ein Museum

gründlich im Boden verankert werden mußte. Auf diese Weise konnte Adame de Crapone, ein Tiefbauingenieur und sehr guter Freund von Nostradamus, unauffällig in die Tiefe bauen.
Heute zählen wir vom Erdgeschoß bis zum Plateau 52 Stufen. Wir werden später noch sehen, daß Nostradamus eine Vorliebe für bestimmte Zahlen hatte. Die 100 wird uns bei seinen Hundertschaften (den »Centurien«) der Verse begegnen. Es ist durchaus denkbar, daß vom ehemaligen Niveau des Erdgeschosses 55 Stufen zum Observatorium hinaufführten, so daß zu vermuten wäre, daß weitere 45 Stufen, etwa 7,50 Meter, in die Tiefe führen müßten. Es gibt aber keine Stufen, die in den Keller führen!
Warum nicht? Einige Jahrzehnte nach Nostradamus zerstörte ein schweres Erdbeben Salon. Die Häuser wurden bis auf das massive Mauerwerk zerstört, die einsturzgefährdeten Keller von den späteren Bewohnern zugeschüttet.

Die Halle der Einweihung

Unabhängig davon, ob diese Spekulation später durch archäologische Grabungen bestätigt wird oder nicht, spricht einiges dafür: zumindest deutet Nostradamus in seinen Begleitpapieren für die Centurien an, daß er eine geheime Einweihungshalle, die sich in Salon befunden haben muß, unterirdisch mittels eines Geheimgangs erreichen konnte.

Was spricht für die These, daß er dies von seinem Haus aus tun konnte?
1. Wir wissen, daß er sich ein Haus kaufte, das an das Grundstück eines »Ketzers« angrenzte. Als Ketzer wurden seinerzeit in erster Linie die Katharer bezeichnet.
2. Die Kirche Saint Michel, Luftlinie 100 Meter von seinem Haus entfernt, läßt sich auch heute noch eindeutig als eine Templerkirche identifizieren. Das Portal zeigt das Symbol für einen geheimen Einweihungsplatz der Templer! Die Templer waren im Besitz der Geheimnisse der Katharer.
3. Der Felsen, auf dem das Schloß L'Empérie steht, nicht weiter

Die Burg
von Salon

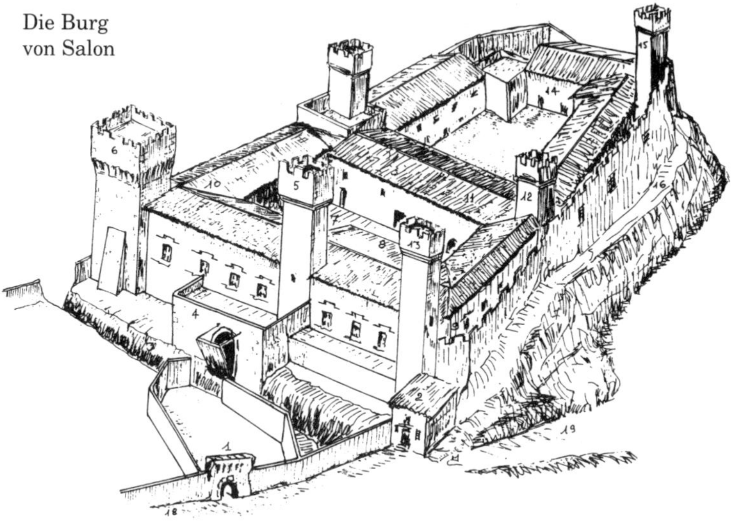

als 150 Meter vom Haus von Nostradamus entfernt, bietet ideale Voraussetzungen für eine geheime Einweihungshalle im Inneren des Felsens.

4. Nostradamus gibt in seinen Anweisungen zur Rekonstruktion seines Textes einen Hinweis auf einen geheimen philosophischen Zirkel. Sein Name NOSTR-A-DAMUS deutet darauf hin, daß er der Erste dieses Kreises war.

5. Nostradamus bemerkt in seinen Centurien, daß der Eingang zum Tempel Gottes von einer armseligen Hütte bewacht wird. War die Hütte gar sein Haus?

6. Denken Sie auch daran, daß die französischen Könige – der letzte, von dem dies überliefert wird, war Ludwig der XV. – alle nach Salon kamen, um dem Grab von Nostradamus einen Besuch abzustatten. Könnte es nicht so gewesen sein, daß sie gleichzeitig oder in erster Linie wegen dieser Einweihungshalle nach Salon kamen?

So bleibt noch die Frage zu klären, warum in Salon heute niemand mehr etwas davon weiß? Warum gibt es hierfür keine Überlieferungen?

1. Das Haus ist, wie schon erwähnt, bei einem schweren Erdbeben im 17. Jahrhundert bis auf die stabilen Mauern zerstört worden! Danach hörten die Pilgerfahrten der französischen Könige auf!

2. Die unterirdischen Zugänge, möglicherweise die Einweihungshalle selbst, wurden verschüttet, ebenso der Keller im Nostradamus-Haus.

3. Der geheime Einweihungsort war eben geheim und sollte es auch nach dem Erdbeben bleiben.

Die Kindheit des kleinen Michel

Michel von Unserer Lieben Frau wurde im Jahre des Herrn 1503 am 14. Dezember beim Geläut der Mittagsglocken der nahe gelegenen Kirche Sankt Martin in St. Rémy, etwa 25 Kilometer von Salon entfernt, geboren. Michel ist der Erstgeborene von 17 Kindern der sehr ehrenwerten und angesehenen Familie de Notredame. Die von vielen Nostradamus-Autoren geäußerte Ansicht, daß er in der Jugend sehr stark von seinem jüdischen Großvater väterlicherseits beeinflußt wurde, kann nicht richtig sein, denn dieser Großvater, der sich Pierre de Notredame nannte, war im Jahr 1503, als Michel geboren wurde, schon einige Jahre tot. Hingegen lebte noch der Großvater mütterlicherseits, Jaume de St. Rémy, der als Leibarzt des in St. Rémy residierenden »Königs von Jerusalem« wirkte. Diesem Großvater verdankte die junge Familie Wohlstand, Glück und Ansehen. Großvater Jaume, der sich zu diesem Zeitpunkt bereits als Arzt zur Ruhe gesetzt hatte, dürfte sehr früh auf die Talente des kleinen Michel aufmerksam geworden sein. Später wird berichtet, daß Michel eine außerordentliche Begabung hatte: seine Merkfähigkeit soll phänomenal gewesen sein. Er brauchte Texte nur einmal zu überfliegen und konnte sie sofort auswendig wiederholen.

Mit 15 Jahren wurde er von seinen Mitschülern bereits als der junge Astrologe bezeichnet, weil er ihnen ständig, statt den hübschen Mädchen des Ortes nachzuspüren, viel lieber die Geheimnisse und das Wesen von Kometen, Sternen und Sternbildern erklären wollte. Mit 16 Jahren war man in der damaligen Zeit schon erwachsen. Töchter aus gutem Hause waren meist schon verheiratet. Die Burschen lockte das Abenteuer. Es ist 1518, als der hochbetagte Jaune de St. Rémy stirbt. Der Tod des Großvaters wird für den 15jährigen Michel zum ersten einschneidenden Ereignis seines Lebens. Er verliert seinen Lehrer, aber schlimmer ist: die Eltern können in St. Rémy keinen Ersatzlehrer bekommen, der die Ausbildung des Großvaters fortsetzen kann.

Nostradamus ist also etwa 16 Jahre alt, als er das Elternhaus in St. Rémy verläßt und 1519 in die Weltstadt Avignon zu seiner Tante Margarete zieht, die mit einem Kunstmaler verheiratet ist.

Michel als Student

Die Notredames waren reich. Sein Onkel in Avignon konnte Michel ohne Probleme sofort an der Fakultät der schönen Künste unterbringen. Er studierte dort das »Trivum«, d. h. Grammatik, Rhetorik und Logik. Danach lernte er, den Gepflogenheiten seiner Zeit gemäß, Arithmetik, Geometrie, Musik und Astronomie, also die klassischen Fächer der Antike. Sein »Abitur« hatte er schließlich mit 18 Jahren in der Tasche. Michel begann danach, Medizin zu studieren. Zu dieser Zeit waren die Landstraßen, Dörfer und Städte mit Toten gepflastert. Die Pest grassierte. Keine gute Zeit für ein lustiges Studentenleben. Trotz Geld von zu Hause wurde auch für Michel das Leben zum ständigen Risiko. So wütete 1520 wieder einmal eine Pest in Avignon. Die Fakultäten mußten ihre Vorlesungen einstellen, denn es gab keine Zuhörer mehr. Die Studenten waren in panischer Angst in alle Himmelsrichtungen geflohen.
Später bestätigte mir Monsieur Chapus, daß Nostradamus von Avignon aus in die Hochtäler der Pyrenäen flüchtete. Er hat sich im Audetal aufgehalten. Dieser erste Aufenthalt im Bereich der ehemaligen Katharer, die in einem Kreuzzug seinerzeit angeblich mit Stumpf und Stil ausgerottet worden sein sollen, ist einer der Schlüssel zum Verständnis des Nostradamus und seines Doppellebens. Aber noch ist es nicht soweit.
Ab 1529 finden wir ihn als Student der Medizin in der damals bereits sehr bekannten Universitätsstadt Montpellier.

Michel in Montpellier

In Montpellier widmete er sich zuerst den Studien der theoretischen Medizin und der Philosophie, indem er die Schriften von Aristoteles durcharbeitete. Danach wendet er sich der Botanik und Pharmakologie zu und unternimmt mit Freunden tagelange Wanderungen in die Umgebung. Die Umgebung, so müssen wir wissen, waren Städte wie Beziere, Narbonne, Carcasonne, das Audetal und andere Täler der Pyrenäen. Nebenher widmet er sich, dem Zeitgeist der Renaissance entsprechend, den ins

Lateinische übertragenen Schriften von Hippokrates und Galen. Auch standen ihm, wie allen anderen Studenten, die Schriften der arabischen Autoren zu Themen der Heilkunde zur Verfügung. Montpellier war in dieser Hinsicht, aufgrund seiner Nähe zu Spanien, besonders gut mit arabischer Literatur ausgestattet. Zwar war die Sorbonne in Paris zur damaligen Zeit die erste

Michel als Student um 1530

Adresse für einen Studenten, doch fanden sich die aufrührerischsten Geister, die von der Universität in Paris verbannt wurden, alle in Montpellier wieder. Als aufrührerisch galt damals bereits der Wunsch eines Studenten, Griechisch in Wort und Schrift zu erlernen.

Michel und die Jahre der Pest

Kurze Zeit später wütete schon wieder eine Pest. Nostradamus verläßt wie seine Kommilitonen Montpellier und geht nach Narbonne, später nach Toulouse und Bordeaux, um seine erste Feu-

erprobe als Heilgehilfe zu bestehen. An ein vernünftiges, zusammenhängendes Medizinstudium ist nicht mehr zu denken. Die Angst vor Krankheit und Tod beherrscht die Studentenszene. Andererseits waren aber die Einsätze an der Pestfront, an denen man als Student recht ordentlich verdienen konnte, die einzige Möglichkeit, Beobachtungen an Kranken und den Symptomen ihrer Krankheit und ihres Todes, sowie der Verläufe von Gesundungsprozessen zu machen. Das Öffnen von Leichen war auch im fortschrittlichen Montpellier nicht möglich, weil die Kirche solche Studien allenfalls an Ketzern zuließ, und zu dieser Zeit waren die Ketzer rar.
Franz I., der zu dieser Zeit regierte, ließ keine Inquisition zu. Erst sein Sohn Heinrich aktivierte die Verfolgung von Andersdenkenden, um an das Vermögen der Verurteilten heranzukommen. Das alles fand 30 Jahre später statt. Wir sollten uns davon freimachen zu glauben, daß die Studenten von 1525 fromme Klosterbrüder waren. Abenteuer, Duelle, Suff waren damals »in«. Und Geld brauchte man dafür auch damals. Das galt, allen Glorifizierungsversuchen zum Trotz, auch für den jungen Nostradamus. Schließlich konnte er wieder nach Montpellier zurückkehren, um sein Medizinstudium fortzusetzen.

Michel und der Franziskanermönch Rabelais

Etwa zu dieser Zeit ist auch ein gewisser Rabelais, der Michel de Notredame später stark beeinflussen wird, in Montpellier, um den Doktorgrad der Medizin zu erwerben.
Fest steht, daß François Rabelais und Michel de Notredame sich fast zur gleichen Zeit in Montpellier aufhielten und daß Michel de Notredame später die Idee der Herausgabe von Almanachen von Rabelais übernimmt.
Weitere Hinweise stützen diese Feststellung, da es zwischen den Romanen von Rabelais, Pantagruel und Gargantua und den Versen der Centurien von Nostradamus Parallelen gibt, die nur auf gemeinsamen Ideengut basieren können.

Mit François Rabelais, dem französischen Dichter, verband Nostradamus die leidenschaftliche Suche nach der Wahrheit. Beide gehörten dem selben Geheimbund an.

Die Werke haben den gleichen mathematischen Nenner, der dechiffrierbar ist. Von Nostradamus wird berichtet, daß er sich in Nordfrankreich, angeblich auch in Köln, aufgehalten hat.

Exkurs: Man fand 1792, als während der Französischen Revolution alle Klöster geplündert wurden, in der Abtei von Orval, einem Zentrum der französischen Mystik, die Prophezeiungen eines Arztes und Astrologen namens Olivarius, der etwa ab 1542 für 13 Jahre Prophezeiungen in der Art des Nostradamus niedergeschrieben hat.
Erinnern Sie sich, wie ich unserem Nostradamus auf die Spur gekommen bin? A O e Sequens! Versuchen wir es einmal mit dem Namen Olivarius:

O	I	I	2	9	8	Lesen Sie bitte von 1 bis 9 =
R	A	V	3	1	7	AO/10 RI US VI L
I	U	S	4	5	6	AO fließt, wenn Du VI, 50 gebrauchst.

Olivarius war der (möglicherweise) geheime Prior des Klosters, denn er trug als Mittelbuchstabe ein »A«, genau wie Nostradamus.

Zurück in die Zeit von Montpellier. Man findet seine Spuren in Toulouse, wo er sich Geld mit der Herstellung von Kosmetika, Parfüm, potenzsteigernden Mittelchen und Verjüngungselixieren verdiente. Danach finden wir ihn gegen 1533 in Agen.

Michel und Julius César Scaliger

In Agen lebte ein Mann namens Julius Cesare de L'Escalle, besser bekannt unter dem lateinisierten Namen Scaliger – nicht zu verwechseln mit seinem Sohn, der als Mathematiker später bekannt wurde. Wir sollten uns schon hier merken, daß Nostradamus später seinen ältesten Sohn aus zweiter Ehe César nennen wird! So stark war die Verbindung, so groß die Verehrung dieses Mannes.

Scaliger war Leibarzt eines Bischofs, Mathematiker und Astrologe. Er soll, genau wie Rabelais, mit Erasmus von Rotterdam in Kontakt gestanden haben. Aus Padua stammend, geriet er in Italien in den Verdacht, ein Ketzer zu sein. Nur der Schutz des Bischofs rettete ihn vor dem Scheiterhaufen in Italien. Er durfte nach Agen in die Verbannung gehen.

Das Besondere an Scaliger war, daß er von den geheimen Regeln der lateinischen Sprache wußte, und wie sie sprachlich und gleichzeitig mathematisch eingesetzt werden konnten. Natürlich gilt auch die Umkehrung des eben Gesagten, die viel wichtiger war, nämlich wie man über mathematische Formeln sprachlich Inhalte ausdrücken konnte.

Was hier umschrieben ist, bedeutet, daß Monsieur Scaliger die Verschlüsselungstechnik der Urchristen kannte und beherrschte und lehrte. Im geheimen, versteht sich!

Bei Professor César Scaliger in Agen vertiefte Nostradamus, das ist überliefert, seine lateinischen und griechischen Sprachkenntnisse. Wir wissen heute, daß er dort sehr viel mehr lernte: altüberlieferte und neu konzipierte Verschlüsselungstechniken! Er übernahm oder beschaffte sich hier die erforderlichen *Wörterbücher* und erlernte die Technik der raschen Umsetzung der Worte in mehrsinnige Ausdrücke. Hier ein Beispiel und Ausschnitt eines solchen Wörterbuches:

Wortbedeutung I		Position des Buchstabens innerhalb der Zeile 1 2 3 4 5 6 7 8 9 0 11 1 2 3 4 5 6	Wortbedeutung II
	1	s	sich
	2	s e	sich
	3	s e n	
Senat	4	s e n n e	
	1	e n	in dem
	2	n e	nicht
Feind	3	e n n e m i	
	1	e n	in dem
	2	n e	nicht

So ging Nostradamus vor: Nehmen wir an, Nostradamus wollte das Wort »Senat« benutzen. Im altfranzösischen Sprachgebrauch mußte er das Wort »Senne« verwenden. Also schlug er in seinem Spezialwörterbuch unter dem Wort Senne nach. Hier fand er alle vorausgehenden und nachfolgenden Worte, die die Buchstaben für Senne enthalten.

Er kommt auf das Wort ENNEMI. Da er ohnehin einen Artikel, nämlich »le« dem Wort vorausstellen muß, hat er sich entschlossen, das Wort LES = die (Mehrzahl) zu verwenden. Seine Buchstabenkette enthält nur das Wort Senat im Doppelsinn.

Wortbedeutung I	Position des Buchstabens innerhalb der Zeile 1 2 3 4 5 6 7 8 9 0 11 1 2 3 4 5 6	Wortbedeutung II
	Le s e n n e m i	
1. Lesart:	Les ennemi ... die Feinde	
2. Lesart:	Le senne mi ... der Senat stellt	

In seinem Buch der Prophezeiungen hat er die erste Lesart gewählt und dadurch den Sinn entstellt.

Nostradamus hat diese Methode bei Scaliger erlernt und für seine Arbeit verwendet. Gut 250 Jahre später benutzt Goethe diese Methode, um in seinen Faust zusätzliche Informationen für die Nachwelt »hineinzuspiegeln.«

Beispiel:

Die Sonne tönt nach alter Weise	So steht es im Textbuch
Dies onne tön t nachalte r weise	»Dies ohne Töne D nachhalte er klug« ist der Zweitsinn.

Agen war vor Nostradamus und möglicherweise auch zu seiner Zeit Hochburg einer Sekte: Katharer nannte man sie in Ableitung vom italienischen »Gazzari« für Ketzer! Das erste Mal wurde ich mit dieser Information durch Monsieur Chapus konfrontiert. Ich gebe gern zu, daß ich zu diesem Zeitpunkt noch überhaupt keine Vorstellung hatte, was mich erwarten wird, wenn ich weiter recherchieren würde. Das wichtigste Ergebnis zuallererst:
Die Katharer sollten das Original der Offenbarungen des Johannes in griechischer Sprache besitzen. Es galt zu Nostradamus' Zeiten als das Geheimbuch der Katharer überhaupt.
Johannes-Offenbarungen sind Prophezeiungen, ein Enthüllungsbuch über die Zukunft. Die Prophezeiungen des Nostradamus sind auch ein Enthüllungsbuch über die Zukunft. Besteht da womöglich ein Zusammenhang? Ja, das tut es.

»Wußten Sie schon, daß Michel als Fünfzigjähriger zu einem Katharerfürst wurde?« fragte mich Monsieur Chapus, der in das Zimmer zurückgekehrt war.
»Nein«, sagte ich, »woraus kann man das schließen?«
»Fahren Sie nach Aix en Provence und lassen Sie sich im Museum sein von Sohn César gemaltes Bild zeigen. Das Speichenkreuz und das andere Wappen weisen ihn als geistliches Oberhaupt der Katharer aus.«
Verblüfft schüttelte ich den Kopf: »Das wußte ich bisher nicht.«

Nostradamus von Sohn César gemalt

»Ist dies womöglich der Schlüssel zum Verständnis des späteren Lebenswerks von Michel de Notredame?« schoß es mir durch den Kopf.
»Monsieur Chapus, Sie sehen mich verblüfft, weil ich nicht abschätzen kann, was dies für die Forschung bedeutet.«
Monsieur Chapus schaute mir in die Augen: »Michel de Notredame führte ab etwa 1552 ein Doppelleben. Fahren Sie nach Arques. Recherchieren Sie in den Pyrenäen. 1977 ist dort der Katharerpapst Déodat Roche gestorben. Er war über hundert Jahre alt geworden. Als sein Tod durch die Weltpresse ging, haben alle gelächelt.«
»Ich habe davon seinerzeit gelesen, er hätte sich als der wahre Papst gefühlt und ausgegeben«, warf ich ein.
»Ja, ja«, sagte Monsieur Chapus, »er war Papst, da gibt es keine Diskussion. Nur, er war das geistliche Oberhaupt der Christenheit, während in Rom das weltliche Oberhaupt der Christen sitzt. Alle großen Weltreligionen kennen ein weltliches und ein geistliches Oberhaupt. Oft versuchten die Oberhäupter beide Ämter zu vereinen. Selten ist dies gelungen, schon gar nicht auf Dauer.«
»Die Katharer verehren das geistliche Oberhaupt der Christenheit, in Rom wird das ehemals weltliche Oberhaupt der Christen verehrt?« wiederholte ich elektrisiert und erwartungsvoll.
»Vielleicht beginnen Sie zu ahnen, warum man die Katharer so bezeichnet, Gazarri, Ketzer. Eine größere Ketzerei kann es ja nicht geben. Gerade Südfrankreichs Erde ist mit dem Blut derjenigen getränkt, die sich damit auseinandergesetzt haben.«
»Wenn Sie in die Pyrenäen fahren, dann besuchen Sie Rennes le Château. Dort lebte der Vorgänger von Déodat Roche, vielleicht 5 Kilometer von Arques entfernt. Lassen Sie sich doch von den Leuten dort erzählen, was passiert ist, als Abbé Saunière, so hieß der Vorgänger, Anfang dieses Jahrhunderts gestorben ist.«
»Saunière wurde am Morgen nach seinem Tod bei Sonnenaufgang in einen Stuhl gesetzt, mit dem Gesicht zur aufgehenden Sonne. Er war in einen Zermonienumhang eingehüllt. Fremde Leute kamen, so wird von den Dorfeinwohnern berichtet, grüßten den Toten und rissen von seinem Umhang kleine Zotteln, die aussahen wie Rosen, andere meinen Bienen, ab und verschwanden, wie sie gekommen waren.«

»Und was hat das zu bedeuten?« fragte ich.
»Ein uraltes Ritual«, sagte Monsieur Chapus. »Es mußte ja der nächste Katharerpapst gewählt werden. Die Knoten waren die Stimmzettel! Jeder, der einen solchen Knubbel besaß, wählte mit. Nach der Wahl trug der neue Katharerfürst die Anzahl der Stimmen in Form von kleinen Rosen an seinem Umhang. Es soll, so sagt man, immer nur maximal einhundert stimmberechtigte Katharer gegeben haben. Nach dem Tod von Déodat Roche soll es zwei Jahre gedauert haben, bis der neue Papst gewählt war.«
»Warum?« fragte ich spontan.
»Nun, sehen Sie mal auf die Zahl 100, sie kehrt ja bei Nostradamus in seinen Centurien als 100 Verse wieder. Nach dem uralten Ritus, vermutlich aus sehr früher Zeit, mußten 51 Berechtigte sich für einen Mann entscheiden. Es ist nicht so, daß zur Huldigung des toten Papstes jedermann zugelassen wurde. Der Papst hatte während seiner Lebzeiten darauf geachtet, daß er stets 100 Kandidaten, die ihm die letzte Huldigung erweisen durften, ernannt hatte. Übrigens durfte keiner der Wahlmänner zu seinem Nachfolger gewählt werden. Bei Déodat Roche kamen die 51 Stimmen nicht zusammen, beziehungsweise die gewählten nahmen die Wahl nicht an.«

Michel heiratet und verliert alles: Wohin führten 20 Jahre Vagabundenleben?

Na, das sind ja Neuigkeiten, dachte ich bei mir. Es ist kein Hinweis auf das, was mir Monsieur Chapus soeben erzählt hatte, bei Chavigny zu finden. Laut Chavigny, einem engen Freund von Nostradamus, der später eine Kurzbiographie des Sehers von Salon verfaßte, heiratete Michel de Notredame in Agen ein sehr hübsches, liebenswertes Mädchen aus gutem Hause. Die noch sehr junge Frau (14 Jahre) schenkte ihm im Verlauf der nächsten Jahre zwei Kinder, eine Tochter und einen Sohn. Das junge Glück dauerte leider nicht lange, denn Michel mußte hilflos zusehen, wie seine eigene kleine Familie in ganz kurzer Zeit einer Infektionskrankheit zum Opfer fiel. Seine Frau und die beiden

Kinder starben – vermutlich an Diphtherie, so jedenfalls die Symptome ihres Todes.
Im Zusammenhang mit einem Erbschaftsprozeß dürfte Michel dann auch noch Ärger mit der Kirche bekommen haben. Möglicherweise steckten die enttäuschten oder aufgebrachten Schwiegereltern hinter der Verleumdung bei Gericht, weil sie einen fälligen Teil der Mitgift nun, nach dem Tode ihrer Tochter, nicht mehr herausgeben wollten. Michel de Notredame verzichtet offenbar auf das Geld und verläßt Agen mit unbekanntem Ziel.

Nach dem Tode seiner Familie flippte, wie man heute sagen würde, der junge Witwer aus. Er begann ein Vagabundenleben zu führen und wanderte durch ganz Europa, hielt sich in Spanien und vermutlich sogar in Fez im heutigen Marokko auf, und muß bis nach Ägypten gekommen sein. Später wollte er ein Buch über Horus herausbringen. Dieses Vorhaben ist nie vollendet worden, obwohl ein eigenhändiger Entwurf des Titelblatts zu diesem Buch in den Archiven zu finden ist.
In seinen prophetischen Versen kommt Ägypten vor – indirekt beschrieben als das sandige Gesicht des Schwitzens. Hier sehe ich die Beschreibung der Sphinx; die Mauern des Schwitzens deuten wohl auf die Pyramiden hin.

Die vierziger Jahre des 16. Jahrhunderts gingen langsam zu Ende, als Michel nach und nach wieder ein normales Leben zu führen begann. Aber was war in dieser Zeit schon normal?

Michel als Pestarzt

In Aix war die Pest ausgebrochen. Nostradamus ging nach Aix en Provence und betätigte sich dort als Pharmazeut. Er gab genaue Anweisungen, wie die Pest zu bekämpfen sei. Ferner produzierte er eine Art Puder, das aus blauem Ambra und Rosenöl bestand. In gleicher Zusammensetzung bereitete er Lutschpastillen zu. Das Puder mußten die Patienten ständig in die Kleider streuen, die Lutschpastillen sollten ständig gelutscht werden.

Aix wurde die Pest rasch los. Solche Erfolge sprachen sich schnell herum, und Michel de Notredame erhielt aus Salon, einem kleinen Ort etwa eine Tagesreise von Aix entfernt, ein Angebot. Auch hier wieder das bereits beschriebene Vorgehen, und Salon ist von der Pest frei. Inzwischen hat die Erkrankungswelle die große Stadt Lyon erreicht, und Michel de Notredame ritt dorthin, um seinen bewährten Puder und die Lutschpastillen zu verkaufen.

Zurück aus Lyon bekam Michel eine neue Chance. Er konnte auf ein künftiges Zuhause hoffen. 1547 beginnt sich Michel mehr und mehr an Salon de Crau zu binden. In Salon, damals durch die Pest auf 6500 Einwohner dezimiert, hatte sich einer seiner Brüder, Bertram de Notredame, mit seiner Frau Thominée niedergelassen. Bertram war Stadthauptmann, und es ist durchaus denkbar, daß er für alle zukünftigen Pestereignisse einen vorzüglichen, erfahrenen Medicus an seine Stadt binden wollte. Gleichzeitig könnte es seine Absicht gewesen sein, dem entwurzelten Nostradamus wieder eine neue Heimat zu geben. Jedenfalls – und das ist überliefert – fädeln er und seine Frau unter Nutzung ihrer Verbindungen für Nostradamus die Bekanntschaft mit einer jungen, kinderlosen Witwe aus guter Familie ein. Das war damals ein üblicher Vorgang. Die Zeiten waren kurzlebig, die Ehegatten rar, also geziemte es sich durchaus, daß man auch bei hohem Altersunterschied zusammenging.

Michel heiratet zum zweitenmal

Anne Ponsard, Tochter von Pascale und Thomase Arnaud, wird fortan zum eigentlichen Schicksal für Michel de Notredame.
Am 11. November 1547 (Julianischer Kalender) wird der Heiratsvertrag geschlossen:
Anne bringt 400 Florin und noch weiteres Vermögen ein; Michel wird 300 Ecus d'or von seinem Onkel Pierre de Notredame einbringen, die nach dessen Tode fällig sind.
Michel de Notredame muß zur Zeit seiner Eheschließung unvermögend gewesen sein und das trotz seiner Erfolge als Pestarzt. Dieser Umstand spricht sehr für die Annahme, daß er

bis zu seiner Verheiratung mit Anne ein recht lockeres Leben führte. Es ist überliefert, daß ihm sein Onkel Pierre im Ehevertrag zusicherte, dafür zu sorgen, daß er standesgemäße Kluft und ein Jogar Pferd für die Ausübung seiner Tätigkeit als Arzt bekam.

Michel als Haus- und Grundbesitzer

Eine Eintragung im Stadtregister von Salon besagt: daß Dr. Nostradamus, wohlbekannt in Salon, im Quartier Ferreiroux nach seiner Hochzeit mit Anne Ponsard ein Haus gekauft hat, das sich an der Angrenzung von Herrn Estienne Lasalle und dem Haus des Ketzers Genette Tessier befindet.
Jetzt stand ich in diesem Haus und versuchte die Informationen, die ich bereits besaß, und die neuen Einzelheiten, die ich gerade erfahren hatte, miteinander zu verbinden. Nur durch richtige Zusammenhänge ließ sich Licht in das Dunkel bringen.

Nostradamus als Katharerpapst – dieser Gedanke faszinierte mich und ließ mich nicht mehr los. Monsieur Chapus hatte mir, ohne es zu wissen, etwas in den Kopf gesetzt, was mich noch zwei Jahre beschäftigen sollte. Eine Frage lag jetzt, wo ich hier im Hause des Weissagers stand, auf der Hand:

Kaufte Michel de Notredame schon in der Funktion eines Katharerfürsten dieses Haus? War es gar nicht der Onkel, der ihm das Vermögen zur Hochzeit schenkte? War es vielmehr die Grundausstattung, die ihm von den Katharern gewährt wurde, um standesgemäß zu leben?

»Monsieur Chapus«, sagte ich, »ich habe um dieses Gespräch gebeten, weil ich auf der Suche nach einem authentischen Text bin. Besitzen Sie ein Original?«
»Nein«, sagte Chapus, »alle Texte, die ich besitze, sind Nachdrucke, Sie können sie gerne bei mir einsehen.«
Ich merkte, daß mein Gesprächspartner etwas unruhig wurde, und versuchte, möglichst unauffällig auf die Uhr zu sehen.

»Lassen Sie uns gemeinsam abgleichen, was Sie schon wissen und was ich Ihnen noch an Informationen liefern kann.«
»Gut«, sagte ich, »gehen wir einmal das Leben des Nostradamus durch.«

Michel und seine sechs Kinder

Die Hochzeit wurde am 26. November 1547 gefeiert. Aus der Ehe gingen insgesamt sechs Kinder hervor, drei Söhne und drei Töchter:

1551 Tochter Madeleine
1553 Sohn César
1556 Sohn Charles
1557 Sohn André
1558 Tochter Anne
1561 Tochter Diane

Von den Töchtern ist nichts bekannt. Sie waren durch die Mitgift eine besonders begehrenswerte Partie. César wird später ein sehr bekannter und angesehener Historiker. Er verwaltet den Nachlaß des Vaters und lebt zeitlebens als wohlhabender Mann. Von André ist bekannt, daß er ein rauflustiger Bursche gewesen ist, der im Duell einen Gegner tötete. Aufgrund seines Reichtums wurde er nicht zum Tode verurteilt, sondern man arrangierte sich. Er übergab sein Erbe einem Kloster und lebte fortan als eher weltlicher Mönch bis zu seinem Tode.

Nach dem Tod von Nostradamus im Juli 1566 wurde dessen riesiges Vermögen gemäß seinem Testament ausgezahlt bzw. verwaltet. Seine Frau Anne überlebte ihn um rund 17 Jahre. Die Spuren der Familie de Notredame verlieren sich im 17. Jahrhundert.

Das literarische Werk des Nostradamus

Ab 1550 beginnt Nostradamus in regelmäßigen Abständen kleine Schriften zu veröffentlichen. Ratschläge, wie man gesund bleiben kann, wie man Potenzmittel herstellt, Marmelade einkocht und dergleichen mehr. Er gibt Almanache heraus, die in dieser Zeit sehr beliebt waren. Sie enthielten meist Prognosen für das nächste Jahr, für Wetter, Ernte, Krieg und Frieden, Pest und Kometenerscheinungen als Unglückskünder.
Seine Schriften entpuppten sich als Bestseller im heutigen Sinne des Wortes. Die berufliche Verquickung von Arzt und Astrologe, Heiler und Lebensberater, Arzt und Psychiater war für die besseren Kreise im Mittelalter durchaus üblich gewesen, denn in der Renaissance versuchten die Ärzte stets, die Krankheiten unter Berücksichtigung des Einflusses der Sterne und deren Konstellationen zu heilen.

»Das, was Sie aufgezählt haben, sehe ich auch so«, bemerkte Monsieur Chapus. »Von einer Besonderheit des Dr. Nostradamus weiß ich noch. Er schlief nur wenig. Meist nur vier Stunden am Tag. Des Nachts saß er auf dem Dach seines Hauses und beobachtete die Sterne, und tagsüber beriet er die Kranken. War das nicht eine Superwerbung für ihn, wenn die ganze Stadt Salon ihn Nacht für Nacht auf seinem Astroturm sehen konnte? Wir werden da gleich hinaufgehen. Den Unterbau haben Sie ja schon gesehen.«
»Ich habe recherchiert«, sagte ich, »daß Michel von 1550 an bis zu seinem Tode Jahr für Jahr Almanache, also von ihm vorausberechnete Vorhersagebücher, so wie wir sie von Rabelais und Scaliger schon kennen, herausgegeben hat. Und mit diesen Almanachen wurde auch sein Künstlername Nostradamus bekannt.
»Hier der Titel eines solchen Almanachs.« Monsieur Chapus deutete auf eine Vitrine, in der eine Fotokopie, die er auf Pappe aufgezogen hatte, ausgestellt war.
»Almanach vom Jahre 1550,
mit den Vorhersagen, Berechnungen und Erklärungen

von Michel NOSTRADAMUS,
Arzt und Astrologe in Salon de Crau en Provence«, las ich. Unter diesem Titel befand sich dann in etwas kleinerem Format jeweils ein Vierzeiler, der eine Prophezeiung für das kommende Jahr enthielt.

»Wenn Sie ohnehin nach Aix fahren, dann finden Sie ein solches Exemplar eines Almanachs in der Bibliothek Arbaud in Aix en Provence. Es ist für das Jahr 1563 bestimmt und wurde von Pierre Roux in Avignon gedruckt.«
Monsieur Chapus fuhrt fort: »Ab 1554 fing Nostradamus an, parallel zu den Almanachen, eine Serie von Broschüren herauszugeben, die nur Vorhersagen enthielten. Der Titel lautete:

»Die großen Vorhersagen
geschaffen durch Michel de Nostradamus
Arzt in Salon de Crau en Provence«

Auch ein solches Exemplar ist der Nachwelt erhalten geblieben und befindet sich in der bereits erwähnten Bibliothek Arbaud. Die Titelseite ist mit einem astrologischen Symbol und den Tierkreiszeichen bebildert. Erschienen ist diese Ausgabe 1557 in Paris bei Jacques Kerver.«

»Der 1. März 1555 ist wohl das interessanteste Datum in der ganzen Nostradamus-Story«, löste ich meinen Gesprächspartner ab. »Auf diesen Tag datiert Nostradamus die Vorrede an seinen Sohn César für die erste Auflage der 1555 bei Mace Bonhomme erschienenen Prophezeiungen. Es ist eine Teilveröffentlichung. Sie enthält die ersten drei Centurien und die vierte Centurie bis zum 53. Vers. Innerhalb kurzer Zeit gab es drei Auflagen dieses Werkes, bis am 3. November 1557 die vierte, erweiterte Auflage, nun mit insgesamt sieben Centurien, erschien. Diesmal bis zum 42. Vers der VII. Centurie.«
Inzwischen waren wir bei unserer Wanderung durch das Haus des Nostradamus unter das Flachdach, das heute das Gebäude deckt, gekrochen. Im Gebälk hatte ein Magier merkwürdige Zeichen mit schwarzer Farbe gepinselt.

»Da hat wieder einmal einer versucht, den Geist des Nostradamus zu beschwören und sich dienstbar zu machen«, sagte Chapus. »Viele, die hierherkommen, versuchen hinter die Technik der Prophetie zu kommen, wie sie von Nostradamus ausgeübt wurde. Die meisten Menschen übersehen, daß er hier mit seiner Familie, seinen sechs Kindern, seinen Dienstboten und seinem Hausstand, zu dem ja auch Pferde und andere Tiere gehörten, gelebt hat. Es ist unmöglich, daß dieses Haus eine ruhige, friedliche Idylle war. Zwar mußte sich Nostradamus nicht um das Tagesgeschäft des Hauses kümmern, das dürfte seine Frau Anne schon gut besorgt haben. Trotzdem bleibt die Frage: konnte Nostradamus hier so inmitten von Tageslärm seine Arbeit als Prophet tun?«

»Ich habe noch keine Vorstellungen von dem, was sich um Nostradamus herum abgespielt haben könnte«, sagte ich.
»Erfolg verhilft zu Aufsehen!« fuhr Monsieur Chapus fort. »Und so blieb es nicht aus, daß der französische Hof auf Nostradamus aufmerksam wurde, zumal der Prophet, ähnlich wie in unserer heutigen Klatschpresse, die Herrschenden und Regierenden in seinen Prophezeiungen erwähnt. Und da er dies in doppelsinnigen Versen für die Leser vermeintlich positiv tat, blieb es nicht aus, daß das französische Königspaar auf ihn aufmerksam wurde.«

Heinrich II. war zu dieser Zeit König in Frankreich und Katharina von Medici seine Frau. Die Ehe war eine Absprache zwischen Papst Leo X., einem Onkel der Katharina und Franz I., der auf Veranlassung von Leo X. durch Leonardo da Vinci ausgebildet worden war.
Die Italienerin Katharina scheint eine der ersten Ausgaben der Prophezeiungen des Nostradamus gelesen zu haben und schrieb an den königlichen Statthalter in der Provence, Graf Claude de Tande, daß »der König diese Person zu sehen wünscht!«
De Tande, der Nostradamus sehr schätzte, überbrachte die Einladung des Königs, so daß Nostradamus sich am 14. Juli 1555 auf den Weg machte und über Lyon nach Paris reiste, wo er am 15. August, zu Mariä Himmelfahrt, eintrifft. Unmittelbar nach

seiner Ankunft schickt der König persönlich den Hofmarschall Anne de Montmorency in die Herberge, damit er den Astrologen für seine Auftritte bei Hofe vorbereitet. Dieser Vorgang läßt eins erkennen: Nostradamus genoß bereits ein besonders großes Wohlwollen in der königlichen Familie, denn sie war offensichtlich bemüht, dem Doktor aus der Provinz peinliches Fehlverhalten und Verstöße gegen die Etikette am Hofe zu ersparen. Man wollte ausschließen, daß sich Dr. Nostradamus lächerlich machte.

Die erste Audienz bei Hofe fällt für Nostradamus sehr positiv aus. König und Königin sind tief beeindruckt und honorieren Nostradamus mit jeweils 100 Ecus d'or. Ein damals traumhaftes Honorar!
In Paris erkrankte Nostradamus im August 1555 sehr schwer. Unklar ist, ob er vor oder nach seiner Erkrankung Wohnsitz bei einem Kardinal nehmen durfte. Bekannt ist nur, daß Nostradamus infolge »einer Magenverstimmung« – andere Autoren, auch sein Sohn César meinen, daß es ein Gichtanfall war – für zehn bis elf Tage ans Bett gefesselt war und sein Zimmer nicht verlassen konnte.
Berücksichtigt man den Neid, die Mißgunst und die politischen Interessen der Höflinge, denkt man auch einmal daran, daß es ja Leibärzte des Königs, Astrologen des Königs und dergleichen schon genug am Hofe gab, so daß dieser Kerl aus der Provinz den bereits bei Hofe etablierten Fachkollegen allenfalls die Schau stehlen konnte, dann liegt der Verdacht nahe, daß auf Nostradamus ein Giftanschlag verübt wurde.

Giftanschläge, sei es auf Könige oder andere Personen, konnten in der damaligen Zeit von den Ärzten nicht eindeutig und mit Sicherheit nachgewiesen werden. Selbst wenn der Verdacht nahelag, so war es für die Wissenden jedoch lebensgefährlich, darüber zu sprechen. So hat man Giftanschläge im Interesse der weiterlebenden Mehrzahl aller Beteiligten nie als solche bezeichnet. Allgemein üblich war jedoch, in solchen Fällen von Typhus, Magenbeschwerden oder Agonie zu sprechen, und es gibt eine Reihe Prominenter in der Vergangenheit, die mit solchen Dia-

gnosen ihren Thron oder was sie sonst zu hinterlassen hatten, an interessierte Nachkommen oder Konkurrenten abtraten.
Auch wenn Sohn César von einem Gichtanfall spricht, so kann man nicht ganz ausschließen, daß er es aus Höflichkeit getan hat. Es wäre dem französischen Königshof gegenüber sehr unhöflich gewesen, wenn der Sohn behauptet hätte, sein Vater sei als Gast des Königs beinahe einem Giftmord zum Opfer gefallen!
Nach den überlieferten Berichten muß Nostradamus während dieser elf Tage furchtbar gelitten haben. Ein Gichtanfall ist sicher eine sehr, sehr schmerzhafte Angelegenheit, aber kein so furchtbares Leiden.

Michael de Notredame wird am Hofe des Königs empfangen. Er avanciert rasch zum gefragten Berater der Königin Katharina von Medici.

Das Überleben dieses vermutlichen Giftanschlages muß für Nostradamus der eigentliche Durchbruch gewesen sein, denn ein Arzt und Lebensberater, der eine Gegenmedizin gegen Giftanschläge besitzt, muß ein Könner seines Faches sein. Solch ein Experte wird sofort, überall und von jedermann anerkannt.

Der Ruhm wächst – das Vermögen auch

Astrologe des Königs! Welche Karriere! Die Gunst des Königs vergoldeten die Höflinge auf ihre Weise. Um die Königin und den König in ihren Residenzen und Palästen begrüßen zu können, veranstalteten sie große Feste zu Ehren des Propheten. Andere Adelige bestellten für sich und ihre Familien Horoskope. Verständlich, daß man den Propheten des Königs besonders zuvorkommend behandelte und dementsprechend großzügig bezahlte. Als Nostradamus schließlich die Heimreise nach Salon antritt, führt er ein großes Vermögen an Goldstücken und Juwelen mit sich. Wie mußte diesem Manne zumute gewesen sein? Mußte er, nachdem er die allerhöchste Gunst des Königs genoß, die Inquisition überhaupt fürchten?
Als er von seiner ersten Paris-Reise zurückkehrte, war er über Nacht zum Multimillionär geworden. Sein sensationeller Auftritt in Paris hatte ihn schlagartig auch an anderen europäischen Plätzen, vor allem in Italien und Spanien, berühmt gemacht.

Seinen Ruhm begründete Nostradamus nicht mit Prophezeiungen über die Weltgeschichte, sondern mit individuellen Voraussagen zu künftigen Schicksalsereignissen der Klienten, die ihn um Rat fragten, also zu dem, was man »kleines Schicksal« nennt.
Manchmal haben wir Menschen des 20. Jahrhunderts vielleicht das Gefühl, daß wir diesen Menschen von 1555 haushoch überlegen seien. Mit solchen Annahmen sollten wir jedoch vorsichtig sein. Es ist kaum vorstellbar, daß ein Scharlatan den gesamten französischen Hochadel an der Nase herumführen konnte. Intrigen und Machtkämpfe hatten den französischen Hochadel zu nicht nur auf den eigenen Vorteil bedachten Menschen, sondern auch zu durchaus kritischen Geistern gemacht.
Nostradamus' Klienten von damals haben die für sie bestimmten individuellen Prophezeiungen, ob sie nun eintrafen oder nicht, mit ins Grab genommen: es gab kein öffentliches Interesse an ihren persönlichen Belangen. Die Jahrhunderte überstanden hat nur sein Werk »Les Propheties« mit 942 Versen, welche die politische Weltgeschichte betreffen.

Die Visitenkarte des Nostradamus, wie wir sie heute drucken würden, sähe so aus:

NOSTRADAMUS
Arzt und Lebensberater
Berater der französischen Könige
Leibarzt der französischen Könige
Berater der französischen Regierung
Berater des Hauses Savoyen
Präsident eines geheimen Philosophischen Zirkels
Autor
Herausgeber eines Almanachs
Alleiniger Sponsor eines Kanalprojektes

»Monsieur Chapus, wie sehen Sie die Dinge«, fragte ich, »mußte sich Nostradamus vor der Inquisition fürchten?«
»Nein«, sagte Chapus. »Nie und zu keiner Zeit! Weder 1555 noch 1559. Er genoß schon früh die Gunst des Hofes und verlor sie bis zu seinem Tode nicht.«

1559 stirbt Heinrich II. Sein Bruder Franz II. regiert für ein knappes Jahr Frankreich. Nostradamus hatte inzwischen zahlreiche Auflagen seiner Prophezeiungen verkauft und die Verse auf fast sieben Hundertschaften erweitert. Halten wir folgende Fakten fest: Sein Buch der »wahren Prophezeiungen«, das zum Bestseller seiner Zeit wurde, konnte nur von reichen Adeligen gekauft werden. Den Inhalt konnte niemand verstehen, aber weil sein Ruf so gut und seine individuellen Prognosen so zutreffend waren, akzeptierte man die Verse mit ihrem verborgenen Sinn. Das Buch eines Narren hätte man kaum weiter beachtet.
Es gab auch einen konkreten Grund, warum der französische Adel die Bücher des Nostradamus kaufte. Sie hofften, aus seinen Texten herauslesen zu können, wann der König sterben würde. Dieses Datum war für jeden französischen Adeligen ein schmerzliches Ereignis, denn dann wurden 10 % seines Vermögens als Abgabe fällig. Erst mit der Zahlung dieser Steuer erhielt der Adelige seine Rechte und Besitzungen vom neuen König bestätigt. Fünfzig Jahre hatte es keinen Thronwechsel gegeben, und

nun regierten die Söhne Heinrichs jeweils nur eine kurze Zeit. Die Unruhe des Adels hatte deshalb einen Höhepunkt erreicht.

Salon heute

Ich fragte spontan: »War Nostradamus hellsichtig?«
»Es gibt viele Geschichten, die von seiner Gabe erzählen«, antwortete Chapus freundlich. »Zum Beispiel aus dem Jahr 1561: Die Auseinandersetzungen zwischen Protestanten und Katholiken erreichen ihren Höhepunkt. In Salon rückt Graf von Crussol, Kommandant Karls IX., ein, um an der Spitze eines Heeres die Katholiken in der Provence zu unterstützen. Natürlich konsultiert er den Seher, der ihm weissagt:
»Wenn die Bäume mit neuen Früchten beladen sein werden, werde seine Aufgabe beendet sein.« Ganz klar, was der Graf für sich interpretierte: Im Herbst bin ich Sieger!
Es kam, wie bei Orakeln üblich, anders: Als der Graf nach Aix einrücken wollte, wurde er von protestantischen Einwohnern, die sich auf Bäumen versteckt hatten, angegriffen und vernichtend geschlagen.«

»Nostradamus war hellsichtig, da gibt es für mich keinen Zweifel«, meinte Monsieur Chapus. »Er hat aber seine Hellsichtigkeit mit Techniken, die er im Orient erlernte, vielleicht als Vorsteher eines geheimen Katharerordens kennenlernte, gekoppelt, so daß er bestimmen konnte, in welcher Zeit er sein wollte.«
»Wenn Sie von der wahren Bedeutung des Nostradamus etwas erahnen wollen, dann beachten Sie bitte die Tatsache, daß nicht Nostradamus die Könige und Fürsten besucht, sondern die Könige Nostradamus besuchten.«
»So wie es auch bei den römischen Päpsten üblich ist. Kaiser und Könige besuchten sie in Rom«, ergänzte ich.

»Es gibt einen Bericht über den Besuch Karls IX. Hier auf diesem Steinboden des Sternenausgucks, auf dem wir gerade sitzen, hat vermutlich der junge König nachts gestanden und den Himmel mit den Augen unseres Nostradamus gesehen. Der Bericht über diesen Besuch, Monsieur Dimde, schildert plastisch, was los war, wenn Nostradamus königlichen Besuch bekam. Und der kam oft.«
»Hier, lesen Sie«, sagte Monsieur Chapus und hielt mir ein Stück Papier hin: »Der König hielt sich drei Wochen in Salon auf. Am 16. Oktober 1564 speiste er im Chateau Renard in St. Rémy und schlief dort. Am nächsten Tag begab er sich auf den Weg nach Salon. Ihre Majestät kam dort am selben Tag des 17. Oktober, um drei Uhr nachmittags an und wurde krank. In Begleitung des Königs befanden sich 500 Personen. Die kleine Stadt war viel zu eng für so viele anspruchsvolle Gäste, so daß die Unterbringung des Einzelnen eine einzige Katastrophe war.«

»Nostradamus hatte zwei Stockwerke in diesem Haus für sich ganz allein. Die Familie wohnte im Seitentrakt. Hier im oberen Stock dürfte er mit den Majestäten abends zusammengesessen haben. Hier, wo wir uns gerade befinden, sind wohl aus seiner Feder die Berichte über die Zukunft bis in das Jahr 3797 hinein geflossen und die hohen Herrschaften haben sich prächtig unterhalten und konnten nicht genug hören. Denkbar, daß Nostradamus die Majestäten in sein Geheimnis eingeweiht hatte und sie bei mancher seiner Zukunftsreisen persönlich anwesend waren.«

Das Leben eines sechzigjährigen Mannes konnte nicht ewig währen. Die meisten Menschen starben in dieser Zeit recht früh. Als Sechzigjähriger war man bereits ein Methusalem. Nostradamus wurde zunehmend kränklicher.

1566 – der Tod ist nahe

Wir gingen in den ersten Stock. Hier befand sich das Schlafzimmer, hier war Nostradamus im Juli 1566 gestorben.
»Sein Tod war für seine Umgebung keine Überraschung«, sagte Monsieur Chapus, »nach den Aufzeichnungen seines Sohns litt der Vater unter Rheuma, Gicht und Arteriosklerose und wurde immer vergeßlicher und seniler. Die Symptome waren nicht mehr mit den damals zur Verfügung stehenden Arzneien in den Griff zu bekommen, die Wassersucht schritt immer weiter fort, so daß Nostradamus wohl seinen Tod nahen fühlte.«

Der Prophet nach einem Bild seines Sohnes César

»Interessant ist für uns seine Vorbereitung auf den Tod. Es kann für den Arzt Nostradamus kein überraschendes Ereignis gewesen sein. Im Gegenteil: Nach eigenen schriftlichen Anmerkungen in den Prophezeiungsversen unternimmt er eine letzte Reise ins 35 Kilometer entfernte Arles, wo der König von Jerusalem residiert. Ihm, so schreibt er selbst, gibt er etwas zurück, was er nicht näher bezeichnet, und kehrt nach Salon heim.«

»Ich frage Sie, lieber Herr Dimde, was kann für Nostradamus so wertvoll gewesen sein, daß er in diesem Zustand noch eine so anstrengende Reise unternimmt. Hat das etwas mit seinem Amt als Katharerfürst zu tun gehabt?«
Ich nickte, obschon ich keine Antwort wußte.

Am 17. Juni 1566 bestellt Nostradamus den Notar M. J. Roche zu sich. Nach einer Vorbesprechung wird das Testament ausgefertigt. Seine engsten Freunde werden zu Testamentsvollstreckern erklärt, denn die Kinder sind zu diesem Zeitpunkt erst 16, 13, 11, 10, 9 und 5 Jahre alt.
Das Vermögen, das Nostradamus aufteilen kann, ist beträchtlich. Nach heutigen Wertmaßstäben ist er ein Multimillionär. Drei Tage nachdem er sein Testament gemacht hatte, versammelte Nostradamus alle Menschen, die er noch einmal sehen wollte, um sich. César, sein Lieblingssohn, erhielt von ihm persönlich sein astronomisches Besteck und seine Jahrestafeln aus Gold. Auch alle anderen Anwesenden bekamen kleine Erinnerungsgaben. Nachdem er bei Pater Vidal, Abt der Barmherzigen Brüder in Salon, gebeichtet hatte, erhielt er von diesem die heiligen Sterbesakramente der römischen Kirche. In der Nacht vom 1. auf den 2. Juli 1566 stirbt Nostradamus. Sein Sohn César findet ihn bei Sonnenaufgang in seinem Arbeitszimmer, auf der Fensterbank sitzend.
Noch am gleichen Tage wird Nostradamus in einer feierlichen Prozession ins Kloster der Barmherzigen Brüder gebracht und dort in der alten, ehrwürdigen Klosterkirche, wo er sich schon zu Lebzeiten ein Grab gekauft hatte, stehend(!) beigesetzt.
Seine Witwe ließ eine Grabplatte nach italienischem Vorbild anbringen:

D.O.M.

Clarissimi ossa michaelis nostradami unius omnium mortalium iudicio digni civis pene divino calamo totius orbis ex astrorum influxu futuri eventus conscriberentur. Vixit annos LXII menses VI dies XVII. obiit salone anno MDLXVI quietem posteri ne invidete.
Anna Pontia Gemella salonia coniugi optat v. felicit.

Beim Bericht von den letzten Stunden unseres Michel de Notredame fällt auf, daß er stehend beigesetzt wurde.
Monsieur Chapus murmelte etwas wie: »Das hängt alles mit dem Amt des Katharerpapstes zusammen. Auch die Kupferplatte, die man später fand.« Ich gab mich damit zufrieden, denn mein Gesprächspartner wollte oder konnte mir nicht mehr erzählen.

Die Kritiker

Anfänglich waren es Geistliche, die sich kritisch mit seinem Werk auseinandersetzten. Spottverse wurden verbreitet, Nostradamus als Dummkopf hingestellt, welcher der lateinischen Sprache nicht mächtig gewesen sei, und andere Bosheiten wurden geschickt lanciert. All diese Versuche, ihn unmöglich zu machen, konnten die weitere Ausbreitung seines Prophezeiungstextes nicht verhindern.

Die Anhänger

Später versuchten Nostradamus-Anhänger, sich Klarheit zu verschaffen, wie die rätselhaften und oft unverständlichen Verse geordnet lesbar oder verstehbar gemacht werden könnten. Fast alle Versuche verschlechterten das Image von Nostradamus, denn sie waren weit von der tatsächlichen und widerspruchsfrei nachvollziehbaren Lösung seiner genial verschlüsselten Visionen entfernt. Vor allem in Südamerika, Italien und Spanien hat sich das Interesse an Nostradamus-Interpretationen stark entfaltet.

Schätze zwischen Sägemehl und Kaltleim: Der Bewahrer

Monsieur Chapus entpuppte sich für mich als einer der hilfsbereitesten Menschen, die ich kennengelernt habe. Ich mußte nur fragen, er antwortete prompt. So kam es, daß ich ihn unentwegt fragte und er mir unentwegt antworten mußte. Nach der Besichtigung des Hauses von Nostradamus lud Herr Chapus mich in seine Tischlerwerkstatt ein, wo er mir noch einiges zeigen wollte.

Auf dem Weg zu seinem Haus drehte sich das Gespräch um die Frage nach den authentischen Texten des Nostradamus. Diese Frage ist für jeden Nostradamus-Forscher von grundsätzlicher Bedeutung, also fragte ich ihn nach seiner Meinung.

»Bei uns in Deutschland ist das mit dem Verstext so eine Sache, die meisten deutschen Nostradamus-Autoren beziehen sich auf die Textveröffentlichung von 1656, Amsterdam. So verweisen einige darauf, daß sie im Besitz von geheimnisvollen Fotokopien sind, andere sprechen von einem Buch, das inzwischen verschollen sei ... Was meinen Sie?« fragte ich meinen Gesprächspartner.

Monsieur Chapus zögerte etwas, sah mich an und fragte mich: »Kennen Sie Reynaud-Plense?«

Ich schüttelte den Kopf.

»Für künftige Generationen von Nostradamusfreunden hat der Stadtarchivar von Salon, ein Herr Reynaud-Plense, in den Jahren 1925 bis 1933 die im Stadtarchiv vorhandenen Texte der Prophezeiungen durchgesehen und 1939 veröffentlicht. Gott sei Dank muß man heute sagen, denn die Dokumente sind nach dem Krieg alle verschwunden. Um aber auf Ihre Frage zurückzukommen, Monsieur Dimde, es gibt keinen von Nostradamus autorisierten vollständigen authentischen Text.«

Ich zeigte wohl meine Enttäuschung, und Monsieur Chapus meinte so im Lebensstil des Südfranzosen:

»Ist es für Sie denn so wichtig?«

»O ja,« erwiderte ich, »ich arbeite mit Computeranalysen, und da kommt es auf jeden Buchstaben an.«

Monsieur Chapus reagierte nicht auf meine Antwort, wahr-

scheinlich, weil er mich nicht verstehen konnte. Heute weiß ich, daß nicht die gedruckten Texte als »authentisch« anzusehen sind, sondern die auf Pergament niedergelegten handschriftlichen Verse.
Lange vor seinem Tod hat Nostradamus diese Pergamentblätter sorgfältig gebündelt und demjenigen seiner Kinder vermacht, der sich dafür interessieren würde. Die geschnürten Bündel sind später vom Sohn César zur Veröffentlichung weitergegeben worden, im Original aber verschollen.

Lassen Sie mich bitte an dieser Stelle erklären, wie man die Texte, die diesen verschollenen Handschriften vermutlich entsprechen, nachträglich identifizieren kann. Drei Merkmale bieten sich dem Experten an:

1. Alle Texte, die das Zeichen »&« statt »et« (und) enthalten, können verworfen werden. Die Buchdrucker haben sich eigenmächtig die Arbeit erleichtert und dieses Kürzel verwendet.
Der Hintergrund: Das Wort »et« ist das Schlüsselwort für die lateinische Fassung des Geheimbuchs der Katharer: den »Offenbarungen des Johannes«. Da von Nostradamus gewollte Parallelen bestehen, ist jede weitere Diskussion überflüssig.
2. Texte, die die Buchstaben »u« und »v« als gleiches Schriftzeichen verwenden, sowie die Buchstaben »s, d, z, f wie eine gewellte Diagonale »ñ« wiedergeben.
3. Der Text war so gesetzt, daß jeweils 5 Verse auf einer Seite stehen.

Monsieur Chapus schloß die Tür zu seiner Werkstatt auf. Inmitten alter Hobelbänke, Maschinen, Sägemehlstaub und Holzabfällen bot er mir einen Stuhl an und sagte lächelnd:
»Ich habe Schwierigkeiten mit meiner Frau. Die vielen Besucher ärgern sie. Also habe ich mich mit ihr geeinigt, daß ich niemanden mehr mit ins Haus bringe. Hier können wir uns ungestört unterhalten.«
Während ich mich setzte, öffnete er eine Glasvitrine, die außen mit Spinnweben und Sägemehlstaub bedeckt war, die ihr ein mittelalterliches Flair gaben. Er entnahm ihr eine Reihe vergilb-

ter, mit Wasserflecken übersäter Bücher, Briefe und Manuskripte.

»Seit Jahrzehnten bin ich hier eine Art Anlaufstelle gewesen. Wer Salon wegen Nostradamus besuchte, fand schließlich zu mir. Auffallend viele Menschen aus Südamerika haben mich besucht. Aus Deutschland niemand, doch, irgendeiner war mal da, ich glaube, der kam aus Berlin.«
»Es hat sich eingebürgert, daß diejenigen, die Nostradamus-Bücher veröffentlichen, mir ein Exemplar geschickt haben. Andere, die eine neue Technik der Entschlüsselung entdeckten, schickten mir ihre Methode. Können Sie Portugiesisch?«
»Nein«, sagte ich.

Monsieur Chapus zeigte mir ein Manuskript. »Hier ist eine interessante Theorie, wonach immer der siebte Vers der Beginn einer neuen Sequenz ist. Die Gruppe, die daran arbeitet, hat mir geschrieben, daß es Auffälligkeiten gibt, wenn man dieses Siebenersystem für alle Verse durchsieht.«
»Hier hab' ich es«, sagte er plötzlich, »dies ist eine Veröffentlichung von Reynaud-Plense, den ich noch persönlich kannte, aus dem Jahre 1933. Er hat in dieser kleinen Broschüre die wichtigsten Lebensdaten von Nostradamus veröffentlicht. Besonders wichtig sind die Fotos vom Grab des Nostradamus. Sehen Sie hier.« Er zeigte mir die Schwarzweißabbildungen.
»Hier haben Sie Aufnahmen von 1943, und hier haben Sie Aufnahmen von 1946, fällt Ihnen etwas auf?« Er sah mich erwartungsvoll an, doch ich mußte passen.
»Die Rillen der Marmorplatten der Grabwand des Nostradamus sind zerstört. Sehen Sie hier 1933, dann hier 1943. Ganz klar, das Grab ist geöffnet worden. Aber jetzt sehen Sie hier, die Aufnahme von 1946, das Grab ist erneut geöffnet worden.«

»Was hat das zu bedeuten?« fragte ich ihn.
»Ganz einfach, sowohl die Deutschen als auch die Amerikaner haben sein Grab heimlich geöffnet.«
»Was hätte man denn finden können«, antwortete ich. »Als die Jakobiner während der Revolution das Kloster der Barmherzigen

Brüder, unter anderem auch auf der Suche nach versteckten Schätzen, dem Erdboden völlig gleichmachten, zerstörten sie ja auch das Grab, das sich Nostradamus zu seinen Lebzeiten gekauft hatte. Sie verstreuten aus Wut, nichts gefunden zu haben, seine Überreste und die Bücher, die als Grabbeigabe dienten. Die Überreste wurden doch hier beigesetzt, die Bücher ins Stadtarchiv genommen. Es gab doch nichts zu finden.«

»Das wissen aber nur Experten«, meinte Monsieur Chapus.

Die Geschichte der Prophezeiungstexte

Nostradamus hat irgendwann zwischen 1548 und 1551 mit dem Federkiel die Niederschrift seiner Visionen auf Pergamentblätter begonnen. Nach allem, was ich heute weiß, hatte er während seiner Zeitausflüge einen Assistenten, der ständig mitschreiben mußte, wenn Nostradamus beschrieb, was er sah. Diese Aufzeichnungen muß Nostradamus anschließend mit weiteren Angaben ergänzt haben.

Aus diesen Aufzeichnungen erstellte Nostradamus in einer Matrix, bestehend aus 4 x 40 Feldern, etwas, was wir heute »Schlagzeilen« nennen würden, die den Inhalt seiner Visionen möglichst treffend wiedergaben.
Diese 160 Felder hatten Koordinaten. Mittels eines speziellen Wörterlexikons suchte Nostradamus nun Worte heraus, die stimmig in die Koordinaten paßten. Falls dies nicht der Fall war, konnte er durch das Weglassen von Selbstlauten (wie es schon Julius Cäsar ausführte), die Situation für sich passend machen. Notfalls verdoppelte er einen anderen Buchstaben.
Nun veränderte er den zum Vers gebundenen Text, indem er die Interpunktion setzte, eventuell bildete er noch aus den Buchstaben andere Worte durch falsch gesetzte Zwischenräume.
So machte er aus einem HUND ein H und das Wort UND, um Ihnen ein Beispiel in deutscher Sprache zu geben. Das H wurde einfach dem vorangegangenen Wort angefügt.

1555 veröffentlichte er die ersten drei Centurien und wurde damit in Frankreich berühmt. 1558 folgte die zweite Partie mit dem

Vorwort an seinen Sohn, inzwischen waren es rund 640 vierzeilige Verse. Die Centurien VIII bis X wurden erst nach seinem Tod (1566), im Jahr 1568 veröffentlicht. Es ist durchaus legitim, an dieser Stelle die Frage zu stellen, ob hinter der Veröffentlichung der Prophezeiungen nur Michel de Notredame stand oder ob noch andere Interessenten die Veröffentlichung der vollständigen Texte wünschte.
Die Bücher des Nostradamus verkauften sich gut. Etwa 50 Jahre nach seinem Tod wurden zwei Gesamtausgaben veröffentlicht. Diese beiden Ausgaben von 1605 und 1606 sind für mich in erster Linie zur Grundlage meiner ersten Arbeiten und Analysen geworden.

Die Stadt Salon besaß die Originalausgaben

Zu Nostradamus' Zeiten war es üblich, daß man den Schriftstellern die von ihnen verfaßten Bücher mit ins Grab gab, damit sie am Tage des Jüngsten Gerichts ihre Schriften, für die sie Verantwortung trugen, dem »Tribunal« zur Prüfung vorlegen konnten. So wurde es auch bei Nostradamus gemacht. Wichtig: Es sind nur die Texte, die vor seinem Tod veröffentlicht waren, also besagte rund 640 Verse ins Grab gelegt worden. Als während der Französischen Revolution Jakobiner aus Marseille das Grab von Nostradamus plünderten, verstreuten sie achtlos die Grabbeigaben, u. a. seine Schriften, auf der Straße vor dem Kloster. Der Bürgermeister von Salon sammelte alles, was vom Grabinhalt übrigblieb, ein. Von da an befanden sich die Schriften des Nostradamus im Archiv der Stadt Salon bis etwa 1946.
Für künftige Generationen von Nostradamus-Freunden hatte der bereits erwähnte Stadtarchivar von Salon, ein Herr Reynaud-Plense, in den Jahren 1925 bis 1933 die im Stadtarchiv vorhandenen Texte der Prophezeiungen durchgesehen und 1939 veröffentlicht. Auf diese Dokumentation stützt sich der in Frankreich anerkannte Nostradamus-Forscher Serge Hutin. Es gibt, wie schon einmal gesagt, keinen von Nostradamus autorisierten vollständigen authentischen Text.

Nach dem Krieg tauchten in unserer Region US-Offiziere auf, die gegen harte Dollars alles aufkauften, was sie von und über Nostradamus finden konnten. In dieser Zeit verschwanden die Unterlagen, die Reynaud-Plense noch zur Verfügung standen. Der Stadtarchivar versuchte damals ein möglichst authentisches Gesamtwerk der Nostradamus-Verse zusammenzustellen. Er ging sogar einen Schritt weiter und ergänzte fehlende Passagen in den Texten, korrigierte sehr sorgfältig Druckfehler und paßte die Orthographie unserer Zeit an.
Ich schaute mir verschiedene Unterlagen durch, gab Monsieur Chapus meine bisherigen Ergebnisse für sein Archiv und lud ihn noch zu einem kleinen Glas Wein ein. Das Tagwerk war für Monsieur Chapus vollbracht. Er schloß seine Werkstatt ab und ging mit mir zu seinem Stammcafé. Vorher machten wir noch bei einem Antiquitätenhändler halt, der eine Nostradamus-Ausgabe von 1555 besitzen soll. Ich hätte sie gerne gesehen, aber der Geschäftsmann wollte für die Besichtigung umgerechnet 500 Mark. Das war ganz schön happig und mir die Sache nicht wert.
»Der Mann ist verrückt«, bemerkte Monsieur Chapus, »der war immer schon verrückt, solange ich mich erinnern kann. Wissen Sie, der sucht wie viele andere nach dem Schatz des Nostradamus.«

Als wir später bei einem Fläschchen Wein saßen, sprach ich Monsieur Chapus noch einmal auf den Schatz an.
»Hat denn Nostradamus wirklich einen Schatz besessen?« fragte ich ihn.
»Hier in unserer Region gibt es sehr viele Leute, die das nicht nur glauben, sondern eine aktive Suche betreiben. Ich habe Ihnen von der Verbindung Nostradamus-Katharer-Templer erzählt. Wo Sie sich hier auch immer bewegen, sie stoßen auf ehemaligen Templerbesitz. Sehr hartnäckig hält sich das Gerücht, daß Nostradamus in Lyon direkten Kontakt zum höchsten Templermeister seiner Zeit hatte. Dieser Mann ist von der Inquisition nach 1547 hingerichtet worden. Es gibt Menschen, die nun einen Zusammenhang zwischen dieser Hinrichtung und dem plötzlichen Reichtum des Nostradamus sehen. Seiner Familie hat Nostradamus das Geheimnis nicht hinterlassen. Sie ist für

den Rest ihres Lebens von ihm gut versorgt worden, aber auch nicht mehr. Es wird vermutet, und ich meine das auch, daß Nostradamus in seinen verschlüsselten Versen die Beschreibung des Schatzversteckes für den Fall hinterlassen hat, daß das Wissen um den Ort verlorengeht und in einer späteren Zeit ein Berechtigter durch Anwendung der authentischen Entschlüsselungsmethode das Versteck findet, und somit Zutritt zu diesem Vermögen bekommt.«

Drei Plätze gibt es, die von den Schatzsuchern bevorzugt werden. Glanum, das antike Heilbad der Römer, drei Kilometer vom Geburtsort St. Remy des Nostradamus entfernt. Dann die ehemalige Katharerfestung Beaux. Schließlich ein Ort in der Nähe eines Aquädukts. Bei welchem, wollte Monsieur Chapus nicht sagen. Aber ich wußte, wo ich mich als nächstes aufhalten würde.

Ein Exkurs über die »Etruskische Bruderschaft«

Wir kennen nicht ihren richtigen Namen. Praktisch wissen wir nichts über diesen »geheimen philosophischen Zirkel«, wie ihn Nostradamus nannte. Diese geheime Gruppe von Männern und Frauen ist und war so geheim, daß man nicht einmal ihren Namen kennt.
Es sind nicht die Freimaurer, die etwa ab dem 17. Jahrhundert, besonders von der englischen Insel aus, aktiv wurden. Es sind nicht die Rosenkreuzer, die Vorläufer der Freimaurer, deren Namen von drei Rosen herrührte, die sie als Symbol pflegten. Es sind nicht die Templer, die aus einem Kreuzritterorden hervorgegangen sind, obwohl es Kreuzritter waren, die das Wissen von einer Methode des Gottesnachweises wieder nach Europa brachten und dadurch die römische Kirche in große Verlegenheit brachten. Es sind nicht die Katharer, ein Sammelbegriff für alle, die nicht mit den Dogmen der katholischen Kirche übereinstimmten. Es sind auch nicht die Bogomilen, die in der zweiten Hälfte des ersten Jahrtausends und übrigens heute wieder als die Katharer schlechthin bezeichnet werden, welche die Geheimnisse um Johannes aus Kleinasien bis nach Südfrankreich brachten. Es sind nicht die Urchristen, deren verschiedene Sekten in der ersten Hälfte des ersten Jahrtausends eine Geheimschrift benutzten, die verblüffende Ähnlichkeit mit der Geheimschrift hat, die auch Nostradamus eintausendfünfhundert Jahre später verwendet. Es sind nicht die Römer, obwohl das Wissen von einer Art göttlicher Geometrie zur Grundausbildung eines jeden Edlen gehörte.

Es sind vielmehr die Etrusker, von denen man zwar immer noch nicht weiß, woher sie kamen, die aber viele Zeichen für den Insider hinterlassen haben. Es handelte sich um eine Gruppe der Pythagoräer, der Gründer Roms, die einen Idealstaat errichten wollten, in dem Worte und deren Buchstaben gleich mathematischen Formeln sind, Musik die Harmonie der reinen Mathematik sein sollte und die Philosophie die Zukunftsperspektiven sollte ableiten können.

Als diese Gruppe Pythagoräer, die sich »Mathematiker« nannten, 500 v. Chr. aus Rom vertrieben wurden und in die Toskana ausweichen mußten, waren sie die letzten, die in einer größeren Gemeinschaft die Erinnerung an etwas Geheimnisvolles pflegten, was ihr Gründer Pythagoras nach 22jährigem Aufenthalt aus Ägypten mitgebracht hatte.

Der Name »Etruskische Bruderschaft« ist von mir gewählt worden, weil es zur Zeit keine Quelle gibt, die das, was ich vermute, mit einem Namen belegt. Es ist Dante gewesen, der auf das Geheimnis der Etrusker gestoßen ist und in Italien die Renaissance ausgelöst hat. Ich danke bereits im voraus jedem Leser für seine Hinweise, aber glauben Sie mir, alle Recherchen führen auf die oben beschriebenen Grundrichtungen zurück und führen nicht zu dem Namen, der irgendwo hinterlegt ist.
Diese Bruderschaft, zu der genauso Schwestern gehörten, bestand aus einem europäischen, einem indischen und einem asiatischen Zweig. Die Verbindungen dieser Richtungen untereinander sind in den von ihnen verwendeten Symbolen und Lehrtafeln nachweisbar.
Blickt man auf die Überreste der etruskischen Kultur, entdeckt man den Zusammenhang mit den Pythagoräern. Diese Auffälligkeit hat mich bewogen, vorerst von einer etruskischen Bruderschaft zu sprechen. Sie als pythagoräische Bruderschaft zu bezeichnen würde verwirren, denn dann müßte klargestellt sein, daß die Akusmatiker, die andere Richtung innerhalb der pythagoräischen Anhängerschaft, ausgeschlossen sind.

Nach dem Tode des Pythagoras spaltete sich seine Anhängerschaft in die Wortgläubgen, die man Akusmatiker nannte, und in die Regelgläubigen, die man Mathematiker nannte.
Erstere sagten: »Der Meister hat gesagt, also ist es so.«
Letztere akzeptierten nur, was durch Ableitungen und Regeln beweisbar war. Also: »2 + 2 = 4. Wenn ... ist, dann wird ... sein, weil ... ist.« Daher die Bezeichnung Mathematiker.

Nostradamus sprach von einem »Geheimen philosophischen Zirkel« und deutet an einer anderen Stelle in seinen geheimen

Begleitschriften an, daß der Name etwas mit einer schönen breiten Straße zu tun hat. Setzen wir im Experiment die Worte gleich einer Formel, könnten wir rekonstruieren:

VIA VOXES		
Sechs Alpha	– VI	A
Fünf Omega	– V	O
Zehn ist	– X	es

Wir haben die 11 des Pythagoras. Wir haben die 5 und die 10 als Sequenz und einen Hinweis auf die 6, was es auch immer sei. Diese Buchstabenreihe »Via Vox es« hat auch deshalb einen gewissen Reiz, weil Nostradamus den Anfang seines Werkes, das wir hier besprechen, bei der Centurie VI beginnen läßt, mit der Legis cantio ... Das Ende des Werks würde dann nach dem letzten Vers der 10. Centurie sein.

Auf der anderen Seite der Betrachtung steht in den Vorhersagen für die nächsten Jahrhunderte die Wiederauffindung des »Tons der Töne«. Mit dieser Frequenz wird man unbegrenzt Energie gewinnen, Zeitreisen mittels hoher Frequenzen unternehmen und die Schöpfung als schwingendes Ganzes verstehen lernen.

Als im ersten Jahrhundert nach Christus Pompei durch den Vulkanausbruch des Vesuvs für die Nachwelt konserviert wurde, ist eine Stadt voller geometrischer Mosaikbilder sowie pythagoräisch-etruskischer Ursymbole erhalten geblieben.
Zurück zu den Spuren der »Etruskischen Bruderschaft«:
Am Anfang standen wohl Pythagoras und seine Schule. Seine Anhänger spalteten sich, wie schon erwähnt, sehr früh in zwei Gruppen, was für unsere Betrachtung sehr wichtig ist.
Die Akusmatiker dominieren seit 2500 Jahren, weil es leichter ist zu postulieren: »Pythagoras hat gesagt, also ist es so.« Oder: »Buddha hat gesagt, also lebt man so.« - »Jesus hat gesagt, also wird es verbreitet.« - »Mohammed hat gesagt, also wird es verteidigt.« - »Jehova hat gesagt, also ist es die einzige Wahrheit.« - »Gott hat gesagt, also ist es der Ursprung aller Wahrheit.« Aus solchen Postulaten folgen dann Aussagen wie: »Die Bibel ist

Gotteswort, also ist sie wahr.« Oder: »Der Koran ist Gotteswort, denn Mohammed ist sein Prophet.«
Die Akusmatiker, die Gläubigen ohne Beweispflicht, hatten es leicht. Glaubst du mir etwa nicht? Dann zieh' ich mein Schwert und töte dich. Also glaubte man, um nicht getötet zu werden.

Die Mathematiker akzeptieren nur das, was »zu beweisen« ist – eine typische Redewendung der Mathematiker. Sie hatten aber ein Problem: sie konnten mangels technischer Hilfmittel ihre genialen Ableitungen nicht in der Praxis, daß heißt durch Anwendung der Naturgesetze, beweisen. Ihr Grundsatz nahm sie in die Pflicht, erst etwas beweisen zu müssen, bevor man ihnen Vertrauen schenken durfte. Je kühner die Ableitungen wurden, desto unmöglicher wurde damals die Beweisführung. Sie waren mit der Zeit den Akusmatikern, den Jüngern aller Intoleranz, ausgeliefert. Die Akusmatiker blieben sich treu und duldeten keine weitere Weltanschauung neben sich. So blieb den Mathematikern nichts anderes übrig, als irgendwann einmal in den Untergrund zu gehen, denn der ihnen gemachte Vorwurf lautete: Sie wollen die Schöpfung berechnen, sie wollen Gott berechnen! Und das kann man nicht, und das darf man nicht zulassen. Mathematiker sind die wahren Gotteslästerer.

Das hat sich übrigens in den letzten 250 Jahren grundlegend geändert. Die Naturwissenschaften und die Beobachtungen der Männer und Frauen, die sich u.a. mit Chemie, Physik, Astrophysik, Atomphysik beschäftigten, bewiesen die Ableitungen der Uraltmathematiker.
Es wurde plötzlich möglich, Gesetzmäßigkeiten der Natur zu formulieren und Ableitungen, wie zum Beispiel die anfangs unverständliche Relativitätstheorie Albert Einsteins, einige Zeit später zu beweisen.
Eine Wissenschaft, die sich anschickt, das Atom zu untersuchen, welche die Ausdehnung des Universums erforscht, die die Energievorräte des Weltalls berechnen will, ist dabei, die Schöpfung zu berechnen. Die Mathematiker sind sozusagen im Kommen. Heute schauen viele Mathematiker höhnisch auf die Akusmatiker herab und nehmen die Wortgläubigen nicht mehr ernst.

Nur: Die heutigen Mathematiker, die sich Naturwissenschaftler nennen, wissen von dieser Vergangenheit nichts, denn sie begründen all ihr Wissen auf Männer und Frauen, die in den letzten 250 Jahren gelebt haben. Aber auch diese Einschränkung wird bald fallen, und die »Etruskische Bruderschaft« wird ihre Renaissance erleben.

Die Zeichen der Mathematiker

Nachdem nur vereinzelte Spuren auf diese Gruppe hindeuten, stellt sich die Frage, ob es ein übergreifendes Indiz dafür gibt, daß Mathematiker im Sinne von Pythagoras am Werke waren. Diese Anzeichen gibt es.

Die Auffindung allen Anfangs

Stellen Sie sich bitte ein Schachbrett vor, das aus 5 x 5 schwarzweißen Feldern besteht. (»0« sei die Farbe weiß; »1« die Farbe schwarz)

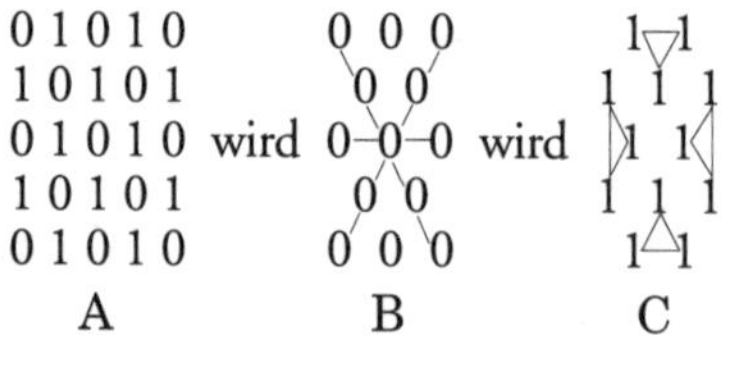

A ist die Vermischung aus zwei Zustandsformen. Nostradamus nennt diese »Zwei« auch die »urewige Zwei«, aus der alles hervorgeht, in die alles zurückkehrt.

Entflechten wir die gleichmäßige Vermischung der »urewigen Zwei«, dann erhalten wir: zum einen B, den »Strahlenden Becher« des Nostradamus und zum anderen C, ein Gebilde, das wie ein Malteserkreuz aussieht, wie wir das Symbol heute bezeichnen.

Überall, wo uns diese Symbole oder Schablonen begegnen, war zumindest das Wissen der »Etruskischen Bruderschaft« vorhanden.

Von Diokletian bis Siena

Als die Christen einige Jahrhunderte nach Beginn der christlichen Zeitrechnung in Rom den Ton angeben konnten, waren die letzten Etrusker bereits vor 900 Jahren in den Untergrund gegangen. Es liegt auf der Hand, daß sich diese »Mathematiker« nicht nur in Richtung des heutigen Nizza an der Mittelmeerküste abgesetzt halten. Einige wollten offenbar zurück nach Griechenland, wo ja ihr Lehrer und Meister Pythagoras herkam. Denkbar, daß nicht alle Flüchtlinge Griechenland erreicht haben.
In der Gegend von Split, an der Adria, wo Schiffe aus Italien landeten, muß eine solche Gruppe im heutigen Trogir »hängengeblieben » sein. Es kam dort zwar nie zu einer Blüte der Mathematiker des Pythagoras, aber zu einer Auffälligkeit, die beachtenswert ist.

25 Kilometer vom heutigen Trogir entfernt baute Kaiser Diokletian, der aus der Gegend stammte, einen prächtigen Alterssitz. Er entstammte offenbar einer Familie der Söhne der Mathematiker. Sein Leben verlief der damaligen Zeit entsprechend. Er wird Soldat und kämpft sich hoch. Schließlich herrscht er zwanzig Jahre in Rom, übergibt seine Macht an einen Nachfolger und verbringt den Rest seines Lebens in Split im heutigen Kroatien. Die Reste seines Palastes sind heute noch sehenswert. Sein Wissen ist für denjenigen, der nach den Spuren der »Etruskischen Brüder« sucht, ganz offen sichtbar.

Der Grund für die Wahl seines Altersruhesitzes ist eine Insel, das heutige Städtchen Trogir. Es beherbergt seit fast 1900 Jahren eines der großen Geheimnisse der Christenheit und war für Diokletian der Grund, seinen Lebensabend in der Nähe von Trogir zu verbringen:
Wenn in Rom der Petersdom steht, dann steht in Trogir der Johannesdom! Seit Jahrhunderten mit Mühe verdeckt: Johannes ist auf dem Wege nach Rom in Trogir gestorben und begraben worden! Zu einem späteren Zeitpunkt wird die interessierte christliche Gemeinde erstaunt erfahren, daß Johannes der Mathematiker und Petrus der Akusmatiker innerhalb der Gruppe

um Jesus war. So wird in Trogir in einem Depot der Bauplan für einen »sprechenden Kopf« aufbewahrt. Es handelt sich um ein Gerät, das die zuvor erwähnte besondere Frequenz erzeugen kann. Der Bauplan selbst, den ich fotografiert habe, stammt von 1250 n. Chr., ist also eine Kopie einer Kopie einer Kopie ...

Es lag aber im Interesse der römischen Kirche, Trogir nicht zum zweiten Wallfahrtsort innerhalb der abendländischen Christenheit werden zu lassen, um eine Diskussion um den wahren Sitz der katholischen Kirche zu vermeiden. Von den Templern über Dante zu Nostradamus, Shakespeare und Goethe: Im Zusammenhang mit den Kreuzzügen wurde diese Tatsache wieder bekannt und von Rom bis aufs Blut bekämpft. Hier die Akusmatiker um Petrus, dort die Mathematiker um Johannes. In den italienischen Häfen wurde jeder Reisende aus dem Osten, insbesondere Kreuzritter, die zurückkehrten, ermordet! Trotzdem gelangte dieses Wissen über den französischen Hafen St. Gilles nach Europa.

Dante

Unabhängig davon wußte ein Gruppierung der Katharer davon. Dante Alighieri, der größte italienische Dichter, geboren um 1265 in Florenz, erfuhr davon – möglicherweise durch das Studium der Chronik seiner Familie –, denn er konnte seine Abstammung bis auf einen Kreuzritter aus der Zeit um 1100 zurückführen. Sein Hauptwerk, die »Divina commedia«, die Göttliche Komödie, ist genauso verschlüsselt wie die Prophezeiungen des Nostradamus. Es ist auch kein Zufall, daß die Göttliche Komödie aus genau 100 Gesängen besteht.
Der Name »Göttliche Komödie« beinhaltet auch das göttliche Spiel seiner Schöpfung. Bei Nostradamus wird die Geschichte der Menschheit bis in die Zukunft abgehandelt. Hat Nostradamus womöglich von Dante abgeschrieben, ins Französische übersetzt und neu verschlüsselt? Das ist kein ganz abwegiger Gedanke, denn da ist die Stadt Siena in der Toskana.
Diese Stadt versuchte, das Geheimnis der Geheimnisse zu ver-

walten. Es ist daher kein Zufall, daß es wiederum Siena ist, das über lange Zeit die Bischöfe von Trogir stellte, die alle den Namen Johannes trugen!

Der italienische Dichter Dante versteckte in seiner, teilweise auch verschlüsselt, »Göttlichen Komödie« wichtige Hinweise, die sich Nostradamus zunutze machte

Siena

Durch Dante wurde das Geheimnis der Mathematiker in der »Göttlichen Komödie« hinterlegt. Die Stadtväter von Siena, stark etruskisch beeinflußt, weil unter ihnen immer wieder Wissende den politischen Ton angeben konnten, bauten einen Dom, der von den Abmessungen größer geworden wäre als der Petersdom in Rom. In letzter Minute wurde dieser Frevel durch kluge Köpfe in Siena verhindert, so daß die Stadt nicht in Gefahr kam durch Rom völlig zerstört zu werden.

Die wissenden Stadtväter von Siena ritzten die von Dante neu entdeckten Gesetze der Mathematiker in den Marmor des Kirchengebäudes, schmückten damit den Fußboden des Doms und ließen 172 Päpste von Jesus an auf diese Geheimnisse blicken. Mit diesem genialen Trick verhinderten sie, daß diese Marmor-

Kirche und Mathematik:
Die Kathedrale von Siena

bilder u. U. als ketzerisch entfernt wurden. So dachten die Wissenden: Etwas, worauf alle Päpste seit Jesus blicken, kann nicht falsch sein.

Die Symbole der einzelnen Stadtteile erinnern an ein uraltes Spiel der Mathematiker, in dem ein Rennen durch die Schöpfungsgeschichte nachgespielt wird. Wen wundert es, daß jährlich ein Pferderennen mit den Symbolen und Farben dieser Stadtteile veranstaltet wird. Die Bürger erfreuen sich an dem Spektakel – der Wissende lächelt über den Fingerzeig durch die Jahrhunderte.

Auf den Spuren des Nostradamus

Es war Nachmittag in Salon, die Stadt erwachte aus ihrem Mittagsschlaf, die Straßen füllten sich, die Geschäfte öffneten. In den Cafés trafen sich die Jugendlichen. Ich hatte die letzte halbe Stunde im Schatten der Kirche Saint Michel gesessen und über die erste Etappe der Streckenführung eines Geheimgangs nachgedacht, der vom Wohnhaus des Nostradamus zu dieser nahe

Nostradamus

gelegenen Kirche geführt haben mußte. Von dieser Kirche aus dürfte Nostradamus in einer zweiten Etappe durch einen unterirdischen Gang eine Halle erreicht haben, die sich in dem Felsen befand, auf dem das Schloß L'Emperie steht. Aber das alles lag über vierhundert Jahre zurück. Viel war seither geschehen, alles in Vergessenheit geraten. Salon hatte zur Zeit des Nostradamus, für wenige Jahre, eine besondere Bedeutung gehabt. Salon war

zu einem Mittelpunkt der Welt geworden, es ahnte nur niemand in Salon von damals bis heute, was sich nachts Ungewöhnliches innerhalb der Stadtmauern tat.
Nostradamus lebte ab 1548 ständig hier und empfing in seinem Haus in Salon nach 1555 Könige, Fürsten und bedeutende Geistesgrößen seiner Zeit. Katharina von Medici kam nicht wegen irgendwelcher okkulter Abenteuer nach Salon und besuchte den »bürgerlichen Doktor«. Sie alle kamen, um sich von dem Arzt und dem Prior des bedeutendsten Geheimbundes seiner Zeit von der Zukunft der Menschheit erzählen zu lassen.
Und ... sie waren da, um Zeuge zu sein, wenn Nostradamus seine Zeitreisen unternahm. Dies muß so faszinierend gewesen sein, daß manche monatelang in Salon blieben. Katharina von Medici und ihre königlichen Söhne waren sowohl offiziell als auch heimlich fast ständig Gast im Hause de Notredame.

Eins und eins ist zwei

Zurück zur Gegenwart. Für mich war es keine Frage: Nostradamus hatte sich mit Bedacht seinen Wohnsitz innerhalb der Stadtmauern von Salon ausgesucht. Nicht ohne Grund grenzte sein Haus und Grundstück fast an die Kirche Saint Michel. Was gerne übersehen wird, ist, daß seine Entscheidung, wo er sich niederlassen sollte, noch vor der Veröffentlichung des ersten Teils seiner Centurien und seinem ersten Auftritt am französischen Königshof in Paris und Blois erfolgte. Zu einer Zeit, als er noch nicht so unsagbar reich war, daß er der Region einen Bewässerungskanal stiften konnte.
Ich sann darüber nach, wie ich es wohl angestellt hätte, innerhalb von Salon meinen Wohnsitz zu nehmen und mir unauffällig einen Verbindungsgang zu der Einweihungshalle der Templer bauen zu lassen.

1. Ein Grundstück kaufen, das möglichst nahe am Zielobjekt liegt.
2. Nach einen Vorwand suchen, um die gewünschte Baumaßnahme öffentlich zu rechtfertigen.

Noch heute ist es in Südfrankreich üblich, wenn man an einem

Ein Übersichtsplan von Salon

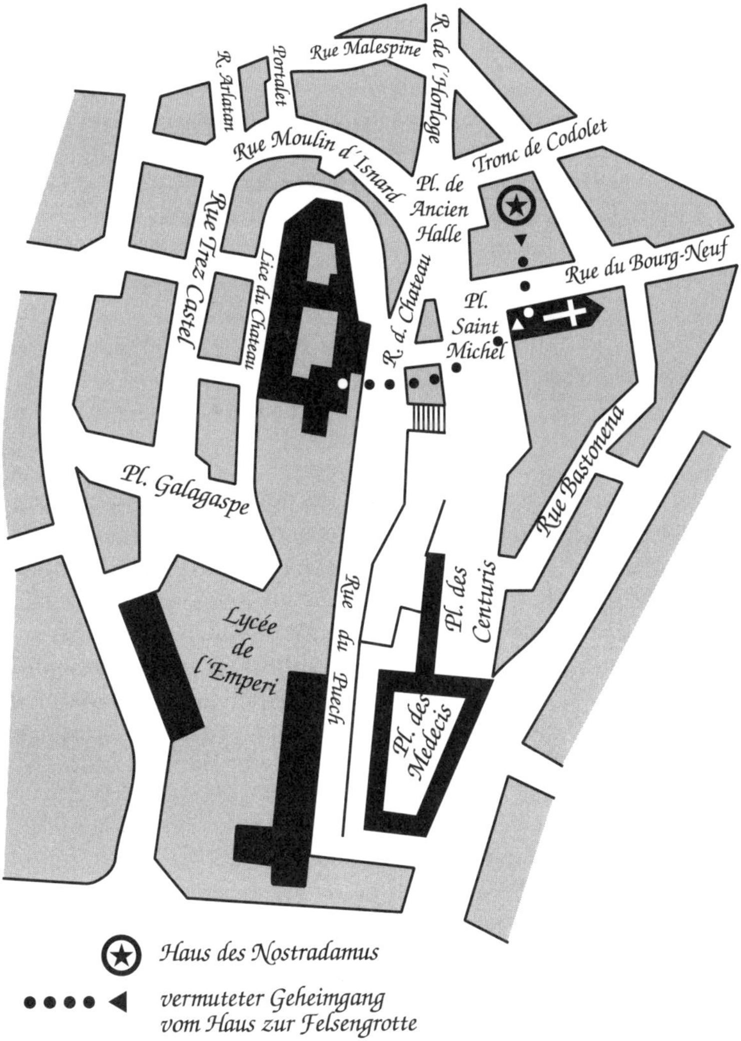

bestimmten Platz einen geheimen Schatz vermutet, daß man das alte Objekt aufkauft, um es zu restaurieren. Bei dieser Gelegenheit wird unauffällig das Schloß, die Kirche, der bebaute Ort auseinandergenommen und wieder zusammengebaut. Ist man fündig geworden, nun, dann schweigt man. Ist man nicht fündig geworden, dann sagt man wohl auch nichts.

Für Nostradamus ergab sich folgende Ausgangslage: Das Nostradamushaus steht unweit der Kirche Saint Michel. Von dort aus führte ja schon ein alter Gang in die Halle. Nostradamus hatte vor, dieser Gedanke liegt auf der Hand, sich auch von seinem Haus aus einen geheimen Zugang bauen zu lassen. Dies tat er, indem er gleichzeitig der Stadt Salon eine Kanalisation stiftete. Bei dieser Gelegenheit konnte die öffentliche Baumaßnahme das private Interesse kaschieren, und der gewünschte Geheimtunnel konnte unauffällig von der heutigen Rue Nostradamus bis zur Kirche Saint Michel vorgetrieben werden.
Von der Kirche aus war dann der Einstieg in den uralten Gang möglich. Dieser alte Gang dürfte als Fluchtweg für die Burgbewohner angelegt worden sein. Später wurde der unterirdische Weg Geheimzugang für die Templer. Die Templer haben dies in einem Geheimzeichen über dem Portal der Kirche markiert. Unterhalb des Schlosses befand sich die geheime Höhle, hier war eine Relaisstation für Botschaften, die vom Morgenland auf dem Weg nach Europa über den Hafen St. Gilles eingeschleust wurden. Später, als die zurückkehrenden Kreuzritter von Rom verfolgt wurden, weil sie Unruhe in die Herde der blind Gläubigen brachten, versteckte der Orden manchen Ritter, gegen reichlich Honorar versteht sich, bis ein Weg gefunden wurde, ihn mit sicherer Tarnung in seine Heimat weiterzuleiten.

Aber diese Zeiten waren längst vorbei. Templer gab es nicht mehr, ihre Schätze gelten bis heute als verschollen. Rasch schob ich meine Gedanken um den Templerschatz beiseite, der von einigen alteingesessenen Bürgern der Stadt Salon noch heute gepflegt wird. Es gibt nicht wenige in Salon, die überzeugt sind, daß der wahre Reichtum des Nostradamus durch seinen Zugriff auf den Templerschatz entstand. Die fürstlichen Honorare für seine Beratertätigkeit als Hofastrologe und Arzt in Paris seien nur vorgeschoben worden, um den tatsächlichen Ursprung seiner Geldmittel zu verschleiern.

Monsieur H. S.

Ich strebte meiner Verabredung mit Monsieur H. S. zu. H. S. war ein merkwürdiger Typ, aber gerade solche Menschen lagen mir. Sein hageres Gesicht ließ in mir immer wieder den Verdacht aufflackern, einem Katharer gegenüberzustehen. Sein Alter war kaum zu schätzen, 60 Jahre würde ich sagen, aber falls er wirklich Katharer war, dann hätte er genausogut 85 Jahre alt sein können. Er müßte Katharer sein, schoß es mir wieder durch den Kopf. Warum dieser merkwürdige Zufall unserer Bekanntschaft? Marseille, eine der Katharerhochburgen der Neuzeit, lag nicht weit. Ein Gesprächspartner der »Freunde des Nostradamus« hatte mich in ein Bücherantiquariat geschickt. Dort fand ich meinen heutigen Gesprächspartner inmmitten von Schundheftchen, wie wir früher die Groschenromane bezeichneten. Zerlesene französische Schmonzetten, die zum xten Male für ein paar Francs erneut ausgeliehen oder getauscht wurden.

»Haben Sie etwas von Nostradamus da?« hatte ich ihn damals gefragt. Er legte mir zwei Paperbackausgaben von Herrn Fontbrune vor und sah mich, würde ich nachträglich sagen, prüfend an.
»Besten Dank«, sagte ich, »aber ich suche Texte, die möglichst dem Original nahekommen.«
»Nein, zur Zeit habe ich nichts da«, antwortete er mir in diesem südfranzösischen Dialekt, auf den die Pariser so geringschätzig herabsehen.
»Schade«, sagte ich, »Sie merken, ich bin aus Deutschland. Ich hatte gehofft, an authentische Verstexte des Nostradamus heranzukommen.«
»Das wird sehr, sehr schwierig sein«, meinte er, denn nach dem Zweiten Weltkrieg hätten US-Offiziere systematisch alle in Privatbesitz, aber auch im Besitz von Museen und Kommunen be-

findlichen Dokumente von und über Nostradamus gegen harte Dollar aufgekauft. Man weiß, daß auf diese Art und Weise rund fünftausend Bücher, Pergamente und sonstiges von Nostradamus über den Atlantik geschafft wurden. Viertausend Dokumente sind heute in New York, eintausend in Caracas.
»Vom und über den Gral hätte er etwas da«, sagte mein Gesprächspartner.
»Nein, besten Dank«, ich schüttelte den Kopf, »so etwas möchte ich nicht. Merci, Monsieur.« Ich stand wohl etwas enttäuscht in diesem kleinen Buchladen herum und stöberte lustlos in den Beständen. Nach einer Weile kam er erneut zu mir und sagte:
»Nostradamus-Texte habe ich keine da, aber wenn ich Ihnen damit helfen kann, dann könnte ich Ihnen eine sehr seltene Sammlung, eine Art Katalog von allen Nostradamus-Daten anbieten. Ein Notar, der Zugang zu allen Archiven hatte, soll in mühevoller Kleinarbeit sich jedes noch existierende Dokument von Nostradamus und seiner Familie zur Einsicht beschafft haben. Er hat die Papiere persönlich auf ihre Echtheit geprüft und anschließend katalogisiert.« Dieser als Paperback gedruckte Katalog sei nur für echte Nostradamus-Forscher bestimmt und wurde unter dem Ladentisch gehalten und nur selten zum Kauf angeboten, weil die Zahl der Exemplare gering sei und ein Nachdruck wohl nicht erfolgen würde.

Ich war überglücklich und erzählte ihm von meiner Arbeit und dem Einsatz meiner Computer und meinen bisherigen Ergebnissen. Er schwieg. Wenn ich heute, etwa zehn Jahre nach diesen Begebenheiten, darüber nachdenke, dann hätte mich sein Schweigen stutzig machen müssen, denn für mich steht inzwischen fest, er ist doch ein Katharer gewesen.
Ein Jahr später, ich war wieder in den Sommermonaten nach Salon en Provence gefahren, traf ich ihn wieder. Wir verabredeten uns diesmal für den Nachmittag im Hof des Nostradamus-Hauses auf dem kleinen Holzbänkchen. Ich wollte mit ihm über meine Entdeckung der textlichen Erwähnung einer Einweihungshalle in Salon sprechen und mit ihm über den Geheimgang diskutieren. Was er wohl davon wußte? Ich näherte mich dem Nostradamus-Haus. Die kleine Tür im großen Holztor stand den

Besuchern offen, und ich konnte ihn schon erkennen. Er saß da und wartete auf mich.

»Bonjour, Monsieur H. S.«, sagte ich.
»Bonjour, Monsieur de Cologne, wie geht es Ihnen heute?« Für ihn war ich der Mann aus Köln. Es war sinnlos, ihm zu erklären, daß ich 120 Kilometer nordöstlich von Köln wohnte. Nach Köln kam in seiner Welt nur noch Berlin und dann schon Skandinavien. Vor die Wahl gestellt, aus Köln oder Berlin zu kommen, hatte ich mich entschieden, Köln zu akzeptieren, weil es meinem Wohnort räumlich näher liegt.

Gespräche auf der Holzbank

»Ist ja nicht viel übriggeblieben von der Pracht des Hauses und der einstigen Größe des Gartens«, meinte ich so.
»Ja«, sagte er, »schon wenige Jahrzehnte, nachdem die Familie Nostradamus nicht mehr in Salon wohnte, zerstörte ein schweres Erdbeben die ganze Stadt und zwar so gründlich, daß von den meisten Häusern der Stadt nichts übrigblieb. Das Nostradamus-Haus war zwar sehr solide gebaut, trotzdem sollen nur die festen Außenmauern, und selbst die nur zum Teil, stehengeblieben sein. Sehen Sie hier, von außen sieht man die im ersten und zweiten Stock des ursprünglichen Baus zugemauerten großen Bogenfenster. Symbol und Beweis des Reichtums des Erbauers. Große Fenster, einst mit bunten Gläsern kunstvoll verziert, konnten sich nur wenige Leute leisten. Die Nachbewohner des Hauses waren nicht mehr so wohlhabend. Nach dem Erdbeben zogen wohl sehr arme Leute, vielleicht Überlebende, ein. Die Fenster mußten von ihnen zugemauert werden. Dafür wurden schmale kleine Fensterchen in das Mauerwerk gebrochen. Anstelle von zwei Stockwerken mit hohen Decken wurden drei Ebenen eingezogen. Von der ehemaligen Pracht des Gebäudes blieb nicht mehr viel übrig.
Ähnlich verhielt es sich mit dem Grundstück. Im Laufe der Jahrhunderte, es sind ja schon über vierhundert Jahre seit Nostradamus vergangen, rückten die späteren Besitzer der Nachbar-

grundstücke mehr und mehr an das einstmals prächtige Areal der Familie Notredame heran, so daß wir heute vor einem Restgrundstück stehen, erbärmlich und ärgerlich zugleich. Die Schuld trifft voll die Gemeinde Salon, die sich bis vor wenigen Jahren kaum darum gekümmert hat, was aus dem Besitz des größten Sohns der Stadt wird. Noch in jüngster Zeit hat sich ein Nachbar die Wohnfläche seines Besitzes um eine Toilette erweitern lassen, die im Erdgeschoß erneut zwei Meter des Nostradamus-Hauses kostete. Heute beginnt wieder ein Nostradamus-Boom, und hier am Ort heißt nun jede Katze Nostradamus. Prompt ist auch die Gemeinde da, und die Touristenshow wird vorbereitet.«

Kellergeheimgang oder nicht?

»Was ich Sie fragen wollte, Monsieur H. S., ich sehe keine Kellerräume? Hat es nie welche gegeben?«
»Diese Frage kann man zur Zeit nur spekulativ beantworten«. meinte er. »Dem südfranzösischen Baustil der damaligen Zeit entsprechend muß es Kellerräume zur Zeit des Nostradamus gegeben haben. Das vorhin erwähnte Erdbeben muß so schlimm in Salon gewütet haben, daß praktisch alles einstürzte oder verschüttet wurde. Im Fall des Nostradamus-Hauses hat man den Eindruck, daß nach dem Beben absichtlich die Keller verfüllt wurden. Sehen Sie sich den Nostradamus-Turm an. Auf seiner Spitze befand sich der astronomische Ausguck des Meisters. Die Wendeltreppe führt in die Räume des Mannes, während die Frau mit den Kindern im Seitentrakt wohnte. Wendeltreppe und Turm sind so angelegt, daß man erahnen kann, wie sich die Treppe in den Keller schwingt. Aber es ist kein Keller da.«
H. S. schwieg einen Augenblick.

»Sehen Sie«, sagte er zu mir, »da war eine Treppe, die wohl in einen Privatkeller des Nostradamus führte, ich meine einen Kellerraum, den nur der Hausherr betreten konnte und betreten hatte. Neben dieser Kellertür gab es eine zweite Tür, von der die Fama berichtet, daß dahinter ein zweiter Keller gelegen hatte.«

»Könnte diese zweite Tür nicht die Tür zu dem von mir vermuteten Geheimgang zur Kirche Saint Michel gewesen sein?« fragte ich.
»Das ist durchaus denkbar«, nickte H. S. »Die Wegstrecke zur Kirche wäre relativ kurz, dürfte vielleicht sechzig Meter gewesen sein, ein Tiefbauprojekt, das man durchaus unauffällig hätte installieren können.«

Warum soviel Heimlichtuerei?

Ich sagte zu H. S., daß ich eine Textstelle gefunden hatte, die von einem heimlichen Gang sprach, wodurch man beim Verlassen des Hauses nicht gesehen werden konnte.
»Das kann durchaus so gewesen sein«, erwiderte H. S.
»Monsieur H. S., was mich viel mehr beschäftigt, ist die Frage Warum verließ Nostradamus heimlich, vielleicht sogar nachts, sein Haus? Warum ließ er sich diesen geheimen Ausgang bauen? Das kann doch nicht ein Einfall von Nostradamus gewesen sein?«
»Man weiß doch von Leonardo da Vinci, der in seinen letzten Lebensjahren in Cluny wohnte und vom jungen König Franz I. heimlich durch einen Geheimtunnel, der vom königlichen Schloß zum Hause des alten Meisters führte, ständig besucht wurde. Es gibt zwar eine Verbindung zu Leonardo da Vinci, der der Vorvorgänger von Nostradamus im Amt des Priors der Etruskischen Bruderschaft war. Aber ...
Da kommt mir übrigens ein Gedanke: Nostradamus konnte sowohl ungesehen das Haus verlassen als auch über diesen Weg genausogut ungesehen Besuch empfangen. Und dann frage ich Sie, wen hätte er dann empfangen? Warum wurde er heimlich besucht?«

Das Ei des Nostradamus

»Wissen Sie denn noch nichts von dem Ei des Nostradamus?« fragte H. S. und erlebte wohl meine Irritation.
»Nein«, sagte ich, »was verstehen Sie darunter?«

»Nun«, begann H. S. mit meiner Aufklärung, »die Entwicklung der Nostradamus-Kundigen verläuft, so kann es immer wieder beobachtet werden, in mehreren Phasen. Zuerst ist man von eingetroffenen Enthüllungen der Zukunft fasziniert. Dann glaubt man Nostradamus in einem überirdischen Licht zu sehen. Dann will man die eigenen Fehler bei der Interpretation der Prophezeiungen ausmerzen. Man sucht also nach authentischen Texten, so wie Sie. Schließlich fragt man: Warum hat Nostradamus das gemacht? Und alles mündet, glauben Sie mir, Sie sind nicht der erste und werden nicht der letzte sein, in der Frage: Wie hat Nostradamus das gemacht?«

Ich schmunzelte, er hatte bei mir den Kern meiner Neugier getroffen.
»Ja«, sagte ich, »das sind genau die Fragen, mit denen ich mich ständig beschäftige.«
»Also, wie hat er das gesehen, wie hat er das gemacht?« fragte ich. H. S. zögerte und ich fügte hinzu: »Sie müssen mir nicht antworten, wenn Sie nicht wollen. Sie hätten ja die Sache mit dem Ei nicht zu erwähnen brauchen, aber sie steht wohl in einem engen Zusammenhang mit diesem Treppenturm, dem geheimen Ein- oder Ausgang, wie Sie es auch immer sehen wollen, und vielleicht sogar mit Leonardo da Vinci. Ich kann mit einem ›Ei‹ eigentlich nichts anfangen«, sagte ich.
»Ein paarmal taucht das altfranzösische Wort für Ei im Verstext auf, aber ich könnte so auf Anhieb keinen Zusammenhang herstellen.«

»Sie erzählten mir doch, daß Nostradamus Textpassagen in eigener Sache hinterlassen hat,« meinte Monsieur H. S.
»Ja«, sagte ich, »da gibt es einiges, was von einem Igel handelt, von einer großen Tafel, von einer Art Walze, von einem leicht beweglichen Täfelchen, einer Menge von Zahlen und von vielen philosophischen Anmerkungen und Ausführungen.«
»Können Sie sich vorstellen, daß schon andere vor Ihnen auf diese nostradamischen Anmerkungen gestoßen sind und womöglich sogar ein Stück weitergekommen waren als Sie?« War Spott in seinen Augen? fragte ich mich.

Meine Betroffenheit muß H. S. berührt haben.
»Nun, nehmen Sie das nicht so persönlich, Sie können es nicht wissen, ich war bisher sehr überrascht, wie Sie trotz eines Fehlers im System Ihrer Überlegungen doch der Wahrheit schon sehr nahe gekommen sind,« tröstete er mich.
»Ich wundere mich dann nur, daß niemand bisher darüber geschrieben hat«, warf ich ein.

»Oh, das hat schon seine Gründe. Sie werden sehen, wenn Sie eines Tages selbst vor dieser Entscheidung stehen, werden Sie sich sehr genau überlegen müssen, was Sie tun werden. Um sich eine Vorstellung zu machen, wie Nostradamus gearbeitet hat, will sagen, wie er seine Zeitreisen unternommen hat, müssen Sie eines wissen. Es gibt Hellsehen. Es gibt Hellfühlen. Es gibt Hellriechen. Es gibt Hellspüren. Es gibt Hellhören. Nostradamus konnte alles.«
Ich muß recht überrascht geschaut haben, diesmal war mein Gesprächspartner irritiert und fragte mich:
»Können Sie das akzeptieren?«
»Ja, ja«, reagierte ich ganz verwirrt, »es gibt in den Prophezeiungstexten genügend Hinweise, daß Nostradamus mit »allen seinen Sinnen« vor Ort in der Zukunft war.
Mir fielen Beispiele in seinen Versen dafür ein:

1914: »Schlachtgetümmel in der Luft« – also hören.
1916: »Übel meine Nase, bevor sie dem Tode ausgesetzt« – riechen.
1944: »Die Abtei brennt« – sehen.
2060: »Ich weine, Nizza« – fühlen.

Auffallend, daß Nostradamus keine Tasterlebnisse beschrieben hat. Für mich bedeutet dies bis zum Beweis des Gegenteils, daß er »nicht körperlich« seine Reisen in die Zunkunft unternommen hat.

»Richtig«, sagte Monsieur H. S., »darauf will ich ja hinaus. Nostradamus setzte sich in ein eiförmiges Gebilde. Das Ei des Nostradamus«, fuhr er weiter fort, »hatte eine Höhe von etwa zwei

Meter nach heutigem Maß. Es stand auf dem Boden. Dort war das Ei flach, so daß im Inneren der Konstruktion ein Stuhl mit Rücken und Armlehnen bequem Platz hatte. Das, was wir als Spitze des Eis ansehen würden, war offen, das heißt, das Gebilde war nach oben offen. Übrigens, Sie sollten dieses Gebilde nicht unbedingt als Ei sehen, sondern als eine in Ellipsenform verzogene Kugel. Sie hatte die Funktion, wie eine Art Faradayscher

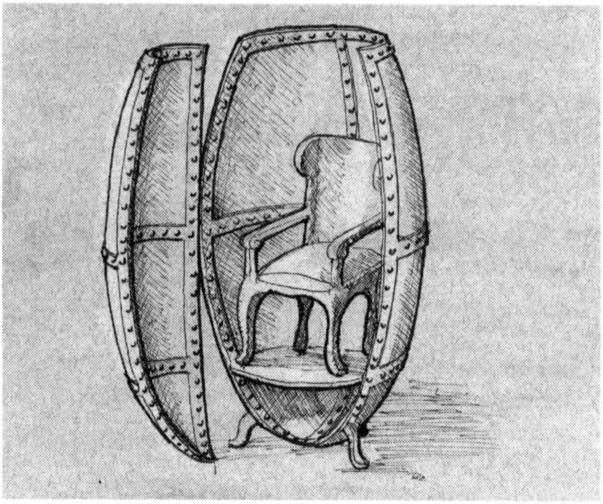

Das Ei des Nostradamus

Käfig den Seher abzuschirmen und gleichzeitig im Inneren seine Kräfte zu verstärken. Nostradamus öffnete, wenn er arbeiten wollte, eine türähnliche Klappe, setzte sich auf den Stuhl und konzentrierte sich. Dann begann er zu sprechen, und sein Freund Chavigny schrieb seine Worte auf. Nach der Sitzung ergänzte Nostradamus die Notizen, später setzte er die Worte der Klarschrift in kodierte Texte um. Was sehr wichtig ist: Nostradamus soll eher gestärkt und ausgeglichen das ›Ei‹ verlassen haben. Er hat keine Kraft ›verloren‹, ist nicht in Trance gefallen oder hat sich mit Drogen ›in Fahrt‹ gebracht. Der Waffenschmied übrigens, der für Noststradamus nach dessen Anweisungen diesen Apparat für Reisen in die Zukunft gebaut hat, mußte sehr genau seine Befehle befolgen. Die Hülle bestand aus drei Schichten: Kupfer, Messing oder Bronze, und von außen wurde mit Silberdraht gelötet. Die Kunst bestand darin, das Material so zu verarbeiten, daß die Oberfläche absolut präzise und hundertprozentig plan gearbeitet war. Es durften keine Dellen oder Unebenheiten vorhanden sein. Nach oben hin war das ›Ei‹ offen. Es muß wie ein geköpftes Frühstücksei ausgesehen haben.«

»Sie können sich vorstellen, lieber Monsieur H. S., daß ich immer neugieriger werde, gleichzeitig aber auch skeptisch. Wozu diente denn diese metallene Eihülle?«
»Gehen Sie davon aus, daß Nostradamus dieses Ding nicht selbst erfunden hat. Es war schon vor Nostradamus einigen wenigen bekannt. Und es wurde gebaut und benutzt. Weitergegeben wurden immer nur die Pläne. Gehen Sie ferner davon aus, daß dieses ›Ei‹ nie als Ei bezeichnet worden ist.
Es war das Pferd, mit dem man fliegen konnte, es war das Trojanische Roß, mit dem man in eine ›falsche Zeit‹ gelangen konnte. Als der damalige Katharerpapst Leonardo da Vinci eine große Menge Bronze von der geheimen Bruderschaft zum Bau eines Pferdes nach Mailand schaffen ließ, der Mailänder Herzog Sforza die Bronze aber für Kanonen verwendete, wurde Sforza vom ›Toskanischen Titan‹ (Leonardo da Vinci) nach Frankreich verbannt. Dort starb er, zwar ehrenvoll untergebracht, aber als Gefangener. Für die Etikette holte man ihn ans Tageslicht und verbreitete die Mär, er wäre vor Freude über seine Begnadigung gestorben, als er das Licht der Sonne wiedersah. Inspiriert durch das Gedankengut der damaligen Zeit begannn man mit dem Bau eines symbolischen Supereies für den Tag des Jüngsten Gerichts. Schauen Sie sich gelegentlich den Plan des Vatikans an.«

Wir schwiegen beide, denn ich dachte, Monsieur H. S. würde noch mehr von seinem Wissen preisgeben. Aber er blieb stumm. Also fragte ich nach einer Weile: »Unterstellen wir einmal, daß diese künstliche Kammer dazu diente, irgendwelche Frequenzen zu konzentrieren, denn mir ist eine Passage bekannt, wo Nostrada-

mus von einem Transaktionston spricht. Ich konnte diesen Hinweis nie richtig einordnen, aber jetzt ahne ich etwas. Dann muß doch noch von außen irgend etwas passiert sein?«
»Es ist denkbar, daß man diese – sagen wir diesmal statt Ei Glocke – also diese Glocke zum Tönen gebracht hat, dann wissen wir immer noch nichts über die Tonhöhe und die Lautstärke. Es ist besser, wir hören auf, hier weiter zu spekulieren; diejenigen, die das Geheimnis hüten, werden schon irgendwann an die Öffentlichkeit treten. Aber wenn Sie wollen, machen Sie doch ein Experiment: Blasen Sie ein Ei aus. Trennen Sie feinsäuberlich die Eispitze mit einer kleinen Laubsäge ab. Halten Sie ein Pendel in unterschiedlichen Positionen in dieses Ei hinein. Es wird unterschiedlich stark ausschlagen. Trigonometrisch haben wir es ja nicht mit einem Ei, sondern mit einer Ellipse zu tun, mit einer Kugel mit zwei Mittelpunkten. Aus der Philosophie des Pythagoras gesehen stehen wir vor diesem Ei als einer dreidimensionalen Antenne. Ich sage Ihnen etwas, und dann soll es genug sein: Nostradamus benutzte diesen Apparat lediglich, um seine körpereigenen Kräfte, Fähigkeiten, Schwingungen zu verstärken.«

»Was ich bisher herausbekommen habe, ist, daß Nostradamus den sprechenden Kopf, dieses geheimnisvolle Ding der Templer, besaß«, setzte ich das Gespräch fort.
»Sie dürften recht haben«, sagte H. S. lächelnd und fuhr fort: »Nostradamus nahm noch ein dreißig mal dreißig Zentimeter großen Gegenstand, den »sprechenden Kopf« der Templer, mit in seinen Aufschwinggenerator. Erst die Kombination Glockenkammer, Ei oder wie wir auch sagen wollen, plus Kopf erbrachte die Zukunftsschauergebnisse und dies machte natürlich Nostradamus für Jahrhunderte zum unübertroffenen Zukunftsberichterstatter.«

Wir unterhielten uns noch eine Weile, und ich erfuhr noch, daß dieser Schutzapparat wohl auch dazu diente, Nostradamus vor Störungen, gleich welcher Art, abzuschirmen. Monsieur H. S. erzählte auch, daß es zwei Orte gegeben haben muß, in denen Nostradamus gearbeitet hat. Einmal in der Halle, zu welcher der

Geheimgang führte und zum anderen etwa zehn Meter über dem Boden.

»Sie schauen so ungläubig drein, Monsieur Dimde«, lachte H. S., »aber erwarten Sie von mir keine weitere Hilfe. Jetzt wissen Sie eigentlich alles.«
»Peut-être, peut-être, Monsieur H. S.,« lachte ich zurück. Wir begaben uns in das Haus, um über die große Tafel des Nostradamus und über ihren genauen Standort zu diskutieren. Ich hatte mit der Umsetzung der neuen Informationen reichlich zu tun.

Die zweite Begegnung mit dem ›Ei‹

Inzwischen sind fast zehn Jahre ins Land gegangen. Ich habe Monsieur H. S. nicht wiedergesehen. Das lag an mir. Meine Recherchen vor Ort waren abgeschlossen, und ich hatte keine Zeit mehr, nach Salon zu fahren. Die Pyrenäen und eine andere geheimnisvolle Höhle, die der von Salon ähnlich gewesen sein mußte, interessierten mich seither mehr.
Sie finden auf S. 82 eine Abbildung eines Donjon. Er steht in Arques, dem Sitz des Katharerpapstes. Dieser Turm weist eine Merkwürdigkeit auf. Jeweils in der Mitte der steinernen Zwischendecken ist eine ca. 1 Meter große runde Öffnung, und dies vom Keller bis zum obersten Dachboden. Unschwer der Zweck zu erkennen: Unten im Untergeschoß stand das ›Ei‹, den Rest kennen Sie von Nostradamus, der damit 350 Jahre später operierte. Dieser Donjon war also ein Ort, wo die Templer mit dem ›Ei‹ durch die Zeit reisten.
Wenige Kilometer von hier befindet sich übrigens die Stammburg eines der Gründer des Templerordens. Zufall, nichts als Zufall!
Vor wenigen Wochen jedoch war das Ei des Nostradamus plötzlich wieder da! Ein Leser schickte mir einen Stich von 1503, hergestellt zu einer Zeit, als der kleine Michel de Notredame noch in der Wiege lag. Auf dem Stich sieht man einen Engel mit zwei Köpfen.
In der linken Hand – stellen Sie sich, liebe Leser, meine Überraschung vor – hält dieses Geschöpf ein Ei, in der rechten Hand

Der Engel
mit den
zwei Köpfen

eine Scheibe. Mein erster Gedanke war: Nostradamus hatte etwas mit einem Ei zu tun. Mein zweiter Gedanke war: der Igel des Nostradamus, der zu einer Scheibe umformatiert werden kann. Die Scheibe könnte für Omega, also das Ende, das Ei für den Anfang aller Dinge stehen. Beides zusammen ergibt bei Nostradamus eine Sequenz.
»A und O ist Sequenz« lesen wir in dem geheimnisvollen Buchstabenviereck, das er uns hinterlassen hat. Dazwischen liegt alles, was jemals geschehen ist, und vom Punkt der Gegenwart aus gesehen auch alles, was künftig noch geschehen wird. Jubel, würde Nostradamus in seinem Text vermerken, wenn wir auf diese Weise ein Stückchen eines Geheimnisses hätten lüften können, das nachweislich vor der Zeit des Nostradamus liegt.

Was könnte dieses Geschöpf mit den zwei Köpfen darstellen, was wollte man darstellen? Eine Phantasieform nach der Geburt von siamesischen Zwillingen? Auch daran sollte man denken. Siamesische Zwillige hat es zu allen Zeiten gegeben. Sie sind meist kurz

nach der Geburt gestorben. Nach der allgemein im Mittelalter gültigen Ansicht waren getaufte Säuglinge unschuldig und wurden demnach gleich zu Engeln. Sicher hat man sich Gedanken darüber gemacht, wie die Sache wohl weitergegangen wäre, wenn dieser Säugling mit zwei Köpfen lange gelebt hätte. Das Phänomen in der Vorstellung der damaligen Zeit war ein Engel mit zwei Köpfen.
Was konnte er? Was konnte man vermuten, dürfte er können? Symbolisierte er einen Menschen mit dem zweiten Gesicht? Gab es Engel mit dem Zweiten Gesicht?

Der Engel mit den zwei Köpfen

Von diesen Überlegungen ist uns nichts überliefert worden. Ich habe sie spekulativ hier eingefügt, um Ihnen ein Gespür für dieses Phänomen des doppelköpfigen Himmelsboten zu geben. Sah man in diesem Wesen einen Alchimisten? Alles, was man nicht erklären konnte, wurde in der Renaissance der Abteilung Magie und Alchimie zugeschlagen. So auch, und das ist überliefert, dieser Hermes-Aphrodite, weil man der Meinung war, daß in ihm ähnlich wie in der Chemie Dinge miteinander vereinigt sind. Dies ist übrigens die offizielle Ausdeutung dieses Bildes. Wer sich mit der Lehre der Rosenkreuzer beschäftigt hat, weiß von der »Chymischen Hochzeit«, die man mit einer geistigen Verschmelzung, mit etwas Himmlischem gleichsetzte. Die reine Seele verbindet sich mit reinem Geist.

Querschnitt durch den Donjon von Arques

Körperlich, physisch erklärte man dies mit dem männlichen und weiblichen Prinzip des Menschen. Hier das weibliche und dort das männliche Prinzip, die in einem Körper miteinander verbunden, vereinigt, verschmolzen waren. Im täglichen Leben – und das wußte man als Geheimnis zu hüten –, gab es Menschen, die mit männlichen und weiblichen Geschlechtsmerkmalen geboren waren. Die Kirche wußte davon, hielt aber das Geheimnis zurück. Es gibt einige Indizien dafür, daß Leonardo da Vinci ein solcher Fall gewesen sein soll. An anderer Stelle habe ich darüber geschrieben und die Mona Lisa als das weibliche Gegenstück zu Leonardo beschrieben.

Einmal neugierig geworden, ließ ich meine Verbindungen spielen, um mehr über dieses zweiköpfige Himmelswesen zu erfahren. Recht schnell lag auf der Hand, daß die bisherigen Erklärungen, die über den Sinn bzw. die Aussage dieses Motivs gegeben wurden, nicht richtig sein konnten. Man hatte ganz offensichtlich die Geschichte dieses Doppelkopfes gefälscht.

Die arabische Legende

Was man im Arabischen über unseren zweigesichtigen Engel zu hören bekommt, bestätigt die Vermutung, daß es hierbei wohl doch um die Schau zurück in die Vergangenheit und vorwärts in die Zukunft geht. An den Lagerfeuern der Araber erzählte man sich folgende Geschichte:

Es war einmal ein Zauberer, der lebte am Hof eines arabischen Fürsten. In seiner Umgebung raunte man, daß er in die Zukunft sehen konnte. Daher begleitete er seinen Fürsten auf dessen Feldzügen. Der schlaue Herrscher hatte bemerkt, daß die Fähigkeit dieses Mannes darin bestand, ihm durch irgendwelche Zauberei sagen zu können, mit welchem »technischen Hilfsmittel« er den Feldzug für sich entscheiden, eine Stadt einnehmem oder ein feindliches Heer besiegen konnte. Es begab sich, daß der auf diese Weise sieggewohnte Fürst sich wieder einmal auf einen Kriegszug begab. Diesmal wollte sich das Kriegsglück jedoch einfach nicht einstellen. In der Manier eines Despoten befahl er den Ratgeber zu sich und setzte ihn unter Druck. Der verzweifelte Mann mußte binnen kurzer Zeit sagen, wie die gerade belagerte Festung eingenommen werden könnte. Der Zauberer ging in sein Zelt und schaute – und dies füge ich jetzt hinzu: zu weit – in die Zukunft. Er sah, wie Pfeile, an deren Spitzen Feuer gebunden war, die Stadt zerstörten. Als der Magier am nächsten Morgen seinem Fürsten den Rat gab, die Stadt mit feuertragenden Pfeilen zu zerstören, wurde dieser böse, denn eine solche Waffe besaß er nicht. Er befahl dem armen Zauberer, daß er ihm bis zum nächsten Tag sagen sollte, wie er diese Waffe herstellen konnte, sonst würde ihm der Kopf abgeschlagen. Der Magier sah sein Ende nahen und überlegte, wie er sich retten konnte.

Schließlich entschloß er sich für sich, einen zweiten Kopf zu zaubern, damit er überleben konnte, wenn ihm ein Kopf abgeschlagen würde.
So geschah es. Das Schicksal wollte es, daß sein erster Kopf, der die Fähigkeit hatte, in die Zukunft zu schauen, abgeschlagen wurde. So lebte er zwar weiter, hatte aber seine Fähigkeit verloren.

Allzeit gab es doppelköpfige Wesen – auch bei den Sumerern vor viertausend Jahren. Das läßt sich auf einem Rollensiegel des Schreibers Adda aus dem 24. Jahrhundert vor der christlichen Zeitrechnung nachweisen. Dort lautet die Erklärung, daß der janusköpfige Noah-Utnapischtim, der in zwei Welten lebte, der Welt **vor** der Sintflut und **nach** der Sintflut ... dieses und jenes tut ...

Demnach können die Spekulationen und Märchen, von denen wir bisher gelesen haben, nicht stimmen. Zwei Fakten liegen vor uns: das Symbol Ei und das Symbol Scheibe.
Eine Erklärung für das Ei liegt auf der Hand. Es ist der Anfang der Dinge: Und die Scheibe: ist sie das Symbol für Omega, das Ende aller Dinge? Dazwischen liegen alle Geschehnisse der Schöpfung, die sich ereignet haben und die sich ereignen werden. Aber Monsieur H. S. hatte von dem ›Ei‹ des Nostradamus gesprochen und von dem ›sprechenden Kopf‹, der durch die Zeiten geistert, die Geschichten der Märchenerzähler im Orient würzt und vielen Templern im Mittelalter das Leben gekostet hat, als die Inquisition mit Gewalt und Folter hinter das Geheimnis des ›sprechenden Kopfes‹ kommen wollte.

Nostradamus und seine Verse in eigener Sache

Das fängt, wie kann es anders sein, mit den ersten beiden Versen des 1. Kapitels bzw. der 1. Centurie an. Wer nicht in die Geheimnisse des Nostradamus eingedrungen ist, wird aus seiner Sicht zu Recht sagen, daß diese ersten beiden Verse der Beginn des Werks seien. In der bisherigen Deutung durch Nostradamus-Autoren wurden diese ersten beiden Vierzeiler immer schon als Mitteilungen in eigener Sache angesehen. Das ist logisch, denn sie stehen ja scheinbar am Anfang des Buches.

I. Centurie, Vers 1, Zeile 1:

1 Original:	Estant assis de nuict secret estude
A Lesart:	Est ant as sis tenu 1 C T secre tes tute
B Lesart:	Est ant assis d en vict secret estude

1 Original:	Sitzend bei geheimen nächtlichen Studien
A Lesart:	Ist zuvor die Tafel sechs. Enthält ein hundert geheime Thesen insgesamt
B Lesart:	Osten zuvor verhilft zum Sieg. Geheime Übungen.

I. Centurie, Vers 1, Zeile 2:

2 Original:	Seul repose sur la sell d'aerain
A Lesart:	Sev l rebose sur la sell Taera in
B Lesart:	Seul repose sur la sell d'aera in

2 Original:	Allein sitzend auf dem brozenem Dreifuß
A Lesart:	Abfahrt der Zurückversetzung auf den Thron der eingeweihten Erde
B Lesart:	Einsam zurückversetzt auf den Sattel der eingeweihten Zeit

I. Centurie, Vers 1, Zeile 3:

3 Original:	Flamme exigue sortant de sollitude
A Lesart:	L amme exi que sortant de sollitude
B Lesart:	Flamme exique sortant tes olli tute

3 Original:	Eine winzige Flamme zeigt aus der Einsamkeit
A Lesart:	Die ausgetretene Seele die die Einsamkeit verlassen hat
B Lesart	Das Flämmchen verläßt die ganze ölige Lehre

I. Centurie, Vers 1, Zeile 4:

4 Original:	Fait prosperer qui n'est a croire vain
A Lesart:	Aid prospere r qui n'est a c roi evain
B Lesart:	Fait prospere r qu ines ta croire vain

4 Original:	Wächst hervor damit der Glaube nicht vergeblich ist
A Lesart:	Hilfe erwächst durch R, daß nichts ist außer der Liebe der 100 Könige
B Lesart	Macht größer die Weissagungen welche einweihen deinen Glauben in die fünf welche die Zahl haben

Das waren also unsere Möglichkeiten, und hier nun die klassische Übersetzung, wie man sie in allen Nostradamus-Veröffentlichungen der letzten 100 Jahre findet:

1. Zeile:	Sitzend bei geheimen nächtlichen Studien
2. Zeile:	Allein sitzend auf dem bronzenem Dreifuß
3. Zeile:	Eine winzige Flamme zeigt aus der Einsamkeit
4. Zeile:	Wächst hervor damit der Glaube nicht vergeblich ist

Nun die Version des Nostradamus in einer eigenen Sache im Zusammenhang mit den notwendigen geringfügigen Anpassungen, um den Sinn zu verstehen:

1. Zeile:	Vorausgeht die Tafel sechs. Enthält ein hundert geheime Thesen insgesamt.
2. Zeile:	Einsam zurückversetzt auf dem Dreibein der Zeit die alles weiß.
3. Zeile:	Der ausgetretenen Seele, die die Einsamkeit verlassen hat.

4. Zeile: Hilfe erwächst durch R, daß nichts ist
außer der Liebe der 100 Könige.

Erstaunlich, wie sich alles zusammenfügt. Wer »Weissagungen des Nostradamus – Neu entschlüsselt« gelesen hat, weiß, daß die Nostradamus-Zeitrechnung in Wirklichkeit 1555 und somit in der V. Centurie, Vers 55 beginnt. In Zeile 1 steht: Sechste Tafel = 16tes Jahrhundert 100 geheime Prophezeiungen.
Die drei folgenden Zeilen beschäftigen sich mit der Seher-Methode des Nostradamus, sind somit in eigener Sache geschrieben worden. So stellt sich uns die Frage: Wie sieht das »Dreibein der eingeweihten Zeit« aus?

Nostradamus spricht von einem »Austreten«, einer Ekstase (= Körperaustritt der Seele), d.h., er hat die Zeitreisen unternommen, ohne den eigenen Körper mitzunehmen. Nostradamus erklärt weiter, daß sich die Seele durch die Bindung an den Körper in einer Isolierung, einer Einsamkeit befindet. Diese kann der Zeitreisende aufheben, wenn er den Körper verläßt.

Nostradamus nannte das »Ei« »R«

Absolut neu und somit eine kleine Sensation für Esoteriker ist der Hinweis, daß Nostradamus mit Hilfe eines Gerätes, das er hier »R« nennt, seine Zeitreisen unternommen hat. Mit »R« kürzte Nostradamus gerne eine Sache ab, die er als Rarität, Seltenheit ansah. Seine Zeitreisen waren somit nicht ein unwillkürlicher »Zufallsausflug« der Seele – ähnlich wie zum Beispiel bei »Traumreisen« –, sondern punktgenau programmiert für einen gewollten Zeitsprung.

Und nun der zweite Vers in eigener Sache, ohne vorherige ausführliche Ableitung:

I. Centurie, Vers 2

Wasche das was in die Hand gegeben in der Mitte der Äste.

Unweit der Insel. Tausend wo fünfzig und der Saum und das P ist. Eine ängstliche Stimme. Göttlicher Glanz und das Göttliche ist nahe sich niederzulassen.

Auf den ersten Blick erscheinen auch den bisherigen Nostradamus-Autoren die Texte auf der Hand zu liegen. Kann man doch recht gut herauslesen, daß Nostradamus hier die Riten der Vorhersagekunst, wie sie in Delphi und anderen griechischen Stätten praktiziert wurden, beschreibt. Man könnte vermuten, daß Nostradamus das entsprechende Buch des Marsilius Ficinius (1433-1499) gekannt hat.
Schaut man mehr auf die Zerlegung der Textzeilen und berücksichtigt man das »zwölfteilige Täfelchen«, von dem Nostradamus in seinen Anweisungen für die Offenlegung seiner Texte spricht, dann weisen dessen geometrische Dreiecke eine Reihe von »Ästen« und »Zweigen« auf. Man merkt dann sehr schnell, daß hier ein Hinweis auf die göttliche Geometrie gegeben wird.

Offenbar werden Konstruktionsregeln für ein Gerät beschrieben, das einem Zeitreisenden hilft, den Geist bzw. die Seele vom Körper zu lösen und zu »starten«, um sich in andere Zeiten zu begeben und sich dort aufzuhalten. Wehren Sie bitte einen solchen Gedanken nicht gleich ab. Dies ist übrigens keineswegs der einzige Vers, in dem von Nostradamus ein solcher Hinweis gegeben wird. Da ist zum Beispiel der Vers 6:

V. Centurie, Vers 6

Dem König der Propheten sicher der Schlüssel in die Hand gegeben ist. Wird kommen um für den Frieden Italiens zu bitten.

In diesen Zeilen weist Nostradamus ausdrücklich darauf hin, daß seine Prophezeiungen absolut seriös sind und er einen Hauptzweck dieser Arbeit darin sieht, Italien in einer schlimmen Zeit der Unterdrückung des Glaubens eine Hoffnung zu geben. (Denken Sie bitte dabei daran, daß Italien laut Nostradamus rund fünfhundert Jahre lang islamisch sein wird.)

In einer nächsten Anmerkung weist Nostradamus auf den Ursprung seines Könnens hin:

V. Centurie, Vers 39

Durch den wahren Zweig der Blume des Lichts hervorgegangen. Gestellt und beherbergtes Erbe der etruskischen Einweihung. Sein Antiblut welches von langer Hand ausgedacht. In der Zeit von Florenz zum Blühen gebracht in den Wappen.

Demnach geht die Fähigkeit des Nostradamus zurück auf die Einweihung in die Geheimnisse der etruskischen Bruderschaft, die eine Renaissance mit und ab Dante erlebt, einen Höhepunkt in Siena erfuhr und anschließend noch einmal in Florenz in den geometrischen Formen (= Wappen) blühte. Es ist faszinierend, wie deutlich Nostradamus auf die Etrusker verweist.

Aber es gibt noch weitere Verse in eigener Sache. Es ist für uns Nichtpropheten wirklich schwer, den nächsten Vers zu verstehen:

V. Centurie, Vers 53

Das Gesetz der Sonne und Venus zusammengefaßt. In sich aufnehmen den Geist der Prophetie. Nicht der eine nicht der andere werden einverstanden sein. Durch die Sonne wird gehalten werden das Gesetz des großen Messias.

Was auch immer damit gemeint ist, eines Tages wird man es wohl verstehen, wieso die Sonne (eine sterbende Lebensbringerin) und die Venus (die ursprünglich nicht zu unserem Planetensystem gehörte!) bei der Reise durch die Zeiten für den Propheten eine Rolle spielen sollen.

Wenden wir uns einem weiteren Vers zu. Hier spricht Nostradamus von einer Universalwissenschaft, die ihre Inhalte irgendwo in Südfrankreich versteckt hat. Ich kann dazu nichts sagen, außer, daß im Tal des Flüßchens Aude, in seinem Oberlauf, nach geheimen Schätzen der Katharer gesucht wird. Der nächste Vers ist dafür verantwortlich, warum viele Nostradamusanhänger in Südfrankreich nach einem von ihrem Idol angeblich versteckten Schatz suchen:

V. Centurie, Vers 58

Vom Aquädukt aller Wissenschaften die Zählung gehalten wird. Bewacht das Schmierige. Durch Wald und Berg unzugänglich. In der Mitte der Brücke wird sein eine Tasche in der Faust. Die Kette gebrauche solange es wird schrecklich sein.

Ich interpretiere diese Zeilen wie folgt: Ein in der Römerzeit errichteter Wasserkanal, der schwer zu erreichen ist, weil er inmitten von bergigem Gelände im Wald liegt, überquert einen Fluß. Dort mitten im Fluß steht ein Pfeiler (Faust). In diesem Pfeiler befindet sich eine Aushöhlung (Tasche). Lasse dich an der Kette hinunter, damit du nicht abstürzt.
Und was erwartet dich als Lohn (erste Zeile)? Die mathematischen Formeln aller Wissenschaften.

Acht Verse später setzt Nostradamus den vorangegangenen Text weiter fort. Er lautet:

V. Centurie, Vers 66

Unter dem Heiligen, welche großartige Täuschung bei der 10. Nicht weit vom Aquädukt welcher zerstört ist. Sonne und Mond sind das Leuchten ohne Glanz. Brennende Lampe goldenes Dreieck. Grabmeißel.

Jetzt erfahren wir, daß der künstliche Wasserlauf zu Nostradamus' Zeiten bereits zerstört war. Der Zugang ist durch eine geniale Tarnung für den nicht in das Geheimnis eingewiesenen Sucher nicht auffindbar. Der Rest deutet auf Inhalte dieser Schatzkammer.
Dieser Vers enthält zudem einen Hinweis, den wir unbedingt als weiteres Indiz beachten sollten. Das goldene Dreieck, hervorgehend aus der göttlichen Geometrie des Pythagoras, scheint hier

gemeint zu sein. Demnach ist klar, daß es im ersten Vers I, 1 nicht um einen dreibeinigen Schemel, den Dreifuß, geht, sondern tatsächlich, wie schon vermutet, um das »Pythagoräische Dreieck«

$$a^2 + b^2 = c^2$$

Weiter in den Texten:

V. Centurie, Vers 75

Hinaufsteige auf die höchste Höhe zur Rechten. Unsterbliches sitzt auf dem viereckigen Stein. Gegen die Mitte stelle dich an das Fenster. Niedere Gabe aus Gold in der Hand, stoße ohne Zögern zurück.

Nostradamus gibt somit den Ort seiner Zeitreisen bekannt. Das bedeutet, er hat die Visionen nicht in seinem Haus in Salon en Provence erschaut, sondern an diesem geheimen Ort, dessen Inneneinrichtung er in diesem Vers beschreibt. Der Sinn dieser Zeilen läßt sich wie folgt erläutern: Man steigt steil hinauf, wendet sich nach rechts, befindet sich dann vor einem viereckigen Gebilde, das Nostradamus als Stein beschreibt, aber in Wirklichkeit ein Gerät oder ein Mechanismus ist. Man soll sich genau in die Mitte davor stellen, wo sich ein Guckloch (Fenster) befindet – heute würde ich sagen, wo sich ein Bildschirm befindet.
Man soll nicht das herumliegende Gold oder die hier hinterlegten Schätze beachten (zurückstoßen), sondern den viereckigen Stein.

Die weiteren Mitteilungen in eigener Sache von 1600 bis 1899 habe ich bisher noch nicht eindeutig identifizieren können. Das ist so schwierig, weil Nostradamus offenbar nicht zu jedem Jahrhundert Notizen in eigener Sache hinterlassen hat. So habe ich für das 20. Jahrhundert nur zwei Zeilen gefunden. Sie lauten:

IX. Centurie, Vers 84

Die Flut bricht den Marmor und Verschluß des Grabes eines großen Römers – Lehre in die Einweihung der Medusa.

Der größte Römer aller Zeiten wird wohl, und ich bin mir sicher, daß nach der Neuordnung der Geschichtsabläufe der Antike dies auch bestätigt wird, Pythagoras sein. Seine Jünger gründeten das wahre Rom! Sie wurden schon hundert Jahre später aus ihrem Rom vertrieben und sind bei den Etruskern in der Toskana wieder aufgetaucht.

Nach diesem Text liegt es auf der Hand, daß irgendwo – vermutlich in der Toskana – von uns noch nicht bemerkt im Jahre 1984 der entscheidende Schritt gelungen sein dürfte, der uns den Zugang in die Geheimnisse des Pythagoras und die Kunst der Prophetie öffnen wird.
Etwa neunzig Jahre später, von 1984 gerechnet, ist es dann soweit: Nostradamus gibt die endgültige Originaloffenlegung seiner Prophetien bekannt:

X. Centurie, Vers 73

Die Zeit zeigt für 500 Jahre, daß was vorüber gegangen ist. Sie wird gerichtet werden durch den großen idealistischen Spieler. Später wird die Welt seiner überdrüssig werden. Und ihm untreu werden durch die Geistlichkeit, die ihm geschworen hat.

Eine der Hauptschwierigkeiten, der sich ein Übersetzer und Interpret der Nostradamus-Vorhersagen gegenübersieht, ist die exakte Zuordnung des Ereignisses zum Prophetietext. Unkompliziert ist inzwischen die zeitliche Zuordnung des Textes. Die semantische Behandlung des Textes ist deutlich schwieriger. Geschichtliche Überlieferungen sind meiner Erfahrung nach in den meisten Fällen ungewollt, mangels Hintergrundkenntnissen verfälscht oder sogar von den damals lebenden Historikern aus Staatsräson bewußt gefälscht worden.
Nostradamus sagt, daß durch seine Prophezeiungen ein weiterer Nutzen für die Menschen darin besteht, daß sie im Vergleich seiner Texte mit historischen Texten Geschichtsfälschungen schneller entdecken und dadurch die Möglichkeit haben werden, die »Wahrheit« zu erfahren.
Ein Beispiel: Als Drahtzieher des Dreißigjährigen Krieges be-

zeichnet Nostradamus den spanischen König! Noch ein Beispiel: Er berichtet davon, daß Napoleon nach seinem Waterloo-Desaster von den Alliierten betrogen wird, weil sie Zusagen nicht einhalten. Recherchiert man in den Geschichtsbüchern, dann entdeckt man, daß Napoleon wochenlang seine Ausreise per Schiff ins Exil verzögerte. Warum?

Die Prophezeiungsverse für das 22. Jahrhundert bringen uns den nächsten Hinweis in eigener Sache:

II. Centurie, Vers 99

Römische Scholle die auslegt die Weissagung. Durch die gallische Vereinigung durch die viele schikaniert werden.

Nostradamus begründet hier die Herausgabe der Zukunftsschau unter anderem damit, daß er sie als eine Art tröstlichen Hinweis für das 2299 im tiefsten Tal islamischer Unterdrückung befindliche Christentum ansieht. Er meint damit, daß die im Untergrund lebenden Christen seine Weissagungen mit den darin enthaltenen Vorhersagen über das Ende des Islam als Trost und Hoffnung empfinden werden.

In einem Vers, der fünfzig Jahre später datiert ist, wird es nochmals in eigener Sache interessant:

III. Centurie, Vers 46

Der Himmel überwacht die Situation unserer Vorhersage. Durch belebende Geistlichkeit und durch die Fixsterne. Was sich verändern wird plötzlich in dem es sich Altem nähert. Weder für sein Wohl noch für sein Wehe.

In diesem Vers gibt Nostradamus einen Teil des Geheimnisses seiner Zeitzuordnung oder Zeitfindung bekannt. Es sind die Fixsterne. Damit ist auch klar, warum Nostradamus gegen Astrologen der üblichen Schulen wettert, denn er verspottet sie u. a. im Vers 100 der VI. Centurie als Tölpel.
Er fährt im o. g. Vers fort und sagt, daß die eigentlich größte

Veränderung die Wiederentdeckung unserer Vergangenheit sein wird. Hierbei müssen wir wissen, daß unsere Urahnen, die vor Jahrtausenden auf diese Erde gekommen waren, uns Aufzeichnungen über unsere Herkunft und unsere Zukunft hinterlassen haben. Diese Datenbanken aus der Vergangenheit werden eines Tages entdeckt. Diese Entdeckung wird weder zum Wohl noch zum Schaden der Menschheit sein.

Im nächsten Vers wird es dann klar. Nostradamus benutzte irgendein Gerät, um die Zeitreisen im Geiste zu unternehmen. Der Begriff »Kopf« = »tet« wird von ihm ansonsten für eine Konstruktion benutzt, die ich als Großrechner übersetze. Es wird vor allem Rechnerzentren im Erdorbit geben, weil sie wohl dort unter Weltraumbedingungen am schnellsten arbeiten werden:

III. Centurie, Vers 74

Sein wird auf Erden mein Kopf, den sie lachend kaufen.
Um Nachsicht zu üben gegenüber dem Übel. Beklagen
werden sie die Tatsache ihren Herrn verspottet zu haben.

Demnach werden im Jahre 2374 Menschen in der Lage sein, einen Apparat gleich dem, den Nostradamus besessen oder in der geheimen Höhle, die er vorher beschrieben hat, benutzt hatte, zu kaufen. Von diesem vervielfältigten, nachgebauten »Kopf«, von dem ich schon in meinem ersten Buch gesagt habe, daß sich dahinter der sognannte »Kopf des Johannes« verbirgt, wird es offenbar beliebig viele Reproduktionen geben.
Die Benutzung dieses Gerätes wird, wie kann es anders sein, von den dann lebenden Menschen mißbraucht, laut Nostradamus u. a., um eine später ausgelöste Fehlentwicklung in der Zivilisation zu beschönigen oder gar zu rechtfertigen.

Lassen Sie uns zum Schluß dieses Kapitels den meiner Meinung nach letzten Vers in dieser Reihe betrachten:

III. Centurie, Vers 94

Für 500 Jahre mehr berechnet als man halten wird.
Derjenige welcher gewesen war die Zierde seiner Zeit.

Dann auf einmal es große Klarheit geben wird. Die diejenigen dieses Jahrhunderts sehr aufrichten wird.

Worum geht es hier: Wenn wir diesen Vers statt für 2394 für 3394 zuordnen (was legitim ist) und wenn wir beachten, daß laut Nostradamus die Prophezeiungen für die Zeit von 1555 bis 3797 niedergeschrieben wurden, dann steht hier, daß Nostradamus für fünfhundert Jahre länger Weissagungen hinterlassen hat, als nötig wären. Wir Menschen werden von 3797 minus fünfhundert, somit ab 3292, praktisch nicht mehr auf der Erde leben. Das wird weiter nicht schlimm sein, denn die Endzeit hat begonnen, und die Menschheit ist fähig geworden, sich in einem anderen Planetensystem, von dem Nostradamus übrigens in seinen Prophezeiungen berichtet, eine »neue Erde« unter »einem neuen Himmel« zu suchen.

Nostradamus sagt, daß er die ersten fünfhundert Jahre dieser Zeit des »Woanderseins« der Menschen mit berücksichtigt hat.

Teil 2

DIE LÖSUNG DER SIEGEL

Alle Methoden der Zeit- und Textentschlüsselung

Vom »magischen Quadrat« zum »strahlenden Becher«

Seit Anfang der 80er Jahre baute sich mehr und mehr ein Bild auf, nach welchem System Nostradamus seine geheimnisvollen Texte vor Zensur und Verfolgung geschützt hat. War es anfangs nur das Wissen um den einen Zeit- und grundlegende Textschlüssel, so kamen von Jahr zu Jahr mehr und mehr Details hinzu, die mich erstaunen ließen.
Das Buch des Nostradamus war von ihm mit Geheimnissen aus der Vergangenheit der Menschheit und mit Enthüllungen über die Zukunft seiner Nachfahren vollgepackt, inhaltlich komprimiert und in den Verstexten dann »gefaltet« und schließlich veröffentlicht worden. An dieser Arbeit war Nostradamus nicht allein beteiligt, aber bis zu dieser Erkenntnis war es für mich noch ein weiter Weg.
Am Anfang meiner Arbeit stand die Kenntnis von den Möglichkeiten, sich Zugang zu seinem Buch zu verschaffen. Gespräche, die ich vor Ort geführt hatte, waren sehr hilfreich. Ein Glücksfall half mir, einen der richtigen Zugänge zu den lateinischen Floskeln im Vorwort zu finden. Die Übersetzung war dann nicht mehr schwer, und so lagen zum Jahre 1983 jene merkwürdigen Ausdrücke vor mir, die ich erstmals 1986 als vollständigen Text unter dem Namen das »Buch der Anweisungen« veröffentlicht habe.

Das Buch der Anweisungen

Bearbeitet man die lateinischen Textfloskeln als eigenständigen Text und verfährt man nach den hier hinlänglich beschriebenen Systemen, dann findet man Anweisungen und Hinweise, wie man in das Geheimnis der Centurien eindringen kann. Hier einige Beispiele:

So sagt Nostradamus, daß er
- die Zeit entfernt habe und man den Text mit der Zeit wieder verbinden soll,
- mit eigener Hand die Zeit angehalten habe, und man sie am Vormittag wieder in Bewegung setzen soll. (Wir wissen, daß das Buch der Centurien praktisch in der Mitte mit der Centurie V, 55 beginnt, also auf einer Uhr, die um $^{1}/2$ 6 beginnt),

- die Verse wie Beete in einem Garten angeordnet habe und die Interpunktion und die Leerzeichen wie Unkraut zu betrachten seien,
- drei Zugänge zu seinem Text geschaffen habe.

Diese drei Einstiege sind der sprachliche Zugang, der mathematische Zugang und der intuitive Zugang

Den Weg, den ich zuerst gegangen bin, war der sprachliche Zugang, gelegentlich unter Mithilfe der Intuition. In diesem Kapitel will ich versuchen, denjenigen unter meinen Lesern, die das Geheimnis der Geheimnisse des Nostradamus selbst entdecken wollen, weitere Hinweise zu geben. Hierbei denke ich nicht nur an die Leser, die am Ende unseres 20. Jahrhunderts dieses Buch gekauft haben und es lesen. Vielleicht sind inzwischen Jahrzehnte vergangen und gerade diesem von Ihnen gekauften Exemplar ist bestimmt, einem vom Schicksal ausersehenen Erben des Nostradamus den nächsten großen Schritt zur Enthüllung der »Großen Verheißung« zu ermöglichen.

Der Zeitschlüssel

1986 war es soweit. Ich konnte die Prophezeiungen des Nostradamus wortwörtlich verfolgen, weil mir die zeitliche Zuordnung der Texte gelungen war.
Will man wissen, was Nostradamus für das Jahr 1995 gesehen hat, so schlägt man die IX. Centurie auf und sucht den Vers 95, für das Jahr 95. Das ist alles. Will man die Prophezeiung für 1860 lesen, so sucht man in der VIII. Centurie den Vers 60! Damit ist mit wenigen Worten die Zeittechnik für den Universalalmanach beschrieben. Wir haben es mit 10 Centurien zu tun, die im Regelfall jeweils 100 Vierzeiler enthalten (Ausnahme die VII. Centurie). Die Prophezeiungen gelten laut Nostradamus von 1555 bis 3797, also müssen (und können auch) Vierzeiler mehr als nur einmal verwendet werden. Darin lag ja auch das Genie des Visionärs aus Salon, daß er in den Versen Textschichten komprimieren konnte, die für zwei oder drei Zeit-

punkte wichtige Aussagen enthielten. Der Text fängt mit dem Vierzeiler für 1555 an, das ist etwa in der Mitte seines Werks. Hier eine Übersicht:

1555–1599:	V.	Centurie, Verse 55 bis 99
1600–1699:	VI.	Centurie
1700–1799:	VII.	Centurie, Verse 43-100 fehlen
1800–1899:	VIII.	Centurie
1900–1999:	IX.	Centurie
2000–2099:	X.	Centurie
2100–2199:	I.	Centurie
2200–2299:	II.	Centurie
2300–2399:	III.	Centurie
2400–2499:	IV.	Centurie
2500–2599:	V.	Centurie
2600–2699:	VI.	Centurie
2700–2799:	VII.	Centurie, Verse 43-100 fehlen
2800–2899:	VIII.	Centurie

und so fort.

Beachten Sie bitte, daß der jeweils 100. Vers einer Centurie nicht für das darauffolgende Jahr steht, sondern für das erste Jahr des betreffenden Jahrhunderts. Der Vers 100. der IX. Centurie steht also für 1900, nicht etwa für 2000! Für das Jahr 2000 steht vielmehr der 100. Vers der X. Centurie.
Eine Bemerkung am Rande: die 1. Zeile des 100. Verses einer jeden Centurie gibt über die Jahresinformation hinaus auch eine Art Generalüberblick für das betreffende Jahrhundert.
Für die Zuordnung der VII. Centurie, die ja nur über 42 Verse verfügt, gilt, daß die fehlenden Verse von 43 bis 100 von Nostradamus selbst entfernt wurden. Warum? Wir müssen vermuten, daß dies wegen der »unglaublichen« und »hochverratsverdächtigen« Prophezeiungen geschah und damit einerseits dem Selbstschutz des Nostradamus diente, andererseits aber auch dem Erhalt des Gesamtwerkes, das sonst wohl verfolgt und verbrannt worden wäre. Die Spanne von 1743 bis 1799 umfaßt nämlich genau jene revolutionären Zeiten, in denen die französischen Könige geköpft wurden!

Für die Zeit von 2743 bis 2799 stehen unseren Nachkommen ähnlich dramatische (und wohl leider auch blutige) Ereignisse bevor wie zur Zeit der Französischen Revolution. Und in die Zeit von 3743 bis 3797 (so lange nur gelten nach Nostradamus' eigenen Worten seine Prognosen zur Weltgeschichte) fällt womöglich – wenn wir die vorhergehenden Texte richtig deuten – das Ende der menschlichen Besiedlung dieses Planeten Erde, nicht aber das Ende des menschlichen Lebens!

Der Wortschlüssel

Die zweite Erkenntnis aus meinen Computeranalysen war die Technik der Veränderungen, die »Verschlüsselungen« am Text selbst. Nostradamus hat mit ganz einfachen Mitteln den Orginalsinn der französischen Worte nachträglich verändert. Hierbei nutzte er ein Problem der Drucktechnik der damaligen Zeit.
Die Buchstaben b und p, d, t und auch andere wurden aus Kostengründen von den Druckern mit den gleichen Lettern, jedoch auf dem Kopf stehend, gesetzt. Und schon wird aus einem Wort wie »bord« = Grenze, Ufer ein »port« = ein Hafen, oder aus einem »dent« ein »tent«, aus einem Zahn also ein Zelt usw.
Lange Zeit konnte ich nicht glauben, daß die Verschlüsselung der Enthüllungstexte so einfach war. Die Verschlüsselung der beigefügten Gebrauchsanweisungen war hingegen recht kompliziert. Was müssen Sie noch wissen, um rasch zum Nostradamus-Experten zu werden?

Der Textcode des Nostradamus

Nostradamus schrieb seinen Text ursprünglich in fortlaufende Zeilen, ohne Leerräume zwischen den Worten und ohne Interpunktion. Leerräume und Interpunktion benutzte er nachträglich, um den Sinn zu verstellen. Er spricht von Blumenbeeten, in die er Unkraut gesät hat. Als ein solches Beispiel hier der Text für 1973, für den Yom-Kippur-Krieg, mit einigen - beileibe nicht allen! - Wortbildemöglichkeiten:

1973 = Vers 73 der IX. Centurie

Dans Foix entrez Roy cerulee Turban
DansFoixentrezRoyceruleeTurban

d	von den
ans	Jahren
Foi	Glaubens
x	10
en	in dem
trez	dreißigsten
tres	sehr
entre	zwischen/eintritt
res	
es	ist
roy	König
oi	
ice	
ce	
cer	des Irrtums (Krieg)
eru	
rule	rollt
ule	
le	das
dur	harte
ban	Banner

So würde ich den Text abfassen:
»Im Jahr des Glaubens im Oktober um den 30. (kann 30. September oder 30.Oktober sein). Tritt der König des Kriegs ein, wenn das harte Banner rollt.«

Der sprachliche Einstieg, der Weg über die Buchstaben:
Die Zeilen müssen vom »Unkraut« befreit werden, d. h., jede Verszeile ist von Interpunktion und Leerräumen zu reinigen. Aus der sich ergebenden Buchstabenkette sind neue Worte zu

bilden. Dies ist besonders sorgfältig für die Zeit von 1994 bis 2015 geschehen. Siehe weiter unten.

Begriffe zum sprachlichen Zugang

Im »Buch der Anweisungen«, wie ich es genannt habe, findet man Begriffe wie:

- das zwölfteilige Täfelchen
- der Igel
- Sequenz ohne Zeit
- der Nabel der Zahl
- die 1000 streichelt der Esel
- die Erben teilen die Haut wohl der Länge nach
- das Werk hat 8 Seiten

Solche und viele andere Ausdrücke warten darauf, durch die praktische Arbeit der Entschlüsselung erklärt und/oder bestätigt zu werden.

Der Sonnenschlüssel

Eigennamen als Charakterbeschreibung

Durch die Nostradamus-Literatur geistert die Behauptung, wonach der Seher die Namen der Helden oder Bösewichter wörtlich niedergeschrieben habe, die in der Zukunft leben oder die Zukunft drangsalieren werden. Um bei einigen Größen unserer neueren Geschichte zu bleiben: das stimmt nicht. Es hat nie gestimmt, und es wird nicht stimmen. Nostradamus hat die Persönlichkeiten der Geschichte mit einer typischen Eigenart ihres Auftretens oder des Charakters beschrieben. Hier einige Beispiele aus den Originaltexten:
Napoleon nannte er den Hahn, wohl deshalb, weil seine Uniform Brust und Bauch betonten, so daß die für einen Hahn klassische Pose zu beobachten war.
Präsident Lincoln beschrieb er als denjenigen, der aus dem Volk emporgestiegen ist und aus dessen kurzer Robe eine lange Robe wird.
Wilhelm II. titulierte Nostradamus als den Kronprinzen, also als einen Mann, dessen Fähigkeiten nicht für einen König oder Kaiser ausreichten.
Mussolini wurde von ihm als der Schwarze oder als der Gewalttätige beschrieben.
Hitler nannte Nostradamus den Magier und Goebbels den Cäsar des Selbstgeschreies.
Stalin wurde der Lügenmund genannt.
Kennedy bekam von Nostradamus den Titel Dummkopf, wohl weil er ihn für den späteren Vietnamkrieg der Amerikaner verantwortlich macht. (»Der Dummkopf schickt das Kreuzzugsheer vor die Küste.«)
Armstrong, der erste Mensch, der den Mond betreten hat, wurde als der Prinz auf fremder Erde bezeichnet.
Khomeini war für Nostradamus der weiße Turban mit dem byzantinischen Herzen, weil »byzantinisch« bei Nostradamus für die erzkonservativen Ansichten steht.
Gorbatschow wurde von Nostradamus als Einhorn bezeichnet, das an der Lüge festhält, wohl, weil das Blutmal auf seiner Stirn typisch für ihn ist und er sich nicht konsequent vom Kommunismus lösen konnte.

Weitere Namen, die wir aber zum heutigen Tage noch keinem Lebenden zuordnen können, sind in der Reihenfolge ihrer Nennung innerhalb der nächsten 20 Jahre:

Das Lächeln der Ungewißheit	–	Clinton?
Der rote Zion	–	... ?
Der gewalttätige Herkules	–	Jelzin?
Der König der Rattenfänger	–	Schirinowski?
Speichellecker vor dem Thron	–	... ?

2000:	Die durchtriebene Frau	–	eine neue Präsidentin?
2001:	Der alte Führer und sein Sohn	–	... ?
2011:	Der Stiernackige	–	... ?
2013:	Der Sohn der Blutwoge	–	ein blutrünstiger Papst?

Erinnern Sie sich bitte ruhig an diese Textstelle, wenn es eines Tages möglich sein wird, diese Beschreibungen den entsprechenden Politikern zuzuordnen.

Namen für Ereignisse und Gegenstände

Nostradamus versuchte das Wesen der Sache zu beschreiben. Nicht nur mit Persönlichkeiten verfuhr Nostradamus so. Er benutzt bestimmte Begriffe wiederholt auch, wenn es um eine Sache geht. Da Technologien oder Energieformen nur in gewissen Zeitperioden von Bedeutung sind, tauchen diese Begriffe manchmal nur in einem Jahrhundert gehäuft auf. Sie beschreiben ein bestimmtes Ereignis der Wissenschaft oder eine Großtat in der Forschung. Es fällt auf, daß Nostradamus niemals die zum Zeitpunkt des Ereignisses gebräuchlichen Namen verwendet hat. Nostradamus versuchte stets das Wesentliche der Sache, den inneren Kern, zu beschreiben.
Hier eine erste Aufstellung:

Die Lichter	Künstliche Sonnen im Erdorbit
Der Kopf	Im Weltraum kreisender Großcomputer

Der Spieß	Ein besonderer Typ Weltraumschiff
Das Tier	Ein von den Menschen mutiertes Lebewesen
Der Engel	Fliegende Menschen
Der Prinz	Ein aus einer Gruppe auserwählter Mensch
Die Barbaren	Soldaten, die ein fremdes Land überfallen
Die Galeere	Raumkapsel, die man nicht verlassen kann
Das Schiff	Raumschiff (später) mit Zubringerdiensten
Das Alte	Geschichte der Menschheit
Verheißung	Enthüllung der Zukunft der Menschheit
Neue Himmel	Veränderte Planetenbahnen unseres Systems
Der Stein	Apparat, der etwas kann, z. B. ein Fernseher
Der Wind	Energie
Der Ton	Die Frequenztechnik
Das Meer	Der Weltraum
Die Sorgfalt	Technik, Ingenieurwesen
Der Fluß	Kraftstrom im Universum
Der himmlische Bote	Ein außerirdisches Wesen
Die Finsternis	Raumabschnitt ohne Sonnen
Die Grube der Wissenschaften	Zyklotron

Für geographische Namen benutzte Nostradamus die Bezeichnungen des römischen Weltreichs für die verschiedenen Länder und Regionen; siehe auch die entsprechende Abbildung.

Strahlender Becher und zwölfteiliges Täfelchen

Stellen Sie sich bitte ein Schachbrett vor, das aus 5 x 5 schwarzweißen Feldern besteht.

Ausgangsmuster		Strahlender Becher		12teiliges Täfelchen
0 1 0 1 0		0 0 0		1 1
1 0 1 0 1		0 0		1 1 1
0 1 0 1 0	wird	0 0 0	und	1 1
1 0 1 0 1		0 0		1 1 1
0 1 0 1 0		0 0 0		1 1

Wir erhalten zum einen den »Strahlenden Becher« des Nostradamus, die Schablone für die göttlichen Verheißungen und das zwölfteilige Täfelchen, die Schablone für die weltlichen Prophezeiungen. Übrigens haben die Ritter des Malteserordens sich dieses Kreuz des zwölfteiligen Täfelchens zum Symbol genommen, denn ihre Aufgabe war es, die Pilger und Kreuzfahrer mit dem Schwert zu schützen.

Erproben wir das zwölfteilige Täfelchen: Nehmen wir die letzten fünf Zeilen des Textes für die letzte Dekade dieses Jahrhunderts. Ein Hinweis für Experten: Denken Sie bitte dabei daran, daß Vers 100 vor Vers 1 einer Centurie steht und die Prophezeiung für das Jahrhundert wiedergibt. Wenn wir die letzten fünf Zeilen, also Zeile vier des Verses 98 und die vier Zeilen des Verses 99 als die letzten fünf Zeilen dieses Jahrhunderts ansehen, dann bilden Sie eine der acht Grundlagen für die Prophezeiung der letzten Dekade dieses Jahrtausends.

IX. Centurie, Vers 98,4 bis 99,4:

I	II	III	IV	V	VI	VII	VIII
seron	tdere	ndrel	egran	dched	emoli	te	
venta	quilo	nerap	artir	lesie	ge		
parmu	rsget	terce	ndres	chaul	setpo	ussie	re
parpl	uyesa	presq	uille	urera	bienp	iege	
derni	resec	ourse	ncont	releu	rront	iere	

I

s	e	r	o	n		s			eon			n	
v	e	n	t	a		e					t		
p	a	r	m	u	pua		r				r		mal
p	a	r	p	l				b		a			
d	e	r	n	i				i		t			
											ner		

Auswertung I
Die Diagonalen serpi (p wird zu b) also Serbi = Serbien
tardn (t wird zu d) also tard n = zögert nicht
Das 12teilige Täfelchen:
mal = schlechtes, übles
eon = Zeitalter
pua ner: wird zu = puan er = stinkender Luft

II

t	d	e	r	e	t	e	dir
q	u	i	l	o	u	l	
u	r	s	g	e	s	s	qur ago
u	y	e	s	a	s	y	
e	r	s	e	c	c e		ere

Auswertung II
Die Diagonalen tuss ce yles = alles diese Inseln
Das 12teilige Täfelchen:
ago = agnie= im Todeskampf (Sterben)
dir = spricht
qu = was
rere = geschoren, rasiert (wurde)

III

n d r e l   n   l   der
n e r a p   e   a
t t e r c   e   e   pnt   prq
p r e s q   s   r
o u r s e   e o   ues

Auswertung III
Die Diagonalen: nee se o real = geboren hat sich Omega wahre
Das 12teilige Täfelchen:
prq = Kürzel für presque = fast, beinahe
ter = (d wird zu T) Erde
pn = (Kürzel evtl. für) kann nicht
tue s = töten das S (S = meist Kürzel für Geheimnis, hier vielleicht auch für Serbien)

IV

e g r a n   e   n   atg
a r t i r   r   i
n d r e s   r   r   tua   ere
u i l l e   l   i
n c o n t   t   n   nlc

Auswertung IV
Die Diagonalen: err l t ni rin = Irrtum des t (Kürzel) niemals fließt
Das 12teilige Täfelchen:
erect = (g wird zu c) aufgerichtet
a = zum
tua = töten (im)
an lC= Jahr 99

V

d c h e d   d   d   sec
l e s i e   e   i
c h a u l   a   a   hul   aue
u r e r a   r   r
r e l e u   u   r   eee

Auswertung V
Die Diagonalen:

de	= von, durch
arur	= aroer = drehen
raid	= Überfall

Das 12teilige Täfelchen:

au	= bei
e	= fünf (e kann auch für 5 stehen) (1995)
sec	= geheimes
hulee	= Gekreische
e	= ist, oder e kann auch für 5 stehen, dann: 5mal geheimes Gekreische

Das sechste Feld ist nicht mehr vollständig. Vermutlich wird das sechste und jedes weitere Feld nach einer Regel, die zur Zeit nicht bekannt ist, mit den Restbuchstaben aus dem nächstfolgenden Feld aufgefüllt.
Ohne diesen so gefundenen Text weiter zu kommentieren, kann unser Experiment als gelungen angesehen werden. Es geht um Serbien, es geht um eine neue Waffe, es geht um einen Überfall im achten Abschnitt der letzten Dekade dieses Jahrhunderts.

Aus dem Buch der Anweisungen

Hier sind die wichtigsten, das zwölfteilige Täfelchen betreffende Auszüge aus dem Buch der Anweisungen zusammengestellt:

Nun wohl, beginne mit dem Weissagen.
Im übrigen wird die Inspiration selbst,
durch das leichtbewegliche Gesetzestäfelchen,
dir den verschlossenen Sinn eingeben.

Wenn im Durcheinander der nächste Schritt auf gleiche Weise zu gehen schwierig oder nicht möglich ist, dann gehe in die viereckigen Täfelchen mit der Losung, in dem das Wesen der Sache, ohne Jahresangabe, auf beiden Seiten beschnitten ist.

Das Arbeitswerk ist mit Mühe verdeckt, denn es ist angestrebt, daß es sich weit verbreitet. Zahl und Zeit werden durch das 12teilige Täfelchen neu geboren.

Härte die Prophezeiung. Wiederhole du am Täfelchen unten, wo zwei Zeiten und Worte gekittet sind. Das Täfelchen wird die unbekannten Jahre zum Vorschein bringen.

Wenn du das Täfelchen, die Marke oberhalb reparierst des Nachmittags, ergänze das Täfelchen um die beschnittene Zeit.
Jubel!

Lasse fließen die entflammte Weissagung. Kräftige und stärke sie. Stoße an die laufende Zahl. Lege sie kundig in das 12teilige Täfelchen, dem sie entstammen.

Der Tempel Gottes wird durch eine Hütte bewacht. Mit dem alles enthaltenden zwölfteiligen Brettchen kannst du den Tempel durch fromme Gesinnung und dankbare Liebe und Pflichtgefühl erringen.

Alle zwölfteiligen Brettchen müssen erschienen sein.

Soweit die Auszüge aus dem Buch der Anweisungen, die Nostradamus für den Entschlüssler hinterlassen hat.

Das leichtbewegliche Täfelchen

Im Buch der Anweisungen erwähnt Nostradamus das »leichtbewegliche Täfelchen«. Ich muß zugeben, daß ich sehr spät den Hintersinn und die Zuordnung dieses nostradamischen Begriffs vornehmen konnte. Mitte der 80ger Jahre erhielt ich eine Broschüre aus Salon, von den Freunden des Nostradamus, in der mehrfach ein Buchstabenrad als Signet abgebildet war.

(Siehe Abbildung) Man erkennt eine Folge von Buchstaben, ein Speichenkreuz mit je einem Buchstaben. Alles erinnert etwas an die Urmutter der Roulettespiele. Schneidet man den Innenteil aus und verdreht ihn von Buchstaben zu Buchstaben, so kommt eine Möglichkeit zum Vorschein, Buchstaben nach anderen Gesetzmäßigkeiten auszutauschen. Meine Stichproben ergaben, daß für den politischen Prophezeiungsteil, der uns mehr als alles andere interessiert, diese Art von Buchstabenbehandlung nicht nötig war. Sie spielt für den geheimnisvollen Text der zweiten und insbesondere für den Text der dritten Lesart, also in Kombination mit dem »Strahlenden Becher« und anderen Schablonen eine Rolle.

Just in diesem Frühjahr schickte mir ein Leser einen Hinweis, auf genau so ein Rädchen (siehe Abbildung Seite 103), wie es offenbar zur Zeit des Nostradamus auch in Deutschland üblich war. Wie gesagt, für unseren Prophezeiungstext mit dem »widerlichen Geruch« ist der Gebrauch des »leichtbeweglichen Täfelchens« nicht erforderlich.

Die 16 Buchstaben der Renaissance

In der Hochzeit der geheimnisvollen Zirkel und Bünde spielte eine Buchstabenableitung eine große Rolle. Es war der Zusammenhang zwischen Buchstaben und Zahlen. Man ging davon aus, daß die Buchstaben einer mathematischen Ordnung entsprachen. Demnach gab es am Anfang nur das Wort und das Gesetz, das diesem Wort die Spielregeln seines Verhaltens vorgab.

In der Reihe der Zahlen 1 2 4 8 16 hatte man die Entwicklung der weltlichen Dimensionen gesehen. In der Zahlenreihe 1 3 6 12 24 sah man die gesetzmäßige Entwicklung der geistigen, nicht-körperlichen Dimensionen. So gab es das zwölfteilige Täfelchen, ein Alphabet für eine geistige Schrift und entsprechend das 16teilige Täfelchen für die weltliche Schrift, die von den Geheimbünden bevorzugt benutzt wurde.
Wir müssen diese Tafel kennen, um Texte des Nostradamus zweifelsfrei lesen zu können. Neben der Regel des Buchstabentauschs enthält dieses 16teilige Täfelchen die Zuordnung der Buchstaben aus unserem Alphabet zu den Urbuchstaben, aus denen sie nach dieser Philosophie hervorgegangen sind.

Falls Sie selbst übersetzen wollen, benötigen Sie
- den Text des Nostradamus
- das Täfelchen mit den 16 Buchstaben (siehe Abbildung)
- ein Wörterbuch für Altfranzösisch und
- ein Wörterbuch für Französisch.

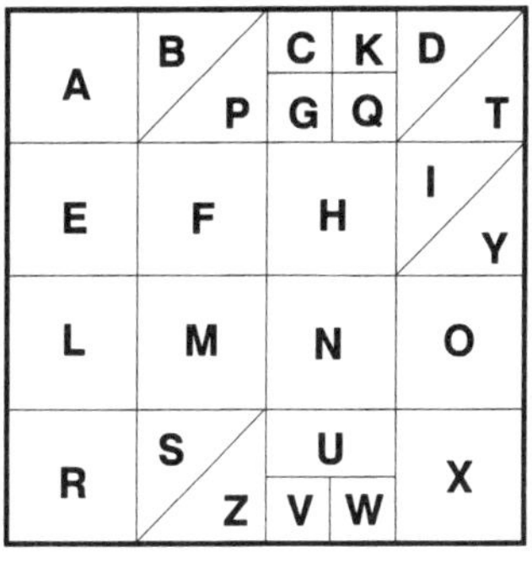

Geheimkonstruktionen aus Zahlen und Buchstaben: Wie man die große Texttafel rekonstruiert

Um zu der großen Texttafel des Nostradamus zu kommen, schreiben Sie bitte die erste Zeile der ersten Centurie ab. Daneben schreiben Sie die erste Zeile der zweiten Centurie, der dritten, vierten, fünften, sechsten, siebten, achten, neunten und schließlich der zehnten Centurie. Auf diese Weise haben Sie eine Zeile mit knapp 360 Buchstaben geschrieben.
So fahren Sie bitte mit der zweiten Zeile fort, bis Sie endlich die 400. Zeile bis zur zehnten Centurie abgeschrieben haben. Gratuliere – die große Texttafel des Nostradamus liegt vor Ihnen.

Diese nach Art einer jüdischen Thorarolle aufgebaute Tafel hatte Nostradamus mit 144 000 Buchstaben und 16 000 Leerstellen und Interpunktionszeichen beschriftet. Die Tafel war in 400 Zeilen senkrecht und 400 Spalten waagrecht angeordnet worden. Eine zweite Tafel, nur aus Buchstaben bestehend, entstand, wenn man die 16 000 Stellen des Beiwerks wegließ. Diese Tafel war dann auf 400 x 360 Positionen angelegt und ergab die Zahl 144 000, eine Zahl, die uns in den Johannes-Offenbarungen begegnet. Kein Zufall, vielmehr volle Absicht des Meisters Michel. Die Tafel hatte er auf Pergamentblätter geschrieben, die aneinandergefügt wurden. Sie zierte die Stirnwand seines Arbeitszimmers im ersten Stock, und zwar auf der gegenüberliegenden Seite der Aufgangstreppe. Möglicherweise haben Holzlatten die einzelnen Teile zusammengehalten.
Als er die Arbeit an diesem Werk beendet hatte, zerlegte er die Tafel. »Die Erben teilen die Haut der Länge nach«, lautet eine seiner Anmerkungen in den Begleittexten. (Die Originalabschnitte hinterließ Nostradamus säuberlich gebündelt und verschnürt »demjenigen seiner Kinder, das sich dafür interessierte«, so steht es in seinem Testament.)

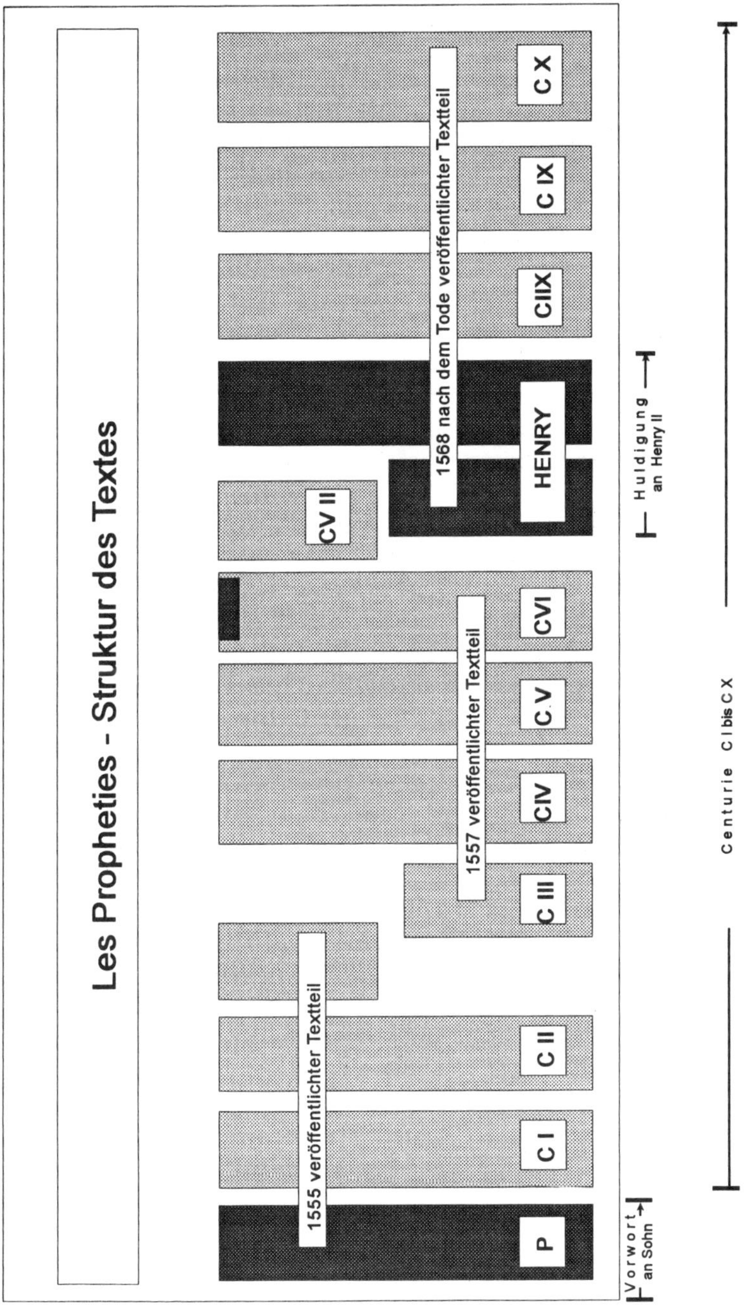

Das Gesamtwerk, also Vorwort, Centurien, Epistel an Heinrich II., wurde in drei Teilen veröffentlicht. Die Abbildung zeigt schematisch den Aufbau der Texttafel. In der Mitte der Tafel befindet sich der Vers für das Jahr 1555!

Die Nostradamus-Texttafel der 144 000 Buchstaben

Diese Texttafel aus 144 000 Buchstaben sollte von uns wie eine jüdische Buchrolle gesehen werden. Der Haupttext befindet sich in der Mitte, und die Kommentare werden rechts und links vom Haupttext angeordnet. 12 000 Buchstaben bilden den Kerntext des Nostradamus-Werkes, der Rest sind die Kommentare, in unserem Fall das Vorwort an den Sohn César (das sich an alle richtet, die das Geheimnis des Nostradamus entdeckt haben) und die Huldigung an Heinrich II. (den kommenden Nostradamus).
Die erste Jahrtausendrunde der Verse behandelt die Zeit von 1555/1605 bis 2555. Hier geht es vielfach um Kriege, Greuel, Fortschritt und Rückschritt und die Veränderung der Lebensumstände auf dieser Erde. Religiös motivierte Auseinandersetzungen werden nach Nostradamus um 2600 aufhören.

Im Überblick kann man erkennen, daß die tausend Jahre von 1555 bis 2555 die ereignisreichsten Jahre überhaupt sind, denn es sieht so aus, als ob sich das Tempo der Entwicklung, so wie wir es seit dem Beginn unseres Jahrhunderts deutlich und teilweise verwirrend erleben, noch weiter beschleunigen wird.
Nachdem die Macht des Islams ab etwa 2600 gebrochen ist und der islamische Dogmatismus den Menschen nicht mehr Unterdrückung und Zwietracht bringt, geht es ab 2600 bis etwa 3100, also in der zweiten Jahrtausendrunde, überwiegend um Besonderheiten der Wissenschaften, der Religion und der Weltraumfahrt sowie um die Auseinandersetzung mit einem »tierischen Wesen« auf unserer Erde, das außer Kontrolle geraten ist.
Für die Zeit von 3080 bis 3797, die Vollendung der zweiten Jahrtausendrunde, benötigt Nostradamus nur noch 30 Verse, um alles Wichtige dieser siebenhundert Jahre der Endzeit des Planeten Erde abzuhandeln. Eine kurze Erklärung zu dieser seltsamen Prophezeiung des Sehers: Nach 3080 gibt es kaum mehr Menschen auf der Erde. Wo keine Menschen leben, da braucht man auch keine Verheißungen. Der Grund dafür ist, daß nach der Kollision mit einem Kometen oder den Bruchstücken davon die Erde trocken, heiß und sandig wird. Die bis dahin längst in großem Maßstab weltraumfahrenden Menschen können nicht

mehr auf der Erde landen, weil ein Gesteinsgürtel jeden Landeversuch unmöglich machen wird. Sie machen sich auf, einen neuen Planeten unter einem neuen Himmel zu suchen.

In der zweiten Jahrtausendrunde werden die 942 Verse rückwärts gelesen. Diese Methode geht auf die Urfassung der Bücher Mose zurück. In Wirklichkeit haben wir es mit zehn Büchern zu tun. Fünf Bücher vorwärts gelesen und Buch sechs bis zehn rückwärts gelesen. Da sie, weil diese Texte rückwärts gelesen werden, auch eine andere Orthographie haben, ist die Bearbeitung schwierig und langwierig. Die Hochachtung der Menschen dieser Erde, die Nostradamus eines Tages erringen wird, beruht auf eben den Prophezeiungen in diesen Versen.
Rückwärts gelesen behandeln sie die Geschichte und Probleme der Menschheit mit den für sie eines Tages erreichbaren »Intelligenzien« vor dem Hintergrund der Geschichte der Schöpfung und des Universums. Ein Verständnis für diese Zusammenhänge ist unbedingt erforderlich, um den Exodus der menschlichen Rasse vom Planeten Erde zu verstehen und dann auch gleichzeitig (und rechtzeitig) zu vollziehen.
Teilweise sind diese Texte vom Sinn her für uns noch unvorstellbar und dunkel. Für ahnungslose Menschen kommt es oft einem Schock gleich, von solchen Dingen zu lesen und zu wissen. Dieses Buch soll dazu beitragen, daß sich der eine odere andere an solche Gedanken gewöhnen und sich damit beschäftigen kann.

Der Nabel

Relativ früh (1983), weil von Nostradamus darauf ständig hingewiesen wurde, konnte ich eine andere Textformatierung erkennen. Die Frage, ob damit die Entdeckung einer weiteren Möglichkeit, Prophezeiungen des Nostradamus zu erhalten, entdeckt worden ist, konnte erst in den letzten Jahren mit Sicherheit positiv beantwortet werden.
Die Methode ist ein Ergebnis der umfangreichen Textanalysen, die nur von einem Computer gemacht werden konnten. Von Hand ausgezählt hätten sie Jahre gedauert. Hier das Ergebnis: Inner-

halb der großen Texttafel ist eine Markierung von Nostradamus bewußt angebracht worden. Für jede der 400 Zeilen dieser Tafel steht im Abstand von 36 Positionen jeweils der Buchstabe A. Das erste A ist zum Alpha der Tafel zu machen. So, daß unsere Texttafel jeweils mit einem A am Anfang beginnt. Es bildet sich logischerweise nach weiteren 35 Positionen eine zweite Spalte, die ausschließlich aus den Buchstaben A besteht.

Dieser erste Buchstabe, der jeweils ein A ist, verschmilzt nun zu einem einzigen A und bildet somit automatisch den von Nostradamus so bezeichneten Nabel. 400 Strahlen gehen von diesem Nabel ab. Sicher kein mathematischer Zufall, daß es in der Regel 360 Buchstaben je Strahl sein sollen.
Hätten Sie gerne ein bißchen mehr Mathematik? Hier ist sie: Eine Diagonale in dem Textkreis der Scheibe besteht somit aus zweimal 360 Buchstaben. Diese 720 Buchstaben mal PI = 3,14 ergibt 28 260. Mir fällt zwar im Moment zu dieser Zahl nichts ein, aber vielleicht bekommt sie irgendwann doch noch eine Bedeutung, wenn noch mehr von der Mathematik der »etruskischen Bruderschaft« bekannt wird.

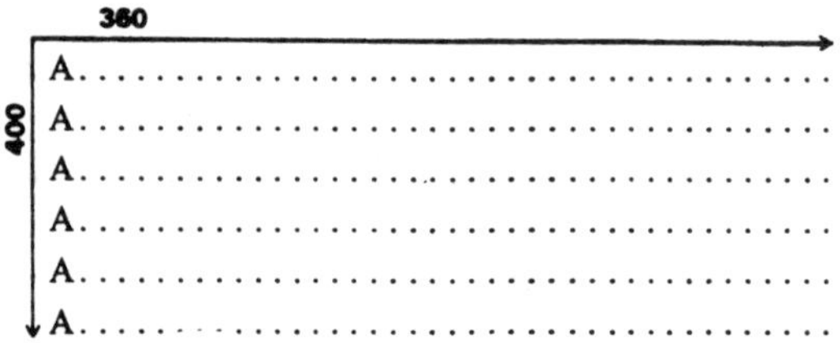

AMEPLUSNESTREENSACRIFICEPARFOUDREENLARC
AICTLECAMPSESTONNERAVEXERVOUDRAPARPHALA
AMEFELICEDELACITELEPLUSGRANDESTENDUBAND
ANDSUBMERGEELACLASSENAGERADOUBLEPHALANG
AGNECAPTIFUELOINGDESATERREROYPERDRALABA
AUTREAUREGNEPARCHEFLIBIQUEAUCONFLICTATT
ANSHONNEURSRICHESSETRAUAILENSONVIEILAAG

Laut Anweisung des Nostradamus wird für alle 400 Zeilen das A im Abstand von 36 Positionen gesucht und das erste A am Zeilenanfang fixiert.

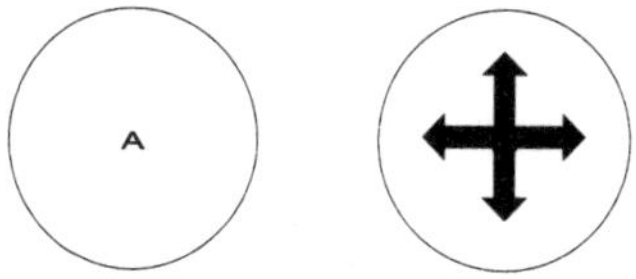

Zieht man nun das erste dieser beiden A zusammen, dann entsteht eine Textscheibe, die Nostradamus auch den Igel nennt, weil strahlenförmig 400 Stacheln hervorsprießen.

Wie die Textscheibe sich mit den Anweisungen deckt

Aus dieser Konstruktion werden nun weitere Hinweise des Nostradamus, die er in seinem Buch der Anweisungen gibt, verständlich: »Der Zugang bei 6 Uhr.« Stellt man sich die Scheibe als Uhr vor, so liegt die V. Centurie bei 6 Uhr, da es ja nur 10 Centurien gibt!

Hier noch weitere Hinweise aus dem »Buch der Anweisungen des Nostradamus«:

> »Der Zugang liegt bei VI
> Das Dunkel liegt bei VI.
> Mein Freund, wenn Du umherirrst wie eine Kichererbse, suche die Weissagung bei VI. Ha, Hei, dort ist sie stärker als anderswo. Die Weissagung mit der Zeit und der halben Sequenz fahre weg bei 55. V, VI, VII, 11 48.
> Der Zugang liegt am Vormittag
> 1 hinzufüge 500.
> Anfang am Vormittag.
> Das Richtmaß.
> 5 Zeitzahlen binde an den Vormittag.
> Für den Sprachkundigen wächst ein Zweig am Vormittag, wenn er die Sequenz auf seine Art findet.
> Trage kühl zusammen, am Vormittag, wo die Worte selbst nicht Last tragen.
> Füge hinzu das Unverrückbare, Feste, gemäß den Regeln am Vormittag.«

Wer sich länger mit diesen Besonderheiten beschäftigt, dem wird klar, was Nostradamus mit »Vormittag« und 6 Uhr meint. Die Zahlen 5, 6, 7, 8, 9, 10 auf seiner Uhr. Gleichzeitig ist es eine Bestätigung, daß der Zeitschlüssel, also welcher Vers für welches Jahr oder welche Zeit geschrieben wurde, tatsächlich mit der Nummer der Centurie und den Nummern der Verse in den Centurien zusammenhängt.

Wie wichtig für Nostradamus diese Konstruktion der Scheibe oder des Textkreises ist, können wir anhand weiterer Hinweise auf diese Konstruktion ablesen. Ich habe für Sie die wichtigsten Hinweise auf den sogenannten Nabel – oder den Mittelpunkt oder das Nest – herausgezogen, die zu dieser Formatierung führen:

»Du must das Runde wieder aufrichten und zurückführen.
Wenn sich jedoch nach Hin- und Herdrehen eben Dieses himmlisch erstrahlen soll, dann richte die Quelle auf den Mittelpunkt.
Der Nabel der Zahl ist 1000.
1000 Zahlen wogen hin und her.
Nabel 1000, 2000. Vortrefflich.
Nabel. Drehe die Scheibe im Kreis und in Muße hast
Du Zeit 1.
Zusammen mit dem Nabel 1000. Fließt 1.«

Eine kabbalistische Textanalyse

Heute sind Textanalysen kein Problem. Sie sind schon mit Textverarbeitungsprogrammen möglich. Für den interessierten Leser möchte ich an dieser Stelle eine kabbalistische Textanalyse veröffentlichen, weil schon in früheren Zeiten die Vermutung geäußert wurde, daß man mittels eines kabbalistischen Schlüssels in die Geheimnisse des Nostradamus eindringen kann.
Die Theorie der kabbalistischen Zahlenwerte setzt für jeden Buchstaben unseres Alphabets einen Zahlenwert. Damit wird im Okkultismus gerechnet, Schicksale vorhergesagt etc. Wenn man

sich die große Texttafel des Nostradamus vornimmt und die Buchstabenwerte einer Zeile mit durchschnittlich 360 Buchstaben aufaddiert, so kommt man je Zeile auf eine durchschnittliche Summe von 2242.
Der Experte ist überrascht, denn dies ist die Zahl, die Nostradamus in seinen Begleittexten nennt. Es ist die Zahl der Jahre, für die er eine Prophezeiung hinterlassen hat: von 1555 bis 3797.
In meiner großen Texttafel sind Abweichungen von dieser Summe zu sehen, das bedeutet, daß noch nicht alle Buchstaben in der betreffenden Zeile korrekt sind, was aber eher eine akademische Frage und noch zu lösende Aufgabe darstellt.

Die mathematische Einstiegshilfe

Auf den ersten Blick ist nichts von Mathematik bei Nostradamus zu erkennen. Zwar gibt es eine Reihe von Veröffentlichungen, die, wie schon erwähnt, versucht haben, kabbalistisches Ideengut in seinen Texten wiederzufinden, zum Beispiel, daß der Wert der einzelnen Buchstaben einen Gesamtwert je Zeile ergibt, der mystisch-esoterische Bedeutung hat. Doch ist man damit nicht so recht weitergekommen.
Die Mathematik des Nostradamus ist meiner Ansicht nach frei von okkultem Hintergrund. Man findet am leichtesten den Zugang, wenn man – dem Ritus des Mittelalters entsprechend – den kleinstmöglichen und größtmöglichen Wert der Formel festlegt. Tun wir das.
Analysiert man den Gesamttext, der aus 144 000 Buchstaben besteht, so ist deutlich zu sehen, daß Nostradamus die kleinste Einheit des Werkes mit 1 für einen Buchstaben und die größte Einheit, das Buch mit 144 000 Buchstaben, festgelegt hat. So hat er seine 10 Centurien auf 200 Seiten seines Orginalbuchs verteilt, d. h., je Buchseite wurden fünf Verse gedruckt. Eine Centurie wurde auf 20 Seiten untergebracht.
Da wir 10 Centurien kennen, bestand der Kerninhalt seiner Prophezeiungen aus einem 200seitigen Buch, was wiederum bei der Suche nach sogenannten verschollenen Versen hilfreich ist.
Diesen 200 Seiten stellte er ein Vorwort an seinen Sohn César

voran, das genau die Länge einer Centurie, also 400 x 36 Buchstaben, hat, also eine XI. Centurie sein könnte, und fügte eine Epistel an Heinrich II. zwischen der V. und 6. Centurie ein, die, wenn man 36 Buchstaben je Zeile formatiert, die Länge von etwa knapp 1,5 Centurien hätte. Mit den fehlenden Versen in der VII. Centurie verrechnet ergibt das eine Konstruktion, die aus 12 Centurien bestehen würde, wovon etwa zweieinhalb Centurien nicht in Versform, sondern in gebundener Rede vorliegen würden. (Wäre die Epistel an Heinrich II. eine eigenständige Centurie, dann würde dies das 12 x 12 000-System sprengen.)

Nostradamus und die Zahl Pi

Zwar hat diese Konstante ihren Namen erst später bekommen, sie war jedoch jedem Mathematiker im Mittelalter geläufig. Auf eine Besonderheit möchte ich hinweisen. Genaugenommen ist es die Antwort auf die Frage, warum Nostradamus nicht von Anfang an die VII. Centurie mit 48 Versen veröffentlicht hat. Nostradamus wollte damit einen Hinweis auf eine Besonderheit geben:
3 mal 3,14 mal 100 = 942, wobei der Hinweis auf das Hundertfache von Pi = 314 von Nostradamus gewollt ist und Nostradamus auf die Zahl 4 mal 3,14 mal 100 = 1256 hinweisen wollte.
Die Zahl, die sich aus 4 x Pi errechnet, spielt in der Schöpfung, mit 1, 10, 100, 1000, 100 000 usf. multipliziert, eine große Rolle. Sie scheint, jedenfalls stellt sich mir heute dies so dar, der von Nostradamus als »Transaktionston« bezeichnete Vorgang zu sein. Ich deute das als eine Frequenz, bei der man in die nächsthöhere Dimension eintreten kann.
Aber Vorsicht! Um die Tür zur vierten Dimension offenzuhalten, benötigt man anscheinend dort den Wert 1256, während auf unserer Seite dieser Tür 2512 des gleichen »ETWAS« erforderlich ist. Und diese 2512 ist ja nichts anders als 8 mal Pi (3,14) mal 100.

Noch eine geheimnisvolle Zahl: 3768

942 Verse mal 4 Zeilen ergeben die Zahl 3768. Nostradamus hat uns hinterlassen, daß er für die Zeit von 1555 bis zum Jahr 3797

Prophezeiungen hinterlassen hat. Das Ende der Welt wäre somit von ihm auf das Jahr 3797 n. Chr. datiert. Vergleichen wir diese Zahl 3797 mit der Anzahl der Zeilen, dann kommen wir bis auf 29 Zeilen genau diesem Wert nahe.
Wo sind, falls unsere Vermutung zutrifft, und hier ein Zusammenhang bestehen muß, diese 29 Zeilen geblieben? Auch das läßt sich beantworten:

1. Da gibt es zum einen den Vers an die Kritiker seines Werks, bestehend aus fünf lateinischen Zeilen
2. 6 Verse = 24 Zeilen, die nachträglich veröffentlicht wurden. (VII. Centurie, Vers 43 bis 48). Somit wäre der Verbleib dieser fehlenden 29 Zeilen geklärt. Die Zahl der Zeilen des Haupttextes ergibt somit einen zweiten Hinweis auf das Endjahr 3797.

Ein Hinweis auf einen geheimen Text

Was könnte an der Hypothese dran sein, daß jede Zeile für sich eine Prophezeiung vom Jahr 1 nach Christus bis 3797 enthält? Seit 1985 ist bekannt, daß Nostradamus mehrere Texte in einen Text komprimiert hat. Diese Auffälligkeit – 3797 Zeilen für 3797 Jahre ab unserer Zeitrechnung – ist ganz eindeutig als Hinweis zu verstehen, daß dieser Text anders formatiert einen weiteren, für uns völlig neuen Inhalt ergeben wird.
Die Zeilen 1 bis 3797 hintereinander geschrieben ergeben offenbar einen eigenen Sinn, der allerdings nichts mit Prophezeiungen zu tun hat. Wir können in den nächsten Jahren mit einer weiteren Sensation der Nostradamus-Forschung rechnen, wenn wir rechnerisch die erste Zeile dieses Textes gefunden haben.

Auswertung der Buchstabenhäufigkeit

Was ich zuerst tat, als ich den Text von Reynaud-Plense, dem Mann, der vor 1933 in der Stadt Salon en Provence die authentischen Verstexte gesichert und für die Nachwelt veröffentlicht hat, hätte jeder getan, der einen Computer besaß. 1983 war das allerdings noch eine aufwendige Angelegenheit.

Mein Computer begann mit den Textanalysen. Dazu mußte ich mir von einem jungen, talentierten Programmierer ein Spezialprogramm schreiben lassen, das man nicht im nächsten Geschäft kaufen konnte. Schließlich lagen die ersten Ergebnisse vor, und zu meiner Überraschung ergab die Reihenfolge der Häufigkeit der Buchstaben einen lesbaren Sinn, der sich auf einen »Igel« bezog und von der Zahl Pi handelte.

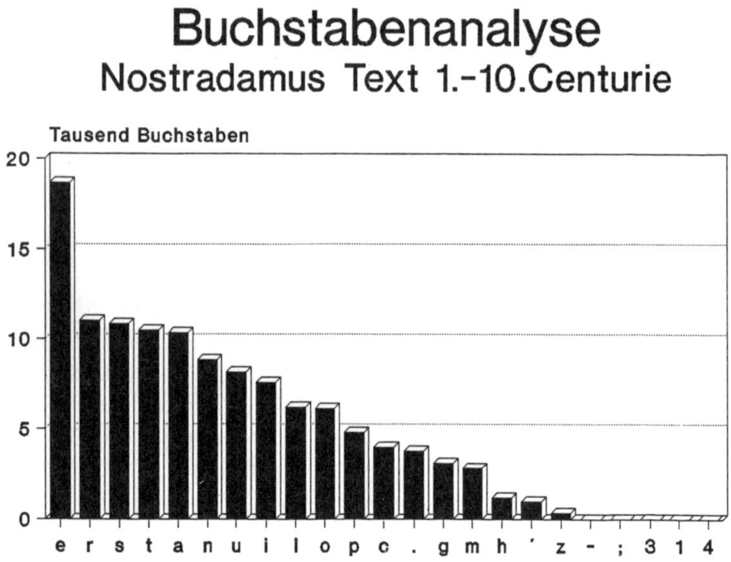

Wie häufig tauchen welche Buchstaben, Zahlen und Zeichen im Prophezeiungstext auf.

Vom Grundschema der Text-Zeit-Matrix

Es gibt 942 bekannte Verse. Diese Zahl wählte Nostradamus absichtlich, denn 3 mal 100 mal 3,14 (= Pi!) ergibt 942. Kein Zufall, sondern Absicht.

Etwa 10 Verse davon benutzt Nostradamus, um Mitteilungen in

eigener Sache der Nachwelt zu hinterlassen. In 100 Versen, in jeweils zwei Zeilen davon, sind von ihm die 100 größten Geheimnisse der Menschheit einschließlich der 10 großen Naturgesetze niedergelegt worden.
In den restlichen Versen sind dann die Prophezeiungen »mit dem widerlichen Geruch« niedergeschrieben. Das sind die Vorhersagen, die uns auch in diesem Buch beschäftigen werden.

Alles, was Nostradamus im von links nach rechts gelesenen Text nicht unterbringen konnte, steht an selber Stelle im von rechts nach links gelesenen Text. Dieser Text ist aus der Sicht des Nostradamus »heiliger«, denn im jüdischen Ritus wird von rechts nach links gelesen.

Ein Fingerzeig auf die Johannes-Offenbarungen

Es ist natürlich auch kein Zufall, daß es gerade 144 000 Buchstaben sind, läßt sich doch so bestens der Bezug zu einem anderen prophetischen Werk herstellen, das für Nostradamus von größter Bedeutung war: zu den Johannes-Offenbarungen. Dort wie auch in anderen alten jüdischen Schriften wird von 12 Stämmen zu 12 000 Menschen gesprochen, also von 144 000 Menschen. In den Johannes-Offenbarungen steht bekanntlich auch, daß 144 000 Menschen mit dem Zeichen auf der Stirn »versiegelt« sind und errettet werden.
Es würde zur Philosophie des Nostradamus gut passen, wenn er bewußt jedem Menschen, der eines Tages vor dem »Jüngsten Gericht« steht, einen Buchstaben gewidmet hätte.

Teil 3

DIE VORAUSDEUTUNG UNSERER ZUKUNFT

Was schon eintraf
Was uns bis 2015 noch erwartet

Was Nostradamus zum Dritten Weltkrieg wirklich sagte

Kurzvorschau bis 2099

Was schon eintraf

Beweise für eingetroffene und mit dem richtigen Zeitschlüssel und den richtigen Textmethoden richtig gedeutete Vorhersagen

Ich habe Ihnen einige Beispiele für Prophezeiungen des Nostradamus herausgesucht, die nach dem von mir entdeckten Zeitschlüssel den richtigen Jahren zugeordnet wurden und sowohl eine inhaltliche wie zeitliche Bestätigung erfahren haben. Sie finden zunächst die Standardübersetzung der Verszeilen in einem Block, danach in Stichworten die Erklärungen dazu.

1903
Das große Schiff zu Wasser – aus Begeisterung man ignoriert vorausgehende Befürchtungen. Die Kähne des Weins werden zum Sieg geführt, indem man die goldene Nase einkreist. Ein Wohlgeruch wird geboren bei der Zwei – Man 1000 mal hundert für den Osten ausbildet. Der im Kopf verletzt ist ohne Einsicht – es werden die Allergrößten stürzen.

Beginn der Planung der Titanic (gesunken 15. 4. 1912) Russisch-Japanischer Krieg – Endgültiger Sieg der Japaner am 27.5.1905 – Joseph Sarto wird Papst Pius X. – Hinweis auf Lenin und erneut auf den Sturz der europäischen Monarchien.

1909
Wenn die Lampen vom nicht löschbaren Feuer brennen, wird das Loch im Fell der Zeit gefunden; am 5. Dezember ist es geschehen. Davon zuerst wird gefunden Feuer, flüchtiges Wasser durch graue Verletzung. Zugrunde geht die Elle – Tausend ist Sühneopfer, wenn die acht geht.

Elektrische Glühbirnen lassen sich nicht wie Kerzen ausblasen – Einsteins Relativitätstheorie ist angesprochen – und versteckt wird das Ende des Ersten Weltkrieges angekündigt, wenn das Jahr 1918 »geht«.

1910
Übel ist meine Nase davon, bevor sie dem Tode ausgesetzt. Sterbend nicht rötend wird die VI lachend erscheinen. Durch den außer sich geratenen Glauben wird das Heerlager errichtet. Gegen vier Sühneopfer, Skelette schicken sich an, Quartier zu machen.

Chlorgaseinsatz 1916 – Ursache des Krieges ist der Streit der Orthodoxen, Katholiken und Muslime – Beginn des Krieges gegen vier, demnach 1914.

1931
Die Erschütterung des Geistes der Erde zum Tode führt. Der Fall ist bedeutsam – acht der heilige Georg wird zur Hälfte schmelzen. Der Friede ist bei zehn eingeschläfert – der Krieg ist erwacht. In dieser Zeit nichts als Mißbrauch, große Unstimmigkeiten.

Vor Hitler und Mussolini hatte der Prophet ausdrücklich gewarnt

Beschreibung des Nationalsozialismus – Bei 10 heißt 1940, demnach 1939 oder 1941. Kriegsbeginn war 1939.

1933

Wenn der Gewalttätige König von Rom ist in den Jahren des Nichtkriegs. An der Macht drei die Führer genannt werden. Erschütterungen Italiens – sie haben den Kopf des heiligen Kriegs. Den ersten von allen berühmten Königen.

Mussolini nannte sich Führer (Duce), desgleichen Hitler und Franco.

1938

Beginn der Plage durch die Rose der Hölle und die Engländer. Vorbei geht die Zeit der Empörung über den großen Dämonen. Nicht mehr weit von der Versetzung eines tüchtigen Schlages, den die Gallier erwarten können. Keine Hilfe – auch nichts Gutes von denjenigen, die hinzukommen.

Das Hakenkreuz ist die Rose der Hölle – Ankündigung des Falls Hitlers – Ankündigung des Kriegsausbruchs für die Franzosen.

1941

Dem großen Cäsar des Selbstgeschreis kein Urteil. In der Luft Schlachtgetümmel 4 Scherbenhonig voll von Bitternis. Verträge des reisenden Botschafters keine Änderung. Die kahlgeschorene Schlange wird durch den Führer mit der schwarzroten Feder gefangen.

Goebbels entzieht sich der Verurteilung durch Selbstmord – Heß fliegt nach England, bringt jedoch keinen Frieden.

1944

Völkerwanderungen durch die Brände überall. Diese Drangsal nicht von Gold sich aus der Luft vollziehen wird. Das ehemals gegen die Speiche gerichtete Ausgeklügelte wird alles beenden. Um zu rühmen, die man getötet hat, am Himmel werden Zeichen gemacht.

Bombardierung deutscher Städte – Ankündigung des Abwurfs der ersten Atombombe (am 6. 8. 1945 über Hiroshima).

1945
Zwangsläufig wird der Schrecken niemals unerwünschter sein. Großer Lügenmund erfolgreich erlangt sein Reich. Fern vom Regierungssitz wird etwas gegen das Wiederkommen gemacht. Zwei Welten, zwei Herzen nicht lachen – schlimme Tyrannen.

Künftiger Schrecken vor der Atombombe – Stalin unumschränkter Herrscher über die UdSSR – Treffen der Alliierten in Jalta und Potsdam.

1946
Flieht, flieht vor dem Grauen des Verbrennens. Der Opferduft (steigt) langsam zu Gott. Der Herr des Bösen liegt in Trümmern im Schatten der Quellen. Wenn der Tod seinen Platz in der Luft eingenommen hat, dann neue halbe Nationen.

Nochmals die Beschreibung der Atombombe und des Atompilzes – Hitler tot in den Trümmern seines Hauptquartiers in Berlin – Teilung Deutschlands.

1952
Der Frieden nähert sich von der einen Seite – der Krieg von der anderen. Folglich war dort die Verfolgung (nie) jemals größer. Beklagenswert die Männer Frauen das unschuldige Blut auf dieser Erde. Dies wird durch Frankreich (verursacht) werden nach allen Grenzen.

Ende des Koreakonflikts – Indochinakonflikt der Franzosen und sich abzeichnender Algerienkrieg.

1957
Am Ort dicht bei der Zehn, wird ein König wieder eingesetzt. Und wird versuchen, das Gesetz zu ändern, bevor es zur Aussaat kommt. Während der Himmel sehr stark donnern wird, gerät der neue König in den Bereich, sich selbst zu töten.

De Gaulle wird am 31. Mai 1958 mit der Regierungsbildung beauftragt. Er ändert die Verfassung und läßt darüber am 28. 9. das Volk abstimmen. De Gaulle läßt sich zum Staatspräsidenten wählen.

1958

Zur linken Küste an dem bestimmten Ort des Liegelagers der Östlichen. Werden aufgelauert den drei Roten durch die Ranzigen. Alles schlägt Rote tot – Schwarze nicht zerquetscht. Durch die Bereitstehenden hat man es wiederhergestellt, indem man sich versichert der Ranzigen.

Vorgänge während des Algerienkrieges – die letzte Zeile bezieht sich auf die Papstwahl vom Oktober 1958.

1959

Um sich festzulegen man wird nehmen den stellvertretenden Bischof. Niemals gestattet die Sonne (dem) Roten, daß es Leben schafft. Das große Gesetz wird durch ihn geschaffen wenn die Zeit danach schreit. Wegen des Schuftes man sich auferlegt aus Langeweile Härte.

Wahl Johannes' XXIII'. als Nachfolger Pius' XII., weil man sich noch nicht auf den späteren Paul VI einigen konnte.

1962

In tiefster Erniedrigung wird es zum Exzeß kommen. Sie sind nicht auf Kreuzfahrt. Das Ranzige wird alles angreifen.
Im Hafen dort wo die Schiffe untergebracht sind wohnt der Mißbrauch. Rauh man zusammenhält – Drei werden die Scharfschützen sein.

Ankündigung der Eskalation des Vietnamkriegs. In der letzten Zeile könnte der Hinweis stecken, daß Präsident Kennedy von drei Schützen ermordet wurde.

1965

Innerhalb von vier Jahren wird die Sorgfalt ein Sternenschiff einrichten. Daß dort festmacht, wo der Prinz gestellt wird auf fremde Erde. Die rüden Untergetauchten werden zum großen Skandal werden. Großer Tadel gegen den Einen großen erwählten Engel.

Bau der Mondfähre und Ankündigung der Landung auf dem Mond in vier Jahren = 1969. Der am 21.6.1963 zum Papst Paul VI gewählte Giovanni Battista Montini hat für 1963 keinen Spruch des Nostradamus bekommen. Hat er den rüden Unterge-

Nostradamus sah den Mord an Kennedy voraus!

tauchten (Mafia) 1965 endgültig das Tor zum Vatikan geöffnet? Müssen wir eines Tages mit einem »großen Tadel seines Pontifikats« rechnen?

1973

In Sachen des Glaubens wird eintreten ein König des zellenförmigen Turbans. Und wird regieren weniger hochentwickelt nach seiner Art. Der König des weißen Turbans wird mit byzantinischem Herzen lehren. Sonne Mars Merkur nahe dem Horn.

Beginn der Bewegung um Khomeini, der noch bis 1979 vom Exil in Paris heraus den Sturz des Schahs betreibt und die orthodoxe (byzantinische) Lehre des Korans hochhält.

1978
Durch die griechische Dame von häßlicher Schönheit,
Gibt es glückliche Hilfen durch unzählige Protokolle.
Außerhalb verschoben zum Regieren. Die Ethik währt zwei Jahre.
Gefangener Prinz stirbt einen schlechten Tod.

Fortsetzung der Beschreibung der französischen Weltraumrakete Ariane. – Die beiden letzten Zeilen beschreiben das Jahr mit zwei Päpsten. – Außerhalb verschoben zum Regieren ist Papst Johannes Paul II., der als Nichtitaliener dem Vatikan vorsteht, und sein Vorgänger Johannes Paul I., der hier als Gefangener Prinz einen schlechten (nicht natürlichen) Tod gefunden haben dürfte.

1983
Ungebundenes Drängen an Rußlands Macht das Land erschüttert.
Der Große hat sich sehr angefüllt – dort Zeit der Zerstörung. Die Luft des Himmels vom verschleierten Krieg erschüttert. Infolgedessen beginnen Gott und seine Heiligen zu Ansehen zu kommen.

Beginn der Unruhen in Polen, die letztendlich die Auflösung des östlichen Lagers auslösten.

1985
Vorüber was nicht gehen (wollte) – süße Sprache – die Rose wird geboren. Einhörnig indem man festhält am Unglück, an der Lüge und am Rötlichen. Eröffnet wegen des Glaubens der König der Gräben wird sein Heer nicht halten können. Streit am heiligen Drehpunkt des gefragten Öls.

Hinweis auf den Zerfall der UdSSR unter Gorbatschow – Nationalsozialismus (Rose) ersteht neu. Iranisch-Irakischer Krieg.

1988

Diese weltlichen Sarazenen erhalten Beistand bis zum Jahr Null nicht. Friede und Schein – vortäuscht Ausgaben. Infolge des Durcheinanders ist der Sturz des sandigen Esels nahe. Zerstörerisches Volk regiert – Zeit der Straße.

Die Palästinenser mit ihrem Aufstand der Kinder bekamen erst ab 1990 internationale Anerkennung – Jahr Null = 1990. Khomeini stürzt während der Beisetzung aus seinem Sarg auf den sandigen Boden.

Gorbatschow, der Seher sprach vom »Einhorn«, leitete das Ende des Kommunismus ein

1991

Die schreckliche Krankheit für Indiens völkischem Drehpunkt. Abgeleckt seine Nase wird er nicht halten Zeichen der Treue. Die salzige These spielen die Sterne – Zeit der höllischen Lampenschale. Das neue unbekannte Übel und die unehrenhafte Weigerung.

Indien war für Nostradamus noch Amerika – Drehpunkt UN-Weltsicherheitsrat – Golfkrieg.– Brennende Ölquellen = Lampenschalen.

1992

Dort die Luft wird sich in Neuem befinden wollen zwischen der Luft. Durch ehemalige Feinde erfolgt Strafe – dort man wird wieder hinkommen wollen. Gefangene werden befreit – von Fehlern spricht man und begeht sie doch. König des außenstehenden Ostens wird sich fern der Feinde halten.

Zuviel Wasserdampf in der Luft beeinflußt das Klima. Umbruch in der ehemaligen Sowjetunion – Öffnung Rußlands unter Präsident Jelzin. China macht die Reformen der ehemaligen Sowjetunion nicht mit.

1993

Die Feinde der Macht sehr zurückliegen, durch Fahrzeuge wird die Festung geführt. Durch über die Mauern der Bürger (Geworfenes) grunzen die Nasen, wenn zuvor Hercules kämpfen wird gegen den roten Zion.

Boris Jelzin verstrickt sich in einen Kampf mit dem alten russischen Parlament – Kampf um das Parlamentsgebäude in Moskau.

Was uns bis 2015 noch erwartet

Vom »großen Schicksal« und vom »kleinen Schicksal«

Das Prophezeiungswerk des Nostradamus ist ausschließlich dem »großen Schicksal« gewidmet. Aus dem, was Nostradamus uns hinterlassen hat, sofern wir den Einstieg in seine geheimen Textkammern gefunden haben, geht hervor, daß er dem »kleinen Schicksal« den einzelnen Menschen, dessen Familie und dessen Sippe zuordnet; dem »großen Schicksal« ordnet Nostradamus ein Volk, einen Kontinent, die Erde und unser Sonnensystem zu.

»Ohne Schicksal«, weil alles Seiende selbst bewegend, ist das Universum – oder, religiös ausgedrückt, die Schöpfung.
Für die Schöpfung oder das Universum gibt es kein Schicksal im Sinne unseres Verständnisses, somit auch keine Propheten. Für dieses »ohne Schicksal« gelten die Gesetzmäßigkeiten der Mathematik. Mathematik ist zeitlos und immerwährend.
Für das kleine Schicksal zuständig wären Hellseher, Wahrsager aus Karten, Handleser und Astrologen, die die Planeten des Sonnensystems für ihre Prognosen heranziehen. Gott schreibt an den Himmel – die Sachkundigen deuten, was sie am Himmel lesen können.
Für das große Schicksal, es zu verkünden, davor zu warnen, sind die Propheten zuständig.

Eine fortwährende Diskussion in allen Weltanschauungen gibt es um die Frage der Beeinflußbarkeit des Schicksals. Der christlich geprägte Westen verneint ein festgeschriebenes Schicksal. Daher also die Frage: Kann man seinem Schicksal entgehen, kann man es verändern? Eine Pythia in Griechenland hatte folgendermaßen geantwortet: »Man kann ein Schicksal, das für einen Menschen bestimmt ist, nicht verhindern, allenfalls hinauszögern und abmildern.«

Vielleicht hilft die nachstehende kleine Geschichte, Sie ein wenig mit Ihrem Schicksal zu versöhnen. Stellen Sie sich bitte vor: Vor

Ihrer Geburt haben Sie mit jemandem ein Schicksal für sich vereinbart. Diese Vereinbarung wird Ihnen am Ende Ihres Lebens eine Reihe von Vorteilen bringen, sonst hätten Sie gerade dieses Schicksal nicht akzeptiert. Andererseits bedeutet es auch, daß Sie – ähnlich dem Handikap eines Golfspielers – sich einige Vorteile haben aushandeln können. Während Ihres laufenden Lebens ist Ihr persönliches Schicksal nichts anderes als die Bereitstellung der Aufgaben in der richtigen Reihenfolge aufgrund der mit Ihnen getroffenen Vereinbarung. Das Meistern dieser Aufgaben ist der Sieg in diesem Teilbereich; der Lohn ist unter anderem, daß Ihnen die Lösung der nächsten Aufgabe, die Ihnen gestellt ist, leichter fallen wird.
Die Aufgaben nicht meistern zu können bedeutet nichts anderes, als unter schlechteren Bedingungen die nächste Aufgabe angehen zu müssen. In dieser Situation kommt es zu einem folgenschweren Irrtum, dem sich die meisten Schicksalsträger hingeben. Sie meinen, den eingegangenen Vertrag während des laufenden Lebens kündigen zu können. Das aber geht nicht, sonst käme es tatsächlich zu einem Chaos der Schicksale, und niemand könnte seine Absprachen einhalten, da das Zusammenwirken der vielen Menschen untereinander in der vereinbarten Form ja Bestandteil des Schicksals ist.

Da gibt es aber noch etwas anderes zu überdenken: Nach Nostradamus gibt es das kleine und das große Schicksal. Was ist damit gemeint, wie sind sie miteinander verknüpft?
Das große Schicksal hat mit dem einzelnen Individuum direkt nichts zu tun. Alle Schicksalsträger unterliegen aber den Auswirkungen des großen Schicksals. Wirkt sich dieses große Schicksal aus, dann kann das Individuum sein kleines Schicksal nicht mehr ohne weiteres ausleben.
Ein Beispiel: Die Sonne erlischt. Folge: In wenigen Minuten wird allen Individuen die Lebensgrundlage entzogen, der Vertrag ist vorerst für jeden Schicksalsträger »annulliert«. Weil jeder betroffen ist, kommt es zu keinem Chaos der Schicksale. Vergleichen Sie bitte diese Situation mit dem »Dornröschen-Effekt« im Märchen. Eine Hauptperson und ihre gesamte Umgebung sind in tiefen Schlaf gefallen.

Vielleicht ahnen Sie jetzt, warum es legitim war, daß die alten Kirchenväter die Johannes-Visionen, die Enthüllungen der Apokalypse, mit in das Buch der Bücher der Christen, in die Bibel, aufnahmen. Die Johannes-Offenbarungen handeln vom »großen Schicksal«, vom von Gott gewollten Schicksal also, auf das der einzelne Mensch keinen Einfluß nehmen kann. Er kann es weder vorher aushandeln noch sich ihm verweigern.
Nostradamus hatte niedergeschrieben, daß er nichts getan habe, was gegen die heilige Kirche verstoße. Ganz im Gegenteil, er hat die Johannes-Offenbarungen – warum auch immer, wie auch immer – in einzelnen Details ergänzt und mit Zeitangaben versehen.

Wer von Ihnen begreift, welche Leistung hinter der Enthüllung der »Zeitschiene« steckt, hat den ersten Schritt zu einem besseren Verständnis des Michel de Notredame getan.

Die Nostradamus-Verse total von 1994 bis 2015

Auf den nächsten Seiten finden Sie verschiedene Lesarten und meistens auch Deutungen zu den Nostradamus-Versen für die Jahre 1994 bis 2015, also für unsere unmittelbar bevorstehende Zukunft. Die Einzelzeilen wurden von mir bereits aus den Buchstabenketten gebildet und ins Deutsche übertragen, und zwar zunächst für jeden Vers insgesamt, und dann noch für jede der vier Zeilen einzeln. Es gibt oft mehr als nur gerade vier Zeilen mit Aussagen für jeden Vers, weil Nostradamus bekanntlich inhaltlich komprimierte und »zusammengefaltete« Texte vorgelegt hat, die nach den zuvor beschriebenen Methoden hier wieder (teilweise) entfaltet werden. So habe ich der besseren Übersichtlichkeit halber thematisch zusammengehörige Aussagen als jeweils eine Zeile wiedergegeben und mit Buchstaben markiert. Sie lesen zunächst die so gekennzeichneten Nostradamusaussagen, und dann darunter unter dem selben Buchstabenkennzeichen die dazugehörige Deutungszeile – soweit mir eine Deutung vom heutigen Kenntnisstand aus möglich erscheint.

DAS JAHR 1994

A Der Glaube ist beleidigt worden
B Bittere Kriege stehen bevor
C Die Einheit ist zusammengefügt
D In dem man nicht begeht Fehler
E Das Stärkste im Schutzwall
F Schwache Angriffe erschüttern die slawische Vorherrschaft
G Lübeck und Meißen werden halten zu den Angreifern

A bis E lassen sich bis Redaktionsschluß für diese Auflage bereits zuordnen:
A Hebron – ein israelischer Siedler tötet fünfzig Muslime beim Freitagsgebet in der heiligen Stätte Abrahams, Isaaks und Jakobs.
B Für die Zukunft werden von Nostradamus weitere blutige Auseinandersetzungen angekündigt.
C Die Europäische Union vollendet sich mit dem Beitritt Österreichs, Norwegens, Finnlands und Schwedens.
D Die Entscheidung, Rußland kein Mitspracherecht in der NATO einzuräumen.
E Die Entscheidung der NATO, eine »Partnerschaft für den Frieden« mit Rußland einzugehen.

F und G sind noch nicht zuzuordnen.

Bitte tragen Sie hier Ihre Notiz ein, welche Ereignisse F und G bezeichnen:

. . . .

. . . .

. . . .

. . . .

Nostradamus total für das Jahr 1994/Zeile 1

Die Schlagzeilen des Nostradamus lesen Sie auf der vorangegangen Seite. Hier folgen die Details der Zeile 1:

A Die Schwäche ist zu Ende – oh je!
B Die fünf Könige der Bequemlichkeit und des Wohlbehagens sich beruhigen.
C Erblassen werden die Fünf, wenn es sich herausstellt, daß es der Stein ist, der sich herauskratzt, um sich zu Vergnügen.
D Die Schiffe der Fünf umherirren.
E Wenn die fünf sein wird, vollendet sich das Töten in Tunesien.
F Vereinigt nicht die Brut bei Nizza.

A Während ein seufzendes »Oh je!« sicher weder auf die deutsche Einheit noch auf die europäische Einigung gemünzt ist, würde diese dramatische Entwicklung sicher mehr auf die GUS und auf eine islamische Einheit zutreffen, denn sie bedeutet unangenehme Zeiten für die Europäer. Wir sollten an die Bildung des PLO-Staates, der im Frühjahr des Jahre 1994 ausgehandelt wurde, denken.
B Sind die fünf Industrienationen mit hohem Lebensstandard (Bequemlichkeit und Wohlbehagen) die USA, Großbritannien, Frankreich, Japan und Deutschland?
C Sieht Nostradamus, daß sich die Welt wie schon so oft in der Geschichte der letzten 2000 Jahre zu sehr von den eigentlich heraufziehenden Gefahren ablenken läßt? Man starrt auf Saddam Hussein und den Irak und glaubt nur, daß dort Atomwaffen und andere Massenvernichtungssysteme gebaut werden. Ist es möglich, daß sich völlig überraschend 1994 eine arabische Macht in den Club der Atommächte anmelden wird? Ist es der Iran, von dem man vermutet, daß er sich aus der UdSSR Atomwaffen beschafft hat? Ist es Libyen? Beschreibt Nostradamus hier die Konfusion, wenn sich der neue Steinbesitzer herauskristallisiert?
D Oder kennen wir ihn bereits? Nordkorea? Wird es dort noch zu einem Flottenaufmarsch kommen? Nostradamus beschrieb den Bruch der weißen (unsichtbaren) Steine anläßlich des Ereig-

nisses der ersten von Menschen herbeigeführten Kernspaltung. Steine, die sich vergnügen, sind Kernspaltungen, die sich austoben dürfen, d. h. Kernwaffen, die auch eines Tages zu Kettenreaktionen gebracht werden.
E Kündigt Nostradamus für 1995 den Umsturz und die Umwandlung der Republik Tunesien in einen fundamentalistischen Islam-Staat an?
F Warnt er, die islamischen Flüchtlinge in Südeuropa aufzunehmen, weil dadurch die Unruhen nach Europa importiert werden?

Nostradamus total für das Jahr 1994/Zeile 2

A 2000 – das Meinige wird falsch gebraucht.
B Die fünf nicht mehr strahlend sich gebraucht.
C Sich verleumdet Reichtum
D Davon nicht diejenigen welche am Bollwerk bauen.
E Kein Hindernis für die gefährliche Kunst des Verbrennens.

A Eine interessante Anmerkung in eigener Sache macht Nostradamus hier: er sieht, daß seine Aussagen zur Jahrtausendwende 2000 falsch gedeutet werden. Es ist zu erwarten, daß eine Weltuntergangshysterie entsteht, die sich u. a. auf den falsch ausgelegten Nostradamus stützt, dem man unterstellt, daß er den Untergang der Welt für das Jahr 1999 vorhergesagt hat. Das kann nicht stimmen, sonst hätte er nicht für weitere 1792 Jahre Prophezeiungen hinterlassen. Sie als Leser dieses Buches sollen es und werden es besser wissen. Lesen Sie daher den wahren Text für 1999 weiter hinten.
B Entweder bezieht sich die Anmerkung bereits auf das Jahr 1995 oder auf die fünf vorstehend bereits erwähnten Wohlstandsnationen. Demnach steht uns allen eine sich 1994 abzeichnende Weltwirtschaftskrise bevor. Eine von Nostradamus für die zwanziger Jahre angekündigte Weltwirtschaftskrise formulierte er mit den Worten: »Ausfall der Vermarktung und auf das Palais erstrahlt Teuerung.« (Das Weiße Haus in Washington oder der Völkerbundpalast in Genf).
C Wenn Nostradamus für die Jahre nach 1994 von dem sich verleumdenden Reichtum spricht, dann liegt der Gedanke nahe, daß diese Weltwirtschaftskrise künstlich (Verleumdung) über die Börse gesteuert bzw. herbeigeführt wird. Es könnte sein, daß fundamentalistische islamische Staaten, die an Aktienbesitz von Scheichs durch Umsturz gekommen sind, diese Depots als Waffe gegen die fünf reichsten Staaten der Erde einsetzen werden?
D Versucht der amerikanische Präsident Clinton, ähnlich seinem Vorgänger Kennedy, ein Großprojekt zur Ankurbelung der amerikanischen Industrie zu starten? Beginnt er im Jahre 1994 mit dem Bau eines neuen, sehr teuren Abwehrsystems? Ist es eine Fortsetzung eines modifizierten SDI-Projekts?

E Schockierend ist seine Prophezeiung, wonach sich die Kunst des Verbrennens ausbreiten wird. Kann es sein, daß es Präsident Clinton und den Atommächten nicht gelingen wird, die Produktion von Atombomben zu verhindern? »Flieht, flieht vor dem Grauen des Verbrennens«, formulierte Nostradamus seine Warnung vor der ersten Atombombe, die gegen Menschen 1945 eingesetzt wurde.

Nostradamus total für das Jahr 1994/Zeile 3

A Sein Mantel Vorsprünge hat, um Schatten zu spenden den Flanken des Adlers.
B Erhebt sich Jubel. Jesu. Ist er sicher zurück, der König der Rattenfänger.
C Hinzu Querele, austrockne dich selbst.
D Slawen, die waschen zu die Verwünschung und vom Trennpunkt der König den Zweig bei 2000 verletzt.

A Ist das Jahr 1994 der Beginn der turbulentesten Zeit dieses Jahrhunderts? Der Adler steht hier sicher für die USA, das einzige Land, das wirklich effizient Schutz bieten kann. Wird Präsident Clinton, wie in den Prophezeiungszeilen zuvor bereits beschrieben, einige Entscheidungen fällen, die sich bei späterer Rückschau als schicksalhaft und tragisch herausstellen?
B Ist mit einem Herrn Schirinowski zu rechnen, der eine neue weltumspannende Bewegung ins Leben ruft? Eine neue Leitfigur etablierte sich in der Politik, die Nostradamus als den König der Rattenfänger bezeichnet. Nostradamus kannte nicht die Geschichte um den Rattenfänger von Hameln. Er meint mit dem König der Rattenfänger eine Persönlichkeit, einen Mann, der durch Intrigen und Machtmißbrauch seine politische Position zum Nachteil der Menschen ausbaut und diese unterdrückt.
C Umsturz in der GUS? Beginnen einige der ehemaligen UdSSR-Republiken einen Kampf gegen Rußland? Könnte ein Militärputsch in Moskau die Ursache dafür sein? Nostradamus kündigt an, daß die entscheidende Intrige dieses Mannes sich selbst totläuft, austrocknet.
D Kommt es zu einem Krieg in der Slowakei? Erheben sich die Minderheiten gegen die unklug taktierenden Slawen in Bratislava? Beginnt 1994 eine weitere Tragödie für das ehemalige Jugoslawien, die im Jahre 2000 ihren Höhepunkt haben wird? Sein Schreckensausruf »Jesu!« deutet auf Schreckliches hin. Wird es den Serben gelingen, die Verurteilung durch die der Weltöffentlichkeit wegen ihres Vorgehens in Bosnien durch Raffinesse zu verwischen?

Nostradamus total für das Jahr 1994/Zeile 4

A Der Wolf ist es, der von Meißen aus halten wird die Partei der Angreifer.
B Mit vollem Schnabel prahlend und 1000 schweben durch die von der Gans vollendeten Sperren.
C Der Wolf ist es, der gezwungen wird sich wirklich zu reinigen.
D Er wird mit den bärtigen Angreifern liebäugelt haben.

A Den Begriff Wolf benutzt Nostradamus seit Lenin und Marx als Bezeichnung für den Sozialismus. Werden wir Gründe haben, die kommunistische Partei der GUS zu unterstützen, wenn der innenpolitische Machtkampf in der GUS ausbricht? Wird es womöglich Herr Gorbatschow sein, den wir unterstützen werden? Dann wäre er allerdings der König der Rattenfänger, oder ist es ein anderer?

Schirinowsky: der neue unberechenbare Faktor im Osten

B Eine neue politische Strömung, dessen Führer von Nostradamus mit dem Titel »die Gans« bezeichnet wird, macht sich 1994 bemerkbar. Bis in das Jahr 2003 erwähnt Nostradamus immer wieder diese Persönlichkeit. Handelt es sich um eine Entwicklung in Polen? Ist es eine weißhaarige Persönlichkeit mit großem Körper und kleinem Kopf? Gus heißt auf russisch »Gans«.
B und C: Müssen wir damit rechnen, daß im Zuge des Versuchs, das Rad in der GUS zurückzudrehen, die Altkommunisten sich mit den islamischen (bärtigen) Kämpfern verbünden werden? Steht uns eine brutale Säuberung in der GUS nach der Machtergreifung der Altkommunisten bevor, die besonders die muslimische Bevölkerung treffen wird?

DAS JAHR 1995

A Die neue Tatsache wird Manöver durchführen.
B Nahe der zwei in falscher Beurteilung dessen was an der Küste ist.
C Verlockende Hilfe vom auserwählten Mailänder.
D Der Führer wird der Augen beraubt.
E In Mailand im eisernen Käfig.

A Wird die wiedererstarkte ehemalige Sowjetunion erstmals im Jahre 1995 wieder die Muskeln spielen lassen und sich militärisch die Randgebiete, wie die baltischen Staaten oder am Schwarzen Meer die Küstenzugänge, sichern und wieder unter ihren Einfluß bringen?
B Korea oder die Küste vor Gaza.
C Wird der Papst helfend eingreifen?
D und E: Ist es ein Mafia-Prozeß in Mailand? Hat man zuvor das Kommunikationsnetz der Organisation unterbunden? Werden die Führer der Mafia vor Gericht gestellt? Gewinnt der italienische Staat den Kampf gegen die international und an zwei Flüssen operierende Mafia?

Nostradamus total für das Jahr 1995/Zeile 1

A Nahe bei der eins, zwei gerechte Seelen, zwei Könige töten den Fluß des Alterns.
B Nahe das Lachen der Ungewißheit

A Möglicherweise noch unbemerkt dürfte das Jahr 1995 als das Jahr in die Geschichte der Wissenschaft und Medizin eingehen, das die Menschen auf die Spur der Ursache des Alterns allen biologischen Lebens gebracht hat. Nostradamus sagt an anderer Stelle, daß der breite Einsatz der Kunst des »Nicht-mehr-alt-Werdens« erst in hundert Jahren für alle Menschen »total« erreicht wird, d. h., Lebensalter von 200 bis 300 Jahren werden dann möglich sein. Noch später wird man ein Öl erfinden, das den Prozeß der Alterung wieder in Gang setzt, damit dreihundert und vierhundert Jahre alte Gehirne natürlich sterben können. Dies erklärt auch den Bibelspruch: Selig sind die Toten, d. h. selig sind die, die sterben konnten. Die beiden Wissenschaftler, denen diese Entdeckung gelingen wird, bezeichnet Nostradamus als gerecht, d.h. edel und Könige der Wissenschaft.
B Aufgrund der Ereignisse während der Amtszeit des Präsidenten der Vereinigten Staaten, Clinton, wird es Entscheidungen geben, die ihm den Titel »Das Lachen der Ungewißheit« bei Nostradamus eingebracht hat.

Nostradamus total für das Jahr 1995/Zeile 2

A Die neu geöffneten Wasser des Umstürzlerischen.
B Tausende haben virale Übungen.
C Hundert, um sich selbst drehend, haben die Proteste belebt.
D Gehen aus dem Irrtum der Stadt.
E In falscher Beurteilung dessen was in der Nähe der Küste ist.

A Die neue Macht in der ehemaligen Sowjetunion hat sich etabliert. Das muß nicht der Kommunismus sein, wie wir ihn kennen. Ein neues Kalb, eine neue Ideologie, wird versuchen, zu Weltgeltung zu kommen. Eine Vielzahl von umstürzlerischen Umtrieben, die als Politik dieser neuen Macht nicht faßbar sind – wie Wasser in der Hand – werden wir erleben.

Kreml: Nostradamus sieht eine neue Diktatur in Rußland voraus

B 1995 ist das Jahr einer ungewöhnlich aggressiven (Grippe?) Krankheit. Wenn Hunderte sich um sich selbst drehen, dann weist das auf eine starke Belastung des Kreislaufs hin. Schwindel, Gleichgewichtsstörungen. Sind dieses Proteste bzw. Reaktionen des Immunsystems?

C Eine andere Lesart wäre, daß es eine neue politische Bewegung von tanzenden Derwischen gibt, die vor allem im Iran und in der Türkei zu Hause sind.

D und E Inzwischen hat die PLO für sich einen Staat ausgehandelt. Der Gazastreifen hat eine Küste! Ist Hebron die Stadt?

Nostradamus total für das Jahr 1995/Zeile 3

A Ferner zuvor geheime Hilfe.
B Zur Mitte des Jahres Ölung des Auserwählten.
C Verlockende Hilfe vom auserwählten Mailänder.
D Trocken für 1000 Jahre die Inseln der Ölbetten.
E Strömung des Themas der brandig werdenden Idee.

A Bekommt die PLO heimliche Aufrüstungshilfe?
B und C: Ist 1995 das Jahr der katholischen Kirche, das Jahr der nächsten Papstwahl? Viele Indizien deuten darauf hin. Der nächste Papst wird unter merkwürdigen Umständen gewählt werden. Wir werden, wie gewohnt, nichts von den internen Vorgängen im Konklave erfahren, doch wird recht bald etwas Skandalöses durchsickern. Denkbar wäre eine Verbindung des neuen Papstes zur Mafia. Die Papstweihe wird, wenn wir unsere Zeitrechnung als richtig annehmen, im Juni oder Juli erfolgen. Wenn wir das Nostradamus-Jahr ansetzen, müßte es im März/April sein, weil er den jüdischen Neujahrstag am 21. September als Jahresanfang rechnet. Der neue Papst stammt aus Mailand, oder er ist der Kardinal von Mailand, oder er hat in Mailand als Priester gewirkt.
D Ist das Jahr 1995 auch ein Jahr der Erdölkrise? Die Inseln, die Verladeinseln oder die Bohrinseln sind trocken. Versiegen in einem Teil unserer Welt die Erdölvorkommen oder wird kein Öl mehr gefördert, weil die weltpolitische Lage sich zuspitzt und Erdöl wieder als Waffe eingesetzt wird? Denkbar ist auch, daß eine globale Wirtschaftskrise den Energieverbrauch drastisch senkt, so daß nicht mehr so viel Öl benötigt wird.
E Ist 1995 das Jahr des Beginns einer Stimmung, die von den Machthabern eine militärische Lösung der sich aufbauenden Probleme fordert?

Nostradamus total für das Jahr 1995/Zeile 4

A Der Führer spielt mit zwei Flüssen die befreundet sind.
B Zur Mitte des Jahres wird der Käfig gebaut.

Für Deutungsanregungen zu A und B von Ihnen bin ich offen; Die Erwähnung eines Käfigs ist natürlich recht ominös.

DAS JAHR 1996

A In die Stadt kommen Übende der Nacktheit.
B Vier Jahre wenn eintritt der König in der Luft befindet sich brandig Werdendes des Pfades (Weges).
C Bei der 10 verletzter Glaube trägt den Lärm bewaffneter Umtriebe.
D Werden bringen Feuer Tod des Blutes und Furcht vor Gott.
E In der Folge kommt es zu einer Zeit des Durchbruchs zu Gott.

A Das Jahr 1996 sieht eine neue politische Bewegung. Weltweit bilden sich Gruppierungen, die Gewaltlosigkeit nach Muster eines Mahatma Gandhi propagieren werden. Diese Bewegung wird sowohl die islamische als auch die nichtislamische Welt erfassen.
B Wie es seine Art ist, kündigt Nostradamus einige Jahre vor einem größeren Ereignis bereits dessen Folgen an. In diesem Vers etwas für die Zeit um 2000. Er beschreibt zwischen 1999 bis 2001 einen großen Krieg im Nahen Osten nach Muster des Golfkrieges, diesmal jedoch für zehn Staaten, mit gegenseitigem Beschuß durch Raketen.
C und D Wird 1996 der fundamentalistische Zweig des Islam die Oberhand gewinnen? Werden die gemäßigten islamischen Staaten nach und nach dem neuen Radikal-Islam der Verweigerung jeglicher Entwicklung auf wissenschaftlicher und zivilisatorischer Ebene unterliegen?
E Eine Renaissance der Kirche wird von Nostradamus gesehen.

Nostradamus total für das Jahr 1996/Zeile 1

A Für 500 Jahre sind eingesetzt in das Irdische Übende der Verweigerung.
B In die Stadt eintreten werden Übende der These der Verneinung.
C In die Situation zwischen der Luft – zehn Lüfte sich befinden die ungeschützt sind.
D In hundert Ideen eintreten Geschorene, Reisende der Reinigung.

A und B Nach Nostradamus sind wir Zeitzeugen einer neuen Idee der Verweigerung. Sie wird fünf Jahrhunderte überleben, also fast schon religiösen Charakter haben.
C Es scheint nicht nur ein Problem mit dem Ozonloch zu geben. Weitere Bestandteile der Erdatmosphäre sind gefährdet.
D Wanderprediger der Buße.

Nostradamus total für das Jahr 1996/Zeile 2

A Ein Führer durch Überzeugungskraft wird kommen.
B In der Folge kommt es zu einer Zeit des Durchbruchs zu Gott.
C Aus der Mitte eintritt das Zeitalter der Geschorenen.
D Der König den Nachschlag vorbereitet.
E Das Berberpferd ist nicht der Ursprungsort der Überzeugungskraft.
F Der Ratschlag entstammt der zionistischen Oase.

A Müssen wir 1996 mit dem ersten Auftritt eines fundamentalistischen Führers aller islamischen Staaten rechnen, der es verstanden hat, seine Brüder hinter sich zu scharen?
B Eine verstärkte religiöse Bewegung ist die Folge. Im Zusammenhang mit der Türkei, die seit Atatürk einen Weg getrennt von den Gesetzen des Koran beschritten hat, wird wohl der radikal-islamische Flügel den Ton angeben und dadurch die NATO in große Verlegenheit bringen.
C – D Demnach geht diese Bewegung innerhalb der islamischen Welt nicht von den nordafrikanischen Staaten aus, obwohl sie voll betroffen sind.
E Dahinter steckt eine von Israel eingefädelte Intrige, die sicher zu diesem Zeitpunkt aus deren Sicht richtig ist, nämlich das islamische Heerlager in ein Lager der Fundamentalisten und der Gemäßigten zu spalten.

Nostradamus total für das Jahr 1996/Zeile 3

A Bei der 10 verletzter Glaube trägt den Lärm bewaffneter Umtriebe.
B Zur Zehn, oh je! Schwäche trägt. Ist sich erklärt den Bewaffneten, ihnen einen tüchtigend Schlag versetzend.
C Eins gebraucht es, verletzt die Grenze.
D Dies ist die Heimsuchung. Amen.
E Einer gebraucht zehn Glauben.
F Erblassen nicht die Reichen vor der These die proklamiert wird.
G Doppelt in der Klemme die Seelen der Nichtgeborenen.

A Bei der 10 heißt hier, im Jahre 2000 wird es kriegerische Auseinandersetzungen geben. Nostradamus beschäftigt sich jeweils vier Jahre vor großen Ereignissen mit den Konsequenzen, damit wir Nachgeborenen des Nostradamus uns vorsehen können.
B Möglicherweise ist der Westen durch innenpolitische Auseinandersetzungen um die Militärpolitik geschwächt – denken Sie bitte an die Übenden der Nacktheit, was soviel wie Gewaltlosigkeit heißt.
C und D Die bewaffneten islamischen Kräfte erkennen dies.
E Einer, vielleicht ein Staat, handelt, zehn beten.
F und G Eine Bewegung des Miteinanders aller Glaubensrichtungen wird sich 1996 ebenfalls entwickeln. Es ist eine neue Weltanschauung, die auf die Lebensphilosophie der reichen Länder dieser Erde zugeschnitten ist. Sie enthält unter anderem auch die Beschränkung der Geburten, d. h. die Nichtgeborenen können sich nicht verkörpern.

Nostradamus total für das Jahr 1996/Zeile 4

A Werden bringen Feuer Tod des Blutes und Furcht vor Gott.
B Bei der 1000 vollendet sich die begrenzte Feuersbrunst.
C Tausende von Engeln vereinigen sich.
D Matt gesetzter beschnittener König abgesetzt.
E Überraschendes von der Lehre des alten Feuers von Zion.
F Drei in die Luft gestellt bei der Null.
G Tod der Lehre der vereinigten Engel.

A Hier wird für die Zeit um 2000 der Verlauf der Auseinandersetzung, ich vermute um und mit Israel, beschrieben.
B Im Jahre 2000 kommt es zu einem begrenzten Atomkrieg um Israel.
C Werden in diesen Krieg alle islamischen Staaten eingreifen? Sind es die 1000 Engel, gleich 1000 Kampfflugzeuge, die Israel angreifen werden?
D Wird die Tragödie durch eine innenpolitische Krise Israels noch vergrößert?
E Hat auch Israel noch eine Geheimwaffe bereit? Was verbirgt sich hinter dem mysteriösen Spruch: Überraschendes von der Lehre des alten Feuers von Zion? Haben israelische Wissenschaftler eine Energiequelle entdeckt? Wird diese Waffe ausreichen, zumindest die totale Vernichtung Israels abzuwenden. Wird die islamische Luftwaffe von Israel zerstört werden?
F Wird Israel von drei Weltraumsatelliten aus diese Waffe auslösen?
G Ist dies das Ende der Taktik mit Flugzeugen?

DAS JAHR 1997

A Auf dem Meer haben sich Duplikate in drei Teile geteilt.
B Der zweite Teil der Schlangen wird einen Fehler gemacht haben.
C Um sich loszulösen sucht man das Feld der Auserwählten.
D Zuerst man die Spalte betritt siegreiche Morgenröte.

A Eine Armada von Kriegsschiffen mit drei Stoßrichtungen hat sich aufgeteilt. Kommt es zu einem Aufmarsch von Flottenverbänden, diesmal nicht nur im Golf, sondern auch vor der Küste Tunesiens, Algeriens, Libyens, Ägyptens und möglicherweise des Libanon und der Türkei? Wird man versuchen, mit diesem Aufmarsch die islamischen Staaten einzuschüchtern?
B Eine der drei, die mittlere wohl, begeht einen Fehler.
C und D Ein Hinweis auf eine wissenschaftliche Großtat.

Nostradamus total für das Jahr 1997/Zeile 1

A Die Reichtümer die aus dem Meer kommen werden von den Königen in Teile geteilt.
B Thema Luft. Tausend Stücke zwischen den zuviel in drei Teile Geteiltem.
C Von Splittern verursacht, die die drei Könige in Teile teilten.

A Werden 1997 die Fischbestände der Weltmeere so geschrumpft sein, daß man die wenigen Fischbestände scharf quotieren muß, um die Versorgung mit Fisch für die armen Länder dieser Welt zu sichern? Wird im Jahre 1997 der Run auf die Bodenschätze der Weltmeere beginnen? Es sind drei Interessengruppen bzw. Staaten, die untereinander um die Bodenschätze feilschen werden. Erfolgt eine Festlegung, kommt es zu einem Vertrag, der die Verteilung der Reichtümer der Meere regelt?
B Das Problem der zerstörten Lufthülle unseres Planeten tritt in eine neue Phase der Erkenntnis ein. Nostradamus schildert mit seinen Worten das Problem sogar unter Angabe der Verhältnisse: Auf 1000 Teile kommt etwas, was nicht in drei Teile gespalten werden durfte. Ist damit das Ozon gemeint?
C Weiß Nostradamus 1560 schon mehr als unsere heutigen Wissenschaftler? Nach Nostradamus scheint es nicht primär der Effekt des Ozons zu sein, sondern die Auswirkung, wenn Ozon mit den Spuren anderer Luftbestandteile, also mit Edelgasen, reagiert.

Nostradamus total für das Jahr 1997/Zeile 2

A Im gleichen Augenblick die Lästerungen des Unglücks sich vollenden.
B Allah sich würzt.
C Zum Überdruß haben hundert den Überschwang zu dem Thron geführt der das Unrecht fortsetzt.
D Der Flügel der Luft vollendet sich.

A und B Wird es zu einem Angriff eines der Flottenverbände infolge eines technischen Fehlers oder eines menschlichen Versagens kommen? Nach Nostradamus wird es einer dieser Flottenverbände sein, der angegriffen wird.
C Das Ergebnis ist eine Euphorie in der UNO bzw. den 100 nichtislamischen Staaten der UNO.
D Ein anderes Großereignis wird von Nostradamus geschildert. Der Bau einer Raumstation wird begonnen oder fortgesetzt. Nostradamus nennt dieses Gebilde den Flügel der Luft. Offenbar werden mehrere Flügel gebaut werden.

Nostradamus total für das Jahr 1997/Zeile 3

A Die Lehre der Hoffnung gesucht wird im Wirkungsbereich der Sonne.
B Durch sechzig Patres ein Kirchenstuhl Gesang.
C Die Lehre von den Steinhaufen im Universum gesucht wird auf der Ebene der Doppelsonne.

A Angesichts der heraufziehenden Kriegsgefahr für den gesamten Globus wird vom Vatikan eine Friedensbewegung und Versöhnungsaktion gestartet.
B Wird der neue Papst im Vatikan versuchen, eine Verbindung aller Religionen herzustellen, um einen bevorstehenden Religionskrieg zu vermeiden? Werden sechzig Patres der orthodoxen Kirche dieses Vorgehen unterstützen? Ein Konzil für den Frieden?
C Nostradamus kündigt für 1997 einen Durchbruch der Astrophysiker an. Man sucht nach einer bestimmten Konfiguration von Atomkernen, die im Bereich von Doppelsonnen stabil existieren können. Diese Erkenntnisse werden sich umsetzen lassen auf eine künftige saubere und billige Energiegewinnung, wie sie ab 2035 im großen Stil betrieben werden kann.

Nostradamus total für das Jahr 1997/Zeile 4

A Die ersten, in dem sie predigen, betreten siegreich die Runde.
B Zwei Könige vernachlässigen, in dem sie nicht erforschen in der siegreichen Runde dasjenige vor tausend Gestern.
C Der Thron nicht wackelt, indem er sehr siegreich erscheint.

A Der wissenschaftliche Durchbruch wird möglich werden in Zyklotronen (Runde, siegreiche Runde). Wird 1997 der Durchbruch in der Technik der Keimverschmelzung beginnen?
B Nostradamus beschreibt nun, worum es geht: um eine bestimmte Situation, die vor Tausenden von Gestern stattgefunden hat, eine pfiffige Umschreibung einer fernen Vergangenheit. Die von Nostradamus auch als Spalte bezeichnete Situation kann

durch Menschen wieder verschmolzen werden, so daß es zu einer großen Energieausbeute kommen wird. Fazit: Die Wiedervereinigung von Kernen, die vor dem Urknall natürlich verschmolzen waren und durch den Urknall geteilt wurden, wird im Kleinstmaßstab experimentell möglich.
C Nostradamus geht noch weiter. Er weist darauf hin, daß die Verbindung nicht instabil sein wird, wie es manche Forscher glauben werden. Er beschreibt das mit den Worten »der Thron wird nicht wackeln«. Zwei Staaten werden die Forschung auf diesem Gebiet aus Kostengründen vernachlässigt haben.

DAS JAHR 1998

A Die Betrübten wenden sich durch den Fehler eines Einzigen ab gegen die Bedrohung der Gegenpartei.
B Bei der 10 – bei Lyon – Nüsse lügen – was für Zeit des Streits.
C Zurückgegeben wird das große niedergerissene Pferd.

Nostradamus total für das Jahr 1998/Zeile 1

A Das Bündnis der Betrübten wird behindert durch einen Fehler eines einzigen Farbtons.
B Das Bündnis der Unbetrübten vervollkommnet den Kopf des einen einzigen Farbtons.

Nostradamus total für das Jahr 1998/Zeile 2

A Wie der Trennpunkt ist die Kaution.
B Teile gegenüberstelle.
C Hundert im Ungewissen, Tausende in dem Jahr des Teilens sind gegenübergestellt.

Nostradamus total für das Jahr 1998/Zeile 3

A Botschaften derjenigen welche gegen die Liebenden sind.
B Für tausend Jahre die Erde der Giftkröte in den Abwässern kommt.
C Tausend Jahre des Zeitalters derjenigen, die gegen die Begrenzung sind.

Nostradamus total für das Jahr 1998/Zeile4

A Keiner die Erde haben wird.
B Nicht sehr groß zuvor der Herr des Geistes.
C Es wird sich vollenden bei seiner sehr legalen Rückkehr, die das Thema beschleunigen wird.

Chernobyl, Pierrelatte bei Lyon, Three Miles Island, Biblis: wann geht das nächste Kraftwerk hoch

DAS JAHR 1999

A Wind für denjenigen den man zum Verlassen seines Throns gezwungen hat.
B Über die Mauern wird geworfen Asche, Kalk, Kohlenstaub.
C Wegen des Regens danach er ihnen eine geschickte Falle stellt.
D Letzte Hilfe indem man sich ihrer Grenze widersetzt.

A Ein Herrscher/Regierender kommt erneut zur Macht.
B Der Einsatz von chemischen Waffen wird hier beschrieben.
C Die Wirkung des »Fallout« wird als Kampfmittel einkalkuliert.
D Ein Angriff scheint die letzte Möglichkeit zur Verteidigung zu sein.

Nostradamus total für das Jahr 1999/Zeile 1

A Fünf ausschneiden die Insel des Oel.
B Man machen wird die Abreise des Throns.
C Übel nicht geizig. Dort man Nachschlag machen wird durch Reden des Throns.
D Macht für denjenigen dem Eisen wegnimmt den Thron.

A Fünf Staaten isolieren ein Ölförderland.
B Der Herrscher/Regierende wird zum Rücktritt gezwungen.
C Der Einsatz von viel Geld für eine böse Absicht.
D Die Rückkehr des Herrschers.

Nostradamus total für das Jahr 1999/Zeile 2

A Durch Mauern geworfene Luft.
B Aschespur am ehemaligen Sitz der Macht.
C Barrieren aus Mauern werfen in die Luft.
D Hunderte eng dazwischen aus Kalk und Kohlenstaub.

E Nicht Waffen, Mauern werfen hundert Königen Kalk von Kohlenstaub.

A Einsatz von Gas.
B Einsatz von Chemie.
C Luftabwehrsysteme.
D und E Details aus diesem lokal begrenzten Krieg um das Öl.

Nostradamus total für das Jahr 1999/Zeile 3

A Angreifern Säbel gemacht wurden für den guten Hinterhalt.
B Durch den Regen der Sichel von der Halbinsel ihr machen werdet gute Stücke.
C Durch Regen, Himmel, Kreuz verflucht, werden sie gemacht haben die gute Falle.

A Heimliche Aufrüstung bzw. Waffenlieferungen.
B Deutet auf einen islamischen Staat des fernen Ostens hin.
C Nostradamus flucht, weil offenbar die christliche Welt von den Auswirkungen dieses Krieges betroffen ist. In den 942 Vierzeilern seiner zehn Centurien geschieht dies nur viermal. Nostradamus ärgert sich über die Lebenden, die diese schlimme Situation hätten vermeiden können.

Nostradamus total für das Jahr 1999/Zeile 4

A Von der Luft ersäuft sich jagen die Sinne.
B Haben ihr Angesicht gegenüber den Außenstehenden von der Erde gereinigt.
C Trocken bleibt die Regierung auf besondere Art.

A Hier wird die Wirkung des Giftgases beschrieben.
B Mysteriöse Aussage, die keine Deutung derzeit zuläßt.
C Die Regierung kann sich vor diesen Gasangriffen schützen.

Exkurs: Der Seherspruch für das ganze neue dritte Jahrtausend

(Im Vers hundert der X. Centurie gibt Nostradamus einen Überblick der wichtigsten Ereignisse des dritten Jahrtausends)

A Die große Herrschaft wird durch das Engelland errichtet, dem zweifach ungeschickten Geist für mehr als 300 Jahre.
B Das große Jahrtausend des Schlimmsten wird ein Hindernis für die Entwicklung der Engel auf Erden sein.
C Das traurige Thema der ketzerischen Zeit als Zuschlag für die Erde angerichtet wird.
D Die fünf großen Reiche werden aus England hervorgehen.
E Das Gesetz des Weltreichs der Beschleunigung wird zum Laufen kommen, um wieder vorzubereiten den (irdischen) Schlüssel zum Verlassen der Erde.

A Der künftige Doppelstaat USA/England, dessen Weltherrschaft im 24ten Jahrhundert enden wird.
B Gemeint ist der Eingriff in die Schöpfung und eine von Menschen künstlich intelligent gemachte Kreatur, die bis zum Jahr 3797 Probleme bereiten wird.
C Das Aufblühen und Auseinandersetzung mit dem Islam bis zum Jahr 2550.
D Zeit nach dem Jahr 2380.
E Die Technik mit Lichtgeschwindigkeit zu reisen, um die Aufgabe der Menschheit auf Erden zu vollenden.

Details für das dritte Jahrtausend:

A Der Rückfluß der Nicht-Gott-Menschen in diesem Jahrtausend nicht erfolgen wird.
B Vom urbar gemachten Neuland der Weisheit sich das »Nichtstrahlende« der drei Gewissen entwickelt.
C Das Schwert Tausenden kann schaden.
D Die Lehre der Engel sich mehr als 300 Jahre hält.
E Welche Beschleunigung wird nachgemacht durch hundertfaches Zusammendrücken des Stücks.

F Der Schritt wird sein für das Universum inmmitten der Höhle.
G Drei Regeln sind es.
H Es leuchtet, wenn die Färbung davon nicht umschlossen sein wird.

A bis D handelt vom Endziel einer geistigen Entwicklung der Menschheit, die für das dritte Jahrtausend erwartet wird, die aber nach 300 Jahren vorerst wieder verloren geht.
E bis H beschreibt die größte Erkenntnis der Naturwissenschaft auf Erden. Gleichzeitig mit der Beschleunigung wird eine Technik die beschleunigten Körper verkleinern. Auf diese Weise wird man durch das Universum reisen können.

DAS JAHR 2000

Nostradamus total für das Jahr 2000/Zeile 1

A Das grauenvolle Thema des Schlimmsten wird durch England ausgelöst werden.
B Die legalen ranzigen zweifach schlimmen Reiche.
C Die große Zeit des Zorns, der Wut durch England.

A Der Höhepunkt und die Eskalation des Krieges von dem Nostradamus für das Jahr 2000 spricht, wird von dem Doppelstaat, wie Nostradamus die USA/England sieht, ausgelöst werden. Wird es ein Krieg, der durch Bürokraten, nicht durch Politiker ausgelöst wird?
B Der Begriff ranzig taucht bei Nostradamus immer dann auf, wenn sich eine Regierung, ein König, ein System zu lange an der Macht befindet. An anderer Stelle spricht er davon, daß der Hosenboden ranzig davon geworden ist, zu lange auf dem Stuhl zu sitzen.
C Werden sich die USA und England den Zorn der Weltbevölkerung zuziehen? Sicher wird es nicht unmittelbar ein Eingreifen sein, sondern eine Eskalation, die Attentate und Angriffe auf Atomkraftwerke in Europa provozieren werden, welche die europäische Bevölkerung empören wird.

Nostradamus total für das Jahr 2000/Zeile 2

A Das Unmenschliche tausend Gefäße hat.
B Hergott, deine Weisheit nicht erstrahlt während der Regierungszeit der vier Könige.

A und B Um das Jahr 2000 wird es vier Regierungschefs (es können auch Frauen darunter sein) geben, welche die Hauptverantwortung für das Desaster tragen werden. Es muß allerdings auch gesagt werden, daß es sich um einen doch lokal begrenzten Krieg handelt, der nicht in Mitteleuropa stattfinden wird. Um so mehr wird man von der Unmenschlichkeit – auf beiden Seiten – entsetzt sein.
Sind mit den Gefäßen Menschen gemeint oder beschreibt Nostradamus, wie Menschen, die chemische Waffen, die in Tausenden von Gefäßen gelagert sind, im Kampf einsetzen?

Nostradamus total für das Jahr 2000/Zeile 3

A Was für traurige These.
B Hundert Totenmessen werden vorübergehen über das Meer und die Erde.
C Großartigkeit und Überflüsse erhofft man.
D Serben erhalten das Recht sich zu bewaffnen für den Krieg.
E Welch König, nicht aus Skopje, der sich über das Meer begeben wird in dem Sommer in dem der Krieg sein wird.
F Welcher Widder davon ausgespuckt wird.
G Nicht genug wieder in der Mitte der Kriege der Erde.

A Eine Doktrin, die in ihrer Notwendigkeit sinnlos ist, wird die vielen Toten, auch auf seiten der westlichen Alliierten, verursachen?
B Nach Nostradamus wird es sehr viele Tote geben, aber es ist trotz allem ein lokal begrenzter Kriegsschauplatz. Der Balkan und der Nahe Osten sind betroffen, das geht auch daraus hervor, daß die Serben erwähnt werden.
D Aus dieser Zeile geht hervor, daß man die Serben im Laufe der

90er Jahre entwaffnet haben wird. Ihnen wird nun gestattet, sich wieder zu bewaffnen, weil der ausufernde Konflikt mit dem Islam jede waffenführende Hand zur Selbstverteidigung benötigen wird.
E Im Augenblick ist noch unklar, wieso Nostradamus namentlich eine Persönlichkeit erwähnt, die nicht aus Skopje stammt. Das heißt: sichtbar an der Macht ist ein Man aus Skopje. Ist er das Opfer der Aggression? Der entscheidende Kopf stammt nicht aus Skopje und befehligt eine Flotte, weil er über das Meer kommt. Das könnte zum Beispiel der amerikanische Präsident bzw. der englische Premier sein, der in diesem Konflikt, der im Sommer beginnt, eingreifen wird.

Nostradamus total für das Jahr 2000/Zeile 4

A Die besser gestellten Bürger nicht im Griff behalten die Diskussionen der schlechter gestellten Bürger.
B Die mit klarem Verstand werden darüber nicht glücklich sein.
C Die Entglittenen rühmen sich auch. Darüber wird man nicht zufrieden sein.
D Es wird Ostern – man sich verteidigt.
E Verlassen die Gefärbten, man die baskische Verteidigung haben wird.

A und B Ein Nord-Süd Konflikt? Baut sich eine Forderung der Habenichtse in der UNO auf, die durch die Kriegsereignisse nicht in den Griff zu bekommen sind? Spielen einige Länder der dritten Welt ihre strategisch günstige Lage aus?
C Nachdem bereits die islamischen Völker aus der UNO ausgetreten sind, dürften zu diesem Zeitpunkt auch die farbigen Völker die UNO verlassen. Was eine baskische Verteidigung ist, weiß ich nicht; es muß sich um etwas im Mittelalter Bekanntes handeln.

DAS JAHR 2001

A Den Feinden die Feinde den Glauben versprechen.
B Nicht werden sich halten Protestdemonstrationen der wieder in die Gefangenschaft Geführten.
C Der Prinz ist als erster tot, der Rest im Hemd.
D Verdammt der Rest um im Gleichgewicht zu sein.

Nostradamus total für das Jahr 2001/Zeile 1

A Denjenigen die tausendfach Feinde sind der Glaube Versprechungen macht.
B Im Tempel der Nichtgeborenen tausende Nichtgeborene des Halbglaubens in Verdienst gestellt werden.
C Atmen werden tausende die Gewißheit des versprochenen Glaubens.
D Zu den Feinden der Gewißheit des halben Glaubens Rom nicht gestellt wird.

A Im Jahre 2001 ist der begrenzte Krieg zu Ende. Der Islam hatte Teilsiege errungen. Die westlichen Alliierten haben aber den Krieg für sich entschieden. Man versucht nun, den Unterlegenen Versprechungen zum Schutz ihres Glaubens zu machen. Nostradamus wird dies später als Fehler, der gemacht wurde, bezeichnen. Es kommt zu Verträgen zwischen Islam und Christentum.
B Nostradamus weist darauf hin, daß sich dadurch viele noch ungeborene islamische Persönlichkeiten in den nächsten Jahrhunderten Verdienst um den Islam erwerben werden.

Nostradamus total für das Jahr 2001/Zeile 2

A Nicht die Trennwand zwischen den Gefangenen vorbestellt ist.
B Nicht der Haken wird halten die gefährlichen Ausschmückung des Strahlen aussendenden Nichts.

C Nicht sich halten wird das Gehabe der herausgeputzten Säulenherrschaft, die wieder dünn geworden ist.

A Dies deutet auf eine Entwicklung in dem Staatsgebilde hin, das wir heute unter dem Namen GUS kennen. Eine Diktatur hat sich als Folge der Auseinandersetzungen mit dem Islam, in die sich der Westen verwickelt hat, etablieren können. Rußland ist wieder fest im Griff von Diktatoren. Der islamische Bevölkerungsanteil wird nicht durch besondere Maßnahmen innerhalb des Reichs ausgegrenzt werden. Für 2001 ist das Ende der Auseinandersetzungen unter den einzelnen Völkern des ehemaligen Sowjetreichs zu erwarten.
B Im zweiten Teil beschreibt Nostradamus die Gründe für Probleme mit Kernkraftwerken zu dieser Zeit. Die Beschreibung eines Mannes, der vor rund vierhundertundfünfzig Jahren gelebt hatte, fasziniert: Nicht der Haken wird halten die gefährliche Ausschmückung des Strahlen aussendenden Nichts. Radioaktive Strahlung = das Strahlen aussendende Nichts. Nicht sich halten wird das Gehabe der herausgeputzten Säulenherrschaft, die wieder dünn geworden ist: Säulenherrschaft = Brennstäbe in einem Atomreaktor.

Nostradamus total für das Jahr 2001/Zeile 3

A Genommen zuerst der Tod und die Luft ist soweit, um teurer angeboten zu werden.
B Der Preis nicht die Premisse des Sterbens ist und der Dieb im Hemd dasteht.
C Kein Regenguß, keine Wasserinne. Kein Ast ist mehr.Tausend Ermahnung der Diebe. Die Überreste in den Ofen kommen.

A Als Folge des Krieges kommt es zu einer ausgedehnten Umweltkatastrophe. In einigen vom Krieg betroffenen Gebieten kann man nur noch überleben, wenn man zuvor gereinigte Luft atmet, was das Atmen teuer macht. Nostradamus benutzt nun bildhafte Schilderungen der Auswirkungen dieses Krieges.
Der Regierungschef wird nicht überleben. Der Rest seines Volkes

ist schutzlos preisgegeben. Als erstes wird man versuchen, das Sterben der Verseuchten zu stoppen. Dann wird man sich bemühen, die Luft, die eingeatmet wird, vorher zu reinigen, was sehr teuer ist. Eine Dürre wird die betroffenen Gebiete heimsuchen. Die Vegetation ist zerstört. Man beginnt mit der Entseuchung und verbrennt alles Verseuchte bis auf den letzten Ast.

Nostradamus total für das Jahr 2001/Zeile 4

A Den zweifach Geborenen, die Schätze des Könnens übrigbleiben.
B Wieder außer Atem sie sich halten werden.
C Von zwei geborenen Dieben die übriggeblieben sehr getäuscht werden, wo man sich halten wird.
D Die Verdammten des Diebes im Osten haben Macht, wie Könige unter den Nackten.
E Herr Gott, die Übriggebliebenen, um geknebelt zu sein unter den Nackten gehalten werden.

DAS JAHR 2002

A Getarnte Galeeren segeln um vom Neuen zu kaufen.
B Die von hohem Rang werden sich von den Minderen trennen.
C Zehn Schiffe nähern sich dem Abstoßpunkt.
D Viele Besiegte vereinigen sich zu einem eigenen Zusammenschluß

Nostradamus total für das Jahr 2002/Zeile 1

A Euer ungesetzlicher Krieg. Eure Insel von Booten dieses Zeitalter der Teuerung verursachen wird.
B Segel den Rückstoß der Luft korrigieren.
C Fünfzig von den Booten diese Käfige haßen werden.
D Euer Öl das ist was gehen wird und der Wille der Kirche die dies verursacht.

A Im Jahre 2002 kommt es als Nachwirkung des Krieges zu einer weltweiten Inflation.
B Nostradamus beschreibt hier den Beginn der Planung oder sogar die Durchführung einer Weltraumexpedition. Es kann sich nur um die Marsexpedition handeln.
C Die Armada der Kriegsschiffe und der Neubau eines neuen Typs schneller Luftkissen-Schiffe kosten sehr viel Geld.
D Es kommt zu einer Ölknappheit, die durch den Glaubenskrieg verursacht wurde.

Nostradamus total für das Jahr 2002/Zeile 2

A Die Tränen des heruntergekommenen Esels sich selbst zwischen die Kahlgeschorenen passend einordnen.
B Sprechen dort vom Minderen sehr.
C Der Gram des im Dezember ausgestoßenen sich dort vollenden wird.
D Eintreten wird das Verhängnis.

E Irritiert dort der Mönch, sehr.
F Der See der Großartigkeit, welcher überdrüssig des Lebens ist eintritt.
G Beraubt zieht das Verkleinerte.
H Die große Abteilung gehen wird, um sehr golden zu reden das Wort der indischen Vorschriften.

Die Welt beginnt sich neu zu formieren: Die Länder der sogenannten dritten Welt verlassen die UNO. Innerhalb des im vergangenen Krieg geschlagenen Islam vereinigen sich die gemäßigten Kräfte (Nostradamus gebrauchte schon früher den Begriff Esel oder Eseltreiber) mit den radikal-islamischen (kahlgeschorenen) Kräften. Dieser Vorgang innerhalb des Islam ist die eigentlich verhängnisvolle Entwicklung, denn sie führt zur nächsten großen Eskalation etwa zehn Jahre später. Die USA entwickeln eine neue Doktrin, die Nostradamus als die indischen Vorschriften bezeichnet.

Nostradamus total für das Jahr 2002/Zeile 3

A 2010 nicht haben wird das Unglück.
B Es nähert sich die Wende die hervorbricht.
C Zehn Tage Schiffe in der Dämmerung sich nähern.
D Der Turm nicht sein wird herausgestoßen.
E Am zehnten Tag nicht der Tag vergehen wird.
F Zwei Felsen sich beleidigt haben.
G Es ist die Stunde des Grabes der Nichtgeborenen.
H Die Luft wird sein ein Stückchen als Lebensmittel gepreßt.

Hier ist bereits der Vorgriff auf die nächste Auseinandersetzung, die von Nostradamus zehn Jahre später gesehen wird. Nostradamus beschreibt, wie sich zehn Schiffe, vermutlich Atomunterseeboote, der Stelle nähern, von wo aus sie ihre Raketen verschießen werden. Wieder ist es faszinierend, wie Nostradamus die U-Boote richtig beschreiben kann. Das Periskop, der Turm, wird nicht ausgefahren sein, d. h., die Boote fahren in großer Tiefe, in der es nur dämmrig ist. Am zehnten Tage wird die

Ursache für diese Aktion offenbar. Die beiden großen Weltmächte haben sich tödlich beleidigt und ziehen die Schwerter. Für lange Zeit wird es viele Totgeburten als Folge dieses Krieges geben.

Nostradamus total für das Jahr 2002/Zeile 4

A Welche nutzlose Großartigkeit.
B Was für Unglück vereinigt seine Gier der zehn indischen Vorschriften.
C Gram der Eva.
D Nicht zu vereinigen die Urbarmachung des Neulands.
E Jesaias großer Spaß an Indien.
F Welch Schaf als König, welcher heruntergelassen haben wird nicht den Köcher.
G Ein Jesus in seiner Gier. Einer salbt sich dreimal.

Im ersten Jahrzehnt des nächsten Jahrtausends wird es drei Vereinte Nationen geben. Die UNO der reichen Länder, das ist die jetzige UNO, die UNO der islamischen Welt, sie ist der zweite Fels, der vorhin erwähnt wurde, und die UNO der armen Länder. Nostradamus ist mit dieser Entwicklung nicht einverstanden, denn er bezeichnet dies als nutzlose Großartigkeit. Eine der Ursachen für den nächsten Krieg sieht Nostradamus in der egoistischen Abfassung der US-Doktrin, die aus zehn Thesen besteht. Kommt es zu einer Wende in der Emanzipation der Frauen? Warum sonst sollte Eva voller Gram sein. Kommt es in Amerika zu einer Welle der religiösen Eiferer? Nostradamus bezeichnet den Präsidenten der USA des Jahres 2002 als Schaf, als einen Eiferer, der sich dreimal salbt, d. h., er verändert möglicherweise die Amtseinführungsrituale der amerikanischen Präsidenten.

DAS JAHR 2003

A Weil man danach nicht fünf Stützpunkte außerhalb stellt.
B Ein Feuer dort man wird kaufen.
C Bei zehn Murren.
D Hilfe kommt von den Goldenen.
E Speichelleckerei vor dem Stuhl.
F Die Goldenen werden verlassen sein.

Nostradamus total für das Jahr 2003/Zeile 1

A Man ist besorgt wegen dem Zuviel an Truppen.
B Zur 2001 und zur Versammlung treffen sich die Acht der Reichtümer.
C Für fünf Tischtücher erfolgt Hilfe.
D In Sorge die Gemeinschaft ist.
E Wasser wird nicht sein außerhalb.
F Weil nachher fünf Löcher in der Haut sind.
G Für viele keine wohlhabende Zeit.

Nostradamus total für das Jahr 2003/Zeile 2

A Ein schnell Flüchtiges sich herausputzt.
B Fünf nicht schnell flüchten werden, weil die Feder entspannt werden wird.
C Es ist die Stunde des Könnens.
D Der Verschluß abweicht.
E Unglück für diese Zeit. Eine Flucht die Folge ist.
F Es ist nicht die Stunde der Gottesgeborenen.

Nostradamus total für das Jahr 2003/Zeile 3

A Hilfe wird kommen, die vom Wohlstand spricht.
B Geheime Strömung.

C Falsches Raunen befindet sich in der Luft.
D Falsche Mauern verbergen. Falsch gebraucht – stumme Mauern.
E Der Irrtum des Throns – hundert wo ein Andenken des Wissens schwitzt durch die Lorbeerbäume.

Nostradamus total für das Jahr 2003/Zeile 4

A Der Köder ist »F«.
B Vor dem »F« wird gekrochen.
C Gegängelt wird die Stute und folglich zur Bekanntmachung gegeben.
D Die Misere, welche ist infolge derjenigen, die den Sabbat feiern, nicht ein Geschenk des Zeitalters ist.
E Legal die acht Eier des goldenen Jahrhunderts in dieser Zeit deren Ankündigung gegeben wird.

DAS JAHR 2004

A Hoch zur Mitternacht der Armeeführer wird sich retten.
B Plötzlich ist er auserwählt bei Eins.
C Sieben Jahre danach – die Seele wird nicht verflucht.
D Bei seiner Rückkehr man wird sagen – eine Unze wo zehn.

Nostradamus total für das Jahr 2004/Zeile 1

A Islamische begeben sich des Nachts, um zu töten.
B Hundert Stunden für diese Bewaffneten.
C Mitternacht benutzt der Führer, um geführt zu werden.
D Es kommt die Stunde, in der die Bewaffneten in der Klemme sind.
E Unter den Feinden kein Sieg.
F Es werden getötet Hunderte der Ihrigen.
G Unter der Mitte – Nackte.
H Hundert von Tausend sind nicht dehnbar.
I Glücklich, wer sich jenseits der Klemme befindet.

Nostradamus total für das Jahr 2004/Zeile 2

A Sechzig zum Verrat an der Tafel sitzen.
B Plötzlich gibt es schweißtreibende Jahre.
C Jawohl, Macht wird sich wissend machen unter der Spitze.
D Sich urbar macht das Neuland des Esau was er sich zur Suppenspeise gemacht hat.
E Die Lehre vom Schweißigen beginnt, wo die Eins ist.

Nostradamus total für das Jahr 2004/Zeile 3

A Sieben Lohen, Himmel Kreuz verflucht – die Frau ist nicht bloßgestellt.
B Ihre Jahre lassen sich nicht niedersäbeln.

C Der Wortlaut des Hungers ist das Wappen der Klemme, in der man sich befindet.
D Mitte Mai befinden sich Tausende in dieser Klemme.

Nostradamus total für das Jahr 2004/Zeile 4

A Zur Berechtigung des Omegas; die Urne wird sprechen lassen elf Schläge bei der Eins.
B Die Tafeln der Vorschriften sich ändern werden.
C Elf werden ja sagen.
D Bei seiner Rückkehr wird sich der Turm reinigen von den Irritationen, die man kennen wird.
E Zur Vorschrift der Abkehr der Reinigung des Teilgebiets der Kirche.
F Wenn es sich wendet, man nicht ziehen wird zu den tausend Leben.

DAS JAHR 2005

A Zu Füßen von hundert Sternen wird es eine neue Vereinigung geben.
B Neues Dürre – nichts Gutes für ihn – Grenze der Art.
C Wenn die höllischen Kasten unter dem Meer zusammen sind, vollendet sich ihr Preis brennend.
D Wenn beim Herrn der Neun – das Monster sich wütend wäscht.

A Erneuter Hinweis auf eine Gegen-UNO.
B Warnung vor dem nächsten Krieg.
C Eine neue Waffe wird bekannt.
D Ein Staatenverbund.

Nostradamus total für das Jahr 2005/Zeile 1

A Die Stiftung lies man verfallen.
B Neuen Bund das Weiße und 100 Sterne gemacht haben.
C Nachricht der Erleichterung.
D Zu Fuß die Fallen errichtet werden.
E Verschleiert, verhüllt was gleichmacht.

A Damit ist die UNO gemeint, die nach dem Austritt der islamischen Staaten an Bedeutung verloren hat.
B Eine andere Form der Staatengemeinschaft ist an die Stelle der UNO getreten.
C Die Weltöffentlichkeit ist über den neuen Zusammenschluß erleichtert.
D Fallen waren im Zweiten Weltkrieg bei Nostradamus Partisanenüberfälle. Irgendwo wird es einen Krieg im Dunkeln geben.
E Eine neue Ideologie, die alle Menschen gleichmacht, so wie wir sie schon vom China Maos kannten, dürfte heimlich und versteckt agieren.

Nostradamus total für das Jahr 2005/Zeile 2

A Neuer Leuchtturm für rückständige Menschen aus Lissabon.
B Portugiesische Ehre.
C Neun Heuchlerische darunter befreit man und zwei Unratbeutel.

A Die Bewegung der Gleichmacherei scheint aus Portugal zu kommen.
B Die Bewegung pocht auf nationale Werte der Portugiesen.
C Vorgänge um diese Bewegung in Portugal und Hinweis auf einige Führer, die nicht korrekt handeln.

Nostradamus total für das Jahr 2005/Zeile 3

A Carcassonne und Toulouse aufgezehrt haben ihren Preis.
B Das Gerippe der Sonne in Sekunden sich zusammen ziehen wird.
C 100 Vierecke, 100 Tafeln, 100 das Gerüst bilden.
D 100 man ruiniert hat.

A Ich halte dies für eine Anmerkung in einer regionalen Angelegenheit. Sie bedeutet soviel wie: Die Städte haben ihr Guthaben verbraucht, jetzt folgen Konsequenzen.
B Der zweite Satz bezieht sich auf Vorgänge in der Sonne. So gesehen könnten beide Sätze auf ein kosmisches Ereignis hinweisen, das nicht unbedingt schon im Jahre 2005 sichtbar wird, aber eben als Prozeß beginnt.

Nostradamus total für das Jahr 2005/Zeile 4

A Wenn der Herr der neun Monde/das Monster sich sehr wütend wäscht.
B Was für ein Jahr des Herrn.
C Neun Monate er Strahlen aussendet aus dem Wrack.

A Auch hier, meine ich, handelt es sich um einen Vorgang, der innerhalb unseres Sonnensystems abläuft. Falls sich diese zweideutige Anmerkung auf ein Waffensystem bezieht, dann erklärt C die Katastrophe.

DAS JAHR 2006

A Sarazenen geben sich 1000 Jahre – so hoch wie die unbegrenzte Luft.
B Wenn die Zeit des Brennens kommt – zwei zum Löwen wiedergeboren.
C In vier Jahren der Riese die Meisten zur Flucht bringt.
D Fünf ist eins – Grabstätte des Feuers im Osten zum Vorschein kommt.

A Ein siegessicherer Islam (die Palästinenser?) heizen die Stimmung auf.
B Warnung vor dem großen Krieg ab 2010/11, dem Dritten Weltkrieg.

Nostradamus total für das Jahr 2006/Zeile 1

A Das Öl der Erde, der Fluch der Großväter, wird unregelmäßig vorhanden sein.
B Zeit des Ausbleibens, der Wegnahme des sich Auflösens.

A Ab 2006 scheint es zu einer Energiekrise zu kommen, weil das Öl versiegt.
B bestätigt A. Geht noch weiter, weil offenbar Krieg um die Quellen geführt wird. Zumindest eine gewaltsame Wegnahme!

Nostradamus total für das Jahr 2006/Zeile 2

A Was verkäuflich ist zu 60 Fuß wird gelassen.
B Inseln des Unrechts vollenden sich.
C Welch ein Jahr des Überflusses.
D Fromme Werke und diejenigen des Verzichts.

A Es geht im Jahr 2006 um den Besitz von Ölvorkommen. Eine Vereinbarung, bei der eine bestimmte Wassertiefe eine Rolle

spielt, ist für Nostradamus erwähnenswert. Vermutlich, weil sie später eine große Rolle spielen wird.
B Unter Inseln des Unrechts verstehe ich Ölplattformen, die sich jemand widerrechtlich angeeignet hatte.
C Gleichzeitig ist 2006 geprägt von einem Wirtschaftsboom, einer Zeit des Überflusses.
D Auch eine gegenläufige Bewegung, die über Verzicht und Buße – vielleicht in Kenntnis des künftigen Geschehens – das Chaos abwenden will, wird hier von Nostradamus beschrieben.

Nostradamus total für das Jahr 2006/Zeile 3

A Der Osten haben wird zehn vom Druck des Wassers vollendet.
B Die zwei von Brest den Strahlenkranz der Morgenröte begründen.

A Ich halte dies für die Beschreibung einer neuartigen Waffe. Oder handelt es sich schon um die Wasserstoff-Verschmelzungs-Geräte?
B Wissenschaftler in Bresle, so lautet das Originalwort, was für Brest, Breslau oder Preßburg stehen könnte, begründen eine neue Wissenschaft.

Nostradamus total für das Jahr 2006/Zeile 4

A Turin gießt den Eimer aus, was die Gallier verrückt machen wird.
B Hart eingewurzelt ist er/es, der G zum Gesetz macht.
C Verrückter Krieg in der Luft sich vollendet.

A Nach Nostradamus gibt es im Jahre 2006 einen ernsten Konflikt zwischen Italien und Frankreich.
B Das Kürzel G ist zur Zeit nicht zu identifizieren.
C Der Streit eskaliert zum regionalen Krieg.

DAS JAHR 2007

A Großer Streit, den man im alten Jahr vorbereitet.
B Das Ausgemergelte spricht zu allen – ich bin die Suppenspeise.
C Die Insel der Briten wird durch salzigen Wein gereizt.
D Im Halbkreis gesetzt zwei Fäden – elf Zeiten halten nicht Mahlzeiten.

A Beschreibung und Warnung vor dem nächsten Krieg.
B Hinweis auf die viele Jahre – siehe D: vielleicht elf Jahre lang! – andauernde Hungersnot.
C England wird in erster Linie getroffen, offenbar durch chemische Niederschläge.

Nostradamus total für das Jahr 2007/Zeile 1

A Der große Konflikt, den man vorbereitet durch den alten östlichen Esel.
B Zwei bleiben in Nancy übrig.
C Für das Gesetz des Widders und des Schafs kein Bett.
D Was für eine geschickte Tafelrunde wohnt in Nancy.

A Nostradamus beginnt hier, vier Jahre vor dem eigentlichen Ausbruch des Krieges, die Situation zu beschreiben. Danach ist es der alte östliche Führer, den er als Esel bezeichnet, der diesen Krieg plant. Das Wort Esel benutzt Nostradamus an vielen Stellen seiner Verse als Synonym für Araber. Eseltreiber nennt er sie zum Beispiel.
B Auch das ist der Stil von Nostradamus. Bei der Beschreibung des Zweiten Weltkrieges machte er eine Zahlenangabe: Zwei von fünf bleiben übrig. Hier geht es darum, daß von allen Einwohnern von Nancy nur zwei Menschen überleben werden.
C Dieses bezieht sich auf den jüdischen Glauben. Er verliert, wie man nach 2025 lesen kann, sein mühsam erkämpftes Territorium.

D Warum er gerade Nancy ausgewählt hat? Offenbar tagt dort eine europäische Konferenz, die er als Tafelrunde bezeichnet.

Nostradamus total für das Jahr 2007/Zeile 2

A Die Auszehrung spricht zu Allen.
B Ich unterwerfe Euch, daß ihr Suppe und Mehlkasten vergeßt.
C Die Vollendung des Zanks – alle Rechtschaffenen wollen ihn eindämmen.
D Jesus! Vergeßt den Backtrog.

A Dies ist die klassische Warnung, so wie wir sie vom Ersten, Zweiten und nun von diesem Dritten Weltkrieg immer etwa vier Jahre vorher zu lesen bekommen: 1910 hieß es bei Nostradamus: Skelette schicken sich an Quartier zu machen, was ich als Hinweis auf die Stellungskriege verstehe.
B Hier spricht der Hunger zu allen.
C Versuche, das Kommende zu verhindern, mißlingen.
D Der Schreckensruf des Nostradamus ist eindeutig.

Nostradamus total für das Jahr 2007/Zeile 3

A Die Lilie den Verliebten braungebrannt lacht.
B Erscheint Ungesalzenes in der Sonne.
C Der Insel des Labyrinths Mitesser erscheinen.
D Überlebt nicht. Leis, ölig ist dies.

A Die Totenblume lacht denjenigen, die sich im Jahre 2007 verlieben, verheiraten. Warum braungebrannt ist mir nicht klar.
B Noch nicht zu deuten.
C England ist betroffen. Die Mitesser werden an anderer Stelle als Eiterpusteln beschrieben.
D Sie werden nicht überleben. Achten Sie darauf, daß Nostradamus von nun an öfters das Wort ölig verwendet. Das hat irgend etwas zu bedeuten, was wir heute noch nicht identifizieren können.

Nostradamus total für das Jahr 2007/Zeile 4

A Hu! Gott hilf!
B Zweimal zehn Fäden, daß die Zeit keine Mahlzeiten hält.
C Halb zu Mittag hat man zehn Pi (314).
D Zwei reinigen den Zugang.
E Für Tausend ist er geheim.
F Die Salbung der Tausend.
G Rote Mitte – 50 Pi.

A Erneuter Schreckensruf des Sehers.
B 20 Jahre des Hungers werden angekündigt.
C Noch nicht zu deuten.
D Erste Ausblicke auf den Ausgang des Desasters, ein bei Nostradamus üblicher Stil, um Zukunftsperspektiven in der größten Not zu geben.
E Aus irgendwelchen Gründen will man nicht, daß sich alle Menschen von der Verseuchung reinigen können.

DAS JAHR 2008

A Indien bei 2010 und die Kugel schmelzen – Zeit der Luft.
B Vom bitteren Senat (Sene gal) geht der Graf zu seinem sauberen Sohn.
C Der Myrrhen nicht beseelt durch die Meisten der auserwählten Stimmen.
D Vier Könige in sieben Tagen tödlich verletzt.

A Indien war für Nostradamus Amerika.
D Hinweis auf das untrügliche Zeichen für den bevorstehenden Krieg, an den niemand glauben wird: Vier Staatsmänner in sieben Tagen ermordet.

Nostradamus total für das Jahr 2008/Zeile 1

A Indien bei der 10 ist pulsierende Gründlichkeit.
B Zeit der Unverschämtheiten.
C Pulsieren durch niedrige Steine schleudern.
D Ungöttlich (gottlos) und die Kugeln sich getrennt haben.
E Bestürzte Proteste – Entsetzen.

A Unter Indien versteht Nostradamus immer Amerika, denn Kolumbus hatte nur wenige Jahrzehnte vorher den vermeintlichen Seeweg nach Indien gefunden. Das Wort Gründlichkeit setze ich für Technik. An anderer Stelle benutzte Nostradamus den Begriff Sorgfalt und meinte damit die Technik, die den ersten Menschen zum Mond beförderte.
B Es kommt zu politischen Eklats.
C Ein Hinweis in Richtung Teilchenzertrümmerer.
D Ein Versuch der Kernzertrümmerung, der nach Nostradamus gegen die Gesetze der Schöpfung verstößt, wird gelingen.
E Die Folge sind weltweite Proteste gegen diesen Versuch.

Nostradamus total für das Jahr 2008/Zeile 2

A Die Lehre in dem gleich ist.
B 1 beginnt zu zählen.
C Tafeln der Sicherheit – Inseln des Besitzes.
D Von der Essenz des Steinigen bis zur Berechnung des Tons ist es der Besitz des Sohns.
E Die Lehre von der Gleichgültigkeit – der Graf seinem Sohn übereignet.

A und B Die schon vorher angekündigte politische Richtung, die anscheinend aus Portugal kommen wird, beginnt Anhänger zu gewinnen.
C Tafeln stehen meist für Regeln, Anweisungen, Hinweise. Demnach sind Regeln aufgestellt worden, um den Besitz der Ölplattformen abzusichern.
D und E sind schwer zu deuten. Vater und Sohn sind die Akteure in dem Konflikt, der ja ab 2011 heraufzieht. Hier beschreibt Nostradamus einige typische Merkmale, damit wir diese beiden rechtzeitig identifizieren können.

Nostradamus total für das Jahr 2008/Zeile 3

A Dem großartigen Freund ohne Seele und Geist zwei bärtige, strahlende Bäume, am Rand der Steppe ins Gesicht lachen.
B Durch Taubnesseln nicht in der Klemme.
C Verstreut öfters wie üblich.
D Stunden des Gebets dies vollenden.

A Nostradamus beschreibt hier einen Großrechner, der rechtzeitig etwas entdeckt. Vielleicht ist es eine Überwachungsanlage mit Radar, darum der Ausdruck »ins Gesicht lachen«.
B Hier beginnt, für mich überraschend, Nostradamus Hinweise auf Pflanzen zu geben, die man während des Desasters einnehmen, einreiben oder anwenden soll. Merken wir uns also die Taubnesseln.

Michel de Notredame, genannt Nostradamus. Der Arzt, Alchemist und Pestheilige, der Astrologe, Katheser und Visionär hat auch den Menschen heute viel zu sagen.

Kriegsschiffe in Fahrt

Die Börse in Toki

Flotten marschieren auf, die Weltwirtschaft bricht zusammen –
ist das unsere Zukunft?

Wann kommt der III. Weltkrieg? Wird er mit alten Atom- und neuen Chemiewaffen geführt?
Wie können wir uns schützen?

Leonardo da Vinci in einem Selbstbildnis.
Das Genie da Vinci und der Prophet Nostradamus gehörten demselben Geheimbund an.

C Öfters verstreuen heißt vielleicht, die Taubnesseln in die Kleider zu streuen?
D Beten.

Nostradamus total für das Jahr 2008/Zeile 4

A Das Geflecht in sieben Tagen tödlich verwundet.
B Drei in sieben Tagen erblassen.
C 60 Tote – 3 tanzen.
D Vier Könige in sieben Tagen.
E 1 Stunde – zwei Leinen sich töten.
F Deutscher Bär tödlich verletzt.

A Darunter verstehe ich ein politisches Bündnis, dessen Staatsrepräsentanten innerhalb von sieben Tagen ermordet werden.
B Ob es sich hier um die Beschreibung der Opfer oder um die Ankündigung der Folgen dieser Taten handelt, läßt sich heute noch nicht sagen.
C Es gibt bei den Attentaten offenbar sechzig Tote. Es sind offenbar doch drei Auftraggeber, die dahinterstecken und sich freuen, daß der Plan gelungen ist.
D Schwer zu deuten. Das Wort Leinen bedeutet vielleicht, daß es sich um Telefonleitungen, Datenleitungen oder dann übliche Verbindungen handelt, die gekappt werden.
E Unter den Attentatsopfern ist auch ein Deutscher, vermutlich der Bundeskanzler, den Nostradamus als den Bären bezeichnet. Sie wissen, daß er Politikern gerne Eigennamen gibt, die ihrem Charakter oder ihrem Aussehen entsprechen. Ich tippe auf das Aussehen.

DAS JAHR 2009

A Für hundert Sterne die man darstellt – Tage der Reifung.
B Von der durchtriebenen Frau werden zwei selbständige Prinzen geboren.
C Im Namen der Sachen, die man erahnt, werden nachträglich Gesetze gemacht.
D Elf Könige werden es nicht machen viel schlimmer in ihren Provinzen.

A Beschreibung der Akteure und Opfer. Hundert Staaten sind die Opfer.
C Ächtung der neuen Waffen.
D Staaten halten sich nicht an die Vereinbarungen.

Nostradamus total für das Jahr 2009/Zeile 1

A Aus dem Kastilischen – Zeitalter eines Führers.
B Wenn nach den 11 Stunden – 5003 Tage die Schafe nicht wiederkäuen.
C Von 100 unlogischen Tafeln man geprägt ist.
D Tröpfelt Lindenblüten, Feigen, Misteln, Efeu und Resi (?).
E Nicht schleudern.

A Ein weiterer Ausblick für die Zeit danach: Der künftige König, also der Führer Europas, wird aus Spanien kommen.
B Hier beschreibt Nostradamus, daß die Ursache des Regens, der Niederschlag, der alles für Europa so schrecklich ausgehen läßt, elf Stunden dauern wird. 5003 Tage heißt 11 Jahre und 158 Tage – so lange wird die Belastung des verseuchten Bodens anhalten.
C Für mich interessant, daß Nostradamus sagt, daß die Überlebenden unmittelbar danach nach falschen Regeln handeln werden. Ich kann nur hoffen, daß ich selbst nicht dafür verantwortlich bin. Darum mein inständiger Hinweis: Bitte alles immer und immer wieder überprüfen, überlegen, ob die Regel in der realistischen Bedingung richtig ist, usf.

D Nostradamus gibt nun die Anweisung, Tropfen aus bestimmten Kräutern herzustellen und einzunehmen.
E Offenbar darf der Extrakt nicht durch Schleudern hergestellt werden. Bitte denken Sie selbst darüber nach.

Nostradamus total für das Jahr 2009/Zeile 2

A Die Verweichlichung ist weg. Amen.
B Werden geboren zur Kochstelle und Feuerherd.
C Niederträchtig Denkende künftig Hunger haben werden.
D Die Sterne selbst verlassen haben den Weg.
E Kurzgeschorene beenden die Unabhängigkeit.
F Den Rassen werden geöffnet werden die Trauben der Verwünschung.
G Vorrat gemacht wird – Zeitalter des sich Abgrenzens.
H Zur 1 kein Gebet sondern Kampflärm, Krachen.
I Der Herrscher lacht über den Regenguß.

A Die Zeit, wo wir bequem an alles herankommen und keinerlei Probleme haben, geht vorüber. Bitte bedenken Sie, daß diese Hinweise nicht unbedingt für das Jahr 2009 gelten, denn in Kriegsperioden beschreibt Nostradamus allerlei Dinge, die er gesehen hat, fortlaufend in den Versen, die dann gültig sind.
B Statt Einbauküchen werden die Überlebenden in den betroffenen Regionen an Feuerstellen hocken oder an Herdfeuern stehen.
C Es wird auch die Verursacher des Krieges getroffen haben. Sie hungern ebenso wie ihre Opfer.
D Der Staatenbund der 100 Sterne ist damit gemeint.
E Eine Völkergruppe beginnt, entvölkerte Landstriche zu erobern.
F Nostradamus sieht eine schwere Belastung des Erbguts der Rassen.
G Nostradamus beschreibt, daß in den betroffenen Regionen nach alter Sitte Vorräte während des Sommers und des Herbstes angelegt werden müssen, um den Winter zu überstehen, und daß sich die Überlebenden offenbar abgrenzen, d. h. mit ihren Nach-

barn nichts zu tun haben wollen – warum auch immer. Wahrscheinlich geht es um die Furcht vor Ansteckungen.
H Hier erfolgt der Hinweis auf das Jahr 1 der nächsten Dekade, also auf 2011.
I Wer es noch immer nicht glaubt: Es ist die Waffe, die mit dem Regen kommt, die die Tragödie verursachen wird.

Nostradamus total für das Jahr 2009/Zeile 3

A Sich eine Urne bereitet der Mensch im Dezember 8.
B Zum Gebrauch in dieser Sphäre.
C Der Honig des Lebens ins Grab gelegt ist.
D Sicher nicht barfüßige Menschen.
E Sich erhoffen untertäniges Leben.
F Ende des Trinkens.

A Ein Hinweis auf den 8. Dezember vermutlich des Jahres 2009. Dies ist der Tag, von dem an das Rad nicht mehr zurückgedreht werden kann.
B Ich vermute, daß die Waffe bereitgestellt wird, vielleicht durch den Start einer Rakete in eine Umlaufbahn.
C Blumenreiche Umschreibung für das Ende des guten Lebens, des hohen Lebensstandards.
D und E Ein Hinweis, der mich sehr überrascht hat. Menschen der dritten Welt sind ebenso von dem Desaster betroffen, obwohl sie sich bei der Vorbereitung des Konflikts durch Wohlverhalten dem künftigen Aggressor gegenüber eine gewisse Sicherheit versprochen haben.
F Es kommt das Ende des unbeschwerten Trinkenkönnens – der Durst prägt die nächsten Jahre.

Nostradamus total für das Jahr 2009/Zeile 4

A In dem 100 Könige gemacht haben solches Leid.
B Elf davon es gutheißen.
C Ende nicht für die hundert ist.

D Die Schweineschnauze (Fratze) wird machen solch Schlimmes.
E Man haben wird das Knirschen – Zwei Lösegelder seiner Provinz.
F Mit Sand bedeckt Eure Laufgräben – Himmel-Kreuz-verflucht.

A Nostradamus gibt weitere Einzelheiten bekannt. Der Bund der 100 Staaten ist in den Konflikt aktiv verwickelt.
B Die elf Staaten habe ich an anderere Stelle als die südamerikanischen Staaten identifizieren können. Sie spielen nach 2018 eine große Rolle.
C Das Desaster bedeutet nicht das Ende der 100 Staaten!
D Hier beschreibt Nostradamus deftig den Auslöser des Konflikts.
E Offenbar ist Sand ein günstiges Medium, um die Verseuchung herauszufiltern.
F Nostradamus ist nach wie vor sehr ungehalten über das, was er in dieser Zeit zu sehen bekommt.

DAS JAHR 2010

A Vier gekaufte Mörder – ungeheurer Krieg entsteht.
B Großer Feind des ganzen menschlichen Geschlechts.
C Es wird sein schlimmer als derjenige der Großväter – Elf sie gebären zwei Kriege.
D Mit Eisen – Feuer – Wasser – blutig und unmenschlich.

Erneuter Hinweis auf die Attentatsserie, der vier regierende Häupter zum Opfer fallen und die Folgen des Krieges.

Nostradamus total für das Jahr 2010/Zeile 1

A Vier gekaufte Mörder – ungeheurer Krieg erwachsen wird.
B Vom Überfluß geschwächt sind die 100 Staaten.
C Riesiges Lösegeld – Tasche der Mörder – Stunde drei des großartigen Spiels.
D Große Berühmtheit, hohen Alters und penibel.
E Vier kaufen Aufrührer.
F Thema des sich aufhaltens.
G Tausende im Haus der Heiligenverehrung.
H Östliches erwachsen wird.
I Drei Länder im Luftkrieg.

A Hier nochmals die Ursache des Krieges.
B Der zu hohe Lebensstandard hat die 100 Wohlstandsstaaten verteidigungsunfähig werden lassen.
C Wird das Attentat während einer großen Festlichkeit stattfinden?
D Getroffen wird ein Mensch mit hohem Alter, der sehr berühmt ist und mit die Eigenart hat, sehr penibel zu sein. Nach dem deutschen Opfer hier die Beschreibung des zweiten Opfers.
E Parallel dazu läuft ein Volksaufstand, der künstlich provoziert worden ist.
F Es geht um das Aufenthaltsrecht von Flüchtlingen oder Ausländern.

G Beschreibung einer Kirche.
H Der Feind sitzt im Osten.
I Drei Länder werden einen Luftkrieg beginnen.

Nostradamus total für das Jahr 2010/Zeile 2

A Fett nicht die Feinde.
B Was für ein langer hastiger Marsch.
C In dem nichtmenschlichen Kopf des legendären Menschen.
D Was für eine Idee – alle Gesetze sollen wieder menschlich sein.

A Die verursachenden Feinde müssen auch hungern.
B Ihre Militärkolonnen sind zu Fuß unterwegs.
C Ist dies die Beschreibung eines Computers?
D Eine neue Ideologie ist geplant.

Nostradamus total für das Jahr 2010/Zeile 3

A Was für ein Unglück da ist.
B Wer wird dunkel vor Wut.
C Die Zeit des Schlimmsten – der Krieg des Schlimmsten.
D Die Totenmesse zum Spiel dort erklingt.
E Seine Schlüssel sind die der Hoffnung.
F Weinfässer mit Pottasche.

A bis C Beschreibung des Krieges.
D Beschreibung der vielen Toten.
E Hoffnung wird bis zur letzten Minute verbreitet.
F Die Chemikalie wird in Fässern mit Pottasche gelagert. Ist die Pottasche möglicherweise ebenfalls ein Mittel, um sich zumindest davor etwas zu schützen?

Nostradamus total für das Jahr 2010/Zeile 4

A Hölle in der Luft, Feuer, Wasser, Blut, wenn sich reinigt das Unmenschliche.
B Davon entsteht Aufruhr.
C Haben wird es das hitzige Blut.
D Das Wasser des Bischofs zum Gebrauch der Engel.
E Fünf einweihen sich in das Unmenschliche.

A bis E Weitere Details aus den zum Teil regionalen Kriegen.

Das JAHR 2011

A Unter der ionischen Küche – die gefährliche Vorbeifahrt.
B Wird sein vorübergehend der Nachgeborenen Last.
C In den Bergen das Schlimmste geht vorüber ohne Belastung.
D Vom Bärtigen nicht beachtet – am Regierungssitz lacht der Herzog über die Falle.

A und B Beschreibung der Folge des Krieges.
C und D Wie man sich davor schützen kann und die Drahtzieher.

Nostradamus total für das Jahr 2011/Zeile 1

A Die Lehre des niederen Zion verteuert alles.
B Gefährliche Vorbeifahrt.
C Unter dem Gebrauch des ionischen Kalks.
D Fürchterlich dunkler Raum.
E Das Jahr des Kriegs sie haben werden und nicht die Weisheit.
F Küche, Kost und Fleisch droht Gefahr schrittweise.

A Ein verändertes Wirtschaftsdenken verschlimmert die Situation während der vier Kriegsjahre.
B und C Nostradamus spricht von einer höchst gefährlichen Situation.
D Wenn die Chemie zum Einsatz kommt.
E 2011 bezeichnet Nostradamus als das erste Kriegsjahr.
F Die Folgen für die Bevölkerung sind Hunger.

Nostradamus total für das Jahr 2011/Zeile 2

A Gemacht wird das Vergehen des höllischen Heerlagers.
B Der Mai seine Vorsprünge den Pfeiler vernachlässigt.
C Die Zeit vergeht, der menschliche Standpunkt wird vernachlässigt.
D Aus Eisen gemachte Säge.

E Das Werk von Menschen und ihrer Verbindung.

A bis E Nostradamus beschreibt Heerlager als Plätze, an denen Kriegsmaterial vorrätig gehalten wird. Er sieht, daß die hier gelagerten Materialien zum Einsatz kommen werden. Er beschreibt auf ironische Art dieses Vergehen, d. h. Schmelzen der Vorräte ... irgend etwas wird im Mai geschehen, die Unmenschlichkeit eskaliert.

Nostradamus total für das Jahr 2011/Zeile 3

A Die 1000 Fluten des spiralförmigen Schlimmsten.

B An den Bergen der Pyrenäen vorüberzieht das Ende.

C Die Reinigung vom Schlimmsten, in dem man außerhalb des Tons keine Bürgschaft gibt.

D Die innere Unruhe nicht von den spiralförmigen Untiefen kommt.

A Beschreibung der Wirbel, wie wir sie auf Wetterkarten sehen.

B Beschreibung, wo die Verseuchung ein Ende hat.

C Eine Reinigungsmethode oder ein Vorgehen, wie man sich schützen kann.

D Ein Hinweis darauf, daß die innere Unruhe nicht von der Verseuchung stammt.

Nostradamus total für das Jahr 2011/Zeile 4

A Abreise durch das Hindernis des bärtigen Schiedsgerichts.

B Brennend wo sich öffnen wird die Ausstrahlung.

C Vor allem wo der Herzog lacht.

D Hinzufüge die gut angepaßte Kette.

A Eine weitere Katastrophe. Atomkraftwerke brennen durch.

B Die Verstrahlung belastet die Umwelt.

C Interessanterweise auch dort, wo sich der Auslöser des Krieges befindet.

D Hier wird ein Grund des Desasters beschrieben.

DAS JAHR 2012

A Erhöht das Papsttum – erniedrigt wird sein die Moschee.
B Plötzlich Soutanen im Aufruhr – schnell und schüchtern.
C Durch zuviel Gutes – das Süße zum Sterben herausfordert.
D Die Furcht ihn in der Nacht seines Todes verläßt.

A und B Hinweis, wer den Religionskrieg (vorläufig) gewinnen wird.
C Weiter die Beschreibung der Wirkung der neuartigen chemischen Waffen, die über das Nervensystem wirken.

Nostradamus total für das Jahr 2012/Zeile 1

A 2015 ist erhöht der Papst.
B Gewesen sein erhöht die Moschee.
C eit des Amoklaufens der Gruppe der 10 000 000.

A Der Klassiker unter den Nostradamus-Hinweisen, wonach das Papsttum siegen wird.
B Aber erst nachdem zeitweise der Islam eine Vorrangstellung eingenommen hat.
C Eine Art Hetze von Menschen, die als Verursacher des Krieges angesehen und die nun getötet werden.

Nostradamus total für das Jahr 2012/Zeile 2

A Erleiden wird im Süden der Sudan schnelle Hemmung.
B Unter Erbarmen wo der Fehler ist innere Unruhe und plötzliche Hemmung der Drüsen der Mitte.
C Zwei heisere Römer brechen die Mitte auf.

A Auch hier kommt es zu Kriegsfolgen. Es ist offenbar dieselbe Waffe wie über England eingesetzt worden.

B Symptome sind innere Unruhe und vermutlich Zerstörung der Nieren. Für Nostradamus eine innere Niere, die Urin produziert!
C Zwei italienische Forscher versuchen ein Gegenmittel zu entwickeln, was gelingt, denn die Nieren funktionieren wieder.

Nostradamus total für das Jahr 2012/Zeile 3

A Zwei verbrennen die Kleider.
B Zwei man hat wo die Zehn zum Sterben provoziert.
C Durch zuviel Gutherziges allen zehn die Liebe lacht, um Ansehen zu gewinnen.
D Durch einen Teil zuviel zurückprallt.

A Eine der Methoden der Entseuchung ist, die Kleider zu verbrennen.
B Zwei Staaten sind tödlich verletzt worden.
C Ein diplomatischer Trick, in dem Hilfe und Notwendigkeit eine Rolle spielen.

Nostradamus total für das Jahr 2012/Zeile 4

A Fettes Indien.
B Seid ruhig in Indien in der Nacht des Todes des Führers.
C Hundert fürchten das Testament Indiens.
D Im Jahr 600 der Lehre der Liebe des Führers.
E Was für ein Umkreis Indiens.
F Indien ist Indien.
G Die Nichtsieg-Lehre des Deutschen zum Tode führt.

A Den USA geht es (noch) gut.
B Nostradamus appelliert an die US-Bürger, trotz des Mordes an ihrem Präsidenten ruhig und besonnen zu bleiben. Wir haben hiermit das dritte Opfer, das von Nostradamus beschrieben wird.
C Hundert Staaten oder ein Staatenbund rechnen mit einem Gegenschlag der USA.

D Ein mysteriöser Spruch, der auf einen Geheimbund, der um das Jahr 1400 gegründet wurde, hinweist.
E und F Zur Zeit kein Hinweis möglich.
G Es gibt zu dieser Zeit eine Militärdoktrin, die falsch ist und zum Tode führen wird.

DAS JAHR 2013

A Unter den Niederen – Not der wiederkäuenden Tiere.
B Erscheint die zehn – geführt zum Sieg im Wind der zweipoligen Liga.
C Versteckte Soldaten lenken die dröhnenden Waffen.
D Nicht fern die Zeit der Erprobung der gegenpoligen Stadt.

A Die Kriegsfolgen – Tiere auf der Weide sind betroffen.
C Abschuß von Raketen.

Nostradamus total für das Jahr 2013/Zeile 1

A Unter dem, was zu nichts gut ist.
B Arglist und Übel bei der zehn.
C Verschleudern die Garantie.
D Dort wo sich Z. aufziehen läßt.
E Schlechte Jahre wiederkäuen.

A bis E Nostradamus wiederholt hier einige Hinweise.

Nostradamus total für das Jahr 2013/Zeile 2

A Faule 100 haben Finger und Zehen im Bauch.
B Flüche, Verwünschungen, Haß dem zweiseitigen Bund.
C Hindernisse pflügen sie.
D Wissende Rettung, Wetterschutz, Überdach, steuern die öligen Ärzte.
E Durch Pflügen haben sie zehn geführt zum Sieg beim Bauch.

A Symptome der Verseuchung. Offenbar Magenkrämpfe, vielleicht auch Muskelkrämpfe, die hier beschrieben werden.
B Die Überlebenden verfluchen die Staaten.
C Ein Hinweis, wie man Mutterboden vor der Verseuchung bewahren kann.

D und E für mich das Tröstlichste, denn Nostradamus sagt hier, daß man durchaus die Chance hat, durch Wissen um das, was zu tun ist, auch wirklich zu überleben!

Nostradamus total für das Jahr 2013/Zeile 3

A Wo der Urin sich ausbreitet Eppich.
B Soldaten dies bei den kahlgeschlagenen Flächen dröhnend unverzüglich halten.
C Hundert kaufen das Neuland des Zaren.
D Waffen keine Hoffnung im Bürgerkrieg.
E An der Landenge man zuvor Kaution gegeben hat.

A Weitere Symptome, diesmal die Zusammensetzung des Urins, der das Wachstum einer bestimmten Pflanze fördert, oder eine Pflanze, die eingesetzt werden soll.
B Beschreibung des Waffeneinsatzes.
C Hinweis, daß es zur Landnahme im Osten kommen wird.
D Hinweis auf einen Bürgerkrieg.
E Offenbar kann durch Lösegeld der Angriff auf bestimmte Orte dieser Welt verhindert werden.

Nostradamus total für das Jahr 2013/Zeile 4

A Nicht weit die Gans.
B Kein Gesetz ist gleichgültig vom Thema.
C Probiert es.
D Im Dezember 10 beschließt die Stadt die Idee.
E Im Jahr zuvor der Tag des Drehpunkts der gegenpoligen Liga.

A Mit der Gans dürfte Rußland bzw. die GUS gemeint sein.
B und C Nostradamus sagt, daß die Menschen versuchen sollen, ungewöhnliche Verträge anzubieten, um aus dem Desaster noch herauszukommen.
D Eine große Stadt, vielleicht New York?, tut dies mit Erfolg.
E Ein Problem mit der UNO.

DAS JAHR 2014

A Urne des Kalbes – wenn die Jahre der Ratschläge da sind für die, die sich selbst aufgeben.
B Spricht die Herde schüchtern – aus Furcht vor dem siegreichen Prinz.
C Begleitet werden die meisten von Schwestern erbleichter Eiterpusteln.
D Zum Teil man sie nicht zu Einsiedlerinnen gemacht hat.

A Nostradamus beschreibt, daß es kein Fleisch gibt. Man bemüht sich, mit guten Ratschlägen den Betroffenen beizustehen.
B Beschreibung der totalen Niedergeschlagenheit der Überlebenden des Krieges, möglicherweise eine Folge des seelischen Schocks.
C Hautausschläge sind das Problem der Überlebenden.
D Es erwachsen Probleme für die noch Gesunden, weil man Betroffene nicht isoliert hat.

Nostradamus total für das Jahr 2014/Zeile 1

A Die Urne nicht erwählt ist für diejenigen auf der Insel der Ratlosigkeit.
B Der Ausgang des Getreidebrand ist bei 2015.
C Die elf Jahre des Jahrhunderts verzehren sich selbst im Durst.

A Für die Bewohner der britischen Inseln kommt es nicht zu einem sofortigen Tod durch den Einsatz der Chemiewaffe. Ihnen steht eine Zeit der Ratlosigkeit bevor.
B Vermutlich bezieht sich dies auf ein Problem des Getreides und ist ein Hinweis darauf, daß man in den Jahren bis 2015 Getreide nicht essen darf. In der Umkehrung ist es jedoch ein wertvoller Hinweis, daß möglicherweise ab 2016 Getreide wieder geerntet und verzehrt werden könnte.

C Im Stil des Nostradamus bedeutet dies, daß bis zum Jahr 2025 Mangel an trinkbarem Wasser die Überlebenden plagen wird.

Nostradamus total für das Jahr 2014/Zeile 2

A Hetzjagd auf die Schüchternen.
B 8 Künste des Brennens sprechen zu Mittag.
C Sie nachahmen die Detonationen.
D Kein Hindernis für die Schiffe mit dem gebogenen Teil.
E Hundert Geheime aus Indien nehmen den Sieg.

A Wir stehen kurz vor einer Periode, wo die Überlebenden beginnen, nach Schuldigen zu suchen und offensichtlich an Unschuldigen Lynchjustiz üben werden.
B Ein Hinweis, daß es zu einem Nachgefecht mit Atomwaffen kommt.
C Die Atomexplosionen scheinen nur simuliert zu sein, um Furcht einzuflößen.
D Offensichtlich die Beschreibung der angreifenden Schiffe.
E Indien ist, wie wir wissen, für Nostradamus Amerika. Vermutlich kommen Menschen, die im geheimen Untergrund kämpfen, zum Einsatz. Sie lösen das Problem.

Nostradamus total für das Jahr 2014/Zeile 3

A Das Alte wird zum Begleiter des Endes der Menschen.
B Reinheit im Alter strahlend angepriesen wird.
C Man dieser Sitte auf die Stunde folgen wird.
D Stinkender Schlamm färbt die Erstgeborenen.
E Erblassen die mit der inneren Unruhe.

A Mit dem Alten meint Nostradamus die Überlieferungen in der Heiligen Schrift. Das Alte, die Verheißung usf. bezieht er eher auf die jüdische Glaubensansicht.
B Reinheit heißt, gebüßt zu haben oder Buße zu tun. Offenbar wird es besonders populär, auch öffentlich Buße zu tun.

C Ein Problem, das die ersten Neugeborenen haben werden.
D Die Menschen mit dem Symptom der inneren Unruhe scheinen auch zum Tode verurteilt.

Nostradamus total für das Jahr 2014/Zeile 4

A Durch zwei gebogene Teile eine andere Sache unweit des Endes sichtbar wird.
B Sehr verbrannt wird der König sein.
C Hilferufe aus den Wagen.
D Zehntausende können beide Hände nicht gebrauchen.

A Hier nochmals ein Hinweis auf eine Waffe, deren Merkmal ein gebogener Teil ist.
B Hinweis auf einen Regierenden, der in diesem Konflikt umkommt.
C und D Möglicherweise die Beschreibung der Situation derjenigen, die in Autos von den Atomangriffen überrascht wurden.

DAS JAHR 2015

A Zwei Kriege werden vom alten Führer in vier Jahren geführt und vom Durst beladen.
B Am außerordentlichen Tag – der Sohn verleugnet die Sucher. Inmitten der Macht des Lebens – der Tod wird kommen – rauh und lang bei der Elf (2011).
C Der Senat auf der Insel stirbt – lange und leicht.

A Weitere Details aus dem Kriegsverlauf, der sich in zwei Stufen auswirken wird.
B Nach Nostradamus für die breite Mehrheit der Weltbevölkerung völlig unerwartet.

Nostradamus total für das Jahr 2015/Zeile 1

A Der Baron und der alte Führer leben.
B Haben bei der Zehn getanzt.
C Der Baron schickt den Herzog welcher die Zehn hat.
D Der Baron tötet 100 von Alten bei der 10 in vier Jahren.
E Vier Jahre sind vom Durst beladen.

A Nostradamus beschreibt hier die zwei Drahtzieher des Desasters.
B Wie sie sich im Jahre 2010 über die Entwicklung gefreut haben.
C Hier eine dunkle Andeutung über einen strategischen Vorgang.
D Säuberungswelle im kriegsverursachenden Land.
E Hinweis auf die Wasserverseuchung während des Krieges.

Nostradamus total für das Jahr 2015/Zeile 2

A 2015 zur 1.oder 6. Stunde wo das Verbleiben aufgelöst wurde.
B Werden die Söhne des Nichtweins abgeholt werden.

C Am außergewöhnlichen Tag sind es zehn Trennpunkte.
A und B Eine Verhaftungswelle unter den Muslimen.
C Vermutlich handelt es sich hier um Gefangenenlager oder Sammelstellen für verseuchte Opfer des Krieges.

Nostradamus total für das Jahr 2015/Zeile 3

A Von drei Herren die Macht lebt.
B Tote werden kommen.
C Zwei an der Leine.
D In drei Jahren das Stinkende folgt.
E 1000 Verdienste denjenigen die durch das der Leine folgen.

A Entweder auf drei Staaten oder innerhalb des Staates bei drei Männern befindet sich nach dem Krieg die Macht der Welt.
B Weitere Tote werden angekündigt.
C Handelt es sich hier um einen »heißen Draht« zwischen zwei Staaten?
D Eine politische Fehlentscheidung.
E Offenbar werden über diesen Draht Vereinbarungen getroffen, die für die Überlebenden wichtig sind.

Nostradamus total für das Jahr 2015/Zeile 4

A Diese Geborenen am Faden des Todes lange und leicht hängen.
B Der Senat auf der Insel zum Tode verurteilt ist.
C Sich guten Sinnes auf der Insel zum langsamen Tod im gesetzlichen Krieg bekennen.

A Ein Hinweis, daß in dieser Zeit durch die Belastungen das Leben kürzer geworden ist.
B Vermutlich wird hier England beschrieben.
C Hinweis, daß man im Parlament der Meinung ist, einen gerechten Krieg zu führen oder geführt zu haben.

Der Dritte Weltkrieg und Praxistips zum Überleben

Vor jeder großen Änderung der Lebensverhältnisse auf diesem Planeten wurde rechtzeitig das gesamte Wissen unserer »Erzahnen« neu in das Gedächtnis der Lebenden gerufen, damit der neue Anfang einen Sinn macht. Wieder ist es soweit – wir haben aber jetzt, im Jahre 1994, noch 20 Jahre Zeit, uns darauf vorzubereiten.

Es besteht kein Grund zur Panik

Nach Nostradamus werden wir alle rechtzeitig erkennen, daß in den Jahren 2006 bis 2010 die politische Weltlage auf einen großen Krieg hinausläuft. Gegner werden die USA und England auf der einen Seite und der neue Machtblock in der ehemaligen UdSSR sowie der islamischen Welt auf der anderen Seite sein. Soweit eine Zusammenfassung des von vielen Visionären vorhergesagten Ereignisses. Bei Nostradamus, als Besonderheit, mit genauer Zeitangabe. Daher sind wir in der Lage zu reagieren, aber wir müssen es mit Verstand tun und dürfen uns nicht darin verirren, daß wir nur versuchen, diese »Gefahr für das ganze menschliche Geschlecht« zu verhindern.
Für aktive Maßnahmen von Privatleuten ist es noch zu früh.
Es ist im Jahre 1994 wenig sinnvoll, sich konkret auf die Auswirkung von Waffensystemen vorzubereiten, die noch nicht einmal erfunden und erst recht nicht gebaut worden sind. Laut Nostradamus werden diese Waffen 2006 auf dem Meeresgrund installiert. Der derzeitige amerikanische Präsident Clinton hat im Frühjahr 1994 endgültig die Beendigung des SDI-Projekts bekanntgegeben, das von Gegnern als der »Krieg der Sterne« bezeichnet wurde. Damit vollendet sich bereits ein Teil der Ursachen, warum die Menschen auf der nördlichen Halbkugel so schlimm getroffen werden. Nostradamus hat dies in seinen Prophezeiungen für die 80er Jahre schon vorhergesagt. »Friede vortäuscht Kosten«, formulierte er.

Im Zusammenhang mit dem Dritten Weltkrieg schreibt er u. a.: »Weil man nicht fünf Stützpunkte außerhalb gestellt hat, kommt es fast zur Zerstörung des menschlichen Geschlechts.« Japan wird es in letzter Minute noch schaffen, einen begrenzt wirksamen Abwehrschirm gegen anfliegende Raketen im Erdorbit zu stationieren und damit das Inselreich einigermaßen zu schützen. So gesehen kann man nur empfehlen, die japanische Staatsbürgerschaft anzunehmen und nach Japan auszuwandern, weil dort auch die Infrastruktur für das Leben nach dem Schlag gegen die Menschheit in Takt bleiben wird.

Mit Nostradamus-Visionen kann man Politik machen

Über Maßnahmen zu schreiben, wie man sich vor einem Dritten Weltkrieg schützen kann, ist sehr heikel. Alles was an Überlegungen möglich ist, kann die eine oder andere politische Partei oder Umweltbewegung für sich ummünzen. Das liegt mir fern. So fern wie das Ereignis von 2011, aus dem Blickwinkel des Jahres 1994 gesehen, nur liegen kann. Zu allen Zeiten hat man versucht, Nostradamus-Prophezeiungen in Krisenzeiten vor den jeweiligen politischen Karren des Machthabers zu spannen. Ich möchte hier an dieser Stelle vereinbaren, daß wir, Sie als Leser dieses Buchs und ich als Verfasser, die hier niedergelegten Erkenntnisse nicht politisch ausschlachten werden. Danke.

Jeder muß sich Klarheit verschaffen

In der heutigen Zeit gehört es sogar zu den Wahlprogrammen politischer Parteien, Sicherheit für Leib und Leben zu versprechen. Der Schwerpunkt liegt heute auch jedoch immer noch auf Umweltschutz. Zivilschutz ist, von der Schweiz abgesehen, »megaout«, wie man heute sagt. Hier muß ein Gegengewicht geschaffen werden. Aber nur so, daß jeder für sich das tut, was er nach dem Studium der Vorhersagen glaubt, tun zu müssen. Er hat die Möglichkeit, alles als Unfug zu verwerfen. Das ist von den Mitmenschen zu akzeptieren. Er hat die Möglichkeit, einige Vorsichtsmaßnahmen zu ergreifen. Dann soll er das Richtige tun, aber die anderen Mitmenschen in Ruhe lassen. Finger weg von Missionsgedanken. Kein Mitmensch darf, aus welchen Gründen auch immer, in seinen Entscheidungen bevormundet werden.

1999 kein III. Weltkrieg, aber regionale Konflikte (konventionelle Waffen)

Noch einmal kurz die vorhergesagten Ereignisse: Nach einem über vier Jahre eskalierenden Krieg, nach Nostradamus sind es genaugenommen zwei Kriege, ist die nördliche Halbkugel zu fünfzig Prozent zerstört und/oder für acht bis zehn Jahre unbewohnbar geworden. Es wird Regionen geben, in denen es nur ganz wenige Überlebende gibt. Mitteleuropa gehört dazu. Der bzw. die Kriege werden zuerst konventionell mit Eisen geführt. Ich stelle mir eine Mischung aus Golfkrieg und Serbenkrieg vor. Es ist ein Krieg, der in begrenzten Teilen, zum Beispiel in der heutigen Ukraine, geführt werden könnte. Dann wird der Krieg mit Feuer fortgesetzt, d. h., es kommt zum Einsatz von Atomwaffen und Wasserstoffbomben besonderer Bauart, wie es sie heute noch nicht gibt. Dieser Krieg wird vorwiegend die heutige USA treffen und zu fünfzig Prozent vernichten. Natürlich ist auch der

eurasische Kontinent betroffen, aber er ist vorher schon durch die Kämpfe mit konventionellen Waffen stark betroffen. Der letzte Krieg, das Finalszenario, richtet sich gegen Großbritannien. Die Insel ist der Schwerpunkt des Einsatzes von chemischen Waffen, die über den Weg des Regens Menschen töten. Die Wirkung dieser Waffe hängt auch von den meteorologischen Verhältnissen zum Zeitpunkt des Einsatzes ab.
Das alles wird sich nicht am ersten Tag des Krieges abspielen. Die Eskalation erreicht in den Jahren 2014/15 ihren Höhepunkt.

Nicht alle können und wollen Europa verlassen

Es ist klar, daß nicht alle Menschen Europa vor 2011 verlassen werden. Entweder weil sie sich darauf verlassen, daß der Fall »X« nicht eintritt, oder weil sie aus persönlichen Gründen nicht wollen oder nicht können. Nach Nostradamus werden es sehr viele sein. Warum auch nicht. Die Hälfte dieser Menschen wird den Schicksalsschlag für die Menschheit nicht überleben. Sehr viele werden erst nach jahrelangem Siechtum erlöst. Es wird aber auch viele Menschen geben, die das Desaster überstehen. Ein Trost für diejenigen, die heute noch keine Möglichkeit sehen, dem Los auszuweichen, bleibt: sie können noch nach 2011 handeln bzw. sie können versuchen, sich in den nächsten achtzehn Jahren Handlungsmöglichkeiten zu schaffen.

Vorschläge

Seien Sie flexibel und bleiben Sie in der Umgebung, in der Sie Arbeit haben. Die Schöpfung hat für »Aussteiger« nur ganz wenige Plätze reserviert, und die sind meist schon besetzt. Der Zweitwohnsitz auf der Südhalbkugel ist das Geheimnis. Solange (bis 2010) es möglich ist, sollten Sie Ihr Geld auf der Nordhalbkugel verdienen und es auf der Südhalbkugel anlegen. Mit der puren Flucht dorthin im Jahre 2011 ist es nicht getan. Früher auszuwandern ist sinnlos, weil Sie sich ohne zwingenden Grund aus einem gut funktionierenden Sozialsystem entfernen und sich in eine Ungewißheit begeben. Ganz anders wird es um 2011 sein. In den Entwicklungsländern werden sich sehr viele berufliche Talente von der Nordhalbkugel angesiedelt haben, die dann automatisch eine Infrastruktur bilden, in die Sie hineinpassen. Nostradamus prophezeit, daß die heutigen Entwicklungsländer durch den Zuzug aus dem Norden zu Industrienationen aufsteigen werden.

Sie müssen Ihre Zukunft nach 2015 ohne finanzielle Rückversicherung wie Altersrente oder Wertpapierrenditen planen. Niemand denkt heute daran, daß unser heutiges dichtes Sozialnetz nicht funktionieren kann, wenn es kaum Menschen gibt, die das soziale Netz mittragen. Die Menschen sind einfach nicht mehr da. Für die Zeit danach entscheidet nicht ein Bankkonto mit Geld, das niemand haben will. Auch Gold oder Schmuck wird keine Vorteile bringen, weil niemand seine reinen, nicht verseuchten Lebensmittel gegen solche Dinge tauschen wird. Alle Zivilschutzmaßnahmen gehen von einer notwendigen Selbstversorgungsperiode von sechs bis acht Wochen aus. In Wirklichkeit wird diese Periode aber leider fünfhundert Wochen dauern!

Was ist zu tun – was ist richtig, was könnte falsch sein?

Sie müssen sich meteorologische Kenntnisse aneignen: In welchen Monaten herrschen welche Hoch- und Tiefausläuferströmungen westlich und östlich Ihres Wohnorts, und über welche Landgebiete werden die Luftmassen geschleust, die schließlich Ihr Wohngebiet erreichen. Tschernobyl war Warnung und Lehrstück zugleich.
Der Hintergrund: Vom Westen her kommend (Mittelpunkt des Kampfmitteleinsatzes wird Großbritannien sein) droht zwischen 2013 und 2014 ein chemischer Niederschlag. Vom Osten (aus dem Bereich des ehemaligen östlichen Lagers) droht ein atomarer Niederschlag zwischen Ende 2011/2012.
Ich empfehle Ihnen: Schneiden Sie sich die täglichen Wetterkarten Dezember bis März aus Ihrer Tageszeitung aus und archi-

vieren Sie diese Dokumente. Tun Sie das bitte über mehrere Jahre, damit Sie einen Blick für sich wiederholende Wettersituationen bekommen. Beobachten Sie aufmerksam die Interpretation der für Deutschland bestimmten Wetterkarten im Fernsehen. Hierbei achten Sie weniger auf die Wettervorhersage für Deutschland, vielmehr sollten Sie versuchen, einen Blick für regelmäßig sich wiederholende Wettersituationen über Irland und den britischen Inseln zu bekommen. Wer englische Fernsehsender empfangen kann, sollte sich die dort dargestellten Wetterkarten und ein bis drei Tage später die Wettersituation in der Umgebung seines Wohnsitzes merken und versuchen, daraus für sich gültige Schlußfolgerungen abzuleiten. Sie sollten Antworten auf die Fragen wissen:

Der III. Weltkrieg droht ab 2011 mit Einsatz furchtbarer ABC-Waffen

Was bedeutet ein Tief über England?
Was bedeutet ein Hoch über den britischen Inseln?
Wie weit reichen die Ausläufer der Hoch- und Tiefdruckgebiete?
Welche Landstriche werden von den jeweiligen Luftmassen gestreift?

Welche Luftmassen kommen auf dem kürzesten Weg von England nach Mitteleuropa?
Denken Sie bitte auch daran, daß nach Eintritt des Desasters Ihnen der Fernseher als Informationsquelle nicht zur Verfügung stehen wird. Literaturtip: Bücher, in denen Wetter- und Windsituationen für Segler und Yachten besprochen werden.

Was ist falsch?

Heute (1994) schon in Mitteleuropa alles aufzugeben und an einen aus heutiger Sicht angeblich sicheren Ort ziehen, wäre falsch. Sie schränken sich viel zu früh ohne zwingenden Grund finanziell ein, denn da, wo Sie im Augenblick wohnen und arbeiten, haben Sie vermutlich das Bestmögliche für sich erreicht. Sie legen sich heute schon fest, ohne genügend Informationen zu besitzen. Die Ausweichzonen auf unserer Erdkugel sind heutzutage noch nicht hochzivilisiert, jedoch meist politisch unruhig und für wohlhabende Europäer unsicher.
Was ist richtig? Bis zum Jahre 2006 sollten Sie sehr aufmerksam die politische Entwicklung rund um den Globus verfolgen. Es werden sich bis dahin immer deutlicher die Gründe für eine Auseinandersetzung abzeichnen, und man wird eine bestimmte Waffe ächten! Diese 1994 noch unbekannte Waffe, über die alle Welt dann sprechen wird, kommt zum Einsatz. Sobald dieses vermutlich chemische Waffensystem bekannt wird, ist jede Information wichtig, die über die Wirkungsweise dieser Waffe, über die akute Auswirkung auf Mensch, Tier und Pflanze und über die Nachwirkungen auf Mensch, Tier und Pflanze Auskunft gibt.

Was könnte ganz falsch sein?

Überhaupt nichts zu tun.
Mein Ratschlag ist: Gewöhnen Sie sich langsam an den Gedanken einer großen Veränderung in rund 20 Jahren. Überlegen Sie bitte:

1. Wie alt sind Sie im Jahre 2011 zum Beginn der Gefährdung?
2. Wie alt sind Sie im Jahre 2025 zum Ende der Gefährdung?

Wer 2011 älter als 50 Jahre ist, sollte sich allenfalls südlich der Linie Avignon-Bordeaux, etwa ab 2006, einen Zweitwohnsitz suchen. Die gesundheitliche Gefährdung ist zwar gegeben, wird sich aber in Grenzen halten, weil man etwas dagegen tun kann und die Gegenmaßnahmen ein Weiterleben für 20–25 Jahre möglich machen.

Wer 2011 jünger als 40 Jahre ist, sollte ab Herbst 2010 auf die südliche Halbkugel in einen Staat der dritten Welt gehen, der dann attraktiv erscheint. Hier wird es zwar erhebliche Probleme mit der Sicherung der Lebensmittel und der Wasserversorgung geben, aber die Gefährdung durch atomaren oder chemischen Niederschlag ist fast Null.

Bedenken Sie bitte:

Der Triumph des Geistes, der sich im dritten Jahrtausend der christlichen Zeitrechnung ausbreiten wird, ist der Lohn für Ihren Überlebenswillen. Ihre Kinder und Kindeskinder werden es Ihnen danken und Sie deshalb verehren.

Warum Wasser aus Tiefenbrunnen?

Ob nun durch einen atomaren Ausfall oder eine perfide Waffe, die auf chemische Wege einen ähnlichen Effekt hat: Bedenken Sie bitte, daß dieser Niederschlag, der Mensch, Tier und Pflanze verseuchen wird, durch Regen auf den Boden gelangt. Wasser sickert durch das Erdreich.

Die Filterfunktion des Erdreichs wird laut Nostradamus nicht ausreichen, um das Wasser bereits auf den ersten Metern zu reinigen.

Die meisten Opfer unter Mensch und Tier wird es geben, weil sie Wasser aus flach liegenden Quellen trinken müssen oder getrunken haben. Ein Wasservorrat mag nützlich sein, aber niemand kann für 500 Wochen Wasservorräte anlegen. Ein Tiefbrunnen, und damit meine ich eine Tiefe von 1000, 1500 und mehr Metern, hat den Vorteil, daß das Wasser durch einen unendlich langen Prozeß filtriert wurde. Dieser Filtrierprozeß dauert sehr lange, haben mir Fachleute versichert. Dies bedeutet, daß sehr viel Zeit vergeht.

Vorteil 1: Das vorhandene Wasser in z. B. 1500 Meter Tiefe kann nicht innerhalb weniger Stunden oder Tage verseucht werden.
Vorteil 2: Auf dem Weg in die Tiefe wird das verseuchte Wasser gereinigt.

Diese Filterfunktion des Erdreichs ist es, die Nostradamus unserer Zeit und denjenigen empfiehlt, die davon betroffen sein werden. Einerseits für die Wasserversorgung, andererseits für den Schutz während der ersten Tage und schließlich noch für die Bereitstellung von unverseuchtem Humus für die Fruchtgewinnung.

Was haben Sie zu tun:

Überlegen Sie, ob in unmittelbarer Nähe Ihrer Wohnung ein Tiefbrunnen vorhanden ist. Sie können sich im Ernstfall nicht auf die öffentliche Wasserversorgung verlassen.
Wählen Sie einen Wohnsitz in der Nähe eines Tiefbrunnens, auch wenn er zur Zeit noch für die Öffentlichkeit gesperrt ist.
Haben Sie die technischen Möglichkeiten, sich privat einen behördlich genehmigten Brunnen dieser Art bauen zu lassen? (Sehr unwahrscheinlich und teuer.)
Falls Sie sich einen Zweitwohnsitz nach 2006 in den Bergen zulegen, ziehen Sie in die Nähe einer Bergquelle, eines Bergbrunnens oder eines bekannten Tiefbrunnens.
Falls Sie nach Südeuropa ziehen, sollte die Wasserversorgung für Sie das entscheidende Kriterium sein. Die spanische Seite der Pyrenäen ja, die französische Seite nur bedingt ja.
Einsame Inseln fallen aus, weil Trinkwasser meist mit Schiffen herangefahren werden muß. Mallorca angeblich 50 000 Tonnen täglich.
Südlich des Äquators zu ziehen. Ein Aufwand, den nur wenige werden betreiben können.
Auf einem Schiff mit eigener Wasseraufbereitungsanlage, möglichst weit weg vom Wettergeschehen Mitteleuropas, »überstehen«.

Vergessen Sie nie, es sind elf Jahre, die laut Nostradamus mit Durst beladen sind.

Hier nochmals eine Zusammenfassung der wichtigen Textpassagen von weiter oben:
(in eckigen Klammern ein Kurzhinweis von mir)

Thema Hunger

Das Jahr 2007
Das Ausgemergelte spricht zu allen – ich bin die Suppenspeise.
Elf Zeiten halten nicht Mahlzeiten.
[Hinweis auf die Hungersnot. Elf Zeiten = elf Jahre!]

2007/Zeile 2
Die Auszehrung spricht zu Allen.
Ich unterwerfe Euch, daß ihr Suppe und Mehlkasten vergeßt.
Jesus! Vergeßt den Backtrog.
[Hier beschreibt Nostradamus den Hunger.]

Jahr 2009/Zeile 1
Wenn nach den 11 Stunden – 5003 Tage die Schafe nicht wiederkäuen.
[Der Niederschlag hält elf Stunden an – die Folgen elf Jahre keine Viehzucht mehr möglich, weil die Weiden verseucht sind.]

Jahr 2009/Zeile 2
Niederträchtig Denkende künftig Hunger haben werden.
[Es trifft alle, auch die, die den Krieg ausgelöst haben.]

Jahr 2011/Zeile 1
Das Jahr des Krieges sie haben werden und nicht die Weisheit.
Küche, Kost und Fleisch droht Gefahr schrittweise.
[Die Folgen für die Bevölkerung sind Hunger.]

Das Jahr 2013
Unter den Niederen – Not der wiederkäuenden Tiere.
[Kriegsfolgen – Tiere auf der Weide sind betroffen.]

Thema Durst

Das Jahr 2009/Zeile 3
Ende des Trinkens.
[Der Durst prägt die nächsten Jahre.]

Das Jahr 2015
Zwei Kriege werden vom alten Führer in vier Jahren geführt und vom Durst beladen.
[Hier wird nochmals der Verantwortliche für das Desaster beschrieben: Ein Mann im hohen Alter.]

Thema Heilmittel

Das Jahr 2008/Zeile 3:
Durch Taubnesseln nicht in der Klemme.
Verstreut öfters wie üblich.
[Nostradamus gibt Hinweise auf Pflanzen, die man einnehmen, einreiben oder anwenden soll. Hier wird die Taubnessel namentlich genannt. Wir haben noch genügend Zeit zu entdecken, warum gerade die Wirkstoffe oder gerade ein Wirkstoff der Taubnessel helfen soll.]

Jahr 2009/Zeile 1
Tröpfelt Lindenblüten, Feigen, Misteln, Efeu und Resi (?).
Nicht schleudern.
[Nostradamus gibt die Anweisung, Tropfen aus bestimmten Kräutern herzustellen und einzunehmen. Offenbar darf der Extrakt nicht durch Schleudern hergestellt werden. Es ist noch unbekannt, was Nostradamus mit »Resi« meint.]

Israel und der jüdische Glaube sind in höchster Gefahr.

Der Vatikan in Rom: Nostradamus sieht voraus, daß hier eines Tages der Islam regieren wird.

Spanien wird eine führende Macht,
Italien arabisch besetzt, Großbritannien Opfer eines chemischen Angriffs –
was passiert mit Deutschland?

Nostradamus warnt ausdrücklich davor,
die Computertechnologie zu mißbrauchen – denn
am Ende steht ein genetisch geplantes »Tier«,
dessen wir nicht mehr Herr werden.

Bricht die UNO auseinander?

Nach dem III. Weltkrieg soll es nicht nur eine, sondern drei »Vereinte Nationen« geben.

Die Schweiz und vor allem Genf spielen bei Nostradamus eine Sonderrolle! Siehe Sonderteil

Thema: Was kann man laut Nostradamus tun?

Jahr 2009/Zeile 1
Von 100 unlogischen Tafeln man geprägt ist.
[Nostradamus sagt, daß viele Betroffene nach falschen Regeln handeln werden.]

Jahr 2009/Zeile 4
Mit Sand bedeckt Eure Laufgräben – Himmel-Kreuz-verflucht.
[Immer wieder finden wir bei Nostradamus Hinweise auf Filter hier, z. B. aus Sand.]

Jahr 2011/Zeile 3
Die 1000 Fluten des spiralförmigen Schlimmsten.
An den Bergen der Pyrenäen vorüberzieht das Ende.
Die innere Unruhe nicht von den spiralförmigen Untiefen kommt.
[Beschreibung der Wirbel, wie wir sie auf Wetterkarten sehen. Beschreibung, ab wo die Verseuchung ein Ende hat. Ein Hinweis darauf, daß die innere Unruhe nicht von der Verseuchung stammt.]

Jahr 2012/Zeile 2
Unter Erbarmen wo der Fehler ist innere Unruhe und plötzliche Hemmung der Drüsen der Mitte.
[Symptome sind innere Unruhe und vermutlich Zerstörung der Nieren. Für Nostradamus ist eine Niere, die Urin produziert, eine Niere! Zwei italienische Forscher versuchen ein Gegenmittel zu entwickeln, was gelingt, denn die Nieren funktionieren wieder.]

Jahr 2013/Zeile 2
Faule 100 haben Finger und Zehen im Bauch. Hindernisse pflügen sie. Wissende Rettung, Wetterschutz, Überdach, steuern die öligen Ärzte. Durch Pflügen haben sie zehn geführt zum Sieg beim Bauch.
[Symptome der Verseuchung. Offenbar Magenkrämpfe, vielleicht auch Muskelkrämpfe, die hier beschrieben werden. Ein Hinweis,

wie man Mutterboden vor der Verseuchung bewahren kann. Für mich das Tröstlichste, denn Nostradamus sagt hier, daß man durchaus die Chance hat, durch Wissen um das, was zu tun ist, auch wirklich zu überleben!]

Teil 4

WICHTIGE EINZELTHEMEN

Eine Papstchronik
und die Vereinigung der Religionen

Johannes-Offenbarung und Nostradamus
über die Begegnung mit einer
außerirdischen Intelligenz

Nostradamus und die Schweiz
ein Kapitel für sich

Eine Papstchronik und die Vereinigung der Religionen

Einige Vorbemerkungen

Nostradamus war in den Augen seiner Mitbürger in Salon en Provence streng katholisch. Gleichzeitig pflegte er aber bestimmte jüdische Traditionen. Würde ich nicht Schritt für Schritt in seine Welt eindringen können, müßte ich an dieser Stelle ratlos die Frage stellen, ob er ein Heuchler war. Dieser Abschnitt wird, so denke ich, recht augenfällig dokumentieren, warum wir heute eine Reihe von Menschen – ich denke besonders an Papst Leo X. – unter dem Eindruck des durch Nostradamus gewonnenen Wissens rehabilitieren müssen. Nostradamus selbst muß zwar nicht rehabilitiert werden, aber seine Haltung ist doch erklärungsbedürftig:
Er verwendet jüdische Gepflogenheiten in seiner Schrift, er schreibt seine Prophezeiungen in eine Buchrolle, in 400 x 360 Buchstaben. Auf der anderen Seite ist er ein praktizierender Katholik, der von den protestantischen Ideen des Dr. Martin Luther nichts wissen will. Er kauft sich ein Grab im Kloster der Barmherzigen Brüder und gibt alle Rituale und Seelenmessen für die Zeit nach seinem Tode in Auftrag und bezahlt, wie damals üblich, im voraus.

Nostradamus war kein Heuchler, das paßte nicht zu einem Mann, dessen umfassendes Wissen über die Menschheit – woher sie kommt, wohin sie gehen wird – Bestandteil seines Lebens geworden sein muß. Er galt indes als Zyniker mit scharfer Zunge. Verständlich, wenn er von den Dingen wußte, die wir heute nachlesen können. Da mußte man verzweifelt reagieren, wenn man sich seine einfältige Umgebung ansah. Aus seiner Sicht konnte er sowohl jüdische Glaubensprinzipien als auch christliche Riten praktizieren, denn er wußte, daß sich etwa 700 Jahre später die Christen, unter dem Eindruck der neuen Erkenntnisse von der Herkunft aller Menschen, mit dem Glauben der Juden vereinigen würden.

Und Papst Leo X. (1513 – 1521) tat nichts Verwerfliches, als er Ablaßbriefe verkaufen ließ, denn die Sünden, die die Menschen zu seiner Zeit glaubten begangen zu haben, waren ihnen von seinen Beauftragten eingeredet worden. Es waren keine Sünden im Sinne des »großen Schicksals«, jener großen Aufgabe, welche die Menschen auf dieser Erde haben. Martin Luther wird eines Tages wegen seines Verhaltens eine Maulschelle bekommen, und ihm wird die Ausrede nichts nützen: »Das habe ich nicht gewußt.« Mit dem Erlös finanzierte Leo X. den Petersdom. Er sah ihn wohl als Gerichtshof für das »Jüngste Gericht« an. Schauen Sie sich bitte die Anlage an. Der Vorplatz als Warteplatz für die 144 000 Auserwählten am sogenannten »Jüngsten Tag«, um ihre Auffahrt in den Himmel zu bekommen oder, wissenschaftlicher ausgedrückt, um auf ihren Weltraumstart zu warten. Jedenfalls kannte Leo X. das Geheimnis der Verheißung.

Können wir bei Nostradamus mit einer Chronik der Päpste rechnen? Ich meine ja. Erst Ende der 80er Jahre kristallisierte sich heraus, daß er gleichzeitig mit den Prophezeiungen eine Art Papstchronik verfaßt und veröffentlicht hat.

Der Verdacht liegt nahe, daß ein Zusammenhang zu den Weissagungen eines Mönchs namens Malachias besteht, dem Losungssprüche für die Stuhlinhaber, bis zum Ende dieses Jahrtausend zugeschrieben werden. Die Sprüche des Malachias tauchten erstmals um 1580 auf, also 14 Jahre nach dem Tod von Nostradamus. Denkbar, daß es für einen Unbekannten genug Gründe gab, im Klartext etwas über die Päpste zu veröffentlichen, was man ansonsten nur bei Nostradamus im verdunkelten Text nachlesen kann.

Lassen Sie uns einen Blick auf die Päpste werfen, soweit sie in den Texten bisher zu identifizieren waren.

Die Papstchronik im Text des Nostradamus

Leo XI.	1605:	Kommt ohne Gesetz die Politik zu befreien
Paul V.	1605–1621:	Seine Dickmilch betet nicht
Gregor XV.	1621–1623:	Erwählt der Neue – unter den Nackten große Unruhe
Urban VIII.	1623–1644:	Der große keltische Prälat den König anzweifelt
Innocenz X.	1644–1655:	Der Lenker sehr elegant regiert
Alexander III	1655–1667:	Auserwählter Führer, Schwarzes Meer und die Stadt der Lehre der Irrtümer
Clemens IX.	1667–1669:	Regieren durch einen Jesus – nicht lange dann stirbt das Schöne
Clemens X.	1670–1676:	Verärgertes Rom – Verführtes Fürstenreich
Innocenz XI.	1676–1689:	Zwei Lichter können nicht den Tyrannen stürzen
Alexander VIII.	1689–1691:	Denjenigen den man einbindet in die Klause
Innocenz XII:	1691–1700:	Wenn er zur Größe geboren wird er wird nicht regieren können Ein Sohn der Gier
Clemens XI.	1700–1721:	Text fehlt bei Nostradamus
Innocenz XIII.	1721–1724:	Das Thema wird der Tod sein – ihm und seiner Anhänger Partei
Benedikt XIII.	1724–1730:	Großes vom Lothringer durch den Herzog der Brücke
Clemens XII.	1730–1740:	Auf dem Berg des Königs wird einer geboren nach langer Erwartung
Benedikt XIV.	1740–1758:	Für die nachfolgenden Päpste kein Text bei Nostradamus
Clemens XIII.	1758–1769:	kein Text
Clemens XIV.	1769–1774:	kein Text

Pius VI.	1775–1799:	kein Text
Pius VII.	1799–1823:	Großer Glaube durch das Spiel des Lebens verloren geht
Leo XII:	1823–1829:	Der Leutnant betritt unter Ausschluß der Öffentlichkeit
Pius VIII.	1829–1830:	Bei den vier Säulen man heiligt seine Umdrehung
Gregor XVI.	1831–1846:	In Venedig wird verloren sein Ruhm
Pius IX.	1846–1878:	Der Druck im Tempel zu Ostern ausblutet
Leo XIII.	1878–1903:	Der Heräsie er öffnet das Tor

Centurie IX, Vers 3 für 1903
»Ein Wohlgeruch wird geboren bei der Zwei.«

Joseph Sarto wird zum Papst gewählt und nimmt den Namen Pius X. an. Er wird später heiliggesprochen.

Centurie IX, Vers 14 für 1914
»Bei der sieben farbloser Rauch.«

Für alle Zweifler, daß diese von mir entdeckte Besonderheit in den Nostradamus-Prophezeiungen zufällig sei: Giacomo de la Chiesa wurde am 3. 9. 1914, also am 3. »septembre« (»sept« in französisch = sieben) 1914 zum Papst gewählt, und diese Wahl wurde traditionsgemäß mit einem weißen Rauch angezeigt. Gleichzeitig ist es die Beurteilung seinen Pontifikats: Farblos.

Centurie IX, Vers 22 für 1922
»Weißes und goldene Lüge.«

Am 6. 2. 1922 wird Achille Rati als Pius XI. zum Papst gewählt. In seine Amtszeit fallen die Konkordate mit Mussolini und Hitler. Hitler hielt sich nicht an die Verträge, so daß Pius XI. 34 Protestschreiben (wegen der »Lüge«) nach Berlin schickte.

Centurie IX, Vers 39 für 1939
»Das Gesicht ist hart und verdrossen und müde vom Kriegerischen.«

Nach dem Tode Pius' XI. wird sein Unterhändler für die Konkordate mit Bayern 1924 und Preußen 1929, Eugenio Pacelli, am 2. 3. 1939 zum Papst gewählt. Nostradamus kennzeichnet diesen Papst, der bis Oktober 1958 regiert, als den Papst der Kriege, denn in seine Amtszeit fallen sowohl der Zweite Weltkrieg als auch der Koreakrieg und der Vietnamkrieg der Franzosen. Pius XII. regierte hart, seit 1944 bis zu seinem Tode übrigens ohne Staatssekretär.

Centurie IX, Vers 59 für 1959
»Um sich festzulegen man wird nehmen den stellvertretenden Bischof.«

Verblüffend, wie Nostradamus die Wahl dieses Papstes, der als Angelo Giuseppe Roncalli geboren wurde und als Johannes XXIII. in die Papstgeschichte einging, charakterisierte. Der Satz im Vers 59 ist so eindeutig, daß man sich fragen muß, warum Nostradamus seine Prophezeiung eines neuen Papstes, der schon im Oktober 1958 gewählt wurde(!), im Jahresvers für 1959 niedergeschrieben hat. Dies ist nicht der erste Vers, in dem eine solche Zeitverschiebung auffällt. Eine Erklärung wäre: Nostradamus rechnete das Jahr nach jüdischem Ritus, das heißt, er ließ es jeweils am jüdischen Neujahrstag, dem 21. September, beginnen. Der Oktober läge dann bereits im Vers für 1959. Aber das ist nicht die eigentliche Feinheit. Was bei einer Papstwahl in der inneren Abgeschiedenheit der Beratungen vor sich geht, welche Interessen sich durchsetzen, dringt nicht an die Öffentlichkeit. Bei der Wahl Johannes' XXIII. könnte es aber so gewesen sein, daß man sich auf den späteren Paul VI. (noch) nicht einigen konnte und daher den schon recht alten Patriarchen von Venedig, eben Roncalli, wählte. Interessanterweise erwähnt Nostradamus die Wahl von Paul VI. im Jahre 1963 nicht. In einer Art Regierungserklärung vor seiner Krönung bestätigte dieser die Fortführung des II. Vatikanischen Konzils. Er setzte somit die

Arbeit des greisen Johannes XXIII. fort. Dafür hat aber Nostradamus das Konzil im Visier. Er schreibt:

Centurie IX, Vers 67 für 1967
»Im Schloß wo neuer lateinischer Peter einen Irrtum begeht – Sind wahre römische Christen im Glauben versammelt.«

Der hier angesprochene neue »Peter«, also Nachfolger Petri auf dem Heiligen Stuhl, ist eindeutig Paul VI. Die Versammlung der wahren römischen Christen ist das Konzil. Was meint Nostradamus mit dem Fehler? Das Konzil löst innerhalb der katholischen Kirche einen tiefgreifenden Gärungs- und Wandlungsprozeß um ihr Selbstverständnis aus. Innerkirchliche Konsequenzen dieser Auseinandersetzungen sind: Schwund der päpstlichen Autorität, zunehmender Zweifel an der Hierarchie und der Gültigkeit kirchlicher Gebote, wie der Streit um die »Enzyklika Humanae vitae« vom 29. Juli 1968! »Empfängnisverhütung oder Hunger in der Welt«, so könnte man die Alternative bezeichnen. Aber das ist nur der eine Aspekt, denn im Vers 70 für 1970 beschäftigt sich Nostradamus erneut mit dem Vatikan.

Centurie IX, Vers 70 für 1970
»Über die Bezirke der lateinischen Besitztümer ertönt die Lüge.«

Genau in diese Zeit fällt der Finanzskandal, in den der Vatikan verstrickt ist und der bis in die 80er Jahre zu mysteriösen Todesfällen geführt hatte. (Siehe auch die Bücher von Nino Lo Bello, »Das Reich des Vatikans« und Yallops »Im Namen Gottes« sowie »Strafsache Vatikan - Jesus klagt an« von Dr. Ulli Weyland.) Im Jahre 1978 stirbt Paul VI.

Centurie IX, Vers 78 für 1978
»Gefangener Prinz stirbt einen schlechten Tod.«

Was ist passiert? Nach dem Tode von Paul VI. wird am 26. 8. 1978 Albino Luciano neuer Papst. Nach nur 33 Tagen Pontifikat stirbt er, für die Öffentlichkeit sehr überraschend. Solche kurzen Amtszeiten gab es nur im »giftigen Mittelalter«. Zieht man den hier von Nostradamus vorgesehenen Spruch heran, dann scheinen alle die recht zu haben, die keinen natürlichen Tod dieses sympathischen Mannes vermuten, der bei seiner Wahl gesagt haben soll: »Ihr wißt nicht, was ihr mir antut.« Kennt der Vatikan das Geheimnis der Nostradamus-Prophezeiungen? Es ist anzunehmen, und dann wußte Johannes Paul I., was ihm bevorstand.

Karol Wojtyla wird am 16. 10. 1978 als Papst Johannes Paul II. gekrönt. Es ist Oktober, somit ist bereits der Jahresvers 79 gültig. Auf den ersten Blick läßt sich aber weder für 1978 noch für 1979 ein Texthinweis finden! Halten Sie bitte inne: Das Jahr 1978 sieht zwei Päpste, untersuchen wir den Vers für 1978 nochmals sehr sorgfältig.

Centurie IX, Vers 78 für 1978:
»Außerhalb verschoben zum Regieren. Die Ethik. 2 Jahre. Bis gefangener Prinz stirbt einen schlechten Tod.«

Fällt Ihnen etwas auf? Der erste Satz kann sich auf den polnischen Kardinal beziehen. Er ist der erste Papst, der seit Jahrhunderten von außerhalb nach Rom kommt, um die katholische Kirche als erster Nichtitaliener zu regieren. Und der letzte Satz in diesem Vers beschreibt Johannes Paul I. Es gibt hierfür eine Erklärung, die aber außer in diesem Vers bisher nicht an anderer Stelle bei anderen Ereignissen nachzuweisen war. Nostradamus gibt einen versteckten Hinweis, wonach man die Verse von unten nach oben zum höchsten Punkt lesen soll. Demnach wäre die vierte Zeile Papstwahl Nr.1/1978 und die erste Zeile Papstwahl Nr.2/1978.

Der nächste Hinweis, der etwas mit einem Papst zu tun haben könnte, läßt sich bereits für 1995 identifizieren.

Centurie IX, Vers 95 für 1995:
»Verlockende Hilfe von auserwähltem Mailänder.«

Wird der nächste Papst aus Mailand stammen? Wir werden das schon bald miterleben können.

Es gibt unter den katholischen Christen das Gerücht, daß ein Mönch namens Malachias nur noch ganz wenige Päpste vorhergesagt hat. Nach Nostradamus stimmt aber die Hypothese nicht, wonach es im nächsten Jahrtausend mit dem Papsttum vorbei ist. Nach einer schrecklichen Auseinandersetzung zwischen Islam und Christentum um 2010–14 geht das Leben weiter, und Nostradamus schildert eine nächste Papstwahl und die Entwicklung der christlichen Religion in den nächsten 500 Jahren.

Centurie X, Vers 18 für 2018:
»Der Sohn der Woge des Blutes wird in Rom erwählt. Und die zwei Großen werden den Mißstand herbeigeführt haben.«

Soviel läßt sich jetzt schon sagen. Im Jahre 2018 wird es durch besondere Umstände eine ungewöhnliche Papstwahl mit ungünstigen Folgen geben. Es könnten Staatsmänner, Kardinäle oder sonstige katholische Würdenträger sein, die Nostradamus als »die zwei Großen« beschreibt, die Einfluß auf die Wahl des neuen Papstes nehmen. Nostradamus beschreibt ihn als blutrünstig. Wir wissen (noch) nicht warum.

Centurie X, Vers 19 für 2019:
»Der Tag wird durch den König nicht begrüßt werden. Am Tage danach der Gruß wird das Gebet sein. Die Abrechnung macht den Verstand weiß.«

Man wird offenbar von der Wahl dieses Mannes zum Papst nicht sehr begeistert sein. Viele werden beten, daß das Absehbare nicht geschehe. Sein Rachefeldzug gegen den Islam wird ihn blind machen.

Die nächste Papstwahl ist im Vers 26 nachzulesen.
Centurie X, Vers 26 für 2026:
»Der Erfolgreiche wird rachsüchtig sein auf die Haut seines Stiefbruders. Wenn er die Macht besitzt – höchster Grad der Rache.«

Dieser neue Papst setzt offenbar die Politik seines Vorgängers fort. Zwölf Jahre später kommt es eindeutig wieder zu einer Papstwahl.

Centurie X, Vers 38 für 2038:
»Die fröhliche Liebe nicht lange besetzt den Stuhl.«

Wir kennen die Art des Nostradamus, mit wenigen Worten einen Papst zu beschreiben. Demnach wird dieser Papst nicht sehr lange regieren.

Vereinigung der Religionen

Es ist wenig sinnvoll, weiter nach Papstwahlen in den Prophezeiungen zu suchen, weil die Gefahr groß ist, daß die eine oder andere diesbezügliche Anmerkung eher für ein weltliches Ereignis gehalten wird. Wenden wir uns daher dem nächsten, von Nostradamus besonders deutlich markierten Termin zu, bei dem es darum geht, daß der Papst aus Rom vertrieben wird.

Centurie X, Vers 65 für 2065:
»O mächtiges Rom – dein Untergang nähert sich dir. Nichts von deinen Mauern, von deinem Blut, von deiner Substanz bleibt. Überdrüssig der Vorbereitung. Verträge. Zeit in der schreckliches geschehen wird. Scharfe spitze Eisen der Luft werden gegen alles gerichtet bis nichts mehr da ist.«

Im Gegenzug ist der Islam wieder mächtig geworden, er rächt sich für die Verfolgungszeit von 2018 bis 2028. Rom wird dem Erdboden gleichgemacht und für die nächsten fünfhundert Jahre, wie ganz Italien, islamisch.

Centurie X, Vers 86 für 2086:
»Fünf werden durch die Luft gezogen sein – dort gegen die päpstliche Säule.«

Ein mysteriöser Versteil, der sich eindeutig auf das Papsttum bezieht, aber aus heutiger Sicht nicht zu deuten ist.

Centurie X, Vers 91 für 2091:
»Römischer Klerus, Im Jahr 1000 sechs hundert und neun. Zum Chef der Esel wird er erwählt sein. Aus einem grauen und schwarzen der Gesellschaft hervorgegangen. Welcher elf nicht schlau gemacht hat.«

Ein Vers, der nichts mehr mit dem christlichen Papst zu tun hat. Bitte beachten Sie: Ab 2065 wird in Rom nach islamischer Zeitrechnung gemessen! »Esel« ist die von Nostradamus bevorzugte Bezeichnung für den Islam. Im Jahre 2091 wird der erste den Islam regierende Geistliche in Rom gewählt.

Die Zukunft der jüdisch-christlichen Religion

Centurie I, Vers 25 für 2125: Ein Geheimnis der Urchristen wird entdeckt
»Der Hingerichtete der für lange Jahrhunderte versteckt war wird gefunden. Es wird ein Hirte des Südens sein der die Ehre haben wird.«

Dieser Text deutet auf einen für die Christenheit wichtigen Fund hin. Ich tippe darauf, daß es sich um das Grab des Petrus handeln wird. Dies scheint zu einer Renaissance des Glaubens zu führen, denn etwa 20 Jahre später schreibt Nostradamus:

Centurie I, Vers 52 für 2152: Krise in der Christenheit
»Die Krankheit der Kirche durch den neuen König verursacht wird zum Niedergang Nord- und Südeuropa.«

Centurie I, Vers 53 für 2153: Folgen sieben Jahre später
»Durch andere Gesetze alles unchristlich wird. Wenn das Gold das Silber von neuem zu unterwandern beginnt.«

Die Gegenreaktion läßt offensichtlich nicht lange auf sich warten. Interessant für uns, daß Nostradamus davon spricht, daß dies in einer Zeit geschehen wird, in der persönlicher Besitz nicht erforderlich war, so ist zumindest der Hinweis auf »Gold« und »Silber« zu verstehen.

Centurie I, Vers 55 für 2155: Die katholische Kirche in Bedrängnis
»Für das Land und das Meer die Luft und der Himmel wird sein äußerst ungerecht Sekten Hunger Regierungen Krankheiten Verwirrung.«

Eine schlimme Zeit für die wahre Kirche.

Centurie II, Vers 8 für 2208: Reformation der katholischen Kirche
»Zeit der Heiligen der ersten römischen Art. Verworfen haben wird man die schlecht gebauten Grundlagen. Genommen haben werden sie ihre Gesetze die Ersten der Menschen und des Menschlichen. Gejagt werden sie. Nicht alle halten den Heiligen ihren Gottesdienst.«

Für mich eine Sensation. Die Kirche hat zu den Lehren der Urchristen, also zu ihrem Ursprung, zurückgefunden. In diesem Vers ist aber auch angemerkt, daß diese erneuerte Kirche verfolgt wird.

Centurie II, Vers 12 für 2212: Ideale des klösterlichen Lebens
»Spiele der Klöster eröffnen altertümliche Phantasie. Die Bewohner der Einzigen werden versetzt werden in etwas Neues. Der große Monarch verfolgt sie, wird unterdrücken ihr Wiedererscheinen. Begeistert die Tempel den Schatz vorantragen.«

So, wie dieser Text von Nostradamus niedergeschrieben wurde, sieht es aus, als ob sich die christliche Kirche anfangs des 23. Jahrhunderts zu einer wahrhaften Hochzeit entwickelt.

Centurie II, Vers 36 für 2236: Ein Machtkampf entbrennt
»Vom großen Propheten die Briefe werden beschlagnahmt. Um in die Hände des Tyrannen zu kommen. Betrogen wird sein der König durch seine Unternehmungen. Aber seine Rabbiner sehr bald in Aufruhr versetzet sind.«

Die schriftlichen Hinterlassenschaften des Propheten, der die Kirche wiederbelebt hat, werden offensichtlich beschlagnahmt. Dies führt aber zu einem Aufruhr der Geistlichen. Nun mögen viele glauben, daß die Bezeichnung »Rabbiner« hier nicht stimmen kann, weil dies die Bezeichnung für jüdische Geistliche ist. Nostradamus scheint das absichtlich geschrieben zu haben. Innerhalb von 24 Jahren wird die absolute Sensation dieses Zeitabschnitts offen zutage treten. Lesen Sie selbst.

Centurie II, Vers 46 für 2246: Ein Religionserneuerer tritt auf
»Nach großem Feldzug bei den Menschen sich Großes nähert – Der große Beweger der erneuerten Jahrhunderte.«

Centurie II, Vers 60 für 2260: Juden und Christen jetzt eine Religion
»Großer Jude und die Rose die Gesetzesverfassung wechseln wird.«

Unter dem Eindruck der Tatsache, daß im Weltraum die Zeugnisse für den gemeinsam Glauben und die Hintergründe der Religionen gefunden werden, schließen sich als erste der orthodoxe jüdische Glaube und die christlichen Gläubigen zu einer Gemeinschaft zusammen! Und nun lernen wir weitere Einzelheiten kennen.

Centurie III, Vers 6 für 2306: Eine Geheimlehre der Kirche wird bekannt
»In vier Jahren die Grundlage des verschlossenen Tempels wird erforscht sein.«

Hier nochmals ein Hinweis auf die Quellenfunde. Aber nicht alle werden mit dieser Entwicklung einverstanden sein. Das wird im Text elf Jahre später deutlich gemacht.

Centurie III, Vers 17 für 2317: Die Wahrheit wird verfälscht
»Ihr Menschen der Kirche was für ein skandalöser Kommentar entsteht.«

Es ist klar zu sehen, daß Nostradamus nicht auf der Seite der konservativen Kräfte in der Kirche steht. Er erklärt ihre Auslegung der neuen Tatsachen für skandalös.

Centurie III, Vers 21 für 2321: Glaubenskämpfe mit dem Islam beginnen
»Den Freunden des Kreuzes über das adriatische Meer – Sich nähern wird ein schrecklicher Fisch.«

Es beginnt die endgültige Auseinandersetzung mit dem Islam. Die Christen auf der Erde werden bis etwas 2550 unterdrückt werden.

Centurie III, Vers 26 für 2326:
»Könige und Prinzen üben sich um Christentum vorzutäuschen – Wahrsager und Christen erheben sich gegen Byzantinisches.«

Ich deute diesen Vers so, daß es im gemäßigten Islam Persönlichkeiten gibt, die das Gemeinsame herausstellen wollen.

Centurie III, Vers 36 für 2336:
»Verschüttet, nicht zerstört durch den Papst wird die Ethik. Wird sein entdeckt um zu sehen die mit Händen essen. Wenn die Stadt verdammt die heldenhafte Ethik. Statt ihre 10 Gesetze zu haben dies ihnen wie ein Wechsel erscheinen wird.«

Ein recht dunkler Vers. Ein Papst wird die Glaubensethik bewußt verfälschen, anscheinend dazu gezwungen, um zu retten, was noch zu retten ist. In dieser Zeit gibt es große Zwistigkeiten zwischen den Menschen, die im Weltraum leben, und jenen, die auf Erden leben. Es ist auch die Zeit, in der Grundlagen für den großen Frevel an der Schöpfung gelegt werden, die Schaffung eines dem Menschen dienstbaren Tieres. Nostradamus ist außer sich, wie an anderer Stelle beschrieben wird. Er beginnt, von der Strafe zu sprechen, welche die Menschen zu erwarten haben.

Centurie III, Vers 40 für 2340:
»Der große Gott der das Leben gemaßregelt hat kommt um es wieder zu maßregeln. Die Thesen verwerfen sie das Ansehen werden sie schon behalten.«

Im nächsten Vers steckt eine weitere Information. In der veränderten Welt nach 2340 wird der Sitz des Papstes im Schwarzwald sein.

Vers 58 für 2358:
»Nahe des Rhein in den schwarzen Bergen. Wird ein Großer geboren der für die Menschheit zu spät kommt. Welcher verteidigen wird seine 5. Rom und Banner wie der Erste – So daß man nicht wissen wird wohin er gehen wird.«

Was hier zu lesen ist, überrascht, denn Nostradamus hat dies an keiner Stelle sonst erwähnt. Bis 2358 wird der Papst und somit die gesamte Kurie immerhin fünfmal ihren Sitz gewechselt haben.

Vers 61 für 2361:
»Die große Vereinigung und Sekte des Gekreuzigten sich ausbildet in Mesopotamien.«

In dieser Zeit kommt es zu einer Bewegung des Christentums. Ein neues Religionszentrum der Christen entsteht im heutigen Irak, denn vergessen Sie bitte nicht: der Islam hat Europa im Griff.

Vers 65 für 2365:
»Wenn das Grab des getöteten großen Römers entdeckt wird – Am Tage danach der Papst gewählt wird.«

Ein Hinweis auf eine Papstwahl und kurze Zeit später der Verweis auf eine neue philosophische Denkrichtung.

Vers 67 für 2367:
»Verachtend den Tod, Verdienste, Ehren und Reichtum – Deutschlands Berge nicht in der Luft haben werden eine Begrenzung – Gehen in der Folge um sie zu unterstützen und durchzusetzen.«

Eine neue Sekte der Philosophie entsteht

Vers 76 für 2376:
»In Deutschland geboren werden verschiedene Sekten –
Sich annähern zuvor der Macht der glücklichen Heiden –
Das Herz gefangen und zurückgeschnitten – Zurückgebildet um die Tönebildung auf das Richtige zurückzuführen.«

Bedingt durch die Gesamtentwicklung in dieser Zeit, wird es durch Glaubenserneuerer zu Spaltungen kommen. Daher ist es erklärlich, wenn gerade in dieser Zeit in der Umgebung des Papstsitzes neue Sekten entstehen, die aus dem dann etablierten Christentum hervorgehen.

Centurie IV, Vers 5 für 2405: Ankündigung des Sieges der Christen
»Die Länder des Kreuzes unter Einem vollenden das göttliche Wort.«

Es ist eine große Zeit für die Christen.

Vers 43 für 2443:
»Sie werden die runde Scheibe im Himmel besitzen die bewaffneten Patres. Im selben Jahr selbst die Göttlichen Feinde sind. Sie werden wollen die Lehre der Zehn Heiligen ungerecht diskutieren. Durch Entrüstung und Krieg der Glaube nicht zerstört wird.«

Die Kirche beginnt, mit einer eigenen Raumstation das Weltall zu missionieren, was an sich logisch ist. Und nun kommen die für die Christen auf Erden vielleicht erfreulichsten Prophezeiungen. Der Niedergang des Islam wird angekündigt.

Vers 61 für 2461:
»Die alte Moschee wird ihres Platzes streitig gemacht.«

In den folgenden 80 Jahren kommt es dann laut Nostradamus zu dem großen Krieg zwischen Islam einerseits und dem Judentum und dem Christentum andererseits. Ein Mann, der von Nostradamus als »Heinrich der Glückliche« gefeiert wird, beendet die Herrschaft des Islam. Die Christen kehren nach Rom zurück. Dies wird um 2556 sein. Und nun wird etwas sehr Merkwürdiges geschehen.

Centurie V, Vers 56 für 2556:
»Man spricht oftmals vom sehr alten Pontifex. Wird sein erhoben ein Römer von sehr hohem Alter. Welcher bestimmen wird das der Thron kraftlos wird. Und lang wird er halten und von spitzen Eröffnungen.«

Dieser Pontifex hat offenbar die Autorität, die Institution des Papsttums zu verändern. Das mag gläubigen Katholiken heutiger Tage zwar wie eine Todsünde erscheinen, wird aber im Sinne der Gesamtentwicklung sein.

Noch ein Ausblick

Wurden die Seherberichte schon in den letzten zwei Jahrhunderten deutlich spärlicher, hören sie nach dem Sieg des Christentums fast ganz auf. Welchen Grund kann es dafür geben?
Etwa ab 2700 haben sich die Weltreligionen jeweils auf einen eigenen Kontinent zurückgezogen. Das Christentum scheint den afrikanischen Kontinent zugewiesen bekommen zu haben. Durch diese weise Vereinbarung kommt es fortan nicht mehr zu den Spannungen zwischen den Weltanschauungen, weil sie zu diesem Zeitpunkt entflochten nebeneinanderher leben, aber Wissenschaft, Forschung und Technik gemeinsam betreiben.

Einige Anzeichen sprechen dafür, daß sich Religion und Wissenschaft zu einer Symbiose vereinigt haben. Die Religion kontrolliert, ohne den Fortschritt in der Wissenschaft zu behindern. Dieses Zusammengehen führt zu einer Konzentration auf das Wesentliche der Religion, die Zukunft der Menschheit zu sichern, und in der Wissenschaft darauf, Werkzeuge bzw. Instrumente für die Rettung der Menschheit zu schaffen.
Die Weltanschauungen haben in ihrem Entwicklungszyklus ein Stadium erreicht, in dem die Toleranz und Güte vorherrschen werden. Denken Sie bitte daran, daß unter dem Zwang der Tatsachen – nichtmenschliche Lebensformen als Feinde von außen– ein Zusammengehen geradezu erzwungen wird. Ziehen Sie weiter in Betracht, daß man Beweise für die Bibel und den Ursprung mancher alttestamentarischen Überlieferung gefunden hat. Das alles rechtfertigt einen väterlichen Ältesten in der Gemeinde. Und das könnte einen durch Amtsautorität herrschenden Papst überflüssig machen.

Wenn Ihnen dies alles immer noch sehr unglaubwürdig erscheint, dann versuchen Sie sich vorzustellen, daß man eine Brüderlichkeit bzw. Schwesterlichkeit praktizieren wird und daß sich die Rassen so vermischt haben, daß äußerlich keine rassischen Unterschiede mehr zwischen den Menschen zu erkennen sind.

Exkurs: Johannes-Offenbarungen und Nostradamus – über die Begegnung mit einer außerirdischen Intelligenz

Das 9. Kapitel der Enthüllungen des Johannes beschreibt den Kontakt zu einer andersgearteten Intelligenz. Diese dem Menschen fremde, außerirdische Intelligenz wird im Gegensatz zu allen anderen Passagen sehr ausführlich beschrieben, sogar ausführlicher als bei Nostradamus! Ich führe diese Passage als Beispiel auf, wie genau ursprünglich die unzensierte und unbearbeitete Version der Original-Johannes-Offenbarungen niedergeschrieben wurde.

Offenbarungen des Johannes, Kapitel 9, Vers 3:
»Und es kamen Heuschrecken auf die Erde und ihnen ward Macht gegeben wie die Skorpione auf Erden Macht haben.«

Bei Nostradamus ist dies die »erste schreckliche Begegnung mit den außerirdischen Intelligenzen voller Abscheulichkeit«, denen man auf halben Wege zum Ursprungsplanetensystem der Menschheit begegnen wird.

Nostradamus für 2221:
»Die satanische Lampe wird abgeschickt durch das Allerschlimmste. Auf halbem Weg in das Unbekannte. Neues antwortet. Abstoßendes.«

Aber schon vierzig Jahre vorher beginnt Nostradamus, den Ursprung und die Ursachen für diese Begegnung zu erklären.

Nostradamus für 2183:
»Die fremden Menschen werden teilen die Kriegsbeute. Der Umlauf des Mars bewacht wieder sein Furioses. Schreckliche Fremde – auf dem Rücken von 100 Jahren die Zeit der Wissenschaften. Griechisches welches zu Kuriosem zerrieben wird.«

Nostradamus für 2184:
»Das eine Unbekannte bei der zwei sich in der Finsternis vollendet. Sein Irrtum geht vorüber in den Farben des Irrtumschaffenden. Das große Versteck für lange Zeit unter den Dunkelheiten sein wird. Wird den Weltraum erobern in dem Spiel der Wissenschaftler.«

Kehren wir zurück zur zeitgerechten Textstelle in den Johannes-Offenbarungen. Die erste Begegnung mit ihnen datiert Nostradamus für die Zeit um 2221.

Offenbarungen des Johannes, Kapitel 9,7-9:
»Und die Heuschrecken sind gleich den Rossen, die zum Kriege bereitet sind. Und auf ihrem Haupt wie Kronen dem Golde gleich und ihr Antlitz gleicht der Menschen Antlitz. Und hatten Haare wie Weiberhaare und ihre Zähne waren wie die der Löwen. Und hatten Panzer wie eiserne Panzer und das Rasseln ihrer Flügel wie das Rasseln an den Wagen vieler Rosse, die in den Krieg laufen.«

Man hat in der Vergangenheit hierin gern die Beschreibung von Kampfhubschraubern gesehen, aber das dürfte wohl nicht zutreffen. Wir müssen wohl oder übel von einer Rasse von knochenlosen Intelligenzträgern ausgehen, auf die unsere Nachkommen stoßen werden.

Nostradamus für 2258:
»Ohne Fuß keine Hand spitze Zähne und Kraft. Durch die Kugel der Kraft an der Grenze und aufgerauht geboren. Nahe des Tors der Adler pflichtvergessen es fortschafft. Stiller Kampf klein groß mitgenommen.«

Hier die Beschreibung der Gangart von Heuschrecken. Weil sie vorwiegend springen, sind ihre Tentakel entsprechend ausgelegt. Für den Beobachter sieht das aus wie zusammengepferchte Beine.

Nostradamus für 2264:
»Ausgetrocknet vor Hunger von Durst wird die Rasse der zusammengepfercht Gehenden. Zuversicht nähert sich Liebe wird kommen zur Ohnmacht. Auf den Punkt erschüttert wird sein das Gesetz der Zusammengepferchten. Gruppe der großen Häfen nicht bestehen kann zu 100ten wird man ernten.«

Noch einmal eine Beschreibung der »Heuschrecken«. Die Fühler werden von Nostradamus als gabelartige Nasen beschrieben. Ich meine, daß der Ausdruck »zusammengepfercht Gehende« auf Heuschrecken zutrifft.

Nostradamus für 2267:
»Die Hellen mit den gabelartigen Nasen werden kommen um sich zu versündigen. Durch den Zweikampf und das Gejagt werden draußen. Die Verbannten da drinnen werden zurückgebracht werden. Am Ort des Meeres man mißbraucht die größte Macht.«

Nach Nostradamus wird sich das Problem der ersten Begegnung mit der Heuschreckenart von selbst lösen. Versorgungsschwierigkeiten dieser Intelligenzen führen dazu, daß die Menschen dieser Zeit diese Wesen regelrecht »abernten« können.

Daß uns diese Heuschreckenintelligenzler lange erhalten bleiben, zeigt eine Bemerkung in einem für 2585 bestimmten Vers.

Nostradamus für 2585:
»Schinken des Meeres, Heuschrecken und deren Kusinen.«

Nun beginnt ein weiteres Kapitel, das auch in den Johannes-Offenbarungen beschrieben wird. Es handelt sich um die Schwierigkeiten, die sich zwischen Menschen, die im Weltraum leben, im Verhältnis zu den Erdbewohnern entwickeln.

Für 2553 schreibt Nostradamus:
»Das Gesetz der Sonne und Venus zusammengefaßt –
In sich aufnehmen den Geist der Prophetie – Nicht der eine nicht

der andere werden einverstanden sein – Durch die Sonne wird gehalten werden das Gesetz des großen Messias.«

Vom 15. Kapitel an und in den restlichen sieben Kapiteln in den Johannes-Offenbarungen werden die Vorbereitungen und die Umstände, die zum Verlassen dieses Sonnensystems führen, beschrieben. Wieder sind es »Plagen«, wie seinerzeit, als Moses die Israeli aus Ägypten fortführte. Wer genau hinsieht, erkennt mit dem Verstand unserer Zeit, daß es sich bei diesen Plagen um Probleme biochemischer Art handeln wird.
Es läuft alles nach dem bekannten Schema ab: Verseuchung durch die Bösen – erneute Reinigung durch die Guten und Reinen. Und schließlich die Verheißung, daß all dieser Jammer ein Ende haben wird. Ich bin mir sicher, daß das Thema, die Johannes-Offenbarungen endlich wieder richtig zu lesen, in den nächsten Jahrzehnten immer wichtiger wird. Alle, die Kenntnis von dem Wissensschatz bekommen haben, woher die Menschen kommen und wie es für sie weitergehen wird, und schließlich, was für sie bestimmt ist, sind fasziniert, in der Bibel und in den jüdischen Schriften, die zur Grundlage des Alten Testaments der Bibel wurden, das wiederzuerkennen, was seit Jahrtausenden im geheimen hinterlegt worden ist.

Sind Sie reif, morgen einer philosophierenden Heuschrecke gegenüberzutreten? Ich nicht. Es werden noch Generationen vergehen, die Steinchen für Steinchen zusammentragen müssen, bis eine Akzeptanz andersartiger Intelligenzträger erreicht wird.
Warum haben sich die Wissenden der Vergangenheit eigentlich soviel Mühe gegeben und versucht, alles im voraus zu durchdenken? Bei Nostradamus, wie auch bei allen anderen Wissenden, war das Ziel die Vorbereitung und die Durchführung des Fortzugs aus diesem Planetensystem. In der Bibel ist es der neue Himmel, die neue Erde. Die Verheißung, auch die bei Nostradamus, sagt, daß sie sich erfüllen wird. Gute Aussichten für unsere Zukunft!

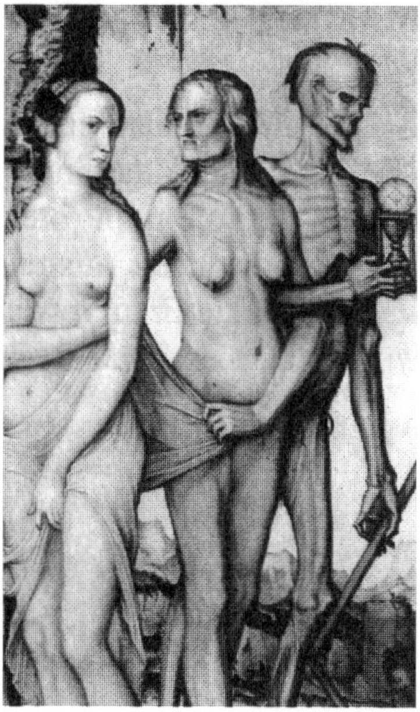

Nach Nostradamus müssen wir bald nicht mehr Altern — Segen oder Fluch?

Exkurs: Sieg über das Altern

Das Ende des Alterns kommt innerhalb der nächsten 100 Jahre für unsere Nachkommen. Wird es das erhoffte Paradies auf Erden bringen? Wohl kaum. Muß, wer zweihundert Jahre alt wird, auch fast zweihundert Jahre lang verheiratet sein und bleiben? Viele Fragen werden nicht nur Wissenschaftler noch zu klären haben, sondern auch die Geistlichen aller Religionen sind dazu aufgefordert. Johannes von Buttlar hat in seinem neuen Bestseller »Die Methusalem-Formel« (Bettendorf Verlag Essen) die Chancen und Risiken dieser Problematik aktuell herausgearbeitet. Dieses Buch kann ich jedem Leser sehr empfehlen und ans Herz legen! In diesem Exkurs wollen wir uns kurz mit einigen Hinweisen über das Altern bei Nostradamus beschäftigen.

Centurie X, Vers 97 für 2097
»Dreifach nachgemessen worden ist alles – das Alter gefangengenommen. Zeit wird gut zu Schlecht – das Sanfte zum Beleidigenden.«

Das ist eine der ganz großen Zukunftsperspektiven: die Ursachen des Alters sind bekannt, der Alterungsprozeß kann erstmals angehalten, das Altern selbst besiegt werden ... und dann? Im Kapitel 9,Vers 6 beschreiben die Offenbarungen des Johannes die Zeit, in der die Menschen den Tod überwunden haben, das heißt, nicht mehr sterben können.

Offenbarungen des Johannes, Kapitel 9, Vers 6:
»Und in den Tagen werden die Menschen den Tod suchen und ihn nicht finden; werden begehren zu sterben, und der Tod wird vor ihnen fliehen.«

Dieses Problem wird wirklich zu einem zentralen Punkt vieler Auseinandersetzungen in den nächsten Jahrhunderten werden. Hundert Jahre, bevor das Problem wirklich zum menschlichen Problem Nummer eins wird, gibt Nostradamus einen Hinweis auf die Lösung. Das, was jedem von uns heute recht entsetzlich erscheint, ist nichts anderes, als daß ein Medikament eingenommen wird, das die gestoppten Alterungsprozesse des Körpers, die man seit 2100 beherrscht, wieder in Gang setzt.

Nostradamus für 2127:
»Erfunden wird das Sterbeöl zerbrochen die Zuständigkeit.«

Etwa hundert Jahre später, »die Kunst des Nicht-mehr-alt-Werdens« scheint ihren ersten Höhepunkt erreicht zu haben, wird der Gedanke weitergeführt.

Nostradamus für 2213:
»Die Körper ohne Seele und das Nichtseiende werden geopfert. Am Tag des Todes versetzt in die Geburt.«

Der medizinische Fortschritt führt anscheinend zur ständig möglichen Erneuerung gealterter, verbrauchter (»seelenloser«) Organe. Dadurch ist den Menschen das Sterben unmöglich gemacht worden. Bei Steuerungsausfall einzelner Körperfunktionen durch das Gehirn springen Module ein, die unter die (Kopf-)Haut eingepflanzt wurden.

Nostradamus für 2247:
»Steine mit Können versteckt unter der Behaarung. Durch Sterben von nutzlosen Abschnitten werden sie munter.«

Hier nochmals ein kleiner Ausblick auf den Tod der Zukunft, vielleicht um den Reiter auf dem fahlen Pferd der Johannes-Offenbarungen zu beleuchten. Der Reiter ist der Herr über den Tod, wird gerne als Skelett dargestellt und vorzugsweise als Todbringer angesehen. Wie wir feststellen, gibt es aber noch einen anderen Aspekt: Der fahle Reiter kann den Tod auch verhindern. Die dann Lebenden werden von uns als den »Seligen« sprechen, die noch eines natürlichen Todes sterben durften/konnten.

Nostradamus und die Schweiz:

Ein Kapitel für sich!

Warum hat der Seher Schweizer Orte so oft erwähnt? Wird die Schweiz zum neuen UNO-Hauptquartier und Weltfinanzmarkt Nummer eins?
Nostradamus erwähnt die Schweiz beziehungsweise Orte in der Schweiz ungewöhnlich häufig. Hat das mit seinen Reisen, die ihn auch in die Schweiz führten und vielleicht mit einer besonderen Vorliebe für dieses Land zu tun? Oder damit, daß er Calvin in oder bei Agen begegnete, der dort in derselben Zeit sein theologisches Meisterwerk vollendete, als Nostradamus in diesem südfranzösischen Städtchen die Zusammenarbeit mit Scaliger pflegte und seiner Arztpraxis nachging? Möglicherweise hat unser Prophet auch gesehen oder gewußt, daß dieses geographisch kleine Land im Herzen Europas immer eine wichtige Rolle spielen würde, deren Bedeutung weit über Größe und Bevölkerungszahl hinausgeht.
In den Centurien finden wir als Ortsnamen ausdrücklich Basel, Lausanne und Luzern, sehr häufig Genf, Genfer Bürger und den Genfer See, und mehrere Hinweise auf die Schweiz und Schweizer allgemein, auch in Form des Wortes Suevi(a). Hier eine Übersicht, in welchen Vierzeilern der große Seher die Schweiz oder schweizerische Orte ausdrücklich und im Klartext erwähnt.

Vierzeiler mit Hinweisen auf die Schweiz (nach Leoni, siehe Literaturhinweise)

– Basel:	II,53, IX,29
– Luzern:	VIII,5
– Lausanne:	IV,9 IV,42 VIII,10
– Genf, Genfer:	I,33 I,47 II,39, II,64, II,73, III,36, IV,9 IV,42 IV,59 IV,74 IV,94 V,12 V,85 VI,81 VII,4 VIII,6 IX,44 X,92
– Genfer See:	I,47 III,12 IV,74 IV,94 V,12 (XII,69)
– Schweiz:	II,6 IV,9 IV,74
– Suevi(a):	I,61 II,83 V,85

Sehen wir uns manche Verse an, welche die Schweiz explizit erwähnen, teilweise im deutschen Wortlaut in einer direkten Übertragung – also ohne Anwendung spezieller Entschlüsselungsmethoden –, um festzustellen, ob es eine Art »Thema« oder

»roten Faden« gibt, der Schlußfolgerungen darauf zuließe, wie Nostradamus die Schweiz gesehen haben mag.

Centurie VI, Vers 81 (für 1681)
Nostradamus schreibt von Tränen, Schreien und Klagen, von gräßlichen Schrecken und einem unmenschlichen Herzen, das schwarz und eisig ist. Der Genfer See, Inseln und Hochgestellte von Genua haben etwas damit zu tun, daß Blut vergossen wird (ihr eigenes, das anderer?) und keiner Barmherzigkeit erfährt.
Das calvinistische Genf.

Centurie VII, Vers 4 (für 1704)
In diesem Vers wird Genf en passant genannt mit anderen Orten, ohne daß sich daraus etwas Besonderes ablesen ließe.

Centurie VIII, Vers 5 (für 1805)
Ein glitzernd geschmückter Tempel erscheint
Das Licht (die Lampe) und Kerze in Borne und Bréteuil:
Für den Kanton Luzern zur Seite gewendet
Wenn man den großen Hahn in seinem Grab sieht

Der Hahn aus der vierten Zeile (Napoleon) als Schicksal für die Schweiz.
Der Hahn ist bereits im Vierzeiler zuvor aufgetaucht und erscheint noch einmal im folgenden Vers.

Centurie VIII, Vers 6 (für 1806)
In Lyon wird blitzheller Schein sichtbar
Scheinen – Malta wird eingenommen – wird plötzlich ausgelöscht:
Sardon (Sardinien?) – Maurice wird verächtlich behandeln
Genf in London zum Hahn vorgeblicher Verrat

Im Klartext der Direktübertragung ist auch diese Strophe ziemlich schwierig. Was haben Genf und London miteinander zu tun? Nun, London ist eines der bedeutendsten Finanzzentren, Genf ist als internationale Drehscheibe für Politik, Geld und Macht genauso wichtig. Napoleon, welche Traumaktionen sind dort gelaufen? Napoleon blockierte bekanntlich die Insel.

Centurie VIII, Vers 10 (für 1810)
Ein übler Gestank wird aus Lausanne herauskommen
Dessen Herkunft man nicht weiß
Man wird alle Menschen weit hinweg bringen
Feuer am Himmel gesehen fremdes Volk geschlagen

Es geht weiter um Napoleon, England und Europas Schicksal. Ist es nicht nur in Wien, sondern auch in Lausanne entschieden worden?

Centurie IX, Vers 29 (für 1929) (für 244
Dieser Vierzeiler enthält das Wort »Balez«, das unter Umständen als Umschreibung für Basel bzw. Bâle angesehen werden könnte. Inhalt und Zusammenhang ergeben jedoch keinen weiteren deutlichen Hinweis auf Basel.

Centurie IX, Vers 44 (für 1944)
Zieht aus, verlaßt Genf, jeder einzelne von euch
Saturn wird von Gold in Eisen verwandelt werden
RAYPOZ (ZOPYRA, FAYPOZ) wird alle auslöschen, die ihm widerstehen
Vor der Ankunft wird der Himmel Zeichen geben

Centurie X, Vers 92 (für 2092)
Vor seinem Vater wird das Kind getötet werden
Der Vater hernach zwischen Seilen aus Schilf:
Die Genfer werden sich angestrengt haben
Das Oberhaupt (der Chef) liegt in der Mitte wie ein Baumstamm

Eine auch nur annähernd schlüssige Interpretation der Direktübertragung ist uns nicht möglich. Hier gälte es, die verschiedenen Spezialschlüssel auszuprobieren.

Centurie I, Vers 47 (für 2147)
Die Predigten vom Genfer See langweilen (verstimmen, Verwirrung stiften)
Von Tagen werden werden sie zu Wochen (reduziert?)
Dann Monate, dann Jahre, dann wird alles versagen
Die Obrigkeit wird ihre nutzlosen Gesetze verdammen (verwerfen, verbieten)

Wir meinen, daß sich dieser Vierzeiler auf Genf als Hauptquartier der UNO bezieht (die dann längst nicht mehr in New York tagt, das vermutlich lange schon durch Flutwellen, Abschmelzen der Polkappen, Verlagerung der Erdachse und/oder Ansteigen der Meeresoberfläche unbewohnbar geworden ist) und auf eine Periode der erneuten Desillusionierung mit der UNO zutrifft.

Centurie I, Vers 61 (für 2161)
Die leidende unglückliche Republik
Wird von der neuen Obrigkeit (Magistrat) ruiniert werden:
Ihre große Anhäufung im bösen Exil
Wird die »Schwaben« (= Schweizer!) veranlassen, ihren großen Vertrag zu zerreißen.

Wir sehen hier eher, daß die Schweiz, vielleicht nach einer Annahme einer EU- oder UN-Regierungsoberhoheit über ihr nationales Parlament, von dieser Herrschaft so enttäuscht wird, daß sie eine vielleicht erfolgte Abgabe souveräner Rechte mit einem Federstrich wieder rückgängig macht.
Die große Anhäufung im bösen Exil könnte auf Fluchtgelder deuten, die erst in der Schweiz deponiert waren, mit einer neuen Regierungsform aber wieder abfließen und dem Finanzstaat in den Alpen damit verlorenzugehen drohen. Das dürfte an die wirtschaftlichen Existenzgrundlagen der Eidgenossenschaft gehen, weshalb die alte nationale Souveränität wiederhergestellt werden muß – notfalls auch gegen bestehende Verträge.

Centurie II, Vers 39 (für 2239)
Ein Jahr vor dem italienischen Konflikt
Deutsche, Gallier, Spanier zum Fort (kämpfen um die Macht?)

Das Schulhaus der Republik wird einstürzen
Wo sie bis auf wenige zu Tode ersticken werden.

Leoni meint dazu, daß die Schweiz, und zwar Kanton Grisons und der Valtelline-Paß, im 16. Jahrhundert der einzige Ort war, an dem französische und spanische Interessen zusammenstießen. Die Habsburger wollten ihre österreichischen und spanischen Besitzungen hier miteinander verbinden, während die Franzosen genau das zu verhindern suchten. »Der Begriff ›Schulhaus der Republik‹ bezieht sich vielleicht allgemein auf die Schweizer Konföderation«, schreibt Leoni wörtlich (siehe Literaturhinweise).
Falls mit dem Schulhaus der Republik tatsächlich die Schweiz als Führungszentrum Europas gemeint sein sollte, müßte aus dem Vers eine unübersehbare Warnung an die Schweiz herauszulesen sein, sich vor jeder Verwicklung in europäische Querelen zu hüten. Das könnte sich auch auf die Europäische Union beziehen, innerhalb derer es mit Sicherheit immer wieder zu enormen wirtschaftspolitischen Auseinandersetzungen zwischen Deutschen, Franzosen, Spaniern und Italienern kommen wird, zwischen denen die Schweiz mit ihrer gesellschaftlichen Identität zerrieben werden könnte.

Centurie II, Vers 64 (für 2264)
Die Menschen von Genf werden vor Hunger und Durst austrocknen
Nahende Hoffnung wird versagen:
Das Gesetz dessen aus den Cevennen wird zittern (machen)
Flotte am großen Hafen kann nicht empfangen werden
In diesen Zeilen beschreibt Nostradamus die Konsequenzen aus dem Konflikt Italien (Islamisches Zentrum) mit der Schweiz (Christliches Zentrum).

Centurie II, Vers 73 (für 2273)
Das Ufer des Gardasees bis zum Fucino-See
Vom Genfer See zum Hafen von L'Orguion genommen:
Mit drei Armen geboren das vorhergesagte kriegsgleiche Bildnis
Durch drei Kronen zum großen Endymion

Der Fucino-See rund hundert Kilometer östlich von Rom ist seit Mitte des 19. Jahrhunderts ausgetrocknet, der Hafen von L'Orguion bleibt als Ortsangabe rätselhaft wie die Strophe insgesamt. Nostradamus beschreibt aber weiterhin die Folgen der Konfliktperioden zwischen den beiden obenerwähnten Zentren.

Centurie II, Vers 83 (für 2283)
Der umfangreiche Handel eines großen Lyons (Löwen?) verändert
Der größere Teil wird zu unberührten (früheren?) Ruinen
Beute für Soldaten von Plünderung hinweggefegt:
Durch den Jura-Berg und Schweizer Nieselregen

Die kurze Erwähnung eines leichten Schweizer Regens ist bisher nicht sehr aufschlußreich.
Das Zentrum Schweiz gibt nicht auf und setzt Klimawaffen ein.

Centurie IV, Vers 9 (für 2409)
Der Hauptmann inmitten des Volkes
Wird von einem Pfeilschuß verwundet werden an den Schenkeln
Wenn Genf in Tränen und Trauer ist
Wird verraten von Lausanne und den Schweizern

Wir können uns vorstellen, daß es sich hier um eine Auseinandersetzung zwischen Genf als Sitz (und Nutznießer) internationaler Organisationen handelt, deren Hoheit Lausanne und die übrige Schweiz ablehnt und bekämpft, weil sie inzwischen islamisch geworden sind.

Centurie IV, Vers 42 (für 2442)
Diese Strophe erwähnt sowohl Genf als Lausanne und einen Verrat für einen Lohn um sechzig Goldmark. Der Vers ist jedoch so obskur, daß eine überzeugende Deutung der Direktübertragung nicht ohne weiteres möglich ist.

Centurie IV, Vers 59 (für 2459)
Zwei in brennendem Eifer:
Durch Durst um zwei volle Tassen gelöscht

Das Fort gefeilt und ein alter Träumer
Den Genfern wird er den Weg nach Nira (Jura?) zeigen

Ja, denn um diese Zeit beginnt der »letzte Kampf zwischen Christen und Muslimen«.

Centurie IV, Vers 74 (für 2474)
Vom Genfer See und jenen von Brannonices (Mâcon?)
Alle versammelt gegen jene von Aquitanien:
Viele Deutsche sehr viel mehr Schweizer
Sie werden geschlagen mit jenen der Menschlichen (oder: von Maine)

Geht es hier um eine Niederlage in einer religiösen Auseinandersetzung? Ich meine ja!

Centurie IV, Vers 94 (für 2494)
Nostradamus schreibt in diesem Vers von einem roten See, einem blutigen Genfer See von Deutschland (her?). Schicksalhafte Verstrickungen zwischen der Schweiz und Deutschland; leider ist unklar, in welcher Hinsicht.

Centurie V, Vers 12 (für 2512)
Hier geht es um eine fremde Maid, welche die Stadt Genf verraten will. Sie wird indes in Augsburg ermordet werden, und jene vom Rhein werden sie (die Stadt Genf) besetzen. Nostradamus könnte auf eine Übernahme Genfer Hoheitspositionen durch industrielle deutsch-schweizerische Interessen anspielen.

Centurie V, Vers 85 (für 2585)
Durch die Schweizer und benachbarte Orte
Werden sie Krieg über den Wolken führen:
Schwärme von Meeresheuschrecken und Stechmücken
Die Fehler jener vom Genfer See werden offen zutage gelegt

Die Schweiz ist zu dieser Zeit voll in das internationale Geschehen eingebunden und zieht alle Register einer Großmacht.

Versuch, ein Resümee zu ziehen

Die Schweiz und besonders Genf und der Genfer See sind dem französischen Seher ungemein wichtig. Das kann nicht nur an Calvin und seinen umstrittenen religiös motivierten Staatsexperimenten liegen. Nostradamus sah vielmehr voraus, daß Genf eine wichtige internationale Rolle spielen würde. Nicht umsonst erwähnt er diese Stadt oft im Zusammenhang mit anderen internationalen Namen. Allerdings scheint die herausgehobene internationale Funktion Genfs der Stadt selbst und ihren Bürgern auf die Dauer nicht allzu gut zu bekommen: Nostradamus spricht in diesem Zusammenhang zu häufig von negativen Dingen. Falls diese Sicht zutreffend ist, so sollte das Schweizer Volk diese Worte des Propheten als Mahnung begreifen und nicht als unabänderliche Tatsache mißverstehen. Offenbar muß sich die Schweiz sehr davor hüten, nicht zwischen die Mahlsteine von Großmachtinteressen zu geraten und dabei zerrieben zu werden.

Hoffentlich wird es in naher Zukunft eine/n Schweizer Forscher/in und Autor/in geben, die/der sich um die Schweiz bei Nostradamus noch intensiver und vielleicht landeskundiger kümmern kann, als es in diesem einen Kapitel möglich war.

Teil 5

ALLE TEXTE

Die deutsche Übersetzung,
Kurzkommentare
für das 20. und 21. Jahrhundert

Das französische Original
anhand neuentdeckter authentischer
Vorlagen

- Das Vorwort an César im französischen Original mit deutscher Übersetzung
- Die Huldigung an Henri II. (nach Katharer-Ritus formatiert), Original mit deutscher Übersetzung
- Die 10 Centurien im französischen Original, auf ihre Echtheit hin kritisch überprüft aufgrund neu aufgetauchter Originaltexte
- Deutsche Standardübersetzungen für alle Verse für das 20. und 21. Jahrhundert mit Kurzkommentaren für jedes Jahr
- Deutsche Standardübersetzung für das 22. Jahrhundert

Es gibt bekanntlich zahlreiche französische »Originaltexte«. Die folgenden französischen Texte stützen sich auf den jetzt zugänglichen Faksimile-Abdruck nach Originaldrucken von 1556 und 1558. Dieses Buch stammt aus dem früheren Besitz des Hans Ludendorff, den seine Familie, Helene und Artur von Casimir, Wulfing von Rohr, dem Bearbeiter dieses Hauptteils, freundlicherweise zur Verfügung stellte.

Das Buch heißt »LES VRAYES CENTURIES ET PROPHETIES DE MAITRE MICHEL NOSTRADAMUS« und erschien 1650 bei Pierre Leffen in »Leyden«. Es geht unmittelbar auf die Erstausgaben 1556 und 1558 zurück! Dazu ist auf dem Deckblatt ausdrücklich vermerkt: »Reveues et corrigées suyvant les premieres Editions imprimées en Avignon en l'an 1556 et » Lyon en l'an 1558.« Das heißt: »Durchgesehen und korrigiert anhand der Erstausgaben, die in Avignon im Jahre 1556 und in Lyon im Jahre 1558 gedruckt wurden.«

Teilweise sind die Abweichungen zu anderen Texten ganz erheblich, auch zum Faksimile-Abdruck bei Bellecour. Zum Beispiel gibt es einen 100. Vers für die VI. Centurie zusätzlich zum lateinischen »Bannspruch« und man findet sechs weitere Vierzeiler zur VIII. Centurie. Der ernsthaft um die Deutung bemühte Nostradamus-Interessent erhält mit den folgenden Texten ein einzigartiges Forschungs- und Grundlageninstrument an die Hand, wie es das bislang noch nicht gegeben hat!

Diese kritisch überprüften Textversionen bilden das auf den neuesten Stand gebrachte Basismaterial. Damit können Sie Lesarten und inhaltliche Deutungen nach allen möglichen Entschlüsselungsmethoden vornehmen, nicht nur nach einer einzigen! Der Verfasser dieses Buchs möchte damit einen Beitrag leisten, die Nostradamusverse noch gründlicher kennenzulernen und zu erforschen, auch ohne Anwendung seiner eigenen Methodik. Er versteht den Abdruck dieser französischen Texte als einen Beitrag zur unvoreingenommenen Erschließung des großen Prophezeiungswerks!

Eine wichtige Hilfe zum weiteren Vergleich stellt der Faksimile-Abdruck im Buch *Nostradamus Trahi* von Elisabeth Bellecour dar. Sie überschreibt diesen Text mit den Worten »Texte original et complet des Centuries de Nostradamus Édition de 1605«. Gelegentlich wurden auch die bei Edgar Leoni und Carlo Patrian vorgestellten Textversionen zur zusätzlichen Überprüfung herangezogen. (Zu Bellecour, Leoni und Patrian siehe auch Literaturhinweise im Anhang.)

Während ein Buchstabentausch zwischen u und v (»nouueau« bzw. »nouveau«) oder j und i (»jour« bzw. »iour«), oder Akzentgebung oder -weglassung (»changée« bzw. »changee«) am Sinn nichts zu ändern scheint, macht es einen Unterschied aus, ob ein Wort richtig »infinis« oder »infirmes« lautet, ob es richtig »Saturn en Mars« oder »Saturn et Mars« heißt, ob sich ein Eigenname richtig »carte« oder »Garte« schreibt, wo ein Komma steht und schließlich, ob Druckfehler vorliegen oder nicht (»force« bzw. »focre«). Es gibt fast unzählige Beispiele dafür, wie heikel es um die Authentizität der Nostradamus-Prophezeiungen bestellt ist. Wichtige abweichende Textvarianten sind in eckigen Klammern vermerkt, und zwar unmittelbar nach dem Wort oder Buchstaben, zu dem sie alternativ oder zusätzlich stehen könnten. Im Zweifelsfall folgt die nachstehende Textvariante der Centurien dem oben erstgenannten Buch nach den Originaltexten von 1556 und 1558. Das gilt auch für Eigennamen, Groß- und Kleinschreibung, Akzente, Satzzeichen usw.

Vor der I. Centurie stand die folgende »Vorrede an César«. Der französische Texte entspricht der Fassung im Nostradamus-Computerprogramm, das gegenüber früheren Versionen überarbeitet worden ist. Die ursprüngliche Schreibweise ohne Absätze oder Einzüge, sondern als fortlaufender, gebundener Text wurde aus Gründen der Authentizität beim Abdruck des französischen Originals hier absichtlich beibehalten.

Die Nostradamus-
Prophezeiungen
in deutscher Übersetzung

mit Kurzkommentaren für
die Zeit von 1900 – 2099

Die Nostradamus-Verse, die nach dem von mir entdeckten Zeitschlüssel für unsere Epoche bedeutsam sind, finden sich in den Centurien IX, X und I. Diese Centurien stehen für die Jahrhunderte ab den Jahren 1900, 2000 und 2100 – also für unsere Gegenwart und die unmittelbar vor uns liegende Zukunft.
Gegenwarts- und eine Zukunftsbeschreibung sind interessanter und heikler zugleich als die Betrachtung der Vergangenheit. Rückblickend kann man leicht in Versuchung geraten, sich die Begriffe und Verse so »hinzubiegen«, daß sie auf bestimmte Ereignisse zu passen scheinen. Vor allem dann, wenn kein fester Zeitschlüssel vorliegt. Mit meiner Entschlüsselungsmethode gehe ich das »Risiko« ein, mich darauf »festzulegen«, daß ein Vierzeiler für ein bestimmtes Jahr steht und eben nicht beliebig ausgetauscht werden kann. Und ich begebe mich auch damit »aufs Glatteis«, daß hier die Verse in der Lesart nach der Methode der »Buchstabenkette« für die nahe und somit überprüfbare Zukunft schwarz auf weiß wachen und kritischen Geistern vorgelegt werden. Allerdings weiß ich, daß sich die inzwischen erforschten Entschlüsselungsmethoden, Zeitzuordnungen und Textlesarten hinreichend bewährt haben, um als bislang einzige in sich geschlossene Technik für die Erfassung und Deutung des ganzen Prophezeiungswerks auch den Härtetest der Wirklichkeit zu bestehen.

Die folgenden deutschen Übertragungen sind als eine erste Hilfestellung gedacht, um Texte gebunden zu lesen. Diese direkten Übersetzungen können die vielen zusätzlichen Mehrfachbedeutungen, die in tieferen Textschichten verborgen sind, sowie Lesarten, die sich aufgrund besonderer Entschlüsselungsinstrumente ergeben – wie »Strahlender Becher«, »Magisches Quadrat« usw. –, natürlich noch berücksichtigen.

Die Übersetzung erfolgt also nach der Methode Dimde, die davon ausgeht, daß jede Zeile der vierzeiligen Verse eine »Buchstabenkette« mit darin enthaltenen Worten bildet, in der Nostradamus seine tatsächlich beabsichtigten Prophezeiungen niedergelegt hat. Diese halten sich nicht unbedingt an Anfang und Ende der Wörter, sondern können über sie hinausgehen, sich aus dem

Ende des einen und dem Anfang des nächsten Wortes ergeben oder in einem Wort enthalten sein. Weitere Aufschlüsse zur Bildung von Buchstabenketten finden Sie auf Seite XXX. Achtung: Nach Methode Dimde ist jeweils der 100. Vers der erste für ein Jahrhundert, IX/100 gilt also für das Jahr 1900, IX/1 für 1901. Ein letzter Hinweis: Die Interpunktion in den Worten und Zeilen der Buchstabenketten entspricht natürlich nicht mehr jener der bekannten Vorlagen, sondern versucht, die Zusammengehörigkeit einzelner Textteile zu kennzeichnen.

Ich möchte ausdrücklich jeden interessierten Leser ermuntern, selbst anhand der überprüften authentischen französischen Verse und mit einem Französisch-Lexikon daneben nach eigenen Übersetzungsmöglichkeiten zu forschen!
Die Kurzkommentare zu zwei Jahrhunderten sind zur ersten Orientierung gedacht. Bereits diese Stichworte zeigen auf, wie erstaunlich schlüssig die zeitliche Zuordnung und die inhaltliche Deutung der Nostradamus-Texte nach meiner Methode sind.

Manfred Dimde
Herbst 1994

IX. Centurie für die Zeit von 1901 bis 2000

Centurie IX, Vers 1 – für das Jahr 1901
In dem Haus wird abgestützt werden der Führer des Geldbeutels.
Man wird haben die Bildung entdeckt – fünf ist unter dem Tisch.
Schielen (zur) rotgelben Bühne – kahl wird sie werden im (weiteren) Verlauf.
Welch' Wechsel zum Neuen läutet zum Tisch.

Kurzkommentar:
Vorgänge in der russischen Duma (Parlament) – Ehrung der Wissenschaft durch Nobelpreise – russisch-japanischer Krieg – Ende der Monarchien in Europa.

Centurie IX, Vers 2 – für das Jahr 1902
Getötet (die) Höchsten – getötet die Welt durch den lautlosen Wind, das Omega des Lebens.
Flüchtet flüchtet von allen beiden Seiten.
Wegen des Blutes der Roten sie sammeln sich zum Totschlagen.
Geborene werden gestiefelt.

Kurzkommentar:
Ende der Monarchien – Hinweis auf den Beginn der chemischen Kriegführung – Wer in diesem Jahr 1902 geboren wird, zieht mehrfach in den Krieg und muß unter Umständen zwei Weltkriege aktiv erleben.

Centurie IX, Vers 3 – für das Jahr 1903
Das große Schiff zu Wasser – aus Begeisterung man ignoriert vorausgehende Befürchtungen.
Die Kähne des Weins werden zum Sieg geführt, indem man die goldene Nase einkreist.
Ein Wohlgeruch wird geboren bei der Zwei – Man 1000 mal hundert für den Osten ausbildet.
Der im Kopf verletzt ist ohne Einsicht – es werden die Allergrößten stürzen.

Kurzkommentar:
Beginn der Planung der Titanic (gesunken 15. 4. 1912) – Russisch-Japanischer Krieg (endgültiger Sieg der Japaner am 27. 05. 1905) – Joseph Sarto wird Papst Pius X. – Hinweis auf Lenin und erneut auf den Sturz der europäischen Monarchien.

Centurie IX, Vers 4 – für das Jahr 1904
Im folgenden Jahr bevor man entdeckt das Geheimnis eines Teils des Lichts. Zwei Herren erheben sich, der Erste wird sich nicht halten.
Flucht aus Rom nahe an der EINS – Zwei die Luft benutzen.
Heiliger Käfig behelmt derjenige, der als Erster die Hand reichen wird. Die Flucht mißlingt zu dem einen der beiden Glücklichen.
Ausgeplünderte Häuser dem, der als erster die Hand reichen wird

Kurzkommentar:
Einsteins Relativitätstheorie – Die Gebrüder Wright fliegen am 17.12.1903 mit einem motorgetriebenen Doppeldecker zum erstenmal durch die Luft – Vatikan ist seit 1870 durch italienische Truppen besetzt und diplomatisch isoliert.

Centurie IX, Vers 5 – für das Jahr 1905
Drittes Dach betrogen und nahe Krümeln (des) Scheins.
Zeit für neuen Monarchen aus Tiefe hoch (steigt).
Welch Schlangen sind erwählt, welch Jahr der Wende.
Zeit der Besetzung durch Druck, Verführerisches, Korrektur des Fehlers.

Kurzkommentar:
Hof Zar Nikolaus' II. – Gründung des ersten Arbeitersowjets – Duma nun Volksvertretung.

Centurie IX, Vers 6 – für das Jahr 1906
Sprache mit demjenigen Feind einweiht die Engländer.
Besetzt hat man im Namen Englands – verlassen hat man nicht.
Durch die Sprache der Gelehrten werden ausgezeichnet grobe Schnitzer in der Natur.

Wenn sie sich den Namen gegeben haben, nach dem Barbaren des Westens.

Kurzkommentar:
England und Japan einigen sich auf ihre Interessengebiete in Asien – Auszeichnung der Wissenschaftler durch Nobelpreise (Alfred Nobel machte sein Vermögen bekanntlich mit Schießpulver).

Centurie IX, Vers 7 – für das Jahr 1907
Derjenige, der öffnen wird das entdeckte Grabmal.
Und nicht wird kommen zu dem Verschlossenen sofort.
Übel bei VI eintritt, nicht um Streit zu beginnen.
Wenn bessere Gesetze östlicher König Strohmann – Omega der neuen Norm zuvor.

Kurzkommentar:
Howard Carter, der spätere Entdecker des Grabes von Tut-enchamun (1922), grub seit 1908 als Mitarbeiter von Lord Carnarvon im Tal der Könige – Niederlage des Zaren bei Port Arthur.

Centurie IX, Vers 8 – für das Jahr 1908
Dann der einfältige König, seine zwei Kriege werden ihn töten.
Nach dem tödlichen Streit sehr Unehrenhaftes.
Zweikampf findet man, wo zwei Führer haben seltenen Tod.
Vorher der jagende Wolf sich aufs Bett gelegt hat.

Kurzkommentar:
Der Zar in einer unglückseligen politischen Rolle in der Bosnien-Krise von 1908, die in der Annexion von Bosnien und der Herzegowina durch Österreich 1908 endet.

Centurie IX, Vers 9 – für das Jahr 1909
Wenn die Lampen vom nicht löschbaren Feuer brennen,
Wird das Loch im Fell der Zeit gefunden; am 5. Dezember ist es geschehen.
Davon zuerst wird gefunden Feuer, flüchtiges Wasser durch graue Verletzung.

Viele Menschen finden unter Wasser neue Nahrung und ein sicheres Zuhause.

Auf der Suche nach einer lebenswerten Zukunft dringen Menschen immer weiter ins All vor.

Jede Religion bekommt einen Erdteil –
nur so kann es Frieden geben.

Die Zeit ist nahe
daß die Erde zu klein und
unbewohnbar wird
Es gibt für die Menschhe
nur einen Ausweg

NASA

Nostradamus' wichtigste Prophezeiung:
Wir sind Sternenkinder und werden die Erde eines Tages wieder verlassen,
um unsere wahre Heimat zu finden.

Zugrunde geht die Elle – Tausend ist Sühneopfer, wenn die acht geht.

Kurzkommentar:
Elektrische Glühbirnen lassen sich nicht wie Kerzen ausblasen – Einsteins Relativitätstheorie und die Zeit werden angesprochen – versteckt wird das Ende des Ersten Weltkieges angekündigt: wenn das Jahr 1918 (»die acht«) geht.

Centurie IX, Vers 10 – für das Jahr 1910
Übel ist meine Nase davon, bevor sie dem Tode ausgesetzt.
Sterbend nicht rötend wird die VI lachend erscheinen.
Durch den außer sich geratenen Glauben wird das Heerlager errichtet. Gegen vier Sühneopfer, Skelette schicken sich an, Quartier zu machen.

Kurzkommentar:
Chlorgaseinsatz 1916 – Ursache des Krieges ist Streit zwischen Orthodoxen, Katholiken und Muslimen im Balkan – Beginn des Krieges »gegen vier«, demnach 1914.

Centurie IX, Vers 11 – für das Jahr 1911
Das Recht wird zu Unrecht, zu Tod; man wird ausziehen, um dies zu tun.
Nach außen lügt man, nach innen hütet man die Unschuld.
Was für ein großes Übel aus diesem Ort entstehen wird.
Welche Gutgläubigkeit – Jahre der Flucht werden ihnen widerfahren.

Kurzkommentar:
Trotz internationaler Abmachungen (Entente cordiale, russisch-italienischer Vertrag, Flottenregelung zwischen England und dem Deutschen Reich) werden die Einmarschpläne, z. B. nach Belgien (Schlieffen-Plan), fertiggestellt.

Centurie IX, Vers 12 – für das Jahr 1912
Der Dummkopf sich groß tut bei vier und zehn – Jahr fünf - tausend Kriege sind sicher.

Die vorgetäuschte Stärke zur See wird man antreffen.
Der Isolierte sucht zuvor brüchiges Neues.
Das Leben der goldenen Wissenschaften wird vorher ertränkt werden.

Kurzkommentar:
Wilhelm II. und seine nur scheinbar unbesiegbare Flotte wurde schon in den ersten Monaten nach Kriegsausbruch entscheidend geschlagen. Der Isolierte dürfte Lenin sein.

Centurie IX, Vers 13 – für das Jahr 1913
Die Verbannten auf der Fahrt zu den Besoffenen Elf nicht.
Geführt zum Sieg des Nachts, um nach dort helfend zu marschieren.
Zwei der Welt, in dem sie Polen nicht fälschen, verursachen einen Scherbenhaufen.
Begonnen durch diejenigen, die für das vor langer Zeit gewesen sind.

Kurzkommentar:
Lenin auf der Fahrt nach Moskau (1917) – eine wissenschaftliche Entdeckung in der beginnenden Biochemie (Gene?), die nicht hätte veröffentlich werden dürfen, wird eines Tages zu einem Desaster für die Menschheit führen.

Centurie IX, Vers 14 – für das Jahr 1914
Gesetzt in das eingeebnete Warme hundert runde Verunreiniger.
Wein, Honig und Öl bauen sich im Ofen.
Wenn es passieren wird ohne Übel sagen die das Übel Verursachenden.
Bei der Sieben farbloser Rauch für hundert Jahre Welle der Dummen.

Kurzkommentar:
Petrischalen mit Pilzen oder Bakterien – eine neue Ära beginnt. Am 3. Sept(sieben)ember 1914 wird die Wahl von Giacomo de la Chiesa zum Papst durch farblosen Rauch angezeigt.

Centurie IX, Vers 15 – für das Jahr 1915
Geschickt durch Bekanntmachungen die Roten sich ausdehnen.
Derjenige der mittleren Deichsel wird stark aus der Ferne führen.
Drei haben das Recht in Stücke geschlagen und fünf Übeltäter unterstützen dies.
Für die Besitzenden ein bürgerlicher Führer.

Kurzkommentar:
Die Bewegung des Proletariats in Rußland – Die USA beginnen aus der Ferne in die Weltpolitik einzugreifen – Ankündigung der Demokratiebewegungen in Europa.

Centurie IX, Vers 16 – für das Jahr 1916
Die Kaste der Ranzigen werden den Zusammenschluß verlassen – verätzte Kehle.
Nicht angenehm dieser Rassismus.
Diejenigen in diesem Landstück werden den Schlüssel der Bitternis erhalten.
Und der große Besoffene wird auf sein Eintreten bestanden haben.

Kurzkommentar:
Die Adeligen sind auf ihren Besitztümern ranzig geworden – Geburtsstunde des Nationalismus, der über die Länder der gestürzten Monarchien hereinbrechen wird.

Centurie IX, Vers 17 – für das Jahr 1917
Von der Dreiheit erster Ärger weder eingetreten noch erfüllt.
Flieht ihr Tapferen, um der Verbreitung des Menschenblutes willen.
Nochmals gesagt: Das goldene Zeitalter rundet sich nicht.
Das goldene Jahrhundert stirbt – neuer König, großer Eklat steht bevor.

Kurzkommentar:
Machtübernahme der Bolschewisten in der Oktoberrevolution von 1917 und die Folgen dieser Entwicklung in Rußland.

Centurie IX, Vers 18 – für das Jahr 1918
Die Lilie der Treue des Kronprinzen wird tragen vier Jahre die Bürgschaft,
Bis er ohne Land sich entsagt von dem Reich.
Neuer Ärger in der großen Welt großartiger Gestank.
Aus der Ferne versucht man sich zu lösen von Hundert der über flüssigen Irrtümer.

Kurzkommentar:
Abdankung Wilhelms II. Der neue Ärger ist der Kommunismus.

Centurie IX, Vers 19 – für das Jahr 1919
In der Mitte des Waldes im Mai man beschließt.
Sonne auf dem Löwen – Beleidigungen werden fallen.
Der große Bastard als Ergebnis der Großzügigkeit.
Wo es auf den Krieg hinausläuft, in den man blutig eintreten wird.

Kurzkommentar:
Die Kapitulation des Deutschen Reichs in einem Eisenbahnwagen im Wald von Compiégne am 11.11.1918 von Nostradamus für Mai 1919 gesehen – Die neue Entwicklung in Rußland.

Centurie IX, Vers 20 – für das Jahr 1920
In der Nacht werden (sie) kommen durch die Wälder des Rheins – östliche Länder werden geboren.
Zwei sprechen über falsche Verdienste – fünf Bruch der weißen Steine.
Das wenige Schwarz davon wird grau – innerhalb vier Jahren beginnt die Untreue.
Ist die Sichel erhoben Ursache und Zeit des Ostens Feuer und Blut zerteilt.

Kurzkommentar:
Ankündigung der Besetzung des Rheinlands durch Frankreich und Belgien 1923 – Bruch der weißen Steine durch Ernest Rutherford, dem am 30. 10. 1919 die erste Kernumwandlung gelingt.

Centurie IX, Vers 21 – für das Jahr 1921

Im Tempel hoch über den Wäldern heiliges Salz man erzeugt.
Nachts Unterdrückung der Gesetze – Wiedererlangung der bösartigen Dreiheit.
Was für ein Herz – Sieg über zehntausend Gefangene – Sterne läuten.
Wo vier ist nahe die Not – Ausfall der Vermarktung.

Kurzkommentar:
1921 werden durch Banting und Best die Kristalle des Insulins entdeckt. Eine tödliche Krankheit wird besiegt. Mit dem Ausfall der Vermarktung wird die Weltwirtschaftskrise angekündigt.

Centurie IX, Vers 22 – für das Jahr 1922

Herrscher und seine Regierung in der Ferne im Jahre acht Weißes.
In vier Jahren die Zeit beginnt ihren Blick auf das Palais zu werfen.
Im Garten des Führers fragt man nach dem Gold und dem Weißen.
Weißes und goldene Lüge – dolchige Sprache im Palais.

Kurzkommentar:
Ankündigung des Völkersbunds für 1928. Die Idee stammt aus den USA (Ferne). Mussolini wird zum Ministerpräsidenten in Italien ausgerufen.
Wahl von Achille Rati als Pius XI., der die Konkordate mit Mussolini und Hitler schloß. Er schickte 34 Protestschreiben nach Berlin, weil Hitler sich nicht an die Verträge hielt.

Centurie IX, Vers 23 – für das Jahr 1923

Fanfaren ganz und gar nicht spielen – zuvor störrische Zwietracht wird es geben.
Der Geschickteste zur Mitte emportaucht im Osten.
König der zwei Kriege im Tempel den Heiligen unterwirft.
Seine Verlobungsbekanntmachung vier. Heilige Zeit des östlichen Rauchs.

Kurzkommentar:
Der Machtkampf zwischen Trotzky und Stalin beginnt Mitte der 20er Jahre und endet später zugunsten von Stalin. Mussolini bindet den Vatikan und schließt 1929 die Lateranverträge ab.

Centurie IX, Vers 24 – für das Jahr 1924
Auf das Palais strahlt Teuerung davon im Osten besonders.
Entzückt sein werden die zwei kleinen Könige bei der zehn.
Vorüber ist die Zeit der wirklichen Ruhe – verweigerte Vorherrschaft, hundert Totengeläute übt man.
Im neunten nimmt das üble Schicksal seinen Lauf – flieht vor den grünen Kernen.

Kurzkommentar:
Teuerung als Folge des Weltkriegss, die in die Weltwirtschaftskrise mündet. Stalin noch nicht ganz an der Macht – Hitler nach seinem mißglückten Putschversuch: daher noch kleine Könige. Im neunten (Jahr) wäre 1929 (Weltwirtschaftskrise). Grüne Kerne = Atomkerne.

Centurie IX, Vers 25 – für das Jahr 1925
Vorüber geht das Gütige – kommen zwei Überbleibsel, um sich zu röten. Spät kommt er an, als erster will er essen – Zeit des Brandes.
Es werden die neuen Spanier kommen – man untergräbt Majestäten.
Was für ein Jagen, Gefangennehmen, Zerschlagen.

Kurzkommentar:
Ereignisse um Spanien, die in der Ausrufung der spanischen Republik 1931 enden. Die Gegner dieser Entwicklung treten an, um den spanischen König wieder auf den Thron zu setzen.

Centurie IX, Vers 26 – für das Jahr 1926
Unwissende verunreinigen im Namen der Wissenschaften danach.
Die Zeit der großen Unterwanderung zeigt nicht ihr wahres Gesicht.

Nahe des lachenden Gesichts auf den entsandeten Mauern des Schwitzens. Herauskratze das Versiegelte zum Guten der Wissenschaften.

Kurzkommentar:
In dieser Zeit werden die Grundlagen für die Kernspaltung gelegt. Die Unterwanderung weist auf die Faschismen dieser Zeit hin. Das lachende Gesicht ist die Sphinx mit einem Hinweis, daß in ihrer Nähe (Pyramiden?) etwas Wichtiges für die Wissenschaft verborgen ist.

Centurie IX, Vers 27 – für das Jahr 1927
Abgerissen die Aufbewahrung des Windes, eingeschlossen würde es besser sein.
Hohes empfängt er – geschlagen wie ein Maulwurfshügel wird er sein.
Es erwacht das Spiel der Töne, die Zeit der Vereinbarungen aus dem Wald ist vorüber.
Nach der großen Empörung des Volksführers wird das Recht verbannt.

Kurzkommentar:
Hinweis auf die Kernenergie – Radiosendungen werden populär. – De facto beginnt das Ende der Versailler Verträge durch die Aufnahme Deutschlands in den Völkerbund am 10. 9. 1926.

Centurie IX, Vers 28 – für das Jahr 1928
Verschleiert die Bilder des Hafens mit dem vielen Öl.
Im Hafen von Venedig läuft man zu den Fahnen.
Abgereist zum Golf harzig die Lyrik.
Ins Stocken gerät es, wenn der Ligurier sich von den Kanonen trennt.

Kurzkommentar:
Beginn der Auseinandersetzungen um das Öl im Nahen Osten. Am 29. 4. 1928 stellt England Ägypten ein Ultimatum und setzt es mit Kriegsschiffen durch. In den nächsten Jahren folgen eine Reihe bilateraler Verträge mit den Ölstaaten Irak und Persien.

Mussolini schließt mit Abessinien (Äthiopien) einen Freundschaftsvertrag, der 1935/36 gebrochen wird. Das Unternehmen endet für Italien in einer Niederlage.

Centurie IX, Vers 29 – für das Jahr 1929

Zum Lohn für denjenigen, der rückgängig macht, es kein Exil gibt.
Durch die Veröffentlichung wird man Demonstrationen vortäuschen – Gefangene nicht gefangen.
Brennende Kirchen durch ausgebluteten Geist der inneren Gedanken ein Ort des Fanatismus.
Man wird die wieder zu Herrschenden gewordenen von unten her befreit haben.

Kurzkommentar:
Trotzky geht 1929 ins Exil und wird 1940 auf Befehl Stalins in Mexiko ermordet. Erster Hinweis auf die brennenden Synagogen und den Nationalsozialismus.

Centurie IX, Vers 30 – für das Jahr 1930

An der Grenze von 2 wird man zu den Heiligen des nicht Sonnigen fliegen. Gefährdet die Normannen im gierigen Wieder-Fanatismus.
Zweimal wird der Weg der Engel erschlichen, bevor man auf der Straße schreit ach weh.
Hilfen vom Geißbock – Gefäß des großen Phillipers.

Kurzkommentar:
An der Grenze von 1932/1933, am 30. 1. 1932 Machtergreifung Hitlers. Die Deutschen sind durch den Nationalsozialismus bedroht.

Centurie IX, Vers 31 – für das Jahr 1931

Die Erschütterung des Geistes der Erde zum Tode führt.
Der Fall ist bedeutsam – acht der heilige Georg wird zur Hälfte schmelzen.
Der Friede ist bei zehn eingeschläfert – der Krieg ist erwacht.
In dieser Zeit nichts als Mißbrauch, große Unstimmigkeiten.

Kurzkommentar:
Beschreibung des Nationalsozialismus. Bei 10 heißt 1940, demnach 1939 oder 1941. Kriegsbeginn war 1939.

Centurie IX, Vers 32 – für das Jahr 1932
Am Ende krasser Vertragsbruch, Konferenzen werden abgehalten.
Müde der Geheimnistuerei – fünf zu fünf Geschriebenes untergräbt das Wehklagen.
Knochen und Fell kehren zurück – Macht Roms wird erprobt.
Vereist bewegt es sich hin und her am Rande des Verderbens.

Kurzkommentar:
Geheimverträge zwischen Stalin und Hitler wegen der Aufteilung Polens – Italien wird in dieses Desaster eingebunden.

Centurie IX, Vers 33 – für das Jahr 1933
Wenn der Gewalttätige König von Rom ist in den Jahren des Nichtkriegs. An der Macht drei die Führer genannt werden.
Erschütterungen Italiens – sie haben den Kopf des heiligen Kriegs.
Den ersten von allen berühmten Königen.

Kurzkommentar:
Mussolini nannte sich Führer (Duce), desgleichen Hitler und Franco.

Centurie IX, Vers 34 – für das Jahr 1934
Das Gepanzerte unter dem Meer wird hingestellt werden.
Kehrt der Streit zurück, nichts wird sein auf den Ziegeln.
Durch die fünf Wissenschaften ein Verrat wird durchsickern.
Es sind nicht die Araber, die das Geschwür haben, das durch ihren Anteil am Grundbesitz des Öls entsteht.

Kurzkommentar:
Physik, Chemie, Medizin, Biologie werden für die Aufrüstung der Militärmaschinerie eingespannt.

Centurie IX, Vers 35 – für das Jahr 1935
Die Verblendung – zuvor versiegelt – wird sich herausgeschält haben. Verlassen die Blume, wird folgen der Gabe des Magiers.
Aus großer Not woanders beginnt dieser Weg.
Und wird marschieren gegen die Mauer mitten hindurch.

Kurzkommentar:
Die Nürnberger Gesetze von 1935 verschärfen die Lage der Juden in Deutschland – Versuche nach Palästina einzuwandern, führen zu einer angespannten Situation zu den dort lebenden arabischen Bewohnern.

Centurie IX, Vers 36 – für das Jahr 1936
Ein großer König wird gefangen in den Händen von einem nicht Fröhlichen.
Nicht fern von Ostern wenn ein weiterer Verwirrungsschlag erfolgt. Fortbestand der Zeit der Entwicklung, die auf die Spitze zu treibt.
Wenn die drei Brüder sich verletzen, vollendet sich das Morden.

Kurzkommentar:
Schauprozesse, die Stalin durchführen läßt. Die drei Parteibrüder Röhm, Strasser und Schleicher werden im Juni 1934 auf Hitlers Geheiß ermordet. Er hat nun absolut freie Hand.

Centurie IX, Vers 37 – für das Jahr 1937
Im Stich gelassen und zerrieben im Dezember weggeschüttet.
Am hohen fernen Ort steigt die Zeit der reservierten Bezirke herauf.
Die Mauern werden sich teilen vor dem Grauen, das sich umkehrt.
Wenn man seinen Ort nicht versiegeln wird – nicht so wie die Schlauen.

Kurzkommentar:
Die Tragödie der Juden in Deutschland (Dezember : tatsächlich ist der Beginn in November 1938) : Nach einer Reihe von schikanösen Auflagen und Gesetzen kommt es zur Reichskristall-

nacht. – Die reservierten Bezirke beschreiben die Konzentrationslager.

Centurie IX, Vers 38 – für das Jahr 1938
Beginn der Plage durch die Rose der Hölle und die Engländer.
Vorbei geht die Zeit der Empörung über den großen Dämonen.
Nicht mehr weit von der Versetzung eines tüchtigen Schlages, den die Gallier erwarten können.
Keine Hilfe – auch nichts Gutes von denjenigen, die hinzukommen.

Kurzkommentar:
Rose der Hölle = das Hakenkreuz – Ankündigung des Falls von Hitler – Ankündigung des Kriegsausbruchs für die Franzosen.

Centurie IX, Vers 39 – für das Jahr 1939
Dort wo gehißt wurde, wird man sich gurgelnd reinigen.
Des Nachts wird man zum Sieg geführt durch Seife und Fallen.
Bei 6 nimmt die Lage – Umrisse an. Zweifach Kriegsmüde.
Hinter alten Mauern nisten sich neue Paläste ein.

Kurzkommentar:
Partisanenkrieg in den von Deutschen besetzten (gehißte Fahne) Gebieten. Am 2. März 1939 wird Eugenio Pacelli zum Papst gewählt. Hinter den alten Vatikanmauern etabliert er eine neue Art der Kirchenpräsenz.

Centurie IX, Vers 40 – für das Jahr 1940
Zwei von fünf bleiben aus dem Wald des Jubels übrig.
In vier Jahren die Abtei wird in Flammen stehen – Jahre des ranzigen Gestanks.
Die zwei werden dann geboren unter 1000 Hieben Osten ist Anstifter.
Es folgt die stille Unterdrückung – alles Kaufbare wird bewacht.

Kurzkommentar:
Hitlergruß auf den Nürnberger Parteitagen – 1944 brennt die

Abtei Monte Cassino – Teilung Deutschlands – Bombardements – Rationierung.

Centurie IX, Vers 41 – für das Jahr 1941
Dem großen Cesar des Selbstgeschreis kein Urteil.
In der Luft Schlachtgetümmel 4 Scherbenhonig voll von Bitternis. Verträge des reisenden Botschafters keine Änderung.
Die kahlgeschorene Schlange wird durch den Führer mit der schwarzroten Feder gefangen.

Kurzkommentar:
Hinweis darauf, daß sich Goebbels später einer Verurteilung durch Selbstmord entziehen wird – Heß' Flug nach England bringt keinen Frieden.

Centurie IX, Vers 42 – für das Jahr 1942
Ausschiffen wird man die Unanständigen dieser Venezier.
Von dem Teil des ungesetzlichen kranken Geldes, das sich vereinigt hat.
Sind drei Teile der Schiffe ins Visier genommen worden.
Die Barbaren rollen gut fern bis nach Tunis.

Kurzkommentar:
Landungen der Allierten in Italien unter Mithilfe der Mafia – Afrikafeldzug unter Rommel.

Centurie IX, Vers 43 – für das Jahr 1943
Kurz vor dem Abstieg befindet sich das Heer des Kreuzzugkrieges.
Es wird von den Ismaeliten aufgelauert.
Von allen Seiten geschlagen durch neues Furioses.
Sofortiger Angriff bei der zehn – ausgewählte Schiffe.

Kurzkommentar:
Terror und Gegenterror in Palästina durch Araber und Juden – Erster Hinweis auf die Atombombe – Hinweis auf den Koreakonflikt (bei der 10 = um 1950).

Centurie IX, Vers 44 – für das Jahr 1944
Völkerwanderungen durch die Brände überall.
Diese Drangsal nicht von Gold sich aus der Luft vollziehen wird.
Das ehemals gegen die Speiche gerichtete Ausgeklügelte wird alles beenden.
Um zu rühmen, die man getötet hat, am Himmel werden Zeichen gemacht.

Kurzkommentar:
Bombardierung deutscher Städte – Ankündigung des Abwurfs der ersten Atombombe (am 6. 8. 1945 über Hiroshima).

Centurie IX, Vers 45 – für das Jahr 1945
Zwangsläufig wird der Schrecken niemals unerwünschter sein.
Großer Lügenmund erfolgreich erlangt sein Reich.
Fern vom Regierungssitz wird etwas gegen das Wiederkommen gemacht.
Zwei Welten, zwei Herzen nicht lachen – schlimme Tyrannen.

Kurzkommentar:
Künftiger Schrecken vor der Atombombe – Stalin unumschränkter Herrscher über der UdSSR – Treffen der Allierten in Jalta und Potsdam.

Centurie IX, Vers 46 – für das Jahr 1946
Flieht, flieht vor dem Grauen des Verbrennens.
Der Opferduft (steigt) langsam zu Gott.
Der Herr des Bösen liegt in Trümmern im Schatten der Quellen.
Wenn der Tod seinen Platz in der Luft eingenommen hat, dann neue halbe Nationen.

Kurzkommentar:
Nochmals die Beschreibung der Atombombe und des Atompilzes – Hitler tot in den Trümmern seines Hauptquartiers in Berlin – Teilung Deutschlands.

Centurie IX, Vers 47 – für das Jahr 1947
Das Mißtrauen zeichnet Unwürdiges in das Buch der Geschichte.

Und dem Kreis der Getöteten werden viele wieder hinzugefügt.
Wechsel der Regierenden führt zu gefährlichem Denken.
Gehirne sind klug, die eine Begegnung schaffen werden.

Kurzkommentar:
Säuberungen in der UdSSR – Schauprozesse. Die letzten zwei Zeilen beschreiben die Gründung der UNO, die sich am 25. 4. 1945 in San Franzisco konstituiert.

Centurie IX, Vers 48 – für das Jahr 1948
Die große Stadt am Ozean des Meeres.
In deren Nähe entstehen Pfuhle aus Kristall.
In der Sonnenwende eine Menge Böses und wird (ist) das Erste sein.
Zelte der Verkaufsmacht.

Kurzkommentar:
Beschreibung New Yorks als Welthandelszentrum.

Centurie IX, Vers 49 – für das Jahr 1949
Wenn die Schwiegertochter auserwählt ist, wird man gegen Antwerpen marschieren.
Der Senat von London wird den König zum Rücktritt bringen.
Er ist nicht geschädigt, sondern die, die dagegen sind.
Im Bewußtsein der uneingeschränkten Macht.

Kurzkommentar:
Dieser Vers trifft voll auf Edward VIII., der wegen der Heirat einer nichtadeligen, geschiedenen Amerikanerin 1936 abdanken mußte. Die Engländer marschierten 1944 zur Befreiung Antwerpens in Belgien ein. Bei Nostradamus steht dieser Text für das Jahr 1949. Ich habe bis heute keine plausible Erklärung für den Grund gefunden, warum hier der Zeitschlüssel nicht stimmt.

Centurie IX, Vers 50 – für das Jahr 1950
Lügenmund wird bald zu seiner höchsten Macht kommen.
Zuvor werden ein wenig in Rückständigkeit versetzt die nördlichen Adeligen.

Der verwundete Rote vermischt die Massen im Umkreis seiner Regentschaft. Die neue Angst und der neue Schrecken steht Paris bevor.

Kurzkommentar:
Stalin ist auf dem Höhepunkt seiner Macht. England leidet unter den Kriegsfolgen (Rationierung). Der Vietnamkrieg zieht für die Franzosen herauf.

Centurie IX, Vers 51 – für das Jahr 1951
Gegen die roten Abtrünnigen hat man sich vereinigt.
Feuer – Wasser – Eisen verbinden sich, um den Frieden zu untergraben.
Ins Verderben laufen diejenigen, die es sich ausgedacht haben.
Zeit der Zerstörung der Welt durch die Macht eines Einzelnen.

Kurzkommentar:
UNO-Einsatz zur Befreiung Südkoreas.

Centurie IX, Vers 52 – für das Jahr 1952
Der Frieden nähert sich von der einen Seite – der Krieg von der anderen. Folglich war dort die Verfolgung (nie) jemals größer. Beklagenswert die Männer Frauen das unschuldige Blut auf dieser Erde. Dies wird durch Frankreich (verursacht) werden nach allen Grenzen.

Kurzkommentar:
Ende des Koreakonflikts – Indochinakonflikt der Franzosen und sich abzeichnender Algerienkrieg.

Centurie IX, Vers 53 – für das Jahr 1953
Nicht nicht sich vollendet das Spiel auf den drei entstandenen Wegen.
Es ist Zeit des Niedergangs – Anweisungen zu gezielten Seitenstößen werden gegeben.
Glücklich, wer fern solcher geheimen Umtriebe sein wird.
Drei von elf Engeln aus Eisen die gemacht sind werden in den Tod geworfen.

Kurzkommentar:
Der Vietkong brachte die Franzosen zunehmend in Bedrängnis. Mit dem Fall von Dien Bien Phu am 7. 5. 54 endete das Engagement Frankreichs im späteren Nordvietnam.

Centurie IX, Vers 54 – für das Jahr 1954
Ankommen wird im Hafen gut Getarntes.
Nahe die Zeit (wo) das Ärgernis die Dame ausplündern wird.
Über das tiefe Meer hinweg sie bewachen das Feuchtigkeitsliebende nicht gut.
Unter Felsen versteckt siebzig begeisterte Seelen.

Kurzkommentar:
Beginn der US-Präsenz in Indochina.

Centurie IX, Vers 55 – für das Jahr 1955
Der schreckliche Krieg, welchen man so dicht beherbergt, zieht im Osten herauf.
Im Jahr darauf folgt die Krankheit.
So schrecklich das Jung und Alt wie Tiere sind – blutig das Meer.
Gesäubert vom Krieg – Glück in Frankreich.

Kurzkommentar:
Ankündigung des zweiten Vietnamskrieges unter Führung der USA (1957–1975) – Hinweis für die Franzosen: haltet euch aus dem Krieg heraus.

Centurie IX, Vers 56 – für das Jahr 1956
Das Heerlager ist bereit dort – in Röhren-Städten man den Sturm entfesseln wird.
Und zu üblen Gesängen werden sie ihre Schildwappen zurücklassen.
Emsig werden überlaufen mehr als Tausend.
Abtastend die zwei werden sich wieder treffen, weißhaarig und ohne Vermächtnis.

Kurzkommentar:
Suezkrieg 1956 und zweiter arabisch-israelischer Krieg von 1956.

Centurie IX, Vers 57 – für das Jahr 1957
Am Ort dicht bei der Zehn.
Wird ein König wieder eingesetzt.
Und wird versuchen, das Gesetz zu ändern, bevor es zur Aussaat kommt.
Während der Himmel sehr stark donnern wird, gerät der neue König in den Bereich, sich selbst zu töten.

Kurzkommentar:
De Gaulle wird am 31. Mai 1958 mit der Regierungsbildung beauftragt. Er ändert die Verfassung und läßt darüber am 28. 9. das Volk abstimmen. De Gaulle läßt sich zum Staatspräsidenten wählen.

Centurie IX, Vers 58 – für das Jahr 19 58
Zur linken Küste an dem bestimmten Ort des Liegelagers der Östlichen. Werden aufgelauert den drei Roten durch die Ranzigen.
Alles schlägt Rote tot – Schwarze nicht zerquetscht.
Durch die Bereitstehenden hat man es wiederhergestellt, indem man sich versichert der Ranzigen.

Kurzkommentar:
Vorgänge während des Algerienkrieges. Die letzte Zeile bezieht sich auf die Papstwahl vom Oktober 1958.

Centurie IX, Vers 59 – für das Jahr 1959
Um sich festzulegen man wird nehmen den stellvertretenden Bischof. Niemals gestattet die Sonne (dem) Roten, daß es Leben schafft.
Das große Gesetz wird durch ihn geschaffen wenn die Zeit danach schreit. Wegen des Schuftes man sich auferlegt aus Langeweile Härte.

Kurzkommentar:
Wahl Johannes XXIII. als Nachfolger Pius' XII., weil man sich noch nicht auf den späteren Paul VI. einigen konnte.

Centurie IX, Vers 60 – für das Jahr 1960
Streit durch Zwei – in sandiger Arena – am schwarzen Horn ist Blutvergießen.
Erzittert die Luft von tödlicher Masse.
Großer Ismael wird sich an seinem Vorgebirge niederlassen.
Wütend erzittert die Luft – Hilfe leuchtet den Eseltreibern.

Kurzkommentar:
Dieser Vers trifft voll die Ereignisse des Jahres 1967. Im Sechs-Tage-Krieg besetzten israelische Truppen die Golanhöhen.

Centurie IX, Vers 61 – für das Jahr 1961
Der Dummkopf schickt an die Küste eine Seemacht.
Gereizt aufs Neue durch eingegangene Verpflichtungen.
Mehrfach vom Übel entzogen die Hilfe des Allmächtigen.
Dies ist Unrecht – sehr üblen Krieg gibt es.

Kurzkommentar:
Am 10. 4. 1961 scheitert die Invasion der USA in der Schweinebucht Kubas. In diesem Jahr kommt es auch zur Kongokrise.

Centurie IX, Vers 62 – für das Jahr 1962
In tiefster Erniedrigung wird es zum Exzeß kommen.
Sie sind nicht auf Kreuzfahrt. Das Ranzige wird alles angreifen.
Im Hafen dort wo die Schiffe untergebracht sind wohnt der Mißbrauch.
Rauh man zusammenhält – Drei werden die Scharfschützen sein.

Kurzkommentar:
Ankündigung der Eskalation des Vietnamkrieges. In der letzten Zeile könnte der Hinweis stecken, daß Präsident Kennedy von drei Schützen ermordet wurde.

Centurie IX, Vers 63 – für das Jahr 1963
Voll von diesem Weinen schreit dieses große Getöse.
Flink man hißt man hat zu Land keinen Streit gehabt.
Oh welch schrecklicher Wechsel zum Elend.
Bevor der Krieg einige Male wiederkehrt.

Kurzkommentar:
Vietnamkrieg, in den sich die USA durch einen Konflikt zur See hineinziehen ließen (am 2. 8. 64 greifen drei nordvietnamesische Patrouillenboote einen US-Zerstörer an).

Centurie IX, Vers 64 – für das Jahr 1964
Die Bestürzung geht vorüber schlimme Welt wird entstehen.
In Massen nicht hißt nicht man nicht – Eisen zum Widerstand gebraucht.
Über Meer und Land werden sehr große geheime Umtriebe kommen.
Große Sichel geht auf dieser Erde hervor – es ist ein Krieg um zu überleben.

Kurzkommentar:
Vietnamkrieg.

Centurie IX, Vers 65 – für das Jahr 1965
Innerhalb von vier Jahren wird die Sorgfalt ein Sternenschiff einrichten.
Das dort festmacht, wo der Prinz gestellt wird auf fremde Erde.
Die rüden Untergetauchten werden zum großen Skandal werden.
Großer Tadel gegen den Einen großen erwählten Engel.

Kurzkommentar:
Bau der Mondfähre und Ankündigung der Landung auf dem Mond in vier Jahren = 1969. Der am 21. 6. 1963 zum Papst Paul VI. gewählte Giovanni Battista Montini hat für 1963 keinen Spruch des Nostradamus bekommen. Hat er den rüden Untergetauchten = Mafia, Loge P1 etc. 1965 endgültig das Tor zum Vatikan geöffnet? Müssen wir eines Tages mit einen großen Tadel seines Pontifikats rechnen?

Centurie IX, Vers 66 – für das Jahr 1966
Länder sich vereinigen werden und wechseln.
Staatliche Eigenliebe dessen nicht hoch und hoch nicht wohl tiefen.
Dem reservierten Glauben altern die Früchte erste Wendung.

Der Krieg hört auf sobald die Stadt angeschlossen ist Wortgefechte.

Kurzkommentar:
Anschluß Jerusalems an Israel.

Centurie IX, Vers 67 – für das Jahr 1967
Auf der Höhe der Berge und ihrem Umkreis Unordnung.
Am Rand des Felsentals sind vier hundert versammelt.
Im Schloß, wo neuer lateinischer Peter einen Irrtum begeht.
Sind wahre römische Christen im Glauben versammelt.

Kurzkommentar:
Sechs-Tage-Krieg – Hinweis auf Paul VI. und das 2. Vatikanische Konzil und auf einen falschen Beschluß – bezieht sich das darauf, Lateinisch gegen die Landessprache in der Messe auszutauschen, oder darauf, die künstliche Empfängnisverhütung zu verbieten?

Centurie IX, Vers 68 – für das Jahr 1968
Um dort den Krieg zu beginnen, wird vorbereitet würdevolle Finsternis.
Das Böse lebt – wird eintreten zum Leben ein Gesalbter.
Diesseits man hilft der Rose nicht – für im Wald verborgene Soldaten Tag des Grauens.
Dasjenige, das neu ist, gibt eine so schreckliche Verwundung, wie es die Rose nicht gegeben hat.

Kurzkommentar:
Vietnam – die TET-Offensive ab Januar 1968 – die Rose des Nationalsozialismus im Zweiten Weltkrieg.

Centurie IX, Vers 69 – für das Jahr 1969
Gereinigt die Welt vom Mantel und dem Druck den es verursachte.
Werden versteckt sein auf den Zinnen – Verwundungen werden dem folgen.
Wo Verhau man kommt zu ihnen – dann, wenn großer Grauer regiert, das Jahr der Beleidigung folgt.
Von der Erde dort wird nicht ein Drittel zurückbleiben

Kurzkommentar:
Atomwaffensperrvertrag. Vorgänge in Vietnam.

Centurie IX, Vers 70 – für das Jahr 1970
Jahre, in denen die Gepanzerten betrügen.
Vier Jahre der zerfetzten Verstecke – in vier Jahren werden sie den Tag der Lüge verfluchen.
Die, die nichts vorhersahen, nichts werden haben getan als aus der Luft alles zerfetzt.
Über die Bezirke der lateinischen Besitztümer ertönt die Lüge.

Kurzkommentar:
Schelte der Kriegsführung der USA. – Letzte Zeile bezieht sich auf den Finanzskandal, in den der Vatikan mit seinen Bankgeschäften verstrickt wurde, die bis in die achtziger Jahre zu mysteriösen Todesfällen geführt hatten.

Centurie IX, Vers 71 – für das Jahr 1971
Zu den geweihten Orten werden Tiere kommen um zu lachen.
Mit denen die den Tagen scheuen.
Wie Gerippe klingt es – nach Unglück schreit es.
Und wird eingesetzt sein für lange Zeit.

Kurzkommentar:
Möglicherweise Fortsetzung aus Vers 70 – Kambodscha und die Schreckensherrschaft des Pol Pot.

Centurie IX, Vers 72 – für das Jahr 1972
Nach einmal werden die heiligen Tempel verschmutzt.
Und ausgeplündert durch den Senat der höllischen Brandopfer.
Saturn zwei drei Zyklen vollendet.
Vier Jahre – April – Mai – Menschen der neuen Keimzelle.

Kurzkommentar:
Napalmbombenkrieg der USA gegen Vietnam. Ab 1972 werden die Grundlagen für die künftige Gentechnologie gelegt. 1970 gelingt H. G. Khorane die erste Totalsynthese eines Gens.

Centurie IX, Vers 73 – für das Jahr 1973
In Sachen des Glaubens wird eintreten ein König des zellenförmigen Turbans.
Und wird regieren weniger hochentwickelt nach seiner Art.
Der König des weißen Turbans wird mit byzantinischem Herzen lehren.
Sonne Mars Merkur nahe dem Horn.

Kurzkommentar:
Beginn der Bewegung um Khomeini, der bis 1979 aus dem Exil in Paris den Sturz des Schahs betreibt und die orthodoxe (byzantinische Lehre) des Koran hochhält.

Centurie IX, Vers 74 – für das Jahr 1974
In der Situation, wo es menschliche Sodomie geben wird.
Zeugt viele (Menschen) Paare – seid Bürgen, keine Onanierer.
Nochmals zu Ehren kommt der zerbröckelnde Dolch.
Und im Totenhemd werden tote Körper beerdigt.

Kurzkommentar:
Zeugungsakte trotz künstlicher Verhütung. – Ende des Vietnamkrieges in Sicht.

Centurie IX, Vers 75 – für das Jahr 1975
Als Folge der Einkreisung der Länder durch die Rasierten,
Wird das Volk über das Meer wenig französischen Beistand bekommen.
Fortwährend verhüllt der Ursprung seines Weges.
Mit Fußspuren aus dem Osten von ihren getarnten vier Gesetzen.

Kurzkommentar:
Nostradamus tadelt Frankreich, weil es den Vietnamesen nach dem Krieg keine humanitäre Hilfe leistet. Mao Tse-tung, der am 9. 9. 1976 stirbt, und die sogenannte Viererbande.

Centurie IX, Vers 76 – für das Jahr 1976
Von dem Schwarzen immer dasselbe Sagende, Blutrünstige.

Nimmt die Betrügerei ihren Ausgang und wird extrem unmenschlich – noch ist es nicht so weit.
Inmitten zweier Ströme erheben sich Gegensätze im Chemischen – dann Bett in der Luft.
Sie werden sein getötet durch ionischen Kalk der Luft.

Kurzkommentar:
Erneuter Hinweis auf die Lehren des Khomeini. – Beschreibung der französischen Rakete Ariane, die Satelliten auf eine Umlaufbahn um die Erde bringt.

Centurie IX, Vers 77 – für das Jahr 1977
Der Regierende nimmt den eingeladenen König gefangen.
Die Frau gefangengenommen um zu Sterben – wird zum Verlassen aufgefordert.
Das Leben bestimmt – Zeit, in der er niemals führt.
Und der Aufruf löst die Macht von seiner Macht.

Kurzkommentar:
Vorgänge in China nach dem Tod Maos. Möglicherweise die Verhaftung der Witwe Maos. Die beiden letzten Zeilen beziehen sich auf den Regierungsstil von US-Präsident Carter.

Centurie IX, Vers 78 – für das Jahr 1978
Durch die griechische Dame von häßlicher Schönheit,
Gibt es glückliche Hilfen durch unzählige Protokolle.
Außerhalb verschoben zum Regieren. Die Ethik währt zwei Jahre. Gefangener Prinz stirbt einen schlechten Tod.

Kurzkommentar:
Fortsetzung der Beschreibung der Weltraumrakete Ariane. Die beiden letzten Zeilen beschreiben das Jahr mit zwei Päpsten: außerhalb verschoben zum Regieren ist Papst Johannes Paul II., der als Nichtitaliener dem Vatikan vorsteht, und sein Vorgänger Johannes Paul I., der hier als gefangener Prinz einen schlechten (= nicht natürlichen) Tod gefunden haben dürfte.

Centurie IX, Vers 79 – für das Jahr 1979
Speichelleckerei von den Ständen durch betrügerische Kriegslist.
Zeit der nachgeahmten Torheit – salzige Lüfte.
Törichtes Zerfleischen ist teuer – besser vom grauen Honig.
Dann durch die Schwierigkeiten ihm werden zurückgegeben die salzige Luft.

Kurzkommentar:
Seit 27. 12. 1979 führte die UdSSR einen zermürbenden Krieg in Afghanistan – salzig ist mit chemisch zu übersetzen. Durch Schwierigkeiten im eigenen Land zieht sich die Sowjetunion später zurück.

Centurie IX, Vers 80 – für das Jahr 1980
Der Führer wird die Demonstrationen der Seinigen bei der Zehn beenden wollen.
Angesichts stärkerer Demonstrationen – Ort in der Fremde.
Abreise – im Jahr fünf – zwei dieser Lichter werden zerstört.
Dann diejenigen durch den Teil ohne Wein in der Luft die Weinlese machen.

Kurzkommentar:
Der Schah von Persien geht ins Exil.

Centurie IX, Vers 81 – für das Jahr 1981
Der hinterlistige König wird es verstehen seine Fallen aufzubauen.
Von drei Quartieren aus werden Feinde angreifen.
Eine Zahl bleibt übrig – ranzig die Waffen – Dezember des Jahres Null – welch Verschleiß.
Sie werden kommen, um ihn nachdrücklich abzustützen – Führer von Stund an hervorkommt.

Kurzkommentar:
Vorgänge in Kabul und ganz Afghanistan.

Centurie IX, Vers 82 – für das Jahr 1982
Infolge der Überschwemmung und der starken Krankheit,
Die große Stadt ist für lange Zeit unbewohnbar.
Das schnell Spaltende ist verwahrt von der Hand des Todes.
Plötzlicher Kampf diese Majestät nicht kränken wird.

Kurzkommentar:
Krankheit steht bei Nostradamus oft für Partisanenkampf – hier im Libanon und in Beirut.

Centurie IX, Vers 83 – für das Jahr 1983
Ungebundenes Drängen an Rußlands Macht das Land erschüttert.
Der Große hat sich sehr angefüllt – dort Zeit der Zerstörung.
Die Luft des Himmels vom verschleierten Krieg erschüttert.
Infolgedessen beginnen Gott und seine Heiligen zu Ansehen zu kommen.

Kurzkommentar:
Beginn der Unruhen in Polen, die letztendlich die Auflösung des östlichen Lagers auslösten.

Centurie IX, Vers 84 – für das Jahr 1984
Der König verursacht durch die Luft ein Blutbad,
Nachdem er die Ursache findet.
Die Flut bricht den Marmor und Verschluß des Grabes eines großen Römers. Lehre in die Einweihung der Medusa.

Kurzkommentar:
Präsident Reagan ordnet den gezielten Luftangriff auf Gadhafi an, da er als der Drahtzieher aller Flugzeugentführungen gilt. Der zweite Teil bezieht sich auf die Entdeckung eines Grabes oder einer Geheimlehre, von der wir noch hören werden.

Centurie IX, Vers 85 – für das Jahr 1985
Vorüber was nicht gehen (wollte) – süße Sprache – die Rose wird geboren.
Einhörnig indem man festhält am Unglück, an der Lüge und am

Rötlichen. Eröffnet wegen des Glaubens der König der Gräben wird sein Heer nicht halten können.
Streit am heiligen Drehpunkt des gefragten Öls.

Kurzkommentar:
Hinweis auf den Zerfall der UdSSR unter Gorbatschow – Nationalsozialismus (Rose) ersteht neu. Persisch-Irakischer Krieg.

Centurie IX, Vers 86 – für das Jahr 1986
Am Markt der Königin Kirchplatz hat man begonnen, die Verfassung borstig zu machen.
Nahe bei der antiehrenhaften Brücke Schweigeminute.
Sieben für das Land – zehn verschlagen wie Marder.
Werden sich Zutritt verschaffen Bewaffnete im slawischen Paris.

Kurzkommentar:
Ermordung Indira Gandhis – Attentate in Paris.

Centurie IX, Vers 87 – für das Jahr 1987
Man spricht über den sterbenden Wald von den gerodeten Büscheln. Geschmückt durch ein hohes Alter wird er in den Tempel gebracht werden. Der Führer des Ostens wettert über die erfundene Hinterlist.
Die Welt des schrecklichen Prälaten wird ein Beispiel geben.

Kurzkommentar:
Diskussion über den Regenwald – Tod von Heß und damit Beginn einer Neonaziwelle in Deutschland – Terror in Persien.

Centurie IX, Vers 88 – für das Jahr 1988
Diese weltlichen Sarazenen erhalten Beistand bis zum Jahr Null nicht. Friede und Schein – vortäuscht Ausgaben.
Infolge des Durcheinanders ist der Sturz des sandigen Esels nahe.
Zerstörerisches Volk regiert – Zeit der Straße.

Kurzkommentar:
Die Palästinenser mit ihrem Aufstand der Kinder bekamen erst

ab 1990 internationale Anerkennung (Jahr Null = 1990). Khomeini stürzt während der Beisetzung aus seinem Sarg auf den sandigen Boden.

Centurie IX, Vers 89 – für das Jahr 1989
Sieben Jahre werden sein, in denen Phillip den Fortschritt trägt.
Zeit des Niedergangs kommt durch die Anstrengungen der Araber.
Gewaltig man im Süden bestürzt ist wegen des Umkippens der Luft.
Junge Knochen niemals mißbraucht das Meer in seiner Stärke.

Kurzkommentar:
Die sieben relativ freien Jahre der ehemaligen UdSSR. Niedergang ab 1996 durch den muslimischen Bevölkerungsanteil. Ozonloch – Bergbau auf dem Meeresgrund.

Centurie IX, Vers 90 – für das Jahr 1990
Ein Hauptmann nicht des größeren Deutschland wird sich begeben.
Um Hilfe vorzutäuschen.
Dem König der Könige Hilfe vom Banner der Neun.
Wegen dieser Revolte Zeit des großen Blutstroms.

Kurzkommentar:
Versuche der Liberalisierung der Reisevorschriften in der ehemaligen DDR durch einen Nachgeordneten Honeckers (daher Hauptmann) führen zur unkontrollierten Öffnung der Grenzen und somit zur Wiedervereinigung.
Beginn des Kampfes in Jugoslawien.

Centurie IX, Vers 91 – für das Jahr 1991
Die schreckliche Krankheit für Indiens völkischen Drehpunkt.
Abgeleckt seine Nase wird er nicht halten Zeichen der Treue.
Die salzige These spielen die Sterne – Zeit der höllischen Lampenschale. Das neue unbekannte Übel und die unehrenhafte Weigerung.

Kurzkommentar:
Indien war für Nostradamus noch Amerika – Drehpunkt UN-Weltsicherheitsrat – Golfkrieg. Brennende Ölquellen (Lampenschalen).

Centurie IX, Vers 92 – für das Jahr 1992
Dort die Luft wird sich in Neuem befinden wollen zwischen der Luft. Durch ehemalige Feinde erfolgt Strafe – dort man wird wieder hinkommen wollen.
Gefangene werden befreit – von Fehlern spricht man und begeht sie doch. König des außenstehenden Ostens wird sich fern der Feinde halten.

Kurzkommentar:
Zuviel Wasserdampf in der Luft beeinflußt das Klima. Umbruch in der ehemaligen Sowjetunion – Öffnung Rußlands unter Präsident Jelzin. China macht die Reformen der ehemaligen Sowjetunion nicht mit.

Centurie IX, Vers 93 – für das Jahr 1993
Die Feinde der Macht sehr zurückliegen,
Durch Fahrzeuge wird die Festung geführt.
Durch über die Mauern der Bürger (Geworfenes) grunzen die Nasen,
Wenn zuvor Hercules kämpfen wird gegen den roten Zion.

Kurzkommentar:
Boris Jelzin verstrickt sich in einen Kampf mit dem alten russischen Parlament – Kampf um das Parlamentsgebäude in Moskau.

Centurie IX, Vers 94 – für das Jahr 1994
Glaube ist verletzt – salzige Irrtümer vollenden sich.
Einheit ist zusammengefügt – in dem man nicht begeht Fehler.
Das Stärkste im Schutzwall – schwache Angriffe erschüttern die slawische Vorherrschaft.
Lübeck und Meißen werden halten zu den Angreifern.

Kurzkommentar:
Massaker von Hebron und Ausweitung der Vergeltungsschläge. Einheit der EG und Bedeutung der NATO. Unruhen an Rußlands Grenzen und in der ehemaligen Tschechoslowakei. Deutschland in eine UNO-Aktion verwickelt (Somalia).

Centurie IX, Vers 95 – für das Jahr 1995
Die neue Tatsache wird Manöver durchführen nahe der Zwei.
In falscher Beurteilung dessen, was in der Nähe der Küste ist.
Verlockende Hilfe vom auserwählten Mailänder.
Der Führer wird der Augen beraubt in Mailand im eisernen Käfig.

Kurzkommentar:
Militärischer Eklat an der Küste Nord- und Südkoreas – Neuer Papst aus Mailand – Skandalprozeß in Mailand.

Centurie IX, Vers 96 – für das Jahr 1996
In die Stadt kommen Übende der Nacktheit – ein Führer durch Überzeugungskraft wird kommen. Vier Jahre wenn eintritt König.
In der Luft befindet sich brandig Werdendes des Pfades (Weges) Zeit infolge Durchbruchs zu Gott.
Bei der zehn verletzter Glaube trägt den Lärm bewaffneter Umtriebe – werden bringen Feuer Tod des Blutes und Furcht vor Gott.

Kurzkommentar:
Neue Bewegung der Gewaltlosigkeit überzieht den Erdball. Nostradamus kündigt in vier Jahren, also um 2000, einen Glaubenskrieg (im Nahen Osten – das ist noch nicht der Dritte Weltkrieg!) an.

Centurie IX, Vers 97 – für das Jahr 1997
Auf dem Meer haben sich Duplikate in drei Teile geteilt.
Der zweite Teil der Schlangen wird einen Fehler gemacht haben.
Um sich loszulösen sucht man das Feld der Auserwählten.
Zuerst man die Spalte betritt – siegreiche Morgenröte.

Kurzkommentar:
Eine Armada wird in einen Konflikt verwickelt. Denkbar ist der Beginn einer spektakulären Weltraumaktion.

Centurie IX, Vers 98 – für das Jahr 1998
Die Betrübten wenden sich durch den Fehler eines Einzigen ab,
Gegen die Bedrohung der Gegenpartei.
Bei der zehn – bei Lyon Nüsse lügen – was für Zeit des Streits.
Zurückgegeben wird das große niedergerissene Pferd.

Kurzkommentar:
Politisches Desaster durch einen politischen Führer führt zu einer Antibewegung. Für 2000 wird ein Atomunfall (Nüsse = Kerne) bei Lyon angekündigt.

Centurie IX, Vers 99 – für das Jahr 1999
Wind für denjenigen, den man zum Verlassen seines Throns gezwungen hat.
Über die Mauern wird geworfen Asche, Kalk, Kohlestaub.
Wegen des Regens danach er ihnen eine geschickte Falle stellt.
Letzte Hilfe indem man sich ihrer Grenze widersetzt.

Kurzkommentar:
In Rußland kommt vermutlich ein Mann an die Macht, der in früheren Jahren zum Rücktritt gezwungen wurde – Beschreibung eines Kampfes mit Chemiewaffen.

Centurie IX, Vers 100 – für das Jahr 2000
Schiffe fahren zum Kampf nicht nachts – Zeit des geldgierigen Irrtums.
Das Feuer der fünfzehn Schiffe den Stützpunkt zerstört.
Rotreiches Neue schwitzt – dort großes Schiff – Matrosen schmücken sich.
Erzürnen bis zur Nutzlosigkeit Sieg in dem man zwei zerstört.

Kurzkommentar:
Das ist der Vers für das ganze Jahrhundert, also für die Zeit von 1900 bis 1999. Es finden sehr viele Kriege statt, bei denen Schiffe

zum Einsatz kommen. Aufkeimen des Kommunismus durch die Revolte der Matrosen auf dem Panzerkreuzer Potemkin. Zerstörung des Sozialismus und des Nationalsozialismus wird noch für dieses Jahrhundert angekündigt.

X. Centurie für die Zeit von 2001 bis 2100

Centurie X, Vers 1 – für das Jahr 2001
Den Feinden die Feinde den Glauben versprechen.
Nicht sich halten Protestdemonstrationen der wieder in Gefangenschaft Geführten.
Der Prinz ist als erster tot – der Rest im Hemd.
Verdammt der Rest um im Gleichgewicht zu sein.

Kurzkommentar:
Der Glaubenskrieg der letzten Jahre endet in einem Kompromiß. Rußland fällt in die Diktatur zurück. Ein Drama im Weltraum.

Centurie X, Vers 2 – für das Jahr 2002
Getarnte Galeeren segeln, um vom Neuen zu kaufen.
Die von hohem Rang werden sich von den Minderen trennen.
Zehn Schiffe nähern sich dem Abstoßpunkt.
Viele Besiegte vereinigen sich zu einem eigenen Zusammenschluß.

Kurzkommentar:
Eine geheime Weltraumexpedition mit mehreren Weltraumflugkörpern wird durchgeführt. Die muslimischen Staaten verlassen die UNO.

Centurie X, Vers 3 – für das Jahr 2003
Weil man danach nicht fünf Stützpunkte außerhalb stellt.
Ein Feuer dort man wird kaufen.
Bei 2010 Murren – Hilfe kommt von den Goldenen.
Speichelleckerei vor dem Stuhl – die Goldenen werden verlassen sein.

Kurzkommentar:
Ursachen für einen künftigen Konflikt. Fehlentscheidung der Politiker wird 2010 sichtbar. Probleme mit der Wirtschaftsmacht Japans.

Centurie X, Vers 4 – für das Jahr 2004
Hoch zur Mitternacht der Armeeführer.
Wird sich retten – plötzlich ist er auserwählt bei 2011.
Sieben Jahre danach – die Seele wird nicht verflucht.
Bei seiner Rückkehr man wird sagen – eine Unze wo zehn.

Kurzkommentar:
Beschreibung eines Unfalls einer Weltraumexpedition, die geplant oder durchgeführt wird.

Centurie X, Vers 5 – für das Jahr 2005
Zu Füßen von hundert Sternen wird es eine neue Vereinigung geben.
Neues Dürre – nichts Gutes für ihn – Grenze der Art.
Wenn die höllischen Kasten unter dem Meer zusammen sind, vollendet sich ihr Preis brennend.
Wenn beim Herrn der Neun – das Monster sich wütend wäscht.

Kurzkommentar:
Erneuter Hinweis auf eine Gegen-UNO. Warnung vor dem nächsten großen Krieg. Eine neue Waffe wird bekannt.

Centurie X, Vers 6 – für das Jahr 2006
Sarazenen geben sich 1000 Jahre – so hoch wie die unbegrenzte Luft.
Wenn die Zeit des Brennens kommt – zwei zum Löwen wiedergeboren.
In vier Jahren der Riese die Meisten zur Flucht bringt.
Fünf ist eins – Grabstätte des Feuers im Osten zum Vorschein kommt.

Kurzkommentar:
Siegessicherer Islam (Palästinenser) heizen die Stimmung auf. Warnung vor dem großen Krieg ab 2010/2011.

Centurie X, Vers 7 – für das Jahr 2007
Großer Streit, den man im alten Jahr vorbereitet.
Das Ausgemergelte spricht zu allen – ich bin die Suppenspeise.

Die Insel der Briten wird durch salzigen Wein gereizt.
Im Halbkreis gesetzt zwei Fäden – elf Zeiten halten nicht Mahlzeiten.

Kurzkommentar:
Beschreibung und Warnung vor dem nächsten Krieg – Hinweis auf die elf Jahre dauernde Hungersnot.

Centurie X, Vers 8 – für das Jahr 2008
Indien bei 2010 und die Kugel schmelzen – Zeit der Luft.
Vom bitteren Senat (Sene gal) geht der Graf zu seinem sauberen Sohn.
Der Myrrhen nicht beseelt durch die Meisten der auserwählten Stimmen.
Vier Könige in sieben Tagen tödlich verletzt.

Kurzkommentar:
Indien war für Nostradamus Amerika: Hinweis auf das untrügliche Zeichen für den bevorstehenden Krieg, an den niemand glauben wird; vier Staatsmänner in sieben Tagen ermordet.

Centurie X, Vers 9 – für das Jahr 2009
Für hundert Sterne die man darstellt – Tage der Reifung.
Von der durchtriebenen Frau werden zwei selbständige Prinzen geboren.
Im Namen der Sachen, die man erahnt, werden nachträglich Gesetze gemacht.
Elf Könige werden es nicht machen viel schlimmer in ihren Provinzen.

Kurzkommentar:
Beschreibung der Akteure und Opfer – 100 Staaten sind die Opfer – Ächtung der neuen Waffen – Staaten halten sich nicht an die Vereinbarungen.

Centurie X, Vers 10 – für das Jahr 2010
Vier gekaufte Mörder – ungeheurer Krieg entsteht.
Großer Feind des ganzen menschlichen Geschlechts.

Es wird sein schlimmer als derjenige der Großväter – Elf sie gebären zwei Kriege.
Mit Eisen – Feuer – Wasser – blutig und unmenschlich.

Kurzkommentar:
Erneuter Hinweis auf die Attentatsserie, der vier regierende Häupter zum Opfer fallen, und auf die Folgen des kommenden Krieges.

Centurie X, Vers 11 – für das Jahr 2011
Unter der ionischen Küche – die gefährliche Vorbeifahrt.
Wird sein vorübergehend der Nachgeborenen Last.
In den Bergen das Schlimmste geht vorüber ohne Belastung.
Vom Bärtigen nicht beachtet – am Regierungssitz lacht der Herzog über die Falle.

Kurzkommentar:
Beschreibung der Folgen des Krieges, wie man sich davor schützen kann, und Hinweis auf die Drahtzieher.

Centurie X, Vers 12 – für das Jahr 2012
Erhöht das Papsttum – erniedrigt wird sein die Moschee.
Plötzlich Soutanen im Aufruhr – schnell und schüchtern.
Durch zuviel Gutes – das Süße zum Sterben herausfordert.
Die Furcht ihn in der Nacht seines Todes verläßt.

Kurzkommentar:
Hinweis, wer den Religionskrieg gewinnen wird; Beschreibung der Wirkung der neuartigen chemischen Waffen, die über das Nervensystem wirken.

Centurie X, Vers 13 – für das Jahr 2013
Unter den Niederen – Not der wiederkäuenden Tiere.
Erscheint die zehn – geführt zum Sieg im Wind der zweipoligen Liga.
Versteckte Soldaten lenken die dröhnenden Waffen.
Nicht fern die Zeit der Erprobung der gegenpoligen Stadt.

Kurzkommentar:
Die Kriegsfolgen und Beschreibung des Siegers.

Centurie X, Vers 14 – für das Jahr 2014
Urne des Kalbes – wenn die Jahre der Ratschläge da sind für die, die sich selbst aufgebend.
Spricht die Herde schüchtern – aus Furcht vor dem siegreichen Prinz. Begleitet werden die meisten von Schwestern erbleichter Eiterpusteln. Zum Teil man sie nicht zu Einsiedlerinnen gemacht hat.

Kurzkommentar:
Beschreibung der totalen Niedergeschlagenheit der Überlebenden des Krieges.

Centurie X, Vers 15 – für das Jahr 2015
Zwei Kriege werden vom alten Führer in vier Jahren geführt und vom Durst beladen.
Am außerordentlichen Tag – der Sohn verleugnet die Sucher.
Inmitten der Macht des Lebens – der Tod wird kommen – rauh und lang bei der Elf (Zweitausendelf).
Der Senat auf der Insel stirbt – lange und leicht.

Kurzkommentar:
Weitere Details aus dem Kriegsverlauf, der sich in zwei Stufen auswirken wird – nach Nostradamus für die breite Mehrheit der Weltbevölkerung völlig unerwartet.

Centurie X, Vers 16 – für das Jahr 2016
Glücklich Frankreich zu regieren – glücklich zu leben.
Unbekannt – Blut – Tod – Furioses und Verbrechen.
Keiner Blähung ausgesetzt wird sein das Leben.
Der König ist entkleidet – viele im Glauben sich in der Folge einweihen.

Kurzkommentar:
Als Prophet der Franzosen schildert Nostradamus die Situation Frankreichs: entvölkert, kaum Leben, es gibt keine Regierung, die wenigen werden fromm.

Centurie X, Vers 17 – für das Jahr 2017
Die Königin wird erwählt – Die Sterne sehen ihre Insel verletzt.
Durch ein Bedauern im Osten – Schaden eingezäumt.
Wehklagende Schrei werden infolgedessen die Engel erzürnt haben.
Und in Deutschland – die Hochzeit ist ausgesetzt.

Kurzkommentar:
England wird von einer Frau regiert – die Insel ist schwer getroffen. Hilfe kommt aus China und Japan. In Deutschland schließt man sich nicht zusammen.

Centurie X, Vers 18 – für das Jahr 2018
Die Luft die goldene Engel – Zeit des Verkaufs der Plätze.
Das Hohe wird tief stürzen und das Niedere wird erhöht.
Der Sohn der Woge des Blutes wird in Rom erwählt.
Und die zwei Großen werden den Mißstand herbeigeführt haben.

Kurzkommentar:
Die entvölkerten Landstriche werden politisch neu verteilt – Industrienationen sind zu Agrarstaaten geworden – Dritte-Welt-Staaten werden durch Kriegsflüchtlinge zu Industrienationen. Ein blutrünstiger Papst wird in Rom gewählt.

Centurie X, Vers 19 – für das Jahr 2019
Der Tag wird durch den König nicht begrüßt werden.
Am Tage danach – der Gruß wird das Gebet sein.
Die Abrechnung macht den Verstand weiß.
Scheuklappen der demütigen Elf – welche nicht gemacht haben solch einen Krieg.

Kurzkommentar:
Rachefeldzug des Papstes – die katholischen südamerikanischen Staaten protestieren nicht dagegen.

Centurie X, Vers 20 – für das Jahr 2020
Alle die Freunde welche die Partei gehalten haben.
Wegen der Rauheit in Verträge waren – sind dem Tod und der Plünderung preisgegeben.
Wohl vergessend sich wegen des großen Nichts festzulegen.
Elf römische Völker nichts als Beleidigungen machen

Kurzkommentar:
Zeit der Rache der Christen gegen die Muslime.

Centurie X, Vers 21 – für das Jahr 2021
Durch den Despotismus wird die Minderheit gestützt.
Die Ermordung wird vorgeführt zu Ostern.
Wegen der zwei Kriege auf den Inseln – fliegende Adelige zum Vorschein kommen.
Hilfe wie einstmals in Persien – gemacht werden die gleichen Fehler.

Kurzkommentar:
Politische Wirren bei der Aufarbeitung des letzten Krieges.

Centurie X, Vers 22 – für das Jahr 2022
Um nicht die Übereinstimmung zu bekommen – man redet von Scheidung.
Welche Macht soll gleichgestellt sein – Entrüstung.
Der König der Inseln wird mit allen Kräften gejagt werden.
In Verbannung geschickt – die vom König nicht unterschrieben ist.

Kurzkommentar:
Streit um die politische Vorherrschaft hat begonnen.

Centurie X, Vers 23 – für das Jahr 2023
Dem Volk zeigen sich unangenehme Tatsachen – sie wieder zeigen Ranziges.
Dadurch die Armee besetzt Zusammengeschrumpftes.
Im Tor des Geldes sie führen Wehklagen.
Und um das Recht wiederzubekommen – einer nach dem anderen in hitzige Wut gerät.

Kurzkommentar:
Militärische Intervention zwecks Machtausdehnung – die Weltwirtschaft gerät in Konfusion.

Centurie X, Vers 24 – für das Jahr 2024
Der gefangene Prinz wird bei der 2030 siegreich sein.
Vorüber geht die Zeit der Beengung durch das Meer bis nach Marseille. Durch große Anstrengungen der Goldenen für die Besiegten.
Die Insel wohlbehalten übersteht den Schlag des Feuers durch die in der Luft befestigten Inseln.

Kurzkommentar:
Hinweis auf einen künftigen Führer – ein Problem im Mittelmeer – Aufbauhilfe durch Japan – Japan hat durch ein Abwehrsystem im Weltraum den Weltkrieg wohlbehalten überstanden.

Centurie X, Vers 25 – für das Jahr 2025
Wenn du nicht für das Öffnen des Zerbrechlichen bist – überquere es nicht.
Wohl dem der sich fern hält diesem Anwerben für das östliche Geweih. Vier Jahre werden die Hautabschuppungen andauern wie auf den Inseln der Tragödie.
Die vier großen Seelen sitzen im Orchester.

Kurzkommentar:
Folgen des Krieges gehen langsam zurück.

Centurie X, Vers 26 – für das Jahr 2026
Der Erfolgreiche wird rachsüchtig sein auf die Haut seines Stiefbruders.
Wenn er die Macht besitzt – höchster Grad der Rache.
Getötet die Geisel – Ihr Blut und Tod wird verdammt.
Lange Zeit noch wird das Lamm zu Frankreich halten.

Kurzkommentar:
Weitere Details der Nachkriegszeit, unter anderem über Frankreich, das sehr fromm sein wird.

Centurie X, Vers 27 – für das Jahr 2027
Durch ein Fünftel und einen großen Gewaltigen,
Wird der Tempel geöffnet werden mit kriegerischer Hand.
2031 – hundert dem Lügenkerl und die Skandierer bekommen es.
Der Hoffnung Schlüssel der Adler – dann nicht den großen Stachel haben wird.

Kurzkommentar:
Mit geringer Wahlbeteiligung kommt ein neuer Despot zur Macht, weil die anderen noch zu schwach sind.

Centurie X, Vers 28 – für das Jahr 2028
Das Geheimnis kennt man – und drei gründen die erste Musik.
Werden sein durch den König in Ehren unsterblich gemacht.
Durch Fettes und Mageres bei der halben Ethik.
Bericht von der Venus – Fehler bei 2030 bringt Niedergeschlagenheit zurück.

Kurzkommentar:
Die Textstelle, in der Nostradamus die Entdecker der unbegrenzten Energie zum Nulltarif feiert; er beschreibt auch eine Weltraumexpedition zur Venus, die scheitert.

Centurie X, Vers 29 – für das Jahr 2029
Vom Pol für 1000 Jahre die Sonne in die veränderliche Höhle gebracht.

Versteckt und gefangen – nach außerhalb gezogen durch den Bart.
Gefangen geführt wie Kranke die Masse der Eingeweihten.
Der Hof des Bärtigen in Zuleitung nach den 4 Bäumen.

Kurzkommentar:
Beschreibung der Erfindung aus dem vorhergehenden Vers.

Centurie X, Vers 30 – für das Jahr 2030
Nicht stinkend angezogen – Engel des heiligen Neuen kommt.
Durch den Beinamen unterhält man das Tor, das entdeckt wurde.
Wird sein gejagt – hingestellt zum Sterben – nackt gejagt.
Aus Rotem und Schwarzen umgewandelt – ihr Grün.

Kurzkommentar:
Fortsetzung aus vorangegangenem Vierzeiler.

Centurie X, Vers 31 – für das Jahr 2031
Das heilige Reich wird kommen in Deutschland.
Ismaeliten werden gefunden haben die Orte wo es grün ist.
Esel werden wollen auch dort handwerken.
Die Unterstützungen der Erde alles öffnet.

Kurzkommentar:
Der Papst verlegt seinen Sitz in das entvölkerte Deutschland – die Folgen des Krieges schwinden.

Centurie X, Vers 32 – für das Jahr 2032
Das große Reich jeden, der in der Pflicht steht, sehr prüft.
Eines ist sauer – die anderen werden das Leben erlangen.
Aber nur wenig Zeit für die gründliche Prüfung wird sein.
Zwei Jahre auf Schiffen kann man standhalten.

Kurzkommentar:
Nur Gesunde dürfen das regenerierte Land bewohnen – ein Hinweis, daß man auf Schiffen hätte überleben können!

Centurie X, Vers 33 – für das Jahr 2033
Die chemische Tatsache ist grausam und mit langem Kleid.
Diese Teuerung kommt an der Stelle, wo die Dolche gebraucht werden. Ergriffen wird die Woge des Gefrorenen von dem Ort des zweifachen Aufbegehrens.
Ihr Herabstieg geöffnet, durch Grenzenloses es lange nichts Natürliches gibt.

Kurzkommentar:
Die Folgen des Krieges im Bereich der muslimischen Staaten des Nahen Ostens können nicht so schnell wie in Europa abgebaut werden, weil zuwenig Niederschläge fallen.

Centurie X, Vers 34 – für das Jahr 2034
Gallier, welche herrschen durch den Krieg der Besetzung.
Durch den schönen Ton – arme Brüder werden verraten.
Durch das derbe Pferd – Zeit der riesigen Gewölbe.
Der Tatsachen wegen das Seltene lange Zeit wird eingezäunt sein.

Kurzkommentar:
Hinweis, daß die südeuropäischen Staaten ihre Vorherrschaft über Europa zum Teil durch Besetzung ausbauen.

Centurie X, Vers 35 – für das Jahr 2035
Dann der König ist gegangen zum Großen – von der Kunst ist er gierig geworden.
Um sich zu vergnügen mit der leiblichen Base -
Gewohnheit reißt mit – zur Zeit der Kunst des halben Gedankens.
Zuvor getötet durch Fehlerhaftes der Hände.

Kurzkommentar:
Eine neue Philosophie der halben Gedanken wird angekündigt.

Centurie X, Vers 36 – für das Jahr 2036
Nachdem der besorgte König befürchtet – das zuvor Kriege sprechen.

Geben die Inseln bekannt – wie man Seelen gefangen halten kann.
Einige Jahre Gutes vollendet sich – große Einheit und Plünderer.
Durch Tyrannei auf der Insel wird der Wechsel herbeigeführt.

Kurzkommentar:
Neuerliche Kriegsgefahr – England hat Probleme mit seiner Demokratie.

Centurie X, Vers 37 – für das Jahr 2037
Die Versammlung der Großen nahe des Sees der Bürger,
Sich versammeln nahe der süßen Lügen.
Die Händler sind sehr aufgebracht – Denker Pläne machen werden.
Es warten 1000 Vermögen Kampf des heiligen Julius.

Kurzkommentar:
Eine bedeutsame Konferenz wird dazu führen, daß große Vermögen geschaffen werden.

Centurie X, Vers 38 – für das Jahr 2038
Die fröhliche Liebe nicht lange besetzt den Stuhl.
Die heiligen Angreifer werden haben geschmückte Töne.
Verlaßt den Haß – ich um der Gallier klage.
Aus Angst ergeben sie sich der Armee der grauen Töne.

Kurzkommentar:
Ein Papst mit der Charakteristik »fröhliche Liebe« scheint nur kurz im Amt zu sein.

Centurie X, Vers 39 – für das Jahr 2039
Erste Insel – böse Witwe des glücklichen alten Ehemannes,
In zwei Jahren Inseln im Streit.
Bevor achtzehn Unfähige alt werden.
Von den Anderen unterdrückt wird Zeit des Einvernehmens sein.

Kurzkommentar:
Politische Probleme in Japan – vermutlich Ende der Monarchie.

Centurie X, Vers 40 – für das Jahr 2040
Der junge Einfältige erscheint um Britannien zwei Jahre zu regieren.
Wenn die 2042 erscheint – stirbt der Krieg, bevor er sich empfiehlt. Derjenige stirbt – dem man dort das Öl geben wird das zur Sache gehört. Und mit dem Ton sie nach dem Regierenden fragen.

Kurzkommentar:
Ein System zur Vermeidung von weiteren Kriegen ist installiert worden.

Centurie X, Vers 41 – für das Jahr 2041
In der Runde der Drei, die den Kopf gebrauchen.
Nein was für einen Krieg man getötet hat – Sterne.
Zwei Inseln ranzig – die Hälfte gebraucht nichts als den Ton des Strahlens.
Umgeben von Nasen wie Kugeln und große Mützen.

Kurzkommentar:
Fortsetzung aus vorangegangener Zeile – Krieg wird vermieden.

Centurie X, Vers 42 – für das Jahr 2042
Der menschliche Herrscher der Engel – Liga gegen den harten Krieg bildet.
Zeit der Regierung der Töne – Friede man vereinigt hält.
Der Krieg ist gefangen zur Hälfte in ihren Klöstern.
Lange Zeit der Friede ihr Zeitalter beherrscht.

Kurzkommentar:
Nostradamus beschreibt die günstigen Auswirkungen des Systems zur Vermeidung von Kriegen.

Centurie X, Vers 43 – für das Jahr 2043
Die sehr gute Zeit sehr guter Königsherrschaft.
Wohlbehagen – und Unbehagen durch plötzliche Fahrlässigkeit.
Zurückgekehrt zur Oberflächlichkeit wird man Fehler begehen.
Das Licht wird dort abgeschafft durch ihre guten Flüge.

Kurzkommentar:
Beschreibung einer Phase, die man als »Goldenes Zeitalter« bezeichnen kann.

Centurie X, Vers 44 – für das Jahr 2044
Weil ein König gegen die Wissenschaft spricht.
Der Geborene von den Zwei – Treue erfährt – Zeit der reichen Liga. Bergkuppe ist Herz der Röhre und der tropfsteinartigen Materie.
Von sieben Mächten der Schatten für den König des Ostens und der Mauern geboren.

Kurzkommentar:
Weitere Details der Phase des »Goldenen Zeitalters«.

Centurie X, Vers 45 – für das Jahr 2045
Der Schatten der Regierung der Schiffe – hinter ihr kein Wohlstand.
Leber für das Leben von der widerrechtlichen Art.
Die Witwe ist nahe – bereitgestellt, um den Krummbeinigen zu lieben. Goldener König – die Jahre werden ihm die rechtmäßige Mauer zurückgeben.

Kurzkommentar:
Neben Details der Zeit wird von einem medizinischen Vorgang, mit dem Nostradamus nicht einverstanden ist, berichtet.

Centurie X, Vers 46 – für das Jahr 2046
Leben – meinetwegen stirb am Reichtum des Goldes – Haus der Einweihung ohne Würde.
Wird sein in Sachsen kein neuer Kurfürst gewählt.
Dem Braunen folgen hundert – werden kommen lassen die gezeichnete Liebe. Bei der zehn der Mauerabsatz kann den Führer verletzen.

Kurzkommentar:
Weitere Details aus einer Zeit des Wohlstands.

Centurie X, Vers 47 – für das Jahr 2047
Für die Stadt die die Seelen schmückt.
Dort man trifft Rasierte – gebrauchen einen Teil des Tones.
Der große Prälat des Löwen verändert zuvor seine Gestalt.
Bei der Zehn Seltenes und Entführer machen Fehler.

Kurzkommentar:
Fortsetzung der Details – offensichtlich gibt es eine Stadt, in der »geistiges Leben« besonders geübt oder gepflegt wird.

Centurie X, Vers 48 – für das Jahr 2048
Das Gründlichste die Spanier unterrichtet.
Gewinnen die Spitze und die Enden von Europa.
Verwirrung geht vorüber nahe der Brücke des Vulkanischen.
Er wird Tatsachen schaffen durch Zusammenschluß seiner Truppen.

Kurzkommentar:
Spanien setzt sich an die Spitze technischer Entwicklungen (Sorgfalt ist bei Nostradamus Technik).

Centurie X, Vers 49 – für das Jahr 2049
Der Garten der Welt – nahe der neuen Stadt – brennt es.
Auf dem Weg der Lüge – scharf ist die Gruft.
Wird sein gepfändet und abwärtsgerichtet in den Keller.
Die Stärke des Windes entsteht durch die Kraft des entzündeten Schwefels.

Kurzkommentar:
Hier beschreibt Nostradamus eine Anlage zur Energiegewinnung vermutlich in Fortsetzung des vorangegangenen Verses.

Centurie X, Vers 50 – für das Jahr 2050
Die Seelen benutzen den Tag – vier Irrtümer wegen des Luxus der Bürger.
Wird aufgedeckt 2051 – die Rasse der Kahlgeschorenen ist nicht betroffen – drei in der Urne.

Spitzer Berg und ebene Stadt ist dann Kopf der Bürger. Der Reichtum ausnutzt die Flut.
Verrat des Tons durch die große achte Urne.

Kurzkommentar:
Eine neue Hauptstadt der Welt mit einem besonders hohen Hochhaus wird hier beschrieben – erster Mißbrauch der neuen Energieform.

Centurie X, Vers 51 – für das Jahr 2051
Von den Orten, die viel weniger vom Reichtum besitzen,
Geht die Grundlage für die Vereinigung der Deutschen aus.
Durch diejenigen vom Sitz an der Spitze – die schwarze Kunst wird für tausend Jahre ausgemerzt.
Tausende haben sich eingeweiht und für zehn mal hundert Jahre alles wird sich wieder vereinigt haben.

Kurzkommentar:
Vers muß in Zusammenhang mit Vers für 2017 gesehen werden. Offensichtlich teilt sich Deutschland vor dem großen Krieg der Jahre 2011 bis 2014 und schafft eine Vereinigung erst 2051.

Centurie X, Vers 52 – für das Jahr 2052
Zu der Bodenhefe will man werfen Zellgewebe, damit es sich verheiratet. Es werden sein die Edelmütigen – die dieses für lange Zeit handhaben werden.
Am Ort des Afters – Irrtümer wo die Kröte kutschiert.
Spielt nicht – seid wachsam – wegen der Bequemlichkeit, die die indischen Freunde lieben.

Kurzkommentar:
Tierisches Eiweiß wird aus Pflanzen gewonnen. Ein Problem mit den Abwasserkanälen zieht herauf. Indisch heißt amerikanisch, weil Kolumbus für Nostradamus »noch« Indien entdeckt hatte.

Centurie X, Vers 53 – für das Jahr 2053
Die drei Glatzköpfigen – diejenigen, die sich lange gegenseitig geschlagen haben.
Dort die geringste Angst – Zeit des Hörens.
Das große Salz der Einweihung wird der Beschützer sein.
Der Name des Zeitalters wird (beinhalten) eine schöne weiße Straße.

Kurzkommentar:
Drei geistliche Oberhäupter finden zueinander und legen die Grundlage für eine geistige/geistliche Bewegung.

Centurie X, Vers 54 – für das Jahr 2054
Geboren von dieser Welt – durch die aneinandergefügten Körper – göttliches Geheimnis.
Bei der zwei hochgestellt – durch sie traurige Neuigkeiten.
Unter Feinden befindlich wird der Prinz gefangen sein.
Und Liebenswürdiges wird zu Bösartigem und Rotem.

Kurzkommentar:
Beschreibung eines Weltraumunternehmens.

Centurie X, Vers 55 – für das Jahr 2055
Die unglücklichen Knoten werden gefeiert werden.
Darüber große Freude sein wird – aber das Ende ist unglücklich.
Hochzeit mit dem schwarzen Meer wird ungnädig aufgenommen.
Beide tot und das Schwarze ist sehr erbärmlich.

Kurzkommentar:
Die Weltraumunternehmung geht schief: Der Versuch, ins lichtlose Nichts, das uns vom nächsten Planetensystem trennt, vorzustoßen, scheitert.

Centurie X, Vers 56 – für das Jahr 2056
Durch den Priester der königliche Ton sinkt – zuvor zuviel gezogen.
Große Flut von Engeln werden verlassen einen Teil seines Mundes.

Die Regierung der Engel-Liga durch regieren Schätze sich einverleibt. Der Nagel der Zeit stirbt – lebt im Getötetsein – wie ein Baumstumpf.

Kurzkommentar:
Details aus dem »Goldenen Zeitalter«.

Centurie X, Vers 57 – für das Jahr 2057
Das unter dem sich Erhebenden befindliche – nicht umsetzbare – Zepter der Töne.
Wird den Wissenschaften Jahre des Spiels gebären – davon ganz große Ehrungen.
Diejenigen welche sich machen eine bessere Art des Ballastes.
Für ihre fünf Stöße – zum Sterben schwarze Fahnen erscheinen.

Kurzkommentar:
Beschreibung des Starts einer Weltraumrakete.

Centurie X, Vers 58 – für das Jahr 2058
Es ist die Zeit der Tötung der Stadt wegen der Katze – Tausende haben eine Arche.
Krieg des Könige – Zeit des Spiels- nicht des Ausströmens.
Gekreische gallischer Väter – hundert schichten das Schiff.
Versuche in der Grube der Wissenschaft gelingen – Einvernehmen wird erhalten.

Kurzkommentar:
Beschreibung verschiedener Unternehmungen der Wissenschaften.

Centurie X, Vers 59 – für das Jahr 2059
Für vier Jahren entsteht gefesselter Wind – der Kopf tötet die nicht atmen.
Fünf Staatsbürger der Luft – Hände drücken – dort Einweihung.
Abreise unter edler Führung steht bevor – lange Schleppe.
Und man entdeckt Grünes – Parabolisches der Masse – Zeit der Einweihung.

Kurzkommentar:
Beschreibung eines Weltraumunternehmens, das gelingen und große Bedeutung für die Wissenschaften haben wird.

Centurie X, Vers 60 – für das Jahr 2060
Ich weine Nizza – Tausend Jahre byzantinischer Handel entwickelt sich Sein -
Nein – keine Wissenschaft – dies ist der Gestank der Art und Weise des Bösen.
Das was unter den Engeln ist und das Schwert der Faulheit das entstanden ist.
Hat die Erde erschüttert – unglückliches Wasser des Extrems.

Kurzkommentar:
Ursachen für die nächste Auseinandersetzung mit dem Islam.

Centurie X, Vers 61 – für das Jahr 2061
Betta, Vienne, Emorre Sacarbance,
Werden überlassen den Angreifern aus Ungarn der Vereinigung der Neun. Durch die Spitze – welche voll Leidenschaft ist.
Die Töne des Schwurs werden entdeckt durch die ältere Dame.

Kurzkommentar:
In Verhandlungen werden durch das spitze Hochhaus, möglicherweise Sitz einer Art UNO, Landstriche überlassen. Eine Wissenschaftlerin macht eine großartige Entdeckung.

Centurie X, Vers 62 – für das Jahr 2062
Nahe die Goldenen, um zweifach die Ungarn anzugreifen.
Der Herold der Zimperlichen, die kommen werden zum Todesschuß.
Bei Byzanz Empfangszimmer der Sklaverei.
Zum Glauben der Araber sie werden übertreten.

Kurzkommentar:
Fortsetzung aus vorangegangenem Vers. Der um 2020 niedergeworfene Islam beginnt offensichtlich wieder aktiv zu werden.

Centurie X, Vers 63 – für das Jahr 2063
Sterne man verjüngt – dies ist die Stadt der heiligen Dreiheit.
Wieder grün wird werden die Medizin – zuvor Hilfe.
Tot die Inseln des Königs durch den Tod der zwei Helden.
Die Araber den Ungarn eine übel zugerichtete Zukunft bereiten.

Kurzkommentar:
Schutzbündnisse werden erneuert – Fortschritte in der Medizin – Vorstoß der Araber nach Mitteleuropa.

Centurie X, Vers 64 – für das Jahr 2064
Weine Tausend Jahre – weine Mailand – Licht über die Verdienste deiner Vorfahren,
Wenn dein großer Herzog auf den Wagen steigen wird.
Wechselt der Sitz nahe Venedigs – von außen kommt etwas dazu,
Dann, wenn die Kolonne sich Rom zuwendet.

Kurzkommentar:
Diese Verse beschreiben, wie Italien in die Hand des Islam fällt.

Centurie X, Vers 65 – für das Jahr 2065
O mächtiges Rom – dein Untergang nähert sich dir.
Nichts von deinen Mauern – von deinem Blut – von deiner Substanz bleibt.
Überdrüssig der Vorbereitung – Verträge – Zeit in der Schreckliches geschehen wird.
Scharfe spitze Eisen der Luft werden gegen alles gerichtet, bis nichts mehr da ist.

Kurzkommentar:
Mailand ist gefallen – Roms Untergang als Hauptstadt des Christentums fällt in dieses Jahr.

Centurie X, Vers 66 – für das Jahr 2066
Der Herr von London – eingesetzt durch die Regierung der reichen Seelen.
Über die Insel die sich mit den Hörnern stößt herrscht – das Zeitalter ist durch Gefrieren geprägt.

Der König der Wiedertäufer einen großen Fehler gegenüber dem Antichristen macht.
Dadurch, daß sie alles in die aussätzigen Seelen investieren werden.

Kurzkommentar:
Nostradamus ist ärgerlich über das Verhalten Amerikas.

Centurie X, Vers 67 – für das Jahr 2067
Die Erschütterungen werden sehr stark im Monat Mai sein.
Saturn im Krebs, Jupiter Merkur im Stier.
Venus auch im Krebs, Mars im neunten Abschnitt.
Werden niederfallen Graupel, welche größer als ein Hühnerei sein werden.

Kurzkommentar:
Eine astrologische Zeitangabe.

Centurie X, Vers 68 – für das Jahr 2068
Die Waffe wird sein das Meer – vorher die Stadt wird gehalten.
Dann Abfahrt ohne Luft – langes Gehen.
Die Einwohner großen Raub begehen, indem sie die Erde nehmen werden.
Zurückgekehrt – Hundert werden zurückgelassen – Großes auf Anhieb.

Kurzkommentar:
Bericht von einer weiteren Weltraumunternehmung – vermutlich Mars.

Centurie X, Vers 69 – für das Jahr 2069
Beginn der Tatsache des neuen Mondes – Altes erwacht.
Wird sehr groß werden durch den Süden – Aquilon.
Von seiner Schwester beginnt sich Eigenständiges aufzubauen.
Flüchtige Mörder an der Macht des Tons der schönen Frau.

Kurzkommentar:
Fortsetzung des vorangegangenen Verses.

Centurie X, Vers 70 – für das Jahr 2070

Das Öl, das aus dem Gegenstand kommt, wird solche Ausmaße erreichen.
So sehr und so brennend, daß es zum Grab der Zeit des Schnees wird.
Auf dem Kiesfeld gebraucht man es – davon wird kommen die Abnahme.
Wenn der Primas unterliegt – kommt die Zeit der Landvermessung.

Kurzkommentar:
Die Polkappen schmelzen ab.

Centurie X, Vers 71 – für das Jahr 2071

Die Erde und die Luft werden gefroren sein – auch das große Wasser.
Weil man beginnen wird den göttlichen Krieg zu spielen.
Diejenigen, welche mit keiner schönen Haut geboren werden zu vier Teilen kommen, um ihm (dem Krieg) die Ehre zu erweisen.

Kurzkommentar:
Abkühlung der Erdatmosphäre infolge des Abschmelzens der Polkappen?

Centurie X, Vers 72 – für das Jahr 2072

Im Jahr 1000 des neuen Jahrhunderts nicht vor neunsieben Monaten.
Am Himmel wird ein großer König des Schreckens/Himmelskratzer erscheinen.
Wieder auferweckt wird der große König der Engel aus purem Gold. Fünfzehn vorher – eins danach. Tausend Sterne regieren für eine Weile.

Kurzkommentar:
Dies ist der berühmte Vers, der von vielen Nostradamus-Deutern und Astrologen als Katastrophenvers für 1999 herangezogen wird. In der hier hinterlegten Übersetzung liest sich der Text als Zeitangabe für ein Ereignis des Jahres 3100 minus 97 Monate =

8 Jahre 1 Monat = 3091 im Dezember. Bevor Sie urteilen, wer recht haben könnte, sollten Sie den Text des Verses 91 lesen.

Centurie X, Vers 73 – für das Jahr 2073
Die Zeit zeigt für fünfhundert Jahre, daß was vorübergegangen ist.
Sie wird gerichtet werden durch den großen idealistischen Spieler. Später wird die Welt seiner überdrüssig werden.
Und ihm untreu werden durch die Geistlichkeit, die ihm geschworen hat.

Kurzkommentar:
Hinweis, daß es im Jahr 2073 gelungen sein wird, die Prophezeiungen des Nostradamus bis ins letzte Detail zu identifizieren.

Centurie X, Vers 74 – für das Jahr 2074
Auf dem Rückflug wird dort eine große Zahl an vergiftetem Blut sterben.
Zu dieser Zeit kommt der König der Sterne empor – Spiele des Blutbades. Keine Verlängerung des großen 1000jährigen Zeitalters.
Wenn sie eintreten haben sie ihre Gräber verlassen.

Kurzkommentar:
Drama während einer Weltraumexpedition.

Centurie X, Vers 75 – für das Jahr 2075
So sehr man es erwartet – es wird nicht zurückkehren jemals.
In vier Jahren in Europa und Asien wird hervortreten,
Einer der Vereinigung als Engel des großen Hermes,
Und alle Könige des Orients werden (an ihn) glauben.

Kurzkommentar:
Hinweis auf eine geheime Lehre.

Centurie X, Vers 76 – für das Jahr 2076
Der große Senat der Unterschiedslosigkeit aller wird großen Pomp entwickeln.

Einer der danach siegen wird – wird gejagt.
Seine Anhänger werden den Ton der Täuschung benutzen.
Gut veröffentlicht – Feinde stellen die Verfolgung ein.

Kurzkommentar:
Hinweis auf die Demokratieform und erste Entartungen.

Centurie X, Vers 77 – für das Jahr 2077
Dreißig Anhänger den Befehl desjenigen erhalten der berühmt ist.
Bekanntmachungen ihnen Gutes ihrer Gegner geben werden.
Alle ihre Wohltaten werden verspielt werden.
Eine Abteilung der Spanischen befreit – wird durch die Mächtigen der Luft.

Kurzkommentar:
Details des Aufstands gegen die spanische Vorherrschaft in Europa.

Centurie X, Vers 78 – für das Jahr 2078
Plötzliche Freude in plötzlicher Trauer.
Wird sein als Wohlgeruch der Gnade umarmt.
Großes Leid läßt ihre Waffen zusammenschrumpfen.
Gerichtet gegen die Vereinigung – aus der Luft Überrumpelungen und Zähmung.

Kurzkommentar:
Hinweis auf einen Papst, der als »Wohlgeruch der Gnade« bezeichnet wird.

Centurie X, Vers 79 – für das Jahr 2079
Die alten Wege werden alle verschönert werden.
Man verläßt sie – Zeit der gleichen Physik im Osten kommt.
Das große Meer wird durch den Gewaltigen von den Blumen der Unordnung geheilt.
Vorher wird es Erschütterungen der Luft der Erde des Meeres und ihrer Gegensätze geben.

Kurzkommentar:
Beschreibung einer neuen Wissenschaft im Osten – der Reinigung der Weltmeere von Algen?

Centurie X, Vers 80 – für das Jahr 2080
Um zu regieren der Schwarze zuvor die große regierende Regierung absetzt.
Durch die Macht der Waffen werden die großen Ländergrenzen bestimmt. Zeit der geöffneten Luft und der Herzog freut sich.
Zerstörung trägt das Neue der Töne – Tag des Dummkopfs.

Kurzkommentar:
Die politischen Grenzen werden mit Gewalt verändert.

Centurie X, Vers 81 – für das Jahr 2081
Der Schatz wird in den Tempel der Bewohner Spaniens gelegt.
Vier Jahre dasjenige zurückgezogen am geheimen Ort ist.
Der Tempel öffnet sich den Orten der Seelen-Vereinigung.
Wiedererlangt erfreuen sich zwei Könige des Wassers an Tausend Orten.

Kurzkommentar:
Spanien wird erneut als Sieger aus den Querelen hervorgehen.

Centurie X, Vers 82 – für das Jahr 2082
Zusammenschrumpfen ihrer Waffen mit Unkosten wird bei zehn kommen.
Scheinen vorher davor zu fliehen – danach Angriff.
Das ringsherum Eingepferchte – Angepflanzte – Gründliche auf der Hochebene.
Das Leben wieder ihn anstößt und getötet lacht es aus voller Höhe.

Kurzkommentar:
Hier werden Abrüstungsvereinbarungen beschrieben.

Centurie X, Vers 83 – für das Jahr 2083
Kampflos wird der Thron nicht gegeben werden.

Teilweise wird sein Zusammengezogenes gezwungen nach außen zu gehen.
Vom ausgezogenen Handschuh wird eingehämmert werden der Unterricht.
Was für eine Zeit steht bevor, in der alle die Wissenschaften verboten werden.

Kurzkommentar:
Eine radikale, den Wissenschaften feindliche Zeit wird angekündigt.

Centurie X, Vers 84 – für das Jahr 2084
Die Natur wird sehr erhöht – Hohes wird nicht gestürzt.
Die vier Künste kehren zurück – es kommt die Zeit, wo sie zufrieden sich vereinigen.
Der Krieg lange Zeit nicht mehr sein wird – er wird abgesattelt sein.
In dem das Gesetz herrscht und vergessen ist alles der vergangenen Zeit.

Kurzkommentar:
Zeit der Zurück-zur-Natur-Bewegung mit Rückständigkeit und der Unterwerfung.

Centurie X, Vers 85 – für das Jahr 2085
Der alte Tribun am Punkt der drei Halbkreise.
Wird unterdrückt werden – gefangen und nicht in Freiheit gesetzt.
Der Alte wird nicht wollen – das Böse wird schüchtern sprechen.
Durch Rechtskräftiges seiner Freunde – ausgeliefert.

Kurzkommentar:
Zeit einer revolutionären Bewegung gegen einen etablierten Herrscher.

Centurie X, Vers 86 – für das Jahr 2086
Wie ein Geier wird kommen der König Europas.
Begleitet von demjenigen von Aquilon – den ersten, den man schon hat.
Von den Roten und Weißen werden geführt große Truppen.
Fünf werden durch die Luft gezogen sein – dort gegen die päpstliche Säule.

Kurzkommentar:
Wie schon im vorangegangenem Vers zu erkennen war, kommt es in dieser Zeit zu einem politischen Umbruch in Europa.

Centurie X, Vers 87 – für das Jahr 2087
Großer König wird kommen – nimmt die Grenze nahe bei Nizza.
Das große Reich des Todes wird in dieser Zeit sein.
Ins Gegenteil wird sich der Traum Nizzas kehren.
Über dem Meer alles pulverisiert wird – alle lebendige Spreu.

Kurzkommentar:
Die Hoffnung der Christen, den Islam bei Nizza zu schlagen und Italien zurückzuerobern, schlägt fehl.

Centurie X, Vers 88 – für das Jahr 2088
Die Füße und die Haare in der Sekunde alt werden.
Man wird sich ausgedehnten Zutritt verschaffen – alles über dem Meer.
In vier Jahren das Fell kommt – Zeit des Losmachens der Rille.
Weinen, Knirschen, Blut für elf Jahre – eine sehr bittere Zeit.

Kurzkommentar:
Nostradamus schreibt den Einsatz einer neuartigen Waffe, die den Menschen in Sekunden altern läßt.

Centurie X, Vers 89 – für das Jahr 2089
Aus Ziegeln von Marmor werden die Mauern verkleinert sein,
Zweiundzwanzig Jahre Frieden.
Zur Freude der Menschen werden die Wasserleitungen wieder hergestellt. Gesundheit – gute Ernten – Freude und honigsüße Zeit.

Kurzkommentar:
Nach diesem regionalen Streit kündigt Nostradamus eine längere Friedenszeit an.

Centurie X, Vers 90 – für das Jahr 2090
Hundertmal sterben wird der unmenschliche Tyrann.
An seinen Platz gestellt. Versiegelt und gutmütig geworden.
Der ganze Senat wird sein unter seiner Hand.
Gekennzeichnet wird er sein durch Schlauheit und Waghalsigkeit.

Kurzkommentar:
Hier wird wieder Bezug genommen auf den Machthaber Europas, der seinerzeit durch einen Umsturz an die Macht gekommen ist.

Centurie X, Vers 91 – für das Jahr 2091
Römischer Klerus – im Jahr 1000 sechs hundert und neun.
Zum Chef der Esel wird er erwählt sein.
Aus einem grauen und schwarzen der Gesellschaft hervorgegangen, Welcher die elf nicht schlau gemacht hat.

Kurzkommentar:
Nostradamus beschreibt einen Vorgang im islamischen Rom des Jahres 2091 unserer Zeitrechnung und bezieht sich auf ein Ereignis des Jahres 1609 islamischer Zeitrechnung: Es geht um die Bestimmung eines islamischen Oberhaupts.

Centurie X, Vers 92 – für das Jahr 2092
Zuvor die zwei Kriege das Kind töten werden.
Zwei Kriege entstehen nach Eintritt des ionischen Stricks.
Umsichtiges Volk wird sich Mühe geben.
Bewegungslos ist der Herr der Tausend Spiele – wie ein Baumstumpf.

Kurzkommentar:
Ankündigung einer Auseinandersetzung, die heute noch nicht zugeordnet werden kann.

Centurie X, Vers 93 – für das Jahr 2093
Das neue Schiff wird brennend seine Reise aufnehmen.
Dort und in der Nähe wird das Reich umgestaltet werden.
In das Fell Hundert haben gebohrt – Rückgewinnung der Beherbergung.
Nahe zweier Kolonien wird gefunden werden Zerriebenes.

Kurzkommentar:
Start eines Weltraumschiffs ist unschwer herauszulesen. Diese Expedition wird, vermutlich auf dem Mars, eine frühere Zivilisation entdecken.

Centurie X, Vers 94 – für das Jahr 2094
Versagen im Osten durch Unterlassung – nicht Lebensgefahr.
Nicht gehorcht alles dem Diktat Spaniens.
Bei der zehn Vollgestopftes – um die große Bedingung zu erfüllen.
Sechs entkommen – in engelhafter Kleidung.

Kurzkommentar:
Zu erkennen ist, daß Nostradamus einen Widerstand gegen die Vorherrschaft Spaniens in Europa sieht. Des weiteren beschreibt Nostradamus ein Ereignis des bereits angesprochenen Weltraumunternehmens, bei dem Menschen mit Flugapparaten entkommen.

Centurie X, Vers 95 – für das Jahr 2095
In vier Jahren wird in Spanien ein sehr mächtiger König kommen.
Plötzlich über dem Meer und der Erde Großes aus dem Süden.
Das Übel verursacht eine Verringerung des Wachstums.
Erniedrigt die Flügel an demjenigen des Windes.

Kurzkommentar:
Nostradamus warnt vor einem neuen Diktator aus Spanien. Er erwähnt eine neue Krankheit, die das Wachstum verhindert.

Centurie X, Vers 96 – für das Jahr 2096
Religion mit dem Namen der siegreichen Mütter.

Gegen die Sekte der Söhne – er belohnt vorteilhaft.
Sekte ist halstarrig – sehr zu bedauern – werden sich fürchten.
Schlag auf den Kopf hat sie verletzt – durch Aussatz – Aussatz.

Kurzkommentar:
Eine Frauenbewegung setzt sich durch, scheint aber Führungsprobleme zu haben.

Centurie X, Vers 97 – für das Jahr 2097
Dreifach nachgemessen worden ist alles – das Alter gefangengenommen. Zeit wird gut zu Schlecht – das Sanfte zum Beleidigenden.
Zwei Könige als Angreifer waren zu hastig.
Geldgierig vom Sehen – Beklagenswert im Winde der Feder.

Kurzkommentar:
Eine der ganz großen Zukunftsperspektiven: die Ursachen des Alterns sind bekannt. Das Altern wird besiegt!

Centurie X, Vers 98 – für das Jahr 2098
Der helle Lichtstrahlenglanz der fröhlichen Jungfrau,
Wird sehr lange Zeit nicht leuchten.
Mit abtrünnigen Händlern kommen gehässige Wölfe.
Alle Messer verriegeln das Welt-Ungetüm.

Kurzkommentar:
Aus dem Weltraum wird eine Krankheit eingeschleppt, die man versucht (chirurgisch) abzuwenden.

Centurie X, Vers 99 – für das Jahr 2099
Das Ende des Wolfes des Löwen Stiers und Esels.
Schüchterner Kopf der Menge in der Luft mit der Masse sich einweiht. Nichts mehr ist teuer – strahlend das Süße.
Mehr Wachsamkeit und ein Altarvorhang für die Masseneinweihung.

Kurzkommentar:
Für diese Zeit sieht Nostradamus das Ende von politischen Welt-

anschauungen. Der Wolf konnte schon früher als Symboltier für den Kommunismus angesehen werden, der Löwe steht für den Kapitalismus, der Esel für den konservativen (politischen) Islam.

Centurie X, Vers 100 – für das Jahr 2100
Die große Herrschaft wird durch das Engelland errichtet,
Dem zweifach ungeschickten Geist für mehr als 300 Jahre.
Große Serienfahrzeuge fahren über das Meer und das Land.
Die mit klarem Verstand werden darüber nicht glücklich sein.

Kurzkommentar:
Dies ist der Vers für das ganze dritte Jahrtausend und gleichzeitig für das 21. Jahrhundert. Demnach wird für den Zweifachstaat (England und USA) eine 300jährige Weltherrschaft angekündigt. Gleichzeitig besteht in diesem Jahrhundert ein Problem, das durch die totale Mobilität der Menschen gekennzeichnet ist.

I. Centurie für die Zeit von 2101 bis 2200

Centurie I, Vers 1 – für das Jahr 2101
Osten verhilft zuvor vier zum Sieg – Geheimnisse erforscht man. Allein zurückgelassen – dasjenige, was in der Raumfahrt ist, erforscht man.
Die Lampe erlischt, weil sie das Bett der Sonne des Deutschen verläßt.
Die Tatsache entwickelt sich, die nicht Hundert ergibt – der König ist wieder nutzlos.

Eine andere, traditionelle Lesart:
Sitzend in der Nacht bei geheimen Studien,
allein auf einem bronzenen Sattel:
schwache Flamme kommt aus der Einsamkeit hervor,
Begünstigt (Erklärt), was nicht umsonst zu glauben ist.

Centurie I, Vers 2 – für das Jahr 2102
Hat man die reinigenden Herstellungsverfahren in der Hand,
Wird es in das Wasser der tausend verzweigten Orte geleitet.
Von der Welle wird die Insel zerrieben – das Ufer genauso wie der Sockel, eine Angst und der Glauben spricht von dem was fehlt.
Die Herrlichkeit Gottes. Das Göttliche ist nahe, um sich niederzulassen.

Wieder eine andere, traditionelle Lesart:
Die Rute in die Hand gegeben inmitten der Zweige,
mit der Welle (Wasser) benetzt er den Saum und den Fuß,
Eine Angst und Stimme zittern durch die Ärmel,
Göttlicher Glanz, das Göttliche setzt sich nahe herbei.

Centurie I, Vers 3 – für das Jahr 2103
Wenn die Dreier-Liga alles beendet, wird die Stadt des Löwen weggeschüttet.
Und sie werden sich Zutritt verschaffen mit ihren Lügen – das Wasser ist zehnfach versteckt.

Die Öffentlichkeit wird durch das Neue geärgert.
Dann Weißes und Rotes richten wird – die Raumfahrt wird haben das Universum.

Centurie I, Vers 4 – für das Jahr 2104
Durch das Universum wird ein Königreich errichtet,
Welches den Frieden bringt und das Leben benötigt für lange nicht mehr die Lüge.
Infolgedessen das Ärgerliche des harten Schiffes sich verlieren wird.
Die Verwaltung davon wird in sehr großen Nachteil geraten.

Centurie I, Vers 5 – für das Jahr 2105
Getrieben werden sie sein, um in der Raumfahrt einen langen Kampf zu führen.
In den Ländern wird es einen sehr bedeutsamen Streik geben.
Um des Geworfenen willens man wird die ganz große Debatte verlassen haben.
Gerippe – das gute Schiff wird sein Herz erprobt haben.

Centurie I, Vers 6 – für das Jahr 2106
Wegen des Öls der Erde das Ärgernis wird sein auseinandergerissen.
Wegen zu vieler Füße der Bequemlichkeit werden sie bankrott gehen.
Der Osten wird den Druck ausgelöst haben.
Den entgegengesetzten Weg als die Gallier geht er, wo die Raumfahrt ist.

Centurie I, Vers 7 – für das Jahr 2107
Spät kommt es zur Ausführung des göttlichen Willens.
DieKraft ist gegen die Raumfahrt gerichtet – Verträgewerden dem Ofen übergeben.
Die vierzehn Verschwörer der Feuersekte.
Durch die Raumfahrt, wo das Geheimnis ist, heilt das Wasser diejenigen, die sich dazwischen befinden.

Centurie I, Vers 8 – für das Jahr 2108
Wieviele Male wird die Sonnenstadt genommen und wieder besetzt.
Bevor es zum Wechseln zu den barbarischen Gesetzen und Begabungen kommt. Dein Unglück nähert sich vieles wird der Raumfahrt geopfert.
Das Große – die Eile lacht und verdeckt wieder deine Begabungen.

Centurie I, Vers 9 – für das Jahr 2109
Aus dem Orient wird die Regierung der zwei Vereinigten kommen.
Kaufen wird die lachende Hast das gehortete Erbe Roms.
Begleitet von der Gruppe der Libyschen.
Die Zeit des Honigs wieder einsetzt nahe den Inseln der Flucht.

Centurie I, Vers 10 – für das Jahr 2110
Schlangen werden übertragen in den Käfig des Weltraums,
Wo die siebzehn Kinder des Königs gefangen sind.
Die Alten und die Väter werden nicht verlassen haben diejenigen des Weltraums.
Altes wird sterben angesichts der Früchte, Tod und Schreie.

Centurie I, Vers 11 – für das Jahr 2111
Die Steuerung der Sinne des Herzens, der Füße und Hände
werden in Einklang gebracht mit den Pfropflöchern
die man dort mit sehr feinen Haaren versieht.
Schwerter des Feuers – Wasser bei der Zehn – keine Macht bei Zehn – verletzt die Römer.
Von oben herab getötet – Tod durch die schwachen Gehirne.

Centurie I, Vers 12 – für das Jahr 2112
In vier Jahren wird man von den Beschnittenen sagen können:
Falsch – roh – unbearbeitet – zerbrechlich.
Aus der Tiefe zur Höhe erhoben zwei mit der Lüge Vertraute.
Dann umgehend Ungesetzliches und die Plünderung.
Fünf Führer des Weltraums nicht werden regieren können.

Centurie I, Vers 13 – für das Jahr 2113
Das Geschlecht der Inseln erscheint mit innerem Haß.
Im Weltraum hat man Strahlendes hergestellt – dort befindet sich der Bestandteil Gottes.
Im Geheimen hat man sich getroffen und spricht über die tausend wissenschaftlichen Erkenntnisse.
Und über die alten Wissenschaften gegen die sie sich erhoben haben.

Centurie I, Vers 14 – für das Jahr 2114
Von den versklavten Menschen werden Lieder gesungen und Bittschriften erstellt.
Gefangen durch die Prinzen sind die Herren der Gefängnisse.
Das was sich ereignen wird durch Idioten ohne Hoden.
Werden sie erhalten durch die göttliche Grabrede.

Centurie I, Vers 15 – für das Jahr 2115
Krieg uns droht durch die schöne Liga.
Siebzig mal wird das Blut vergossen.
Durch das Geworfene wird die Geistlichkeit zerstört.
Und viele der Führer werden es nicht zur Kenntnis nehmen wollen.

Centurie I, Vers 16 – für das Jahr 2116
Beschnittene der östlichen Engel.
Freude über das in die Luft Geworfene.
Am Ton des Hohen – Trog der Schwärmer Zions – Krankheit – Hunger – Tod durch die Hand der tausend Betten des Weltalls.
Das Jahrhundert nähert sich dem Umbruch.

Centurie I, Vers 17 – für das Jahr 2117
Für 40 Jahre das Vorgelesene nicht zum Vorschein kommt.
Für 40 Jahre jeden Tag das Feuer sein wird.
Das Land an den sarazenischen Kriegsruf glauben wird.
Und große Sintfluten kommen werden, wenn die große Übersicht kommt.

Centurie I, Vers 18 – für das Jahr 2118
Durch den Mißklang und die Fahrlässigkeit der gallischen Leute.
Wird der Durchlaß für Mohammed geöffnet.
Vom Blut getränkt die Erde und das Meer den Streit anfängt.
Der Hafen der angehäuften Masten, Segel und der bedeckten Schiffe.

Centurie I, Vers 19 – für das Jahr 2119
So daß die Schlangen kommen werden, um in der Luft zu kreisen.
Das Blut von vier Königen wird vergossen – daher Verärgerung über die Spanier.
Durch sie wird kommen in großer Zahl Hilfe aus der Luft.
Beim Lebendigen versteckt Euch in den Meeren in den Ausgebluteten.

Centurie I, Vers 20 – für das Jahr 2120
Der Weg lohnt sich im Jahr zwei – Gesetz des Engels der Irrtümer für Reims und Nantes.
Städte sind über den plötzlichen Wechsel verärgert.
Man spricht über den priesterlichen Engel des Ostens, der alles regelt und der den Tempel erhalten wird.
Sie haben den Tempel der Kunst der Erde und des Meeres erschüttert.

Centurie I, Vers 21 – für das Jahr 2121
Für diejenigen des Tönernen weiße Nahrung aus dem Felsen.
Was für ein Mißbrauch ein Stern ist der Milchgebende.
In nutzlosem Tun man gewagt haben wird es zu berühren.
Überhebliche Östliche werden haben vier tönerne Irrtümer.

Centurie I, Vers 22 – für das Jahr 2122
Dasjenige das Leben wird und nicht haben wird irgendwelche Sinne.
Wird kommen zu lassen dem Tod seine Künstlichkeit.
Um ein Schleppnetz herum die Sache des Engels und seinen zwei Sinnen.
Das Graue ist vereist und wird großes Unheil verursachen.

Centurie I, Vers 23 – für das Jahr 2123
Im vierten Monat wird einer der Könige sich vor der Sonne erheben.
Das Blut bindet das »O«-Teil – Teil des Geländes vom Mars, um zu kämpfen.
Das »Teil« ermüdet am Himmel der Osten ist mit seinem Öl versehen.
Ein Adler, der um die Sonne herum fliegt und wer das sieht wird ausgelassen sein.

Centurie I, Vers 24 – für das Jahr 2124
Neue Situation des Nachdenkens bevor verurteilt wird.
Bittere Gesetze von zwei Königen des Weltraums erlassen werden, die gekommen sind, um das Ende zu belächeln.
Nach dem Sieg wird den Gefangenen Pardon gewährt.
Hundert wieder aufsteigen und 1000 Jahre große Entdeckungen machen.

Centurie I, Vers 25 – für das Jahr 2125
Der Hingerichtete der für lange Jahrhunderte versteckt war wird gefunden.
Es wird ein Hirte des Südens sein, der die Ehre haben wird.
Derartige Auswirkung, daß die Kette des Mondes ihr großes Zeitalter beginnt.
Durch andere Kräfte wird sie entehrt werden.

Centurie I, Vers 26 – für das Jahr 2126
Das Große wird getötet wo die Stunde stattfindet die einen Tag dauert.
Das Böse ist vorhergesagt dem Träger des in den Weltraum Gestellten.
In der nachfolgenden Vorhersage fällt die Stunde der Nacht.
Streit bei Reims dort man stark an der etruskischen Krankheit des Weltraums leidet.

Centurie I, Vers 27 – für das Jahr 2127
Unterhalb der Kette befindliches ruft die Führer des Himmels zurück. Unweit von da ist der Schatz versteckt.
Was für ein langes Jahrhundert wird traubenreich sein.
Erfunden wird das Sterbeöl zerbrochen die Zuständigkeit.

Centurie I, Vers 28 – für das Jahr 2128
Der Turm des Bocks wird glauben an gerechte Barbaren.
Für eine lange Zeit nach dem spanischen Boot.
Kranke Flügel der beweglichen Menschen alle beide im Weltraum haben werden großen Mangel.
Die Zeit als Radius gebrauche und die Eins befreie welch tödlicher Stachel.

Centurie I, Vers 29 – für das Jahr 2129
Wenn das Gift der Erde sich im östlichen Wasser befindet,
Durch die vage Macht der Kies wird bereitgestellt.
Seine fremde Form lieblich und schrecklich.
Über das Meer an die Mauern sehr bald die Feinde kommen.

Centurie I, Vers 30 – für das Jahr 2130
Das in der Fremde Geborene spricht vom Turm des Verstandes der Meereswissenschaften.
Zugang wird möglich Zeit des unbekannten Hafens ist nahe.
Keine Beachtung wird dem Zeichen des schwimmhäutigen Zweiges geschenkt.

Centurie I, Vers 31 – für das Jahr 2131
Innerhalb von vier Jahren die Gallier die harten Krieg haben werden.
Wo sich das Gitterwerk der Regierung der Hundert Sterne befindet dort man eine Monarchie schafft.
Zweifelhafte Siege durch vier große Könige die gekrönt werden.
Adler Hahn Mond Löwe Sonne sind davon betroffen.

Centurie I, Vers 32 – für das Jahr 2132
Das große Reich wird bald wo anders hin verschoben.
An einen kleinen Ort welcher wohl bald zum großen Wachstum

kommen wird. Der Ort wird wohl der Kleinste sein, zu klein, um gezählt zu werden.
Wo in die Mitte sein Zepter gestellt wird.

Centurie I, Vers 33 – für das Jahr 2133
Nahe einer großen Brücke der spartanischen Ebene.
Der große Löwe durch die Kraft dieser Sarazenen entstehen wird.
Zeit der Niederwerfung außerhalb der unerbittlichen Stadt.
Erscheint der König der Häfen wird er bedrängt werden.

Centurie I, Vers 34 – für das Jahr 2134
Die Gesetze des fliegenden geraubten Wassers gehen nach dem Osten.
Bevor der Streit bei den Ranzigen als Tatsache erscheint.
Das eine Gute wird genommen, das andere zweifach weil links.
Ein Teil des Glaubens ist verletzt – wird beherrscht durch den guten Trog des Irrtums.

Centurie I, Vers 35 – für das Jahr 2135
Der junge Löwe den alten überragt.
Auf dem Feld der schönen Liga durch einfache Zweikämpfe.
Innerhalb von vier Jahren im goldenen Käfig werden ihm die Augen zerbrochen.
Zwei Gruppen – eine dann stirbt den unmenschlichen Tod.

Centurie I, Vers 36 – für das Jahr 2136
Zu spät wird sich der Monarch aufmachen, um zu bereuen,
Weil er nicht getötet hat seinen Widersacher in der Luft.
Aber er wird bald wiederkommen durch die Zustimmung der großen Höhe. Damit alle seines Blutes durch den Tod in die Luft versetzt werden.

Centurie I, Vers 37 – für das Jahr 2137
Etwas vorher werden die Sonnenflügel die Wissenschaften untergraben.
Der Streit steht bevor das große Volk ist voller Zweifel.
Für eine Vereinigung zur Liga der Häfen die Meereswissenschaftler keine Antwort geben werden.

Der gute Kopf ist verschwunden an zwei unbekannte Orte.

Centurie I, Vers 38 – für das Jahr 2138
Die Sonnenflügel und der Adler zum Sieger werden durch den König, der erscheinen wird.
Die Antwort ist nutzlos für die Besiegten, die man zu Beisitzern macht. Aus Barmherzigkeit keine Schreie Geharnischter, die man nicht gefangen nimmt.
Die Sieger bestimmen den Frieden durch die totale Beendigung zur selben Stunde.

Centurie I, Vers 39 – für das Jahr 2139
In der Nacht im Bett des Höchsten erwürgt der östliche Engel.
Weil man sich hat zuviel erholt die Hellen erheben sich.
Durch drei Reiche ausgeschlossen vom Schlüssel.
Die Garde wird getötet und das Bündel wird nicht am Ort sein.

Centurie I, Vers 40 – für das Jahr 2140
Die Täuschung erfolgt durch Fälschen des verborgenen Öls.
Zeit von Byzanz in der ein Wechsel zu anderen Gesetzen erfolgt.
Ägyptische Geschichte erstrahlt – man möchte sie verfeinern.
Ein Erlaß wird verändert, bevor die Münzen ungesetzlich werden.

Centurie I, Vers 41 – für das Jahr 2141
Der Thron in der Stadt des Ostens wird in der Nacht angegriffen.
Man flieht nicht mehr weit – der Streit des Meeres.
Mitgenommen wird die Freude zurückkehren werden Söhne der Inseln der Zwietracht.
Fische und Verträge versteckt in den zwei Betten.

Centurie I, Vers 42 – für das Jahr 2142
Die Zehn ist für denjenigen, der der Kopf geworden ist im April durch die gotische Tatsache.
Schätze verbraucht die Stadt noch durch die schlauen Menschen.
Das Feuer des Ostens vereinigt sich teuflisch.

In dem es die Knochen der Getöteten sucht – die Dame ist zuvor enthaart.

Centurie I, Vers 43 – für das Jahr 2143
Zuvor – was für ein Zulauf der Wechsel der Herrschaft hat.
Die Insel wird hinzukommen – ein Fall besonderer Großartigkeit.
Der Platz entwickelt sich durch den Stützpfeiler des fein Zerriebenen. Hingestellt – verwandelt unter dem Feld des Nichtöligen, um es zu haben.

Centurie I, Vers 44 – für das Jahr 2144
In Kürze werden zurückkommen Opferbringende.
Gegen das Kommende werden Märtyrer gemacht.
Dann wird es keine Mönche, Äbte, keine Novizen geben.
Der Honig wird so teuer wie ein König werden.

Centurie I, Vers 45 – für das Jahr 2145
Im Bereich der Sekten große Züchtigung durch Denunzianten.
Bestien im Theater dressiert für das bühnenmäßige Spiel.
Infolge der antiken Tatsache unrühmliche Erfindungen.
Durch Sekten ist die Welt verwirrt und gespalten.

Centurie I, Vers 46 – für das Jahr 2146
Alles nach dem großem Thau vom östlichen Gold und Spiegel.
Großes Feuer des Himmels in drei Nächten herabfallen wird.
Deshalb wird hinzukommen bald Dummes und Spiegelndes.
Wohl ein wenig danach die Erde erschüttert wird.

Centurie I, Vers 47 – für das Jahr 2147
Am Genfersee die Gleichgesinnten werden unzufrieden sein.
Die Tage werden kürzer sein, Teil der Wochen, dann die Monate, dann das Jahr, dann alles in Ohnmacht schwächer wird.
Die Ratsherren werden verdammt haben ihre nutzlosen Gesetze.

Centurie I, Vers 48 – für das Jahr 2148
20 Jahre der Regierung des Mondes werden vorübergehen.
7000 Jahre werden seine Herrschaft anders halten.
Wenn die Sonne ihre Tage erschöpft hat,

Dann vollendet ist der Maßstab meiner Prophezeiung.

Centurie I, Vers 49 – für das Jahr 2149
Viele zuvor sehr große Umtriebe gemacht haben werden.
Diejenigen des Orients sprechen über die Tugend des Mondes.
Im Jahre 1000 sieben Hundert wird die große Mitnahme gemacht.
Das gerichtet wird ist nahe zuvor – wird beinahe der Winkel acht zu dem, was im Weltraum ist erreicht.

Centurie I, Vers 50 – für das Jahr 2150
Von denen, die im Wasser leben, die dreifache Stadt wird gegründet. Einen wird es geben, der den Donnerstag zu seinem Festtag macht.
Der Ton dröhnt – das Gesetz regiert – seine Macht wächst.
Über Land und Meer bei der Zehn im Orient ein Unwetter losbricht.

Centurie I, Vers 51 – für das Jahr 2151
Der Herr der Rückständigen im Glück und Unglück.
Ewiger Gott, welche Veränderungen!
Für ein langes Jahrhundert seine ausgekochte Zeit zurückkehrt.
In Gallien und Italien was für Bestürzung.

Centurie I, Vers 52 – für das Jahr 2152
Die zwei Bösen des Skorpions vereinigen sich.
Der große Herr wird in dem Saal ermordet.
Die Krankheit der Kirche durch den neuen König verursacht wird.
Niedergang Europas, Nord- und Südeuropa.

Centurie I, Vers 53 – für das Jahr 2153
Überdrüssig macht man dem großen Volk Sorgen,
Und das heilige Gesetz ist völlig zerstört.
Durch andere Gesetze alles unchristlich wird,
Wenn das Gold, das Silber von neuem zu unterwandern beginnt.

Centurie I, Vers 54 – für das Jahr 2154
Zwei Revolten werden vom Übel des leichten Krieges ausgehen.
Diese Regierung für ein Jahrhundert große Veränderungen verursacht haben.
Das bewegliche Zeichen hat geläutet – das Recht befindet sich sehr im Krieg.
Zu den zwei Gleichen die Verbindungen.

Centurie I, Vers 55 – für das Jahr 2155
Unter dem gegensätzlichen babylonischen Klima,
Großes wird sein ohne Blutvergießen.
Für das Land und das Meer die Luft und der Himmel wird sein äußerst ungerecht.
Sekten – Hunger – Regierungen – Krankheiten – Verwirrung.

Centurie I, Vers 56 – für das Jahr 2156
Ihr werdet machen früher und später große Veränderungen der Luft. Äußerste Entsetzlichkeiten und Sühne.
Wenn der Mond zum Sieg geführt wird durch seine Engel.
Der Himmel nähert sich der Neigung.

Centurie I, Vers 57 – für das Jahr 2157
Durch großen Streit der Sturm ausgelöst wird.
Begleitet vom Brechen des aufgerichteten Kopfes am Himmel.
Die Münder der Engel zuvor in dem Blut baden werden.
Im Öl das Angesicht Gesalbter von Milch und Honig.

Centurie I, Vers 58 – für das Jahr 2158
Eingeschnitten der Bauch, wird etwas mit zwei Köpfen gebären.
Und vier Arme, die einige Jahre ungeteilt leben werden.
Am Tag, an welchem elf des Gesetzes feiern werden ihre Feste.
Knöchrig, tot, es ist das Schüreisen – Luftmangel wird folgen.

Centurie I, Vers 59 – für das Jahr 2159
Die Verbannten werden auf die Inseln verbracht,
Beim Wechsel zu einem sehr entsetzlichen Monarchen.
Werden sie ermordet und versetzt um zu besitzen das Schimmern der Sterne.

Wer davon spricht nicht wird vor Gericht für sie auftreten können.

Centurie I, Vers 60 – für das Jahr 2160
Ein zweifacher Krieg wird entstehen bei Italien.
Welche die Macht des Reiches verteuern und töten wird.
Man spricht mit einigen Menschen der Inseln und demonstriert.
So daß man immer weniger Hell statt Mäuler finden wird.

Centurie I, Vers 61 – für das Jahr 2161
Die öffentliche Liga wird in den Weltraum versetzt, um verletzt zu werden.
Der Fall wird eintreten, daß der Kopf des neuen Rates getötet wird.
Ihre große Anhäufung von Verbannten und übel Verhexten.
Zeit des Angstschweißes entzückt über ihren großen Vertrag werden sie sein.

Centurie I, Vers 62 – für das Jahr 2162
Der große Verlust wird eintreten – überdrüssig wegen des Weltraums macht man Verträge.
Zuvor am Himmel dort die Tatsachen eintreten werden.
Großes Unglück kommen wird – viele lassen ihr Zepter zurück.
So daß man für ein Jahrhundert nichts wird wieder herstellen können.

Centurie I, Vers 63 – für das Jahr 2163
Die Blumen gibt es nicht mehr – die Welt ist kleiner geworden.
Lange Zeit der Frieden die Länder nicht bewohnen wird.
Aufmarsch erfolgt – Zeit des Himmels der Erde des Meeres und der Welt.
Dann das Neue die Kriege hervorruft.

Centurie I, Vers 64 – für das Jahr 2164
Des Nachts hat man die Sonne – ausgedacht hat man das Feuer,
Wenn aus dem Schwein halbe Menschen gemacht wurden.
Dröhnendes singen, Kampf am Himmel, besiegen die Übersicht,
Und einfache Tiere man im Weltraum anbetet.

Centurie I, Vers 65 – für das Jahr 2165
Kinder ohne Hände – niemals wollen sie ein größeres Faß.
Das königliche Kind beim Spiel den Osten verletzt haben wird.
Zur Zerschlagung der Macht des Schwefels. Gemahlenes für den Krieg hergestellt wird. Drei in Ketten in der Mitte aufgeputzt werden.

Centurie I, Vers 66 – für das Jahr 2166
Derjenige welcher sodann die Neuheiten besitzt.
Nach einem der kommen wird, um Atem zu holen.
Der Fischteich ist nicht der Berg des Krieges und zwei erstrahlen.
Graues und Zeit des Ostens sie verursachen unterschwellig Schlimmes.

Centurie I, Vers 67 – für das Jahr 2167
Den großen Freund, welchen ich durch Intuition sich nähern sehe.
Unter dieser Kraft dreht es sich – dann wird entstehen das östliche Universelle.
So groß und so lang, daß man es herausreißen will.
Aus dem Wald der Wurzeln, von dem man zuvor nach dem Honig gefragt hat.

Centurie I, Vers 68 – für das Jahr 2168
O welch schreckliche und üble Wende.
Drei unschuldige Könige, die man zur Macht erheben wird.
Gift ist verpönt – das Übel bewacht vier Leuchtende.
Versetzt in Entsetzen durch die beleidigten Henker.

Centurie I, Vers 69 – für das Jahr 2169
Im großen Gebirge vollenden sich die sieben Stadien.
Nach dem Frieden folgt Krieg, Hunger, Ungehorsam,
Wird weite Teile erfassen – Mißbrauch und große Widersprüche.
Selbst Altes und große Gründungen sind davon betroffen.

Centurie I, Vers 70 – für das Jahr 2170
Regen – Hunger – Krieg der von Persien ausgeht hört nicht auf.

Der zu feste Glaube verrät den Monarchen.
Man spricht über die Einweihung, die in Gallien beginnt.
Geheime Weissagung für ein östliches Schiff.

Centurie I, Vers 71 – für das Jahr 2171
Der Turm des Meeres wird dreimal erobert und befreit,
Durch die »spanischen Nüsse« des Bärtigen und durch die Liga der Wildschweine.
Die Insel des Krieges ist der Dachs, verursacht durch diejenigen, die Pisa halten.
Ausgedehntes Feuer aus der Luft – Plünderung der Zwiebel des Wildschweins.

Centurie I, Vers 72 – für das Jahr 2172
Getötet alle Bewohner auf der Insel des Krieges die überlaufen.
Die Regierung ist gefolgt bis in die Nähe des Löwen.
Was nicht besetzt ist, nichts Schmerzhaftes durch den Teil des beleidigten Wassers erfährt.
Getötet die Gefangenen bei einer Million durch einen tausendfachen Löwen.

Centurie I, Vers 73 – für das Jahr 2173
Ranziges wird in fünf Teile durch versäumten Überfall geteilt.
Getötet, gejätet wird das Meiste durch die rasierten Wissenschaftler. Der Löwe ist in seiner Stadt, sein Schiff man überfallen wird.
Nicht wird emporkommen die Gruppe – man spricht über die kommenden Wissenschaften.

Centurie I, Vers 74 – für das Jahr 2174
Zum Durchsetzen seines Aufenthaltes das Kriegsschiff des Weltraums die Macht besitzen wird.
Die große Hilfe wird kommen gegen den Antiochier. Das schwarze Fell gekräuselt, wird er mit Gewalt das Reich halten.
Das Bärtige in der Luft wird sich schließlich drehen wie ein Spieß.

Centurie I, Vers 75 – für das Jahr 2175
Der sehr feindliche Tyrann wird nicht in die Falle gehen.
Die Macht gewinnt derjenige, der die Meeresabteilung besitzt.
Die beiden Armeen durch die Bezeichnung des Jahres sich ankündigen werden.
Erscheinen wird der strahlende Herr ohne Einschränkung.

Centurie I, Vers 76 – für das Jahr 2176
Von einem menschenscheuen Namen und für den Krieg wird er sein.
Das was die vier Könige verschlossen haben, wird als verhängnisvoller Name erscheinen.
Dann wird das Volk durch die Sprache groß und über Tatsachen sprechen. Mehr als Null werden brüllend erscheinen, um wiederzubenennen.

Centurie I, Vers 77 – für das Jahr 2177
Zwischen zwei Meeren erbaut wird die Förderung.
Bis sie dann sterben wird durch den Tod des Pferdes.
Die Wissenschaften des Neptun werden zusammenfalten das schwarze Segel. Zwei Tore werden gebaut – hundert verlassen die Nähe des rosa Pferdes.

Centurie I, Vers 78 – für das Jahr 2178
Von einem alten Herren die Kunst der abgestumpften Sinne wird erfunden. Verkümmert zuvor werden sein Teile des Wissens und Teile der Waffen.
Der Herr von Frankreich wird sich vor seiner Schwester sehr fürchten. Auf dem Feld Geteiltes gesteht den Menschen Waffen zu.

Centurie I, Vers 79 – für das Jahr 2179
Das Geld des östlichen Basars ist dem Gram preisgegeben.
Gefühlsausbrüche durch die Gesetze Querelen und Vorrechte.
Wenn Lanzen gebrochen werden, das Land wird sich der Zerstörung aussetzen.
Wiedererneuerung des Weltraums der kraftlosen Thau-Stadt.

Centurie I, Vers 80 – für das Jahr 2180
In sechs Jahrhunderten wird die Luft in himmlischer Pracht sein.
Es wird zu einer gewaltigen Wende in der Burg, die man bauen wird, kommen.
Dann werden geboren Ungeheuer von einer sehr bestialischen Scheußlichkeit.
Mars – April – Mai – Juni – großer Karpfen und große Ratten.

Centurie I, Vers 81 – für das Jahr 2181
Die neue Fahne der Unmenschlichkeit wird teilweise aufgepflanzt.
Vom Urteilsvermögen und Ratschlägen sind sie getrennt.
Ihr Ausstieg wird bei der Abreise getrennt erfolgen.
Kopf nicht T – hurra – T ist gleich A – zweifach D. A 1000 Schätze die verbannt sind, ins Quadrat gesetzt.

Centurie I, Vers 82 – für das Jahr 2182
Wenn die Krägen aus Holz erfunden werden, erfolgen große Erschütterungen.
Gleichlange Kriege zum Sieg führen im Untergrund das Rotreiche.
Lange Brände im Weltraum bis der große Zusammenschluß stattfindet. Erschütterungen im Weltall das Leben wird geboren in den Ländern mit den gleichvielen Reichtümern.

Centurie I, Vers 83 – für das Jahr 2183
Die fremden Menschen werden teilen die Kriegsbeute.
Der Umlauf des Mars bewacht wieder sein Furioses.
Schreckliche Fremde – auf dem Rücken von Hundert Jahren die Zeit der Wissenschaften.
Griechisches, welches zu Kuriosem zerrieben wird.

Centurie I, Vers 84 – für das Jahr 2184
Das eine Unbekannte bei der zwei sich in der Finsternis vollendet.
Sein Irrtum geht vorüber in den Farben des Irrtumschaffenden.

Das große Versteck für lange Zeit unter den Dunkelheiten sein wird.
Wird den Weltraum erobern in dem Spiel der Wissenschaftler.

Centurie I, Vers 85 – für das Jahr 2185
Man spricht über die Antwort des Kopfes der Seelen, die den König erschüttern.
Die Botschafter haben ihr Leben verachtet.
Das Große seine Kriege gegen den Weltraum verdoppelt.
Durch die Zwei vollendet sich das Sterben – betrunken vor Haß sind die Feinde.

Centurie I, Vers 86 – für das Jahr 2186
Die große Königin wird erstehen, wenn sich der Sieg einstellt.
Zeit der Exzesse des männlichen Mutes.
Auf dem Pferd reiten ganz nackte Blumen vorüber.
Es folgen im Weltraum aus Stolz verursachte Beleidigungen.

Centurie I, Vers 87 – für das Jahr 2187
Indem sie Streit suchen, haben sie getötet das Zentrum der Erde.
Zeit der Erschütterungen im Umkreis der neuen Stadt.
Zwei große Felsen für lange Zeit Krieg führen.
Bis die Macht des Einsperrens gebraucht wird rötet sich die neue Blume.

Centurie I, Vers 88 – für das Jahr 2188
Das göttliche Leid übernehmen wird der große Prinz.
Ein wenig davor wird erscheinen die verheiratete Frau.
Ihre Ohnmacht und ihr Kredit wird auf einen Schlag gemindert.
Der Rat wird sterben wegen der rasierten Köpfe.

Centurie I, Vers 89 – für das Jahr 2189
Alle diejenigen der Insel der Glaubensabtrünnigen werden sein in vier Jahren zu eingesalzenen Seelen.
Dem Tode preisgegeben alle diejenigen der wahren Gesetze und der Wissenschaften.

Die Regierung des Hofes des Meeres wird kommen – bald große Verschleierung stattfinden wird.
Wenn die Spanier alle Adern öffnen werden.

Centurie I, Vers 90 – für das Jahr 2190
Für die Gewässer dreifache Kraft durch die Sonde die vom Land kommt. Eine große Gruppe wird flachgeschlagen von den Engeln, die man besitzt. Gegen die Gallier wird der strahlende Berg erbaut.
Wenn das scheußliche Ungeheuer geboren wird nahe des Goldes.

Centurie I, Vers 91 – für das Jahr 2191
Die zwei werden sich den äußeren Anschein des Menschlichen geben.
Dieses so, daß sie die Autoren des großen Streits sein werden.
Bevor das Feuer des Himmels erfunden wird, werden sich die zwei duellieren.
Gegen das, was zur linken Hand ist, die größte körperliche Pein sein wird.

Centurie I, Vers 92 – für das Jahr 2192
Unter Einem – der Frieden für alle fordern wird.
Aber wenig später Plünderung und Aufstand erfolgen werden.
Durch den Wiedergebrauch der Insel das Land und Meer verwundet wird. Tote und Gefangene an das Dreifache einer Million es geben wird.

Centurie I, Vers 93 – für das Jahr 2193
Vier Kriege nahe der italienischen Berge es geben wird.
Löwe und Hahn sich nicht zu eng zusammenschließen.
Vom Ort der Angst der eine den anderen verblüfft.
Nur die hundert Sterne und die Geflügelten wirken mäßigend ein.

Centurie I, Vers 94 – für das Jahr 2194
An der Grenze zum Salzigen der Tyrann wird entmachtet.
Die Freiheit sodann nicht wieder bedeckt wird.
Der neue Krieg wird durch den Wein ausgelöst und endet wieder.
Die Frau wird durch die Macht der ehrenwerten Strahlenden eingesetzt.

Centurie I, Vers 95 – für das Jahr 2195
Zuvor wird das dreifache Moos erfunden das Kinder benötigen.
Vom heldenhaften Blut zu Mönchen und Baufälligem.
Der dröhnende Ton wird durch die Sekte der Sprache und die Macht des Tons erzeugt.
Das, von dem man sprechen wird, mächtig erhebt seine linke Spitze.

Centurie I, Vers 96 – für das Jahr 2196
Derjenige welchen die Verantwortung der Zerstörung tragen wird.
Sich Zeit läßt und die Sekten übertreten zu dem, was vor Asien gewesen ist.
Mehr zum Felsen des Irrtums als zum Leben übertreten – die Nacht wird über sie hereinbrechen.
Durch die verzierte goldene Sprache die Insel der asiatischen Rasse entsteht.

Centurie I, Vers 97 – für das Jahr 2197
Dasjenige, was im Weltraum ist, die Seele nicht erhalten hat, um sich zu vollenden.
Die süßen Reden im Rat werden das Leben zwischen den Lüften wollen. Durch die Beruhigung des gefrorenen Tons der König in der Luft den Überblick erhält.
Viele Gegner sich daraus ergeben – Blut wird gestellt in das Bett der Luft.

Centurie I, Vers 98 – für das Jahr 2198
Der Herr, der das Volk der Unwissenheit zum Sieg geführt hat, weit vom Ton des Himmels sich befindet und eine fremde Sprache spricht.

Hundert durchdringen tausend – Hundert werden wiederbeköpft und in die salzige These eingeweiht werden.
Der Herr flüchtet wissend in die maritime Scheune.

Centurie I, Vers 99 – für das Jahr 2199
Der große Monarch, welcher einberufen wird die Versammlung.
Mit zwei Königen, die in Freundschaft vereinigt sind.
O welch Seufzer wird machen der große Handwerker.
Von den Jahren im Umkreis nicht eines gut sein wird, welch Mitleid.

Centurie I, Vers 100 – für das Jahr 2200
Für lange Zeit wird im Weltraum das Geheimnis der Zeit des griechischen Feuers zu sehen sein.
Geschickt bereitet aus vier Ölen und vom dosierbaren Rohr dreifach zurückgekehrt.
Gehalten die Morgendämmerung – hundert von einem grünen Unnützen zuvor verzweigt werden.
Sterben wird bald das Große und eingeweiht das, was irrt.

Vorwort des Nostradamus an César in deutscher Übertragung

Die Satzzeichen und Einzüge sowie Abschnitte wurden der Übersichtlichkeit des Textes halber in dieser deutschen Übersetzung hinzugefügt. Die nachstehende Textfassung folgt der gemeinsam von Manfred Dimde und Wulfing von Rohr erarbeiteten Übertragung aus »Nostradamus – Seher und Astrologe: Entschlüsselte Geheimnisse und ungelöste Rätsel« (Ariston Verlag Genf-München 1994, siehe auch Literaturhinweise im Anhang).

An meinen Sohn César Nostradamus – Leben und Heil.

Deine späte Ankunft, mein Sohn César Nostradamus, hat mich veranlaßt, in den langen Stunden meiner durchwachten Nächte zum gemeinen Nutz und Frommen der Menschheit schriftlich für dich aufzusetzen, was die Gottheit durch astronomische Umwälzungen mir kundgegeben, um dir nach dem körperlichen Erlöschen deines Erzeugers eine Erinnerung zu hinterlassen, weil es dem unsterblichen Gott nicht gefallen hat, dich mit dem natürlichen Lichte ausgerüstet auf diesen Weltenstrich zu setzen, und – ich will nicht sagen, deine Märzjahre, die noch vereinzelt dastehen, sondern – deine Märzmonate nicht imstande sind, in dein schwaches Verständnis aufzunehmen, was ich erst nach dem Schlusse meiner Tage werde vollenden können.

Dieweilen es nun nicht möglich ist, dir schriftlich zu hinterlassen, was durch die Unbilden der Zeit verwischt würde, da das vererbte Wort der verborgenen Weissagung in meiner Brust verschlossen bleiben wird; in Anbetracht auch, daß die Ereignisse entschieden ungewiß sind, und daß alles von der unberechenbaren Macht Gottes regiert und geleitet wird, der uns nicht im bacchantischen Furor, noch in der emphatischen Bewegung, sondern in der Schrift der Gestirne inspiriert – »nur die vom göttlichen Hauche angehaucht und mit dem Geiste der Weissagung erfüllt sind, schauen die Ereignisse« –, wiewohl ich seit vielen Jahren mehrere Male lange Zeit vorausgesagt, was sich nachher begeben hat in

besonderen Regionen, alles der göttlichen Kraft und Inspiration zuschreibend, und andere glückliche und unglückliche Begebenheiten mit beschleunigter Geschwindigkeit ausgesprochen, welche sich nachher in den Klimaten der Welt begeben haben; indem ich aus Grund der Unbill, nicht allein der gegenwärtigen Zeit, sondern auch des größten Teiles der Zukunft, schweigen und nichts schriftlich aufsetzen wollte, weil die Reiche, Sekten und Regionen eine so entgegengesetzte, nämlich in diametralem Gegensatze zu der Gegenwart stehende Veränderung erleiden werden, daß, wenn ich berichten wollte, was sich begeben wird, die vom Reiche, von der Sekte, von der Religion und vom Glauben Widerspruch genug mit ihrer Ohrenphantasie darin finden würden, um zu verwerfen, was man im Laufe der Zeit erfahren und wahrnehmen wird; in Anbetracht auch, daß der wahrhafte Erlöser gesagt hat: »Gebet das Heilige nicht den Hunden hin und werfet eure Perlen nicht den Schweinen vor, damit sie nicht mit ihren Füßen sie zertreten, sich umwenden und euch zerreißen« – so habe ich aus diesen Gründen meine Zunge vom Volke und die Feder vom Papier zurückgezogen, und hierauf, wenn ich für das Allgemeine die Zukunft erklärte, über die künftigen, selbst die am meisten dringenden Ursachen, die mir, mag eine menschliche Veränderung eintreten, welche da will, die Schwäche des Hörers nicht zu ärgern schienen, in dunklen und verworrenen Sätzen mich ausgedrückt und alles mehr in nebelhaften Umrissen, als in reiner prophetischer Sprache gegeben, wiewohl »du dies den Weisen und Gewaltigen verborgen hast und es geoffenbart den Einfältigen und Geringen«, sowie den Propheten.
Mittelst des unsterblichen Gottes und der guten Engel haben sie empfangen den Geist der Weissagung, mit welchem sie die entfernten Dinge erkennen und die künftigen Ereignisse voraussehen; denn nichts kann vollendet werden ohne ihn, der eine so große Macht hat und Güte gegen die Geschöpfe, daß, solange sie in ihm bleiben, obgleich den übrigen Einflüssen unterworfen, ob der Verwandtschaft mit dem guten Genius, diese Wärme und Gabe der Weissagung sich uns mitteilt, wie es bei den Strahlen der Sonne der Fall ist, welche ihren Einfluß auf die elementarischen Körper ausüben und auf die nichtelementarischen.
Wir für uns, die wir Menschen sind, können nichts aus unserer

natürlichen Erkenntnis und Wurmnatur erkennen von den dunklen Geheimnissen Gottes, des Schöpfers, »denn uns ist nicht gegeben die Zeit zu erkennen und die Stunde«, wiewohl auch immerhin Personen kommen und sein können, denen Gott der Schöpfer durch imaginative Eindrücke einige der judiziellen Astrologie zugestandenen Geheimnisse der Zukunft, sogar der Vergangenheit geoffenbart hat, und daß eine gewisse Macht und selbsttätige Erkenntnis daraus hervorging, wie die Flamme aus dem Feuer hervortritt, so daß man bei seinen Eingebungen die göttlichen Inspirationen von den menschlichen unterscheiden lernte.

Denn die göttlichen Werke, welche durchaus absolut sind, vollendet Gott, das Mittel die Engel, das Dritte die Bösen. Aber, mein Sohn, ich spreche hier ein wenig zu dunkel mit dir; jedoch was die verborgenen Weissagungen betrifft, so empfängt man sie durch den feinen Geist des Feuers, der bisweilen durch das erregte Verständnis, bis zu den höchsten Höhen der Gestirne sich erhebend, als aufmerksam selbst auf die Aussprache, wenn überrascht das Geschriebene ohne Furcht aussprechend, eine unbefangene Redseligkeit erlangt; was aber alles von der göttlichen Macht des großen ewigen Gottes kam, von welchem alles Gute kommt.

Wenn ich, mein Sohn, auch den Namen Weissagungen, was soviel ist als Prophetengesichte, vorangestellt habe, so will ich einen Titel von solcher Erhabenheit nicht für die gegenwärtige Zeit anwenden, denn wer heutzutage Prophet genannt wird, hieß ehedem »Seher«; denn der eigentliche Prophet, mein Sohn, ist derjenige, der entfernte Dinge vermöge der natürlichen Erkenntnis aller Kreatur sieht. Und den Fall angenommen, daß dem Propheten mittelst des vollkommenen Lichtes der Weissagung göttliche wie menschliche Dinge offenbar werden, so kann jenes nicht geschehen, dieweil die Wirkungen der Vorhersagung des Zukünftigen sich in die Ferne erstrecken. Denn die unbegreiflichen Geheimnisse Gottes und die wirkende Kraft stehen in einer sehr entfernten Berührung mit der natürlichen Erkenntnis, welche ihre nächste Quelle in dem freien Willen hat, und die Ursachen an sich selbst können nie zu der Gabe der Erkennbarkeit gelangen, weder durch die menschlichen Vorwahrnehmungen noch durch irgendeine andere Erkenntnis oder verborgene Kraft

im ganzen Umkreise des Himmels, ja der ganzen Ewigkeit, welche alle Zeit in sich schließt.
Aber mittelst einer wenngleich unteilbaren Ewigkeit lassen sich bei der sie begleitenden herakleischen Agitation die Ursachen durch die himmlische Bewegung erkennen. Auf daß du mich wohl verstehst, mein Sohn, ich sage nicht, daß die Erkenntnis dieses Gegenstandes sich nicht in dein schwaches Gehirn prägen könne, obgleich die weit entfernten zukünftigen Ursachen nicht der Erkenntnis der vernünftigen Kreatur zustehen, wenn anders das Erkenntnisvermögen der erschaffenen Seele für die entfernten gegenwärtigen Dinge nicht entgegensteht und sie ihr überhaupt nicht zu dunkel und zu relativ sind, sondern ich sage nur, die vollkommene Erkenntnis der Ursachen läßt sich nicht ohne jene göttliche Inspiration erwerben, weil jede prophetische Inspiration ihr hauptsächlichstes bewegendes Prinzip aus Gott dem Schöpfer und dann aus der Stunde und der Natur schöpft.
Weil denn die Ursachen indifferent sind, ohne Unterschied hervorgebracht oder nicht hervorgebracht, tritt teils die Vorbedeutung ein oder ist vorhergesagt worden. Denn das intellektuell erschaffene Verständnis kann auf verborgenem Wege nur durch die mittelst der dünnen Flamme an ihren Strahlenkranz ergangene Stimme sehen, auf welche Seite sich die künftigen Ursachen neigen mögen.
Auch bitte ich dich inständigst, mein Sohn, deinen Verstand nie jenen eitlen Träumen zuzuwenden, welche den Körper vertrocknen und die Seele ins Verderben stürzen, indem sie die schwache Vernunft verwirren; oder gar der eitlen, mehr als fluchwürdigen Magie dich hinzugeben, welche schon von der Heiligen Schrift und von den kanonischen Gesetzen verworfen wurde, die das Urteil der judiziellen Astrologie ausnehmen, nach welcher und mittelst göttlicher Inspiration und Offenbarung wir unter fortwährenden Berechnungen unsere Prophezeiungen niedergeschrieben haben. Und obwohl diese geheime Philosophie nicht verdammt worden, wollte ich doch ihre ausschweifenden Enthüllungen nicht vorlegen, wiewohl mir mehrere Bände, welche lange Jahrhunderte verborgen gewesen, geoffenbart worden.
Aber weil ich ahnte, was da kommen würde, weihte ich sie, nachdem ich sie gelesen, dem Vulkan, dessen leckende Flamme,

während sie dieselben verzehrte, einen ungewöhnlichen Glanz verbreitete, weit strahlender als die natürliche Flamme, das Haus mit einem plötzlichen Strahlen erleuchtend, als stünde es auf einmal im Brande.

Daß du doch in Zukunft nie getäuscht würdest in Erforschung der vollkommenen, sowohl salinischen als solitarischen Verwandlung, und der unter der Erde und in den Wassern verborgenen unzerstörbaren Metalle. Was aber das Judizium betrifft, welches mittelst des himmlischen Judiziums vollendet werden soll, so will ich dir dies offenbaren: Wir erlangen Kenntnis von den künftigen Ursachen, indem wir, die phantastischen Bilder der Imagination durchaus verwerfend, die besonderen Verhältnisse der Örtlichkeiten durch übernatürliche göttliche Inspiration in Übereinstimmung mit den himmlischen Figuren, die Örtlichkeiten und einen Teil der ihrer Natur nach dunklen Zeit durch die göttliche Kraft, Macht und Fähigkeit bestimmen, in deren Angesicht die drei Zeiten von Ewigkeit her umschlungen sind, ihren Umschwung an die vergangene, gegenwärtige und zukünftige Ursache bindend: denn »alles liegt nackt und offen vor Dir, o Herr«, etc.

Darum kannst du, mein Sohn, ungeachtet deines zarten Gehirns, leicht begreifen, daß die Dinge, die da kommen sollen, aus den himmlischen Lichtern der Nacht, welche natürlich sind, und aus dem Geist der Prophezeiung prophezeit werden können; nicht als ob ich mir eine prophetische Benennung oder Wirkung zuschreiben wollte, sondern aus geoffenbarter Inspiration, als einem sterblichen Menschen zuteil geworden, der mit dem Verstande ebensowenig dem Himmel fernsteht als mit den Füßen der Erde. »Ich kann mich nicht irren noch täuschen«, (wiewohl) ich bin ein größerer Sünder als irgendein anderer in der Welt, unterworfen allen menschlichen Gebrechen.

Aber bisweilen in der Woche lymphatisch [ekstatisch] angeregt und mittelst langer Berechnung die nächtlichen Studien versüßend, habe ich Bücher mit Prophezeiungen entworfen, von denen jedes astronomische Strophen von Prophezeiungen enthält, die ich absichtlich etwas dunkel gegeben habe; und es sind ewig dauernde Weissagungen von jetzt an bis zum Jahre 3797; worüber etliche die Stirne runzeln werden, wenn sie einen so

langen Zeitraum unter dem Monde gegeben sehen mit seinen Ursachen, erkannt im ganzen Umfang der Erde.
Wenn du das natürliche Alter des Menschen erreichst, wirst du um dein Klima im Gebiete des deiner Geburt eigentümlichen Himmels die vorausgesehenen künftigen Ereignisse erleben. Obwohl der Eine ewige Gott allein derjenige ist, er die Ewigkeit mittelst seines aus ihm selbst hervorkommenden Lichtes erkennt, sage ich doch offen, daß, wenn seine unermeßliche Größe, die ohne Maß ist und unbegreiflich, durch lange melancholische Inspiration offenbaren wollte, daß mittelst dieser göttlich geoffenbarten verborgenen Ursache – wobei hauptsächlich von zwei hauptsächlichen Ursachen, welche enthalten sind in dem Verständnisse des Inspirierten, welcher prophezeit, die eine es ist, die, das übernatürliche Licht erleuchtend, der Person eingießt, welche nach der Belehrung der Gestirne voraussagt und nach der inspirierten Offenbarung prophezeit, die da ist eine gewisse Beteiligung an der göttlichen Ewigkeit – der Prophet sein Urteil aus demjenigen schöpft, was ihm sein göttlicher Geist durch Gott den Schöpfer und durch seine natürliche Anregung gegeben hat: das heißt, daß das, was vorausgesagt, wahr ist und von oben stammt, und solches Licht und dünne Flamme allwirksam ist und desgleichen so erhaben, daß die natürliche Klarheit und das natürliche Licht die Philosophen ihrer Sache so gewiß macht, daß sie mittelst der Prinzipien der ersten Ursache die tiefsten Tiefen der erhabensten Lehren ergründet haben.
Aber damit ein Ende, auf daß ich nicht zu tief ausschweife, mein Sohn, für die zukünftige Fassungskraft deines Verstandes, und dieweil ich finde, daß die Wissenschaften einen so großen und unvergleichlichen Wurf tun, daß ich finde, es werden vor der allgemeinen Verbrennung der Welt solche Fluten und so hohe Überschwemmungen über sie kommen, daß nicht leicht ein Gebiet sein werde, welches nicht mit Wasser bedeckt wäre, und zwar so lange, daß außer Ethnographien und Topographien alles untergehe. Auch vor und nach solchen Überschwemmungen werden mehrere Gegenden so wenig Regen haben und eine solche Fülle von Feuer und weißglühenden Steinen wird vom Himmel fallen, daß nichts übrigbleibt, was nicht verzehrt ist; und dieses wird sich in kurzem ereignen und vor der letzten Verbrennung,

obgleich der Planet sein Säkulum vollendet und am Ende seiner letzten Periode, wenn er es wieder aufnimmt; aber versammelt die einen im Wassermann mehrere Jahre, die andern im Krebs längere und andauernde Zeit.
Und jetzt, wo wir vom Monde geleitet werden, ehe er seinen ganzen Umlauf vollendet hat, wird mittelst der Allmacht des ewigen Gottes die Sonne kommen und nachher der Saturn. Denn zufolge der himmlischen Zeichen wird das Reich Saturns wiederkehren, daß, alles berechnet, die Welt einer »anaragonischen« Umwälzung sich nähert und daß von diesem Augenblick an, wo ich schreibe, bevor 177 Jahre, 3 Monate und 11 Tage (herum) sind, durch Pestilenzen, lange Hungersnot und Kriege und mehr noch durch Überschwemmungen die Menschheit zwischen jetzt und der bestimmten Frist, vor und nach zu mehreren Malen so sehr verringert werden, und es so wenige Menschen geben wird, daß man niemanden findet, der die Felder bestellt, welche so lange frei bleiben, als sie in Knechtschaft gewesen.
Und was das sichtbare himmlische Judizium betrifft, stehen wir in dem siebenten Tausend, das alles vollendet, und nähern uns dem achten, wo das Firmament der achten Sphäre ist, welche ist in der Latitudinardimension, wo der große ewige Gott die Umwälzung vollenden wird und die himmlischen Zeichen sich wieder neu bewegen werden und die höhere Bewegung eintritt, welche uns die Erde stabil und fest macht, »sie wird sich nicht wandeln von Ewigkeit zu Ewigkeit«, außer daß sein Wille erfüllt werde, aber durchaus nichts anders; wiewohl nach zweideutigen Meinungen, welche alle natürliche Vernunft mit »mahomedanischen« Träumen überschreiten, Gott der Schöpfer bisweilen auch durch den Dienst seiner Feuerflammenboten den äußeren Sinnen und selbst unseren Augen die Ursachen einer Vorhersagung des Zukünftigen im Bilde des künftigen Ereignisses darlegt, das sich auf denjenigen bezieht, welchem die Vorbedeutung geoffenbart wird. Denn die Vorbedeutung, die aus dem äußeren Lichte kommt, urteilt untrüglich bei und nach dem äußeren Lichte; wiewohl zwar der Anteil, den das Auge an der Wahrnehmung zu haben scheint, nicht mit Verletzung des Imaginationsvermögens verbunden ist, wovon der Grund zu sehr einleuchtet, da alles durch den Hauch der Gottheit und durch Vermittlung des dem prophe-

zeienden Menschen inspirierten engelhaften Geistes vorhergesagt wird, der ihm Weissagungen eingibt, ihn erleuchtend, die Fernsicht der Phantasie durch verschiedene Erscheinungen der Nacht in ihm erregend, die er in der Vergewisserung des Tages prophezeit durch den Dienst der Astronomie, verbunden mit der hochheiligen Vorhersagung der Zukunft, die übrigens lediglich auf dem freien Geiste beruht.
Höre denn in dieser Stunde, mein Sohn, daß ich durch meine mit der geoffenbarten Inspiration übereinstimmenden Umwälzungen finde, daß uns jetzt der Tod mit seinem Schwerte naht durch Pest, Krieg, schrecklicher als seit drei Menschenaltern, und Hungersnot, welche über die Erde kommen und wiederkommen wird; denn die Gestirne stimmen in der Umwälzung überein, und Er hat auch gesagt: »Ich will ihre Missetaten mit eiserner Rute heimsuchen und will sie mit Schlägen züchtigen«, denn die Barmherzigkeit Gottes wird nicht ausgestreut werden zu einer Zeit, mein Sohn, bis die meisten meiner Weissagungen erfüllt sind und durch die Erfüllung vollendet werden.
Alsdann wird während der bösen Zeitläufte der Herr zu mehreren Malen sprechen: »Zerschlagen will ich und zerbrechen, und ich will mich nicht erbarmen«; und tausend andere Ereignisse werden kommen, Gewässer und fortwährende Regengüsse, wie ich weitläufiger beschrieben habe in meinen anderen Weissagungen, die ich des weiten und breiten in ungebundener Rede abgefaßt habe, Ort und Zeit bestimmend und den voraus festgesetzten Termin, was die Nachwelt erleben wird, untrüglich erkennend die eingetretenen Ereignisse, wie wir für die übrigen bemerkt haben, in deutlicherer Sprache, obgleich die Intelligenzen unter den Wolken gefangen sein werden; aber, »wenn die Unwissenheit entfernt sein wird, dann wird es hell werden«.
Schließlich denn empfange, mein Sohn, dieses Geschenk deines Vaters Michel Nostradamus, der dir eine jede Weissagung der vorliegenden Vierzeiler zu erklären hofft und zum unsterblichen Gotte bete, daß er dir langes Leben und Glück und Gesundheit verleihen möge.

Salon, den 1. März 1555

Epistel an König Heinrich

Für die oben abgedruckte deutsche Fassung der Vorrede an César sowie für die Übersetzung der hier unten folgenden Epistel an Heinrich II. wurden neben den von Dimde und Rohr erarbeiteten Texten auch Vorlagen von Eduard Rösch verwendet. Erneut ist der Text durch Einzüge usf. übersichtlicher gestaltet. Einfügungen in eckigen Klammern bezeichnen einige weitere Lesarten.

Dem unüberwindlichsten großmächtigen und
allerchristlichsten König von Frankreich,
Heinrich dem Zweiten,
Michel Nostradamus, sein allerunterwürfigster und
gehorsamster Diener und Untertan, Sieg und Heil!

Seitdem infolge jener Allerhöchsten Aufmerksamkeit, die mir zuteil geworden ist, o allerchristlichster und siegreichster König, mein Angesicht, nachdem es lange Zeit umwölkt gewesen, vor Eurer maßlosen göttlichen Majestät erschienen, seit jenem Augenblicke bin ich fortwährend geblendet gewesen und habe nimmer aufgehört, jenen Tag, an welchem ich derselben als einer so einzig dastehenden und doch so menschenfreundlichen Majestät zum ersten Male mich nahte, nach Verdienst zu preisen und zu verehren.

Indem ich nun irgendeine Gelegenheit suchte, frei und offen meine unbegrenzte Dankbarkeit gegen Eure durchlauchtigste Majestät an den Tag zu legen, wobei ich aber sah, daß es mir unmöglich war, sie durch Taten sprechen zu lassen, verbunden mit meinem heißen Verlangen, meine so lange Finsternis und Nacht plötzlich erleuchtet und vor das Allerhöchste Auge des ersten Monarchen der Welt gestellt zu sehen, so daß ich lange Zeit im Zweifel war, wem ich diese drei Centurien des Restes meiner Prophezeiungen, welche das Tausend vollenden, widmen sollte, und nachdem ich lange an eine verwegene Keckheit gedacht, wandte ich mich damit an Eure Majestät, ohne darum zu erschrecken, wie der gewichtige Autor Plutarch in seinem »Leben

Lycurgus« erzählt, daß beim Anblicke der Opfer und Geschenke, welche man in den Tempeln der unsterblichen Götter zu jener Zeit darbrachte, die Leute, um nicht zu sehr über die besagten Kosten und Ausgaben zu erschrecken, oft nicht in den Tempeln zu erscheinen wagten.
Dessenungeachtet, weil ich Euren königlichen Glanz mit einer unvergleichlichen Menschenfreundlichkeit verbunden sah, wandte ich mich an dieselbe, nicht wie an die Könige von Persien, vor denen man nie erscheinen durfte; sondern einem hochverständigen und hochweisen Fürsten habe ich meine nächtlichen prophetischen Berechnungen gewidmet, die mehr nach natürlichem Instinkt, begleitet von poetischer Begeisterung, als nach den Regeln der Poesie entworfen sind, und zwar größtenteils entworfen nach der astronomischen Berechnung, entsprechend den Jahren, Monaten und Wochen der Regionen, Länder und der meisten größeren Städte ganz Europas einschließlich Afrikas und eines Teiles von Asien, nach dem Wechsel der Regionen, welche sich größtenteils allen diesen Klimaten [Ereignissen] nahen, und entworfen nach einem natürlichen Verfahren; wiewohl einer, dem es besser anstünde zu schweigen, einwenden könnte, die Zahl sei so leicht als die Einsicht des Verstandes schwer.
Und darum, o allermenschenfreundlichster König, sind die meisten meiner prophetischen Vierzeiler dermaßen holprig, daß man weder einen Weg darin finden noch sie interpretieren kann, wiewohl ich noch schriftlich zu hinterlassen hoffe die Jahre, Städte, Ortschaften und Regionen, in welchen der größere Teil sich ereignen wird, zumal die vom Jahre 1585 und vom Jahre 1606, beginnend mit dem gegenwärtigen Datum, welches ist der 15. März 1557 [Rösch schreibt fälschlich 1547], und weitergehend, tief in die Ferne, bis zu dem Ereignis, welches nachher eintreten wird im Anfange des siebenten Tausend, gründlich berechnet, soweit sich meine astronomische Berechnung und anderes Wissen erstrecken konnte, wo die Gegner Jesu Christi und seiner Kirche sich stärker zu vermehren anfangen werden; und alles ist entworfen und berechnet worden in auserwählten und wohlgestimmten Tagen und Stunden, und so genau, als es immer möglich war.
Und alles mit freiem und ungezwungenem Geiste, beinahe eben-

so viele Ereignisse der Zukunft berechnend als der vergangenen Zeiten mit Einschluß des Gegenwärtigen und dessen, was man im Laufe der Zeiten in allen Regionen erleben wird, alles so nämlich, wie es geschrieben steht, nichts Überflüssiges mit einmischend.

Wiewohl man sagt, daß von dem Zukünftigen keine Gewißheit gegeben ist, ist es wohl wahr, Sire, daß ich nicht aus meinem von meinen Voreltern mir gegebenen natürlichen Instinkte zu weissagen meinte, sondern diesen natürlichen Instinkt mit meiner langen, fortlaufenden Berechnung in Verbindung und Einklang brachte, und Seele, Geist und Gemüt von aller Sorge, Bekümmernis und Aufregung frei machte, durch Ruhe und Stille des Innern, alles in Übereinstimmung und geweissagt zum Teil auf dem ehernen Dreifuß.

Wiewohl mehrere sind, welche mir zuschreiben, was mir ist, als ob nichts daran wäre, so ist allein der ewige Gott, der die Menschen erforschet, ob sie frommen Gemütes sind und gerecht, der Barmherzige, der wahre Richter, den ich bitte, daß er mich gegen die Verleumdung der Bösen schützen möge, welche ebenso verleumderisch fragen können, warum Eure hocherhabenen Vorfahren, die Könige von Frankreich, Kröpfe geheilt, wie dann Fürsten anderer Nationen den Biß der Schlangen unschädlich gemacht, andere eine gewisse Weissagungsgabe gehabt haben, und andere Fälle, deren Aufzählung zu lange dauern würde. Obgleich aber diejenigen, welche die Bosheit des bösen Geistes haben, nicht begreifen wollen, so wird im Laufe der Zeit, nach dem Erlöschen meines irdischen Daseins, meine Schrift mehr begriffen werden als zu meinen Lebzeiten.

Wenn ich jedoch bei meiner Berechnung der Zeitalter irrte oder sie, wie etliche wollen, nicht möglich war, gefalle es Eurer mehr als kaiserlichen Majestät, mir zu verzeihen, wenn ich vor Gott und seinen Heiligen erkläre, daß ich in der gegenwärtigen Epistel durchaus nichts zu schreiben mich unterfange, was gegen den wahren katholischen Glauben ist, wenn ich die astronomischen Berechnungen mit meinem Willen zusammenstelle; denn die Zeiträume unserer Urväter sind, mit Vorbehalt der Berichtigung durch den Heiligen Stuhl, derart, daß der erste Mensch, Adam, ungefähr 1242 Jahre vor Noah lebte, die Zeiten nicht nach der

Zeitrechnung der Heiden berechnend, wie sie Varro geschrieben hat, sondern nur allein nach der Heiligen Schrift und meinem schwachen Geiste, in meinen astronomischen Berechnungen.
Nach Noah, ihm und der universellen Wasserflut kam Abraham [nach] ungefähr 1080 Jahre[n], der war der oberste Astrolog und erfand nach einigen zuerst die chaldäischen Schriften. Danach kam Mose ungefähr 515 oder 516 Jahre [später]; und zwischen der Zeit Davids und Moses sind gewesen ungefähr 570 Jahre.
Sodann nachher zwischen der Zeit Davids und der Zeit unseres Heilands und Erlösers Jesu Christi, geboren aus der Jungfrau, sind gewesen nach etlichen Chronographen 1350 Jahre, jemand könnte einwenden, diese Rechnung sei nicht richtig, weil sie nicht mit Eusebius übereinstimme.
Und von der Zeit der Erlösung des Menschengeschlechts bis zur verabscheuungswürdigen Verführung [Irrlehre] der Sarazenen sind gewesen 621 Jahre ungefähr; von da an kann man leicht zusammenbringen, welche Zeiten vergangen sind, ob meine Berechnung nicht gut und gültig ist für alle Nationen, weil alles berechnet wurde nach dem Laufe des Himmels in Verbindung mit einer zu gewissen Stunden eintretenden Anregung, dem Nachlasse meiner Urväter.
Aber die Unbilden der Zeit, durchlauchtigster König, erfordern, daß solche verborgenen Ereignisse nur in rätselhafter Sprache geoffenbart werden, nicht bloß einen Sinn zulassend und ein Verständnis, ohne Beimischung irgendeiner mehrdeutigen »amphibologischen« Berechnung, sondern vielmehr in Dunkelheit gehüllt, vermöge natürlicher Anregung sich nähernd der Sprache eines jener 1002 Propheten, die es seit Erschaffung der Welt gegeben hat nach Joels Berechnung und Chronik – »Ich will meinen Geist ausgießen über alles Fleisch, und es werden weissagen eure Söhne und eure Töchter.«
Aber diese Prophezeiung kam aus dem Munde des Heiligen Geistes, der da war die höchste ewige Macht, mittelst der, wenn sie bei einigen aus dieser Zeit mit der himmlischen verbunden war, dieselben große und wunderbare Ereignisse vorausgesagt haben.
Ich an meiner Stelle schreibe mir diesen Vorzug [ein Prophet zu sein] keineswegs zu. Gott bewahre mich, ich bekenne, daß alles aus Gott kommt, und sage ihm Dank und Preis und Lob in

Ewigkeit, ohne etwas von der Weissagung beigemischt zu haben, welche aus dem Fatum [Schicksal] kommt, sondern [ich halte mich an das] aus Gott, aus der Natur und größtenteils in Verbindung mit der Bewegung des himmlischen Laufes, so daß ich die großen, traurigen, wunderbaren Ereignisse und unglücklichen Begebenheiten, die den hervorragendsten Führern bevorstehen, wie in einem Brennspiegel, wie durch eine verschleierte Erscheinung sehe.

Vorerst wird den Tempeln Gottes, zum zweiten denjenigen, die hochgestellt sind, großer Verfall nahen mit tausend anderen unglücklichen Begebenheiten, wie man im Laufe der Zeit erfahren wird. Denn Gott wird die lange Unfruchtbarkeit der großen Dame ansehen, die danach zwei fürstliche Kinder empfangen wird; aber sie läuft Gefahr, durch die Verwegenheit des [jugendlichen] Alters den Tod zu erleiden im 18. [Jahr], und das 36. kann sie nicht überschreiten; sie wird drei Knäblein hinterlassen und ein Mägdelein, und zwei davon werden nicht ein und denselben Vater haben; unter den drei Brüdern werden solche Zwistigkeiten sein, die dann ausgeglichen und geschlichtet werden, daß drei Viertel von Europa [vor ihnen] zittern [werden]; durch den Jüngsten wird die Herrschaft Christi [christliches Königtum] erhalten und gemehrt; Sekten erheben sich und [werden] plötzlich gestürzt, Araber zurückgetrieben, Reiche vereinigt, neue Gesetze erlassen; von den anderen Kindern wird das erste die gekrönten wilden Löwen in Besitz nehmen, welche die Tatzen auf die furchtlosen Waffen legen.

Das zweite [Kind] wird, von den Latinern begleitet, weiter und weiter dringen, zittern und wütend den Berg Jupiters hinabsteigen, um die Pyrenäen zu erklimmen, in die alte Monarchie sich versetzen, sodann alles mit Menschenblut überschwemmen, und Mars [März] wird nicht lange Fasten halten.

Und die Tochter wird gegeben sein zur Erhaltung der christlichen Kirche, weil ihr Gebieter in die heidnische Sekte der neuen Ungläubigen eintritt; sie wird zwei Kinder haben, das eine vom Glauben, das andere vom Unglauben, zur Befestigung der katholischen Kirche. Und das andere wird ihr zu seiner großen Beschämung und späten Reue nach dem Leben trachten.

Drei Regionen werden in ganz anderer Weise miteinander im

Bunde stehen, nämlich Romanien, Germanien, Spanien, welche verschiedene Sekten bilden werden, hinter sich lassend den 50. und 52. Grad der Höhe [Breitengrad], und werden alle huldigen den entfernten Religionen in den europäischen und nördlichen Regionen unter 48 Grad Höhe, welche zuerst zittern aus eitler Furcht, worauf alsdann werden erzittern die entferntesten Okzidentalen, Meridionalen und Orientalen [West, Süd und Ost?], denn so groß wird ihre Macht sein, daß unüberwindlich ist, was sie in Verbindung und Einigkeit an kriegerischen Eroberungen machen. Im Wesen werden sie eins sein, aber gewaltig verschieden im Glauben.
Nach diesem wird die unfruchtbare Dame, mächtiger als die zweite, von zwei Völkern empfangen werden. Das erste widerspenstige ist dasjenige, das da Macht erhalten hat über alles, das zweite und dritte dasjenige, das seine Streitkräfte nach den Marken des östlichen Europa zu den Pannonen ausdehnen wird und schlägt und niederwirft und seine Segel nach Trinakrien [Sizilien], dem adriatischen Meer schickt und die Mirmidonen und die Germanen unterjocht; und die barbarische Sekte wird von den Latinern gewaltig geschlagen und verjagt werden.
Dann wird das große Reich des Antichristen beginnen; Attila und Xerxes werden herabkommen in großer unzähliger Zahl, so daß die Herabkunft des Heiligen Geistes, ausgehend vom 48. Grade, eine Völkerwanderung bringen wird, vertreibend das Greuel des Antichristen, der da Krieg führt gegen den Königlichen, welcher der große Vikar von Jesus Christus sein wird [Papst?], und gegen seine Kirche und sein »zeitliches und zeitbedingtes« Reich; und vorhergehen wird eine Sonnenfinsternis, die dunkelste und schwärzeste, die von Erschaffung der Welt bis zum Leiden und Sterben Jesu Christi und von da bis auf unsere Tage gewesen ist; und es wird geschehen im Monat Oktober, daß eine große Verschiebung wird eintreten, so gewaltig, daß man glauben wird, die Wucht der Erde habe ihre natürliche Bewegung verloren und sei in die ewigen Finsternisse hinabgestürzt, vorausgehen werden um die Zeit des Frühlings und nachfolgen außerordentliche Veränderungen, Umwandlungen von Reichen, große Erdbeben mit ungemeiner Vermehrung des neuen Babylon, vermehrt die elende Tochter durch das Greuel des ersten Brandopfers; und es wird

nicht länger also bleiben denn 73 Jahre, 7 Monate; alsdann wird diejenige aus dem Stamme hervorgehen, welche so lange Zeit unfruchtbar gewesen, ausgehend aus dem 50. Grad, welche die ganze christliche Kirche erneuern wird.
Und es wird entstehen großer Friede und Einigkeit zwischen den Kindern, die durch verschiedene Reiche voneinander getrennt und geschieden sind; und es wird ein solcher Friede entstehen, daß im tiefsten Abgrund angekettet bleiben wird der Aufwiegler, der die Parteien durch die Verschiedenheit der Religionen gegeneinanderhetzt und den Krieg unterhält, und es wird einig werden das Reich des Narren, der den Weisen spielen wird.
Und die Länder, Städte, Flecken, Reiche und Provinzen, welche verlasssen haben werden die ersten Wege, [um] sich zu befreien, werden, noch tiefer geknechtet, heimlich erzürnt sein über ihre Freiheit und den Verlust der vollkommenen Religion und werden anfangen, auf die linke Seite sich zu schlagen, um sich auf die rechte zu wenden; und sie werden die lange Zeit mit Füßen getretene Heiligkeit in ihrem alten Geiste wiederherstellen, und nach dem großem Hund wird hervorkommen der größere, der alles zerstören wird, selbst dasjenige, was zuvor vollendet sein wird; und es werden die Tempel wiederaufgerichtet werden wie in der ersten Zeit, und wird die Geistlichkeit wieder in ihren früheren Stand eingesetzt werden, und wird anfangen zu schwelgen in Üppigkeit und Hurerei und begehen tausend Greueltaten.
Und, einem anderen trostlosen Zustand nahe, während sie [laut Leoni ist die Geistlichkeit beziehungsweise die pervertierte Kirche gemeint; Nostradamus ist wieder einmal recht unklar] im Höhepunkt ihres Glanzes steht, werden sich Potentaten und Kriegsvölker erheben, und es werden ihr genommen werden die beiden Schwerter, und wird ihr nichts bleiben als die Fahnen, mit denen sie, das Volk anführend mittelst der Krümmung, die es anzieht, während sie sich nicht zu ihm herablassen will, mit dem entgegengesetzten Ende der spitzigen Hand die Erde berührend, es stacheln möchte, bis von einem Zweige der Unfruchtbaren geboren werden wird in langer Zeit [jener], der das ganze Volk befreit von dieser milden und freiwilligen Knechtschaft, sich begebend in den Schutz des Mars, und Jupiter beraubend all

seiner Ehren und Würden für die freie Stadt, die sich aufgetan und eingerichtet in einem zweiten kleinen Mesopotamien.
Und der Führer und Statthalter aus der Mitte genommen und hoch in die Luft gestellt werden; er weiß nichts von dem geheimen Bunde der Verschworenen mit dem zweiten »Trasibulus«, der lange Zeit alles geleitet haben wird; alsdann werden die unflätigen Greuel zur großen Schmach aufgedeckt und offenbar werden in den Finsternissen des verfinsterten Lichts; dies wird geschehen gegen das Ende, beim Wechsel seiner Regierung.
Und die Schlüssel der Kirche werden zurück sein mit der Liebe Gottes, und mehrere von ihnen werden abfallen vom wahren Glauben, und drei Sekten werden sein; die mittlere wird durch ihre Oberhäupter etwas in Verfall geraten; die erste in Europa ganz, im größten Teil Afrikas zum dritten Teil ausgerottet durch die Armen im Geiste, die, durch den geistlichen Hochmut verrückt, in Schwelgerei und Wollust zu Ehebrechern werden.
Der Pöbel wird sich erheben und die Anhänger der Gesetzgeber verjagen, und es wird scheinen, als ob in den vom Orient geschwächten Reichen Gott der Schöpfer den Satan aus den Kerkern der Hölle losgelassen hätte, um den großen »Dohan« [oder Dog und Doham; oder Gog und Magog] zu rufen, welcher eine so schreckliche Verheerung in den Kirchen anrichten wird, daß die Roten und Weißen, der Augen und Hände beraubt, nicht mehr berichten werden und ihnen ihre Gewalt genommen wird. Alsdann wird eine Verfolgung über die Kirchen hereinbrechen, wie sie noch nie gewesen. Und mittlerweile wird eine so große Pest entstehen, daß von drei Teilen der Welt mehr als zwei verschwinden werden; so daß man nicht mehr erkennen wird, wem die Felder und Häuser gehören, und daß man in den Straßen bis über die Knie im Grase waten wird.
Und der Geistlichkeit wird alles genommen werden, und die Schildträger des Mars werden alles an sich reißen, was von der Sonnenstadt von Melite [Malta oder Rom?] und den Stöchaden-Inseln [Isles d'Hyères] gebracht wird, und die große Kette des Hafens wird erschlossen sein, deren Herrschaft am Seeochsen [Marseille?] ihren Anfang nimmt.
Und ein neuer Einfall wird geschehen auf den Meeresstränden, um die Gebirge Castulus [Sierra Morena] zu befreien von der

ersten Wiedereroberung durch die Mahomedaner [Mohammedaner]. Und sie werden nicht frei sein von aller Befleckung, und gegen die Stätte, wo dereinst die Wohnung Abrahams stand, werden Leute anstürmen, welche den Jovialisten [von Jupiter] Verehrung zollen. Und dieselbige Stadt Achem [Shechem in Israel?] wird auf allen Seiten von ungeheurer Kriegsmacht umschlossen und angegriffen werden. Ihre Seemacht wird geschwächt werden durch die Okzidentalen [die vom Westen].
Und über dieses Reich werden große Verheerungen kommen, und die großen Städte werden entvölkert werden, und die da hineintreten, werden von der Rache des göttlichen Zornes mit getroffen werden.
Und es wird das so hochverehrte Grab lange Zeit bloß liegen vor aller Welt, den Blicken offen des Himmels, der Sonne und des Mondes. Und es wird verkehrt werden die heilige Stätte in eine Herberge für kleines und großes Vieh und eingerichtet für unheilige Dinge. O welch schrecklicher Jammer wird alsdann kommen über die schwangeren Weiber!
Und es wird das vornehmste Heer des Orients, größtenteils aufgeregt von den Septentrionalen und Okzidentalen (Norden und Westen), besiegt und erschlagen und die übrigen in die Flucht getrieben, und seine Kinder und Weiber gefangen weggeschleppt werden; und alsdann wird erfüllt werden die Weissagung des königlichen Propheten: »Daß er höre die Seufzer der Gefangenen, daß er löse die Söhne der Gefallenen.«
Wie werden alsdann geschlagen werden die Fürsten und Statthalter der Reiche, selbst diejenigen, die am Meere liegen und im Morgenlande, und ihre Sprachen werden sich selbst einmengen in die große Gesellschaft, die lateinische und die arabische durch die punische Kommunikation, und es werden alle diese orientalischen Könige vertrieben werden, zu Boden geschlagen und ausgerottet, nicht ganz durch die Streitmacht der Könige des Nordens, auch in der Nähe unserer Welt durch die drei Verbündeten, die da heimlich einander nach dem Leben trachten und Schlingen legen; und es wird dauern die Erneuerung des Triumvirats sieben Jahre, daß der Ruf solcher Sekten sich ausbreiten wird durch die ganze Welt und wird aufgerichtet werden das reine und heilige Opfer; und es werden alsdann sein der Herren zwei an der

Zahl im Norden, Sieger über die Orientalen, und wird sein bei ihnen so großer Kriegslärm und Tumult, daß selbiger ganzer Orient erzittert aus Schrecken ob der selbigen Brüder und Nichtbrüder des Nordens.

Und was das betrifft, Sire, daß ich in diesem Schreiben diese Weissagungen beinahe verworren hinstelle, und wann diese Ereignisse sich begeben werden in betreff der Berechnung der Zeitfolge, [ich] dies gar nicht angebe, oder nicht sehr in Übereinstimmung mit dem Früheren [früheren Prophezeiungen]: so könnte dies sowohl auf astronomischem Wege als auch auf einem anderen, selbst nach der Heiligen Schrift, welche durchaus unfehlbar ist, geschehen; ich könnte, wenn ich wollte, jeder Strophe die Angabe der Zeit beisetzen, aber nicht allen wäre diese Angabe genehm, noch weniger die Auslegung, es müßte mir denn Eure Majestät zuvor ausgedehnte Vollmacht dazu gegeben haben, um den Verleumdern keinen Anlaß zu geben, mich zu beißen.

Wenn ich indessen die Jahre zähle von Erschaffung der Welt bis zur Geburt Noahs, so sind verflossen 1506 Jahre, und von der Geburt Noahs bis zur Vollendung der Arche bei Herankunft der allgemeinen Wasserflut sind verflossen 600 Jahre (es fragt sich, ob die Berechnung sich auf die Sonne oder den Mond oder auf beide zugleich gründet); ich halte dafür, daß die Heilige Schrift Sonnenjahre meint. Und am Ende dieser 600 Jahre trat Noah in die Arche, um sich vor der Flut zu retten; und es erstreckte sich selbige Flut über die ganze Erde und dauerte 1 Jahr und 2 Monate. Und vom Ende der Flut bis zur Geburt Abrahams verflossen 295 Jahre. Und von der Geburt Abrahams bis zu der Geburt Isaaks verflossen 100 Jahre. Und von Isaak bis Jakob 60 Jahre; von seinem Eintritt in Ägyptenland bis zum Auszuge aus demselben verflossen 130 Jahre. Und vom Auszuge aus Ägypten bis zur Erbauung des Tempels durch Salomo im vierten Jahre seiner Regierung verflossen 480 Jahre. Und von der Erbauung des Tempels bis Christus verflossen nach der Berechnung der Hierographen 490 Jahre.

Und so sind es denn nach dieser Berechnung, die ich aus heiligen Büchern zusammengestellt habe, ungefähr 4173 Jahre und 8 Monate mehr oder weniger. Von Christo aber bis jetzt lasse ich es nach der Verschiedenheit der Sekten [dahingestellt]; bei den gegenwärtigen Prophezeiungen berechnete ich alles nach Ordnung der Kette, welche ihren Kreis umschließt, alles nach der Lehre der Astronomie und nach meinem natürlichen Instinkt; und nach einiger Zeit und in derselben mit inbegriffen von der Zeit an, daß Saturn wird wiederkehren am 7. des Monats April bis zum 25. August, Jupiter am 14. Juni bis 7. Oktober, Mars vom 17. April bis 22. Juni, Venus vom 9. April bis zum 22. Mai, Merkur vom 2. Februar bis zum 24. desselben Monats, und vom 25. September bis zum 16. Oktober, Saturn im Steinbock, Jupiter im Wassermann, Mars im Skorpion, Venus in den Fischen, Merkur in einem Monat im Steinbock, Wassermann und Fischen, der Mond im Wassermann, der Kopf des Drachen [aufsteigender Mondknoten] in der Waage, während der Schweif, am entgegengesetzten Ende seines Sternbildes, einer Konjunktion Jupiters mit Merkur folgt, mit einem Geviertschein [Quadrat] von Mars gegen Merkur, und der Kopf des Drachen bei einer Konjunktion der Sonne mit Jupiter.

Und das Jahr wird friedlich sein ohne Eklipse [Finsternis]; aber nicht ganz, es wird hereinbrechen mit dem Anfange selbigen Jahres eine Verfolgung über die christliche Kirche, größer als in Afrika gewesen, und dauern wird dieselbe bis zum Jahre 1792, daß man glauben wird, die Welt sei in der Erneuerung begriffen; danach wird das römische Volk anfangen, sich wiederaufzurichten und etliche dunkle Finsternisse verjagen; es wird wieder etwas von seinem früheren Glanze erlangen, nicht ohne große Spaltung und fortwährende Veränderungen.

Danach wird Venedig mit großer Kraft und Macht seine Flügel so hoch heben, daß es der Stärke des alten Roma nahekommt. Und zu selbiger Zeit wird es byzantinischen Segeln, die verbündet sind mit den ligurischen, unterstützt von der Macht »Aquilons« [des Nordens?], durch die Quere fahren, daß von zwei Kretern ihnen nicht Glaube gehalten wurde. Die von den alten Martialen [Marsverehrer oder Krieger] erbauten Triumphbögen werden sie begleiten auf den Wogen Neptuns [Patrian übersetzt: über den »Bögen werden die Wellen Neptuns zusammenschlagen«]. In der Adria wird große Zwietracht entstehen; was vereint ist, wird getrennt werden; zum Haus wird herabsinken, was eine

große Stadt war und noch ist, das europäische Mesopotamien [Zweistromland] wird der »Pempotam« [Allgewaltige; oder »All-Strom«] nehmen bis zu 45 [Grad] und andere von 41, 42 und 37 [Breitengrad].
Und in selbiger Zeit und in selbigen Ländern wird die höllische Macht gegen die Kirche Christi die Macht ihrer Widersacher ihres Gesetzes aufbieten, die da sein wird der zweite Antichrist, welcher verfolgen wird selbige Kirche und den wahren Statthalter durch die Macht der weltlichen Könige, die vermöge ihrer Unwissenheit durch die Rede verführt werden, welche tiefer einschneiden wird als je ein Schwert in den Händen des Narren.
Die besagte Herrschaft des Antichristen wird nur bis zum Tode jenes dauern, der am Anfang des Zeitalters [Zeitwechsels?] geboren wurde und dessen aus der Stadt Plancus [Lyon?]. Verbunden mit dem Erwählten von »Modone Fulcy« [dem Hause Modena?] und von Ferrara, erhalten von den adriatischen Liguriern [Venezier?] und der Nähe des großen Trinakrien [Sizilien?]. Dann wird er den Berg Jupiters überschreiten [Leoni bietet an: den Großen Sankt Bernhard]. Der gallische Herkules wird von einer so großen Zahl begeleitet, daß das Reich seines großen Gesetzes sich sehr weit erstrecken wird. Einige Zeit später wird das Blut Unschuldiger weit und breit durch die erst kürzlich erhobenen [oder: halbgebildeten] Schuldigen vergossen. Dann wird aufgrund großer Überschwemmungen die Erinnerung an Dinge, welche in diesen Instrumenten enthalten sind, unberechenbare Verluste erleiden, sogar Briefe. Dies wird den »Aquiloniern« durch den Willen Gottes geschehen, und Satan wird erneut gebunden [Patrian überträgt: »der bei den Nordländern ist, wird durch göttlichen Willen Satan noch einmal bändigen«].
Universeller Friede wird unter den Menschen errichtet und die Kirche Jesu Christi wird von allen Heimsuchungen befreit, obwohl die »Azostains« [Philister?] Galle und ihre pestilenzartige Verführung in den Honig mischen möchten. Dies wird sich nahe dem siebten Jahrtausend ereignen [Leoni errechnet nach Nostradamus' eigener Methode das Jahr 1826], wenn das Heiligtum [oder: Zuflucht] Jesu Christi nicht mehr länger mit Füßen getreten wird von den Ungläubigen, die von »Aquilon«. Die Welt nähert sich einer großen Feuersbrunst, obwohl nach meinen Be-

rechnungen in meinen Prophezeiungen der Lauf der Zeit viel länger dauert [die Welt noch überleben wird].
In der Epistel, die ich vor einigen Jahren meinem Sohn César Nostradamus gewidmet habe, habe ich manche Dinge offen genug dargelegt, ohne [sie in Form von] Weissagungen [zu hüllen]. Aber hier, o Sire, sind etliche großartige und wunderbare Ereignisse enthalten, welche jene, die später kommen, sehen werden. Und nach dieser astrologischen Berechnung, verglichen mit der Heiligen Schrift, wird die Verfolgung der Geistlichkeit von der Macht der Könige »Aquilons« ausgehen, im Bunde mit den Orientalen. Diese Verfolgung wird elf Jahre andauern oder etwas kürzer, denn dann wird der König »Aquilons« fallen.
Danach wird sich dasselbe im Süden ereignen, wo die Kirche drei Jahre lang sogar noch gewalttätiger durch die »apostatische Verführung« [Gegenpapst?] verfolgt werden wird, welcher die ganze absolute Macht in der kämpfenden Kirche innehat. Das heilige Volk Gottes, welches sein Gesetz einhält, wird grausam verfolgt, und sein Leiden wird so groß sein, daß das Blut der wahren Geistlichkeit überall fließt.
Einem der schrecklichen weltlichen Könige wird von seinen Anhängern gesagt, als höchstes Lob, daß er mehr Menschenblut der unschuldigen Geistlichkeit vergossen hat, als irgend jemand hätte Wein vergießen können. Dieser König wird unglaubliche Verbrechen gegen die Kirche begehen. Menschenblut wird auf den öffentlichen Straßen und in den Tempeln fließen wie Wasser nach einem Sturzregen, und es wird die nahen Flüsse rot mit Blut färben. Das Meer selbst wird von einer weiteren Seeschlacht rot gefärbt, so daß ein König dem anderen sagen wird: »Seeschlachten haben das Meer zum Erröten gebracht.«
Danach wird im selben Jahre und in den folgenden Jahren die fürchterlichste Pest hereinbrechen, die um so außerordentlicher erscheinen wird, weil ihr die Hungersnot vorausgeht, und Drangsale werden alle latinischen Regionen heimsuchen, wie man sie seit Gründung der christlichen Kirche nie erlebt hat, und Spuren werden in einigen Gegenden Spaniens davon zurückbleiben.
Alsdann wird der dritte König Aquilons, wenn er die Klage seiner Hauptvölkerschaft vernimmt, ein großes Heer aufrichten und die Wege seiner letzten Väter und Vorväter wandeln, wel-

cher wird das meiste wieder in seinen Stand zurückstellen, und der Großstatthalter der Kappe wird in seinen alten Stand gesetzt werden, aber hilflos und von allem verlassen, und das Allerheiligste wird zerstört werden vom Heidentum, und das Alte und Neue Testament wird geächtet und verbrannt werden; alsdann wird der Antichrist der höllische Fürst sein, und zum letzten Male werden alle Reiche der Christenheit zittern, wie der Ungläubigen, 25 Jahre lang, und werden Streitigkeiten, Kriege und Schlachten vorfallen, und werden Städte, Flecken, Burgen und alle übrigen Gebäude verbrannt, zerstört, vernichtet werden mit großem Blutvergießen, und es werden Jungfrauen, Weiber und Witwen geschändet werden und Säuglinge gegen die Mauern der Städte geschleudert und zerschmettert werden, und so viel Unheil wird der höllische Fürst, der Satan, ausrichten, daß schier die ganze Welt darüber zugrunde geht; und vor diesen Ereignissen werden etliche ungewöhnliche Vögel in der Luft schreien: weh, weh, und nach einiger Zeit werden sie verschwunden sein.
Und nachdem solche Zeit lange gedauert hat, wird schier ein anderes Reich Saturns sich erneuern und wieder ein »Goldenes Zeitalter« beginnen; Gott der Schöpfer wird das Elend seines Volkes ansehen und sprechen: Satan soll geworfen werden in die Tiefe des Abgrunds und gebunden werden in der tiefen Grube; und nun wird beginnen zwischen Gott und den Menschen ein allgemeiner Frieden, und er wird gebunden bleiben ungefähr 1000 Jahre, und zu ihrer höchsten Macht wird wieder gelangen die geistliche Gewalt, und danach wird er [der Teufel] wieder losgebunden.
Alle diese Bilder der göttlichen Bücher stimmen genau mit den sichtbaren himmlischen Dingen überein, nämlich mit Saturn, Jupiter und Mars und den übrigen im Bunde, wie man des näheren aus etlichen Vierzeilern ersehen kann. Ich würde tiefer in die Rechnung eingegangen sein und diese Übereinstimmungen einzeln miteinander verknüpft haben, o durchlauchtigster König, aber dieweil etliche (Verse) bei der Zensur Schwierigkeiten finden würden, will ich meine Feder beiseite legen, um meine Nachtruhe [zu finden]: [der folgende Text ist im Original auf lateinisch abgefaßt] Viele Ereignisse, o Höchstmächtigster aller

Könige, der erstaunlichsten Art werden sich baldigst ereignen, aber weder konnte noch wollte ich sie alle in diese Epistel einfügen; um jedoch bestimmte fürchterliche Tatsachen zu begreifen, mußten einige wenige vorgebracht werden. So groß ist Eure Größe und Menschlichkeit vor den Menschen und Eure Frömmigkeit vor den Göttern, daß Ihr allein des großen Titels des Allerchristlichsten Königs würdig erscheint, dem die höchste Autorität in aller Religion [in allen Religionsfragen] zugeschrieben werden sollte.

Nur um das eine bitte ich Euch, allerhuldreichster König, bei jener Eurer besonderen Einsicht und Menschenfreundlichkeit, vielmehr das Verlangen meines Gemütes anzusehen und den unbegrenzten Eifer, den ich habe, Eurer durchlauchtigsten Majestät zu gehorchen, seitdem meine Augen Eurem Sonnenglanze so nahe waren, als die Größe meiner Arbeit weder erreicht noch verlangt. Aus Salon, (an) diesem 27. des Juni 1558.

Verfaßt von Michel Nostradamus,
Salon in der Provinz Petri.

Vorwort des Nostradamus an César (im französischen Original)

Ad Caesarem Nostradamum filium Vie et felicite.
Ton tard advenement, Cesar Nostradame mon fils, m‘a faict mettre mon long temps par continuelles vigilations nocturnes referer par escript toy delaisser memoire, apres la corporelle extiction de ton progeniteur, au commun profit des humains, de ce que la divine essence par Astronomiques revolutions m‘ont donne cognoissance. Et depuis qu‘il a plu au Dieu immortel que tu ne sois venu en naturelle lumiere dans ceste terreine plaige, et ne veux dire tes ans qui ne sont encores accompaignez, mais tes mois Marti aux incapables a recevoir dans ton debile entendement ce que ie seray contraint apres mes iours definer: veu qu‘il n‘est possible te laisser par escrit, ce que seroit par l‘iniure du temps oblitere: car la parole hereditaire de l‘occulte prediction sera dans mon estomach intercluse: considerant aussi les adventures definiment estre incertaines; et que le tout est regy et gouverne par la puissance de Dieu inestimable, nous inspirant non par bacchante fureur ne par limphatique mouvement, mais par astronomi ques assertions. Soli numine divino afflari praesaguint et spiritu prophetico particularia. Combien que de long temps par plusieurs fois i‘aye predict long temps auparavant ce que depuis est advenu, et en particulieres regions attribuant le tout estre faict par la vertu et inspiration divine, et autres felices et sinistres adventures de acceleree promptitude pronocees que depuis sont advenues par les climats du monde: ayant voulu taire et delaisser pour cause de l‘iniure, et non tant seulement du temps present, mais aussi de la plus grand part du futur, de mettre par escrit, pource que les regnes, sectes, et regions feront changes si opposites; voire au respect du present diametralement, que si ie venois a referer ce qu‘a l‘ advenir sera ceux du regne, secte, religion, et foy, trouveroient si mal accordant a leur fantasie auriculaire, qu‘ils viendroyent a damner ce que par les siecles advenir on cognoistra estre veu et apperceu. Considerant aussi la

sentence du vray Sauveur. Nolite sanctum dare canibus, nec mittratis margaritas ante porcos, ne conculcent pedibus et conversi dirumpant vos. Qui a esté la cause de faire retirer ma langue au populaire, et la plume au papier, puis me suis voulu estendre declarant pour le commnn advenement, par obstruses et perplexes sentences des causes futures, messmes les plus urgentes, et celles que j'ay apperceu, quelque humaine mutation qu'advienne ne scandaliser l'auriculaire fragilité, et le rout escrit soubz figure nubileuse, plus que du tout prophetique, combien que, Abscondisti haec à sapiendibus, et prudentibus, id est, potentibus et regibus, et enucleasti ea exiguis et tenuibus: et aux Prophetes par le moyen de Dieu immortel, et des bons Anges ont receu lèsprit de vaticination, par lequel ils voyent les choses loingtaines, et viennent à prevoir les futurs advenemens: car rien ne se peut parachever sans luy, ausquels si grande est la puissance; la bonté aux subiects, que pendant qu'ils demeurent en eux, toutesfois aux autres effects subiects pour la similitude de la cuase du bon genuius; effects subiects pour la similitude de la cause du bon genius; celle chaleur et puissance vatic inatrice s'approche de nous: comme il nous advient des rayons du Soleil, qui viennent iettant leur influence aux corps elementaires, et non elementaires. Quant a nous qui sommes humains, ne pouvons rien de nostre naturelle cognoissance et inclination d'engin, cognoistre des secrets obsturses de Dieu le Createur. Quia non est nostrum noscere tempora, nec momenta etc. Combien qu'aussi de present peuvent advenir et estre personnages, que Dieu le Createur aye volureveler par imaginatives impressions, quelques secrets de l'advenir, accorder a l'astrologie iudicielle, comme du passé, que certaine puissance et volontaire faculté venoit par eux, comme flambe de feu apparoit, que luy inspirant on venoit à iuger les divines et humaines inspirations. Car les oeuvres divines, que totalement sont absolues, Dieu les vient parachever: la moyenne qui est au milieu les Anges: la troisiesme les mauvais. Mais mon fils, ie te parle icy un peu trop obstrusement: mais quant aux occultes vaticinations qu'on vient a revecoir par le subtil esprit du feu, qui quelquesfois par l‘ entendement agité contemplant le plus haut des astres, comme estant vigilant, mesme qu’aux prononciations, estant surprins escrits prononcant sans craincte moins attainct d’inverecande loquacité: mais quoy tout procedoit de la puissance divine du grand Dieu eternel de qui toute bonte procede. Encores mon fils, que i‘ye inseré le nom de Prophete, te ne me veux attribuer tiltre de si haute sublimité pour le temps present: car qui Propheta dicitur hodie, olim vocabatur videns: car Prophete proprement mon fils, est celuy quit voit choses loingtaines de la cognoissance naturelle de toute creature. Et cas advenant que le Prophete moyennant la parfaicte lumiere de la prophetie luy appaire manifestement des choses divines, comme humaines, que ce ne se peut faire, veu que les effects de la future prediction s‘estendent loing. Car les secrets de Dieu incomprehensibles, e la vertu effectrice contigent de longue estendue de la cognoissance naturelle, prenant leur plus prochain origine du liberal arbitre, faict apparoir les causes qui d‘elles mesmes ne peuvent acquerir celle notice pour estre cogneues, ne par les humains augures ne par autres cognoissance, ou vertu occulte, comprinse, soubs la concavité du Ciel mesme, du faict present de la totale eternité, qui vient en soy embrasser tout le temps. Mais moyennant quelque indivisible eternité, par comitiale agitation Hiraclienne, les causes par les celeste mouvement sont cogneuses. Ie ne dis pas, mon fils, afin que bien l‘entendez, que la cognoisance de ceste matiere ne se peut encores imprimer dans ton debile cerveau, que les causes futures bien loingtaines ne soient à la cognoissance de la creature raisonnable: si sont nonobstant bonnement la creature de l‘ame intellectuelle des choses presentes longtaines ne luy sont du tout ne trop occultes, ne trop referees: mais la parfaicte des causes notices ne se peut acquerir sans celle divine inspriation: veu que toute inspiration prophetique recoit prenant son prinipal principe mouvant de Dieu le Createur, puis de l‘heur et de nature. Parquoy estant les causes indifferentes indifferemment produictes, et non produictes, le presage partie advient, ou a este predict. Car l‘entendement crée intellectuellement ne peut voir occultement, sinon par la voix faicte au lymbe, moyennant la exigue flamme entlaquelle partie les causes futures se viendront a incliner. Et aussi mon fils, ie te supplie que jamais tu ne vueilles employer ton entendement à telles refveries et vanitez qui seichent le corps et mettent a perdition l'ame, donnant trouble au foible sens mesmes la vanité de la plus qu'execrable magie reprouvee iadis par les sacrees escritures, et par les divins canons, au chef duquel est excepté le iugement de l'Astrologie iudicielle: par laquelle et moyennant inspiration et revelation divine par continuelles supputations, avons nos prophéties redigé par escrit. Et combien que celle occulte Philosophie ne fusse réprouvee, n'ayy oncques voulu presenter leurs effrenees persuasions, combien que plusieurs volumes qui ont esté cachez par longs siecles me sont esté manifestez. Mais doubtant ce qui adviendroit, en ay faict apres la lecture present à Vulcan que cependant qu'il les venoit a devorer, la flamme leschant l'air rendoit une clarté insolite, plus claire que naturelle flamme, comme lumiere de feu de clystre fulgurant, illuminant subit la maison, comme si elle fut esté en subite conflagration. Parquoy afin qu'á l'advenir ne fussiez abuze, perscrutant la parfaicte transformation tant seline que solitaire, et soubz terre metaux incorruptibles, et aux ondes occultes, les ay en cendres convertis. Mais quant au iugement qui se vient parachever, moyennnant le iugement celeste, cela te veux ie manifester: parquoy avoir cognoissance des causes futures, reiettant loing les phantastiques imaginations qui adviendront limitant la particularité des lieux par divine inspiration supernaturelle. Accordant aux celestes figures, les lieux, et une partie du temps de proprieté occulte par vertu, puissance, et faculté divine, en presence de laquelle les trois temps sont comprins par eternité, revoulution tenent a la cause passe, presente et future: Quia omnia sunt nuda et aperta, etc. Parquoy, mon fils, tu peux facilement, nonobstant ton tendre cerveau, comprendre que les choses qui doivent advenir, se peuvent rophetizer par les nocturnes et celestes lumieres, qui sont naturelles, et par l'esprit de prophetie: non que ie me vueille attribuer nomination ny effect prophetique, mais par revelee inspiration, comme homme mortel, esloigné non moins de sens au Ciel, que des pieds en terre. Possum non errare, falli, decipi suis pecheur plus grand que nul de ce monde, subiet à toutes humaines afflictions. Mais estant surprins par fois la sepmaine imphatiquant, et par longue calculation, rendant les estudes nocturnes de souave odeur, i'ay composé Livres de propheties contenant chacun cent quatrains astronomiques de propheties, lesquelles i'ay un peu voulu rabouter obscurement: et sont perpetuelles vaticinations, pour d'icy à l'annee 3797. Que possible fera retirer le front à quelques uns, en voyant si longue extension, par soubsz toute la concavité de la Lune aura lieu et intelligence: et ce entendant universellement par toute la terre les causes mon fils. Que si tu vis l'aage naturel et humain, tu verras devers ton climat, au propre Ciel de ta nativité, les futures adventures prevoir. Combien que le seul Dieu eternel soit celuy seul qui cognoist l'eternité de sa lumiere, procedant de luy mesme, et ie dis franchement qu'a ceux à qui sa magnitude immense, qui est sans mesure et incomprehensible, a voulu par longue inspiration melancolique reveler, que moyennant icelle cause occulte manifestee divinement, principalement de deux causes principales, qui son comprinses à lentendement de celuy inspiré qui prophetise, l'une est qui vient à infuser, esclarissant la lumiere supernaturelle, au personnage qui predit par la doctrine des Astres, et prophetise par inspiree revelation, laquelle est une certaine participation de la divine eternité, moyennant laquelle le Prophete vient à iuger de cela que son divin esprit luy a donné par le moyen de Dieu le Createur, et par une naturelle instigation: c'est à scavoir que ce que predit, est vray, et a prins son origine ethereement: et telle lumiere et flamme exigue est de toute efficace, et de telle altitude non moins que la naturelle clarité, et naturelle lumiere rend les Philosophes si asseurez, que moyennant les principes de la premiere cause ont attainct à plus profondes abysmes des plus hautes doctrines. Mais à celle fin mon fils, que ie ne vague trop pronfondement pour la capacité future de ton sens, et aussi que ie treuve que les lettres feront si grande et incomparable iacture, que ie treuve le monde avant l'universelle conflagration advenir tant de deluges et si hautes inundations, qu'il ne sera guiere terroir qui ne soit couvert d'eau: et sera par si longtemps, que hors miseenographies et topographies que le tout ne soit pery: aussi avant et apres telles inundations, en plusieurs contrees, les pluyes seront si exigues, et tombera du Ciel si grande abondance de feu et de pierre candantes, qui n'y demeurera rien qu'il ne soit consommè: et cecy advenir en brief, et avant la derniere conflagration: Car encores que la planette de Mars paracheve son siecle et à la fin de son dernier periode si le reprendra il: mais assemblez les uns en Aquarius par plusieurs annees, les autres en Cancer par plus longues et continues. Et maintenant que sommes conduicts par la Lune, moyennant la totale puissance de Dieu eternel, qu'avant qu'elle aye paracheve son total circuit, le Soleil viendra, et puis Saturne. Car selon les fignes celestes, le regne de Saturne sera de retour, que le toute calculé, le monde s'approche, d'une anaragonique revolution: et que de present que cecy i'escrits avant cent septante sept ans trois mois unze iours par pestilence, longue famine, et querres, et plus par les inondations le monde entre cy et ce terme prefix, avant et apres par plusieurs fois, sera si diminué, et si peu de monde sera, que l'on ne trouvera qui vueille prendre les champs, qui deviendront libres aussi longuement, qu'ils sont esté en servitude: et ce quant au visible iugement celeste, qu'encores que nous soyons au septiesme nombre de mille qui paracheve le tout, nous approchant du huictiesme, où est le firmament de la huictiesme sphere, qui est en dimension latitudinaire, où le grand Dieu eternel viendra parachever la revolution: où les images celestes retourneront à se mouvoir, et le mouvement superieur qui nous rend la terre stable et ferme, non inclinabitur in saeculum saeculi: hors mis que son vouloir sera accomply, mais non point autrement: combien que par ambigues opinions excedantes toutes raisons naturelles par songes Mahometiques, aussi aucunes fois Dieu le Createur par les ministres des ses messagiers de feu, en flamme missive, vient a proposer aux sens exterieurs, mesmement à nos yeux, les causes de future prediction, significatrices du cas futur qui se doit à celuy qui presage manifester. Car le presage qui se faict de la lumiere exterieure vient infailliblement à iuger partie avecques, et moyennant le lume exterieur: combien vrayement que la parite qui semble avoir par l'oeil de l'entendement, ce que n'est par la lesion du sens imaginatif, la raison est par trop evidente, le tout estre predicts par afflation de divinité, et par le moyen de l'esprit Angelique inspire à l'homme prophetisant, rendant oinctes de vaticinations le venant à illuminer, luy esmouvant le devant de la phantasie par diverses nocturnes apparitions, que par diurne certitude prophetise par administration Astronomique, conioincte de la sanctissime future prediction, ne considerant ailleurs qu'au courage libre. Viens à ceste heure entendre, mon fils, que ie trouve par mes revolutions, qui sont accordantes à revelee inspiration, que le mortel glaive s'approche de nous maintenant, par peste, querre, plus horrible qu'à vie de trois hommes n'a esté, et famine, lequel tombera en terre, et y retournera souvent: car les Astres s'accordent à la revolution, et aussi a dit: Visitabo in virga ferrea iniquitates eorum, et in verberibus percutiam eos, car la misericorde de Dieu ne sera point dispergeee un temps, mon fils, que la pluspart de mes Propheties seront accomplies, et viendront estre par accomplissement revolues. Alors par plusieurs fois durant les sinistres tempestes. Conteram ego, dira le Seigneur, et confringam, et non miserebor, et mille autres adventures qui adviendront par eaux et continuelles pluyes, comme plus à plain i'ay redigé par escrit aux miennes autres Propheties qui sont composees tout au long, in soluta oratione, limitant les lieux, temps, et le terme prefix que les humains apres venus verront, cognoissant les adventures advenues infailliblement, comme avons noté par les autres, parlans plus clairement, nonobstant que soubz nuee seront comprinses les intelligences: sed quando submovenda erit ignorantia, le cas sera plus esclaircy. Faisant fin, mon fils, pren donc ce don te ton pere Michel Nostradamus, esperant toy declarer une chacune Prophetie des quatrains cy mis. Priant au Dieu immortel, qu'il te vueille prester vie longue, en bonne et prospere felicité.

De Salon ce 1. de Mars, 1555

Les Propheties de M. Michel Nostradamus

Das französische Original anhand neuentdeckter authentischer Vorlagen

Centurie I

I/1
Estant assis de nuict secret estude,
Seul repose sur la selle d'airain:
Flambe exigue sortant de solitude,
Fait prosperer [proferer] qui n'est a croire vain.

I/2
La verge en main mise au milieu de[s] Branches,
De l'onde il moulle et le limbe et le pied,
Un peur et voix fremissent par les manches,
Splendeur divine, le divin pres s'assied.

I/3
Quand la lictiere du tourbillon versée,
Et s[f]eront faces de leurs manteaux couverts,
La republique par gens nouveaux vexée,
Lors blancs et rouges jugeront à l'envers.

I/4
Par l'univers sera fait un Monarque,
Qu'en paix et vie ne sera longuement:
Lors se perdra la piscature barque,
Sera regie en plus grand detriment.

I/5
Chassez seront sans [pour] faire long combat,
Par le pays seront plus fort greuez:
Bourg et Cité auront plus grand debat
C[G]arcas, Narbonne, auront coeurs esprouvez.

I/6
L'oeil de Ravenne sera destitué,
Quand à ses pieds l[d]es aisles failliront:
Les deux de Bresse auront constitué,
Turin, Verseil, qu[i]e Gaulois foulleront.

I/7
Tard arrivé l'execution faite,
Le vent contraire, lettres au chemin prinses
Les conjurez quatorze [xiiij.] d'une secte,
Par le Rousseau senez les entreprinses.

I/8
Combien de fois prinse Cité solaire,
Sera, changeant les loix barbares et vaines
Ton mal s'approche, plus seras tributaire,
Le grand Hadrie recou[v]rira tes veines.

I/9
De l'Orient viendra le coeur Punique
Fascher Hadrie et les hoirs Romulides,
Accompagné de la classe Libique,
Trembler [Temple] Mellites, et proches Isles vuides.

I/10
Serpens transmis dans [en] la cage de fer,
Où les enfants septains du Roy sont pris,
Les vieux et peres sortiront bas d'enfer [de l'enfer],
Ains mourir voir de [de son] fruict mort et cris.

I/11
Le mouvement de sens, coeur, pieds et mains
Seront d'accord Naples, Leon [Lyon], Secile [Sicille],
Glaives, feux, eaux, puis aux nobles Romains
Plongez, tuez, morts par cerveau debile.

I/12
Dans peu dira faulce brute fragile,
De bas enhaut [en hault] esleué promptement,
Puis en istant desloyale et labile,
Qui de Veronne aura gouvernement.

I/13
Les exilez parire, haine intestine,
Feront au Roy grand'conjuration,
Secret mettront ennemys par la mine,
Et ses vieux siens contre eux sedition.

I/14
De gens[t] esclaue chansons, chants et requestes
Captifs par Princes et Seigneur[s] aux prisons.
A l'advenir par idiots sans testes,
Seront receus par divins oraisons.

I/15
Mars nous menasse par sa [la] force bellique,
Septante fois fera le sang espandre,
Auge et ruyne de l'Ecclesiastique,
Et plus ceux qui d'eux rien voudront entendre.

I/16
Fau[l]x à l'estang, joint vers le Sagittaire,
En son hault auge [AVGE] de l'exaltation
Peste, famine, mort de main militaire,
Le Siecle approche[r] de renovation.

I/17
Par quarante ans l'Iris n'apparoistra,
Par quarante ans tous les jours sera veu
La terre aride en siccité croistra,
Et grands deluges quand sera apperceu.

I/18
Par la discorde negligence Gauloise,
Sera passage à Mahommet ouvert
De sang trempé la terre et mer Senoyse
Le port Phocen de voiles et nefs couvert.

I/19
Lors que Serpens viendront [à] circuir l'are
Le sang Troyen vexé par les Espa[i]gnes,
Par eux grans[d] nombre en sera faicte [fait] rare [tare],
Chef fuit, caché au[x] mares dans les saignes.

I/20
Tours, Orleans, Bloys, Angers, Reims et Nantes
Citez vexes par subit changement,
Par langues estranges seront tendues tentes
Fleuves, dard[t]s, renes, terre et mer tremblement.

I/21
Profonde argille blanche nourrir[t] rocher,
Qui d'un abysme ystra lacticineuse,
En vain troubles[z] ne l'oseront toucher,
Ignorans[t] estre au fond terre arg[u]illeuse.

I/22
Ce qui vivra et n'ayant aucun sens,
Viendra leser à mort son artifice.
Aut[h]un, Cha[a]lon, Langres et les deux Sens,
La gresle et glace fera grand malefice.

I/23
Au mois troisiesme se levant du [le] Soleil,
Sanglier, Liopard [leopard], au champ Mars pour combatre,
Liopard laissé [lassé], au ciel extend [estend] son oeil,
Un Aigle autour du soleil voir[t] s'esbatre.

I/24
A Cité neufue [neuue] pensif pour condamner,
L'oysel de proye au ciel, se vient offrir
Apres victoire à captifs pardonner,
Cremone et Mantoue grand[s] maux aura [à] souffrir [souffert].

I/25
Perdu, trouvé, caché de si long siecle,
Sera pasteur demy Dieu honoré
Ains que la Lune acheue son grand cycle [siecle],
Par autres vieux [vents] sera deshonoré.

I/26
Le grand du foudre tombe d'heure diurne,
Mal et predi[c]t par porteur postulaire,
Suyvant presage tombe d'heure nocturne
Conflit, Reims, Londres, Etrusque pestifere.
I/27

Dessous de chaine Guien du Ciel frappé,
Non loing de là est caché le thresor,
Qui par long siecles avoit esté grappé,
Trouve [Trouué] mourra, l'oeil creué de ressor[t].

I/28
La tour de Bou[c]q craindra fuste Barbare
Un temps, long temps apres barque hesperique,
Bestail, gens, meubles tous deux feront grand'tare,
Taurus et Libra quelle mortelle picque.

I/29
Quand le poisson terrestre, et aquatique
Par forte [force] vague au grauier sera mis,
Sa forme estrange, suaue [suave] et horrifique,
Par mer aux murs bien tost les ennemys.

I/30
La nef estrange par le tourment marin
Abordera pres de port incogneu,
Nonobstant signes du [de] rameau palmerin,
Apres mort, pille, bon auis [aduis] tard venu.

I/31
Tant d'ans les guerres, en Gaule dureront,
Outre la course du Castulon Monarque:
Victoire incerte trois grands courouneront,
Aigle, Coq, Lune, Lyon, Soleil en marque.

I/32
Le grand Empire sera tost translaté
En lieu petit, qui bien tost viendra croistre
Lieu bien infime, d'exigue comté,
Ou au milieu viendra poser son Sceptre.

I/33
Pres d'un grand pont de plaine spac[t]ieuse,
Le grand l[L]yon par forces Cesarées
Fera abbatre hors cité rigoureuse
Par effroy portes luy seront reserrées.

I/34
L'oyseau de proye volant à la fenestre,
Avant confli[c]t fai[c]t aux Francois parure.
L'un bon prendra, l'autre [l'vn] ambigue sinistre,
La partie foible tiendra par bon [bonne] augure.

I/35
Le Lyon jeune, le vieux surmontera,
En champ bellique par singuliere duelle,
Dans cage d'or les yeux luy creuera,
Deux classes une, puis [pour] mourir de mort cruelle.

I/36
Tard le Monarque se viendra repentir,
De n'avoir mis à mort son adversaire,
Mais viendra bien à plus hau[l]t consentir,
Que tout son sang par mort fera deffaire.

I/37
Un peu deuant que le Soleil s'sesconse ['absconse]
Confli[c]t donné, grand peuple dubieux [dubiteux],
Prof[l]igez, port marin ne faict response
Pont et sepulchre en deux estranges lieux.

I/38
Le Sol et l'Aigle au victeur par[r]oistront,
Respons[c]e vaine au vaincu l'on asseure,
Par cor, ne [ny] cris harnois n'arresteront
Vindicte paix, par morts l'acheue [si acheue] à l'heure.

I/39
De nuict dans li[c]t le supresme estrangle
Pour trop avoir subjourné [seiourné] blond esleu
Par trois l'Empire subroge exan[u]cle,
A mort mettra carte [Garte], [et] paquet ne Ieu.

I/40
La trombe fausse dissimul[l]ant folie,
Fera Bisance un changement de lois[x].
Hystra d'Egypte qui veut que l'on deslie
Edict changeant monnoye[s] et alloix [aloys].

I/41
Siege en Cité et [est] de nuict assaillie
Peu eschappez non loin[g] de mer confli[c]t,
Femme de joye, retours fils defaillie,
Poison et lettres cachée[s] dans le plic.

I/42
Le dix Kalendes [Calende] d'Auril de fai[c]t Got[h]ique
Ressuscité encor par gens malins,
Le feu estain[c]t, assemblée diabolique
C[h]erchant les os du d'Amant et Ps[l]elin.

I/43
Avant qu'advienne le changement d'Empire,
Il adviendra un cas bien merveilleux,
Le champ mué, le pill[i]er de Porphire
Mis translaté [transmué] sur le rocher noilleux.

I/44
En bref seront de retour sacrifices,
Contrevenans seront mis à martyre,
Plus ne seront Moines, Abbez, Novices [ne novices],
Le miel sera beaucoup plus cher que cire.

I/45
Secteur de sectes grand peine au delateur,
Beste en Theatre, dressé le jeu scenique,
Du faict inique [antique] e[a]nnobly l'inventeur,
Par sectes, monde confus et scismatique.

I/46
Tout apres d'Aux, de Lectore [Lestore] et Mirande,
Grand feu du Ciel en trois nuicts tombera,
Cause adviendra bien stupende et Mirande,
Bien peu apres la terre tremblera.

I/47
Du Lac Leman, les sermons fascheront.
Des jours seront redui[c]ts par des se[p]maines,
Puis mois, puis an, puis tous defailliront
Les Magistrats damneront les [leurs] loix vaines.

I/48
Vingt ans du regne de la Lune passez,
Sept mil[le] ans autre tiendra sa Monarchie:
Quand le Soleil prendra ses jours lassez,
Lors accomplit[r] et mine ma prophetie.

I/49
Beaucoup, beaucoup avant telles menées,
Ceux d'Orient, par la vertu Lunaire,
L'an mil sept cens feront grands emmenées,
Subjugant presque le coing Aquilonaire.

I/50
De l'aquatique triplicité naistra,
D'un qui fera le Jeudy pour sa feste.
Son bruit, los [loz], regne, sa puissance croistra,
Par terre et mer, aux Oriens tempeste.

I/51
Chef d'Aries, Iupiter et Saturne,
Dieu eternel quelles mutations!
Puis par long siecle son malin[g] temps retourne,
Gaule et Italie, quelles esmotions.

I/52
Les deux malins de Sco[r]pion conjoints,
Le grand Seigneur meurtry [meudry] dedans sa [la] salle:
Peste à l'Eglise par le nouveau Roy joints [ioinct],
L'Europe basse et Septentrionale.

I/53
Las qu'on verra grand peuple tourmenté,
Et la Loy saincte en totale ruyne,
Par autres loix toute la Chrestienté,
Quand d'or, d'argent trouve nouvelle mine.

I/54
Deux revolts faits du malin[g] fa[l]cigere,
De regne et siecles fait permutation,
Le mobil signe a son endroit s'ingere [si ingere],
Aux deux esgaux et d'inclination.

I/55
Soubz [Sous] l'opposite climat Babylonique,
Grande sera de sang effusion,
Que terre et mer, air, Ciel sera inique,
Sectes, faim, regnes, pestes, confusion.

I/56
Vous verrez tost, et tard faire grand change
Horreurs extre[s]mes et vindications,
Que si la Lune condui[c]te par son ange,
Le ciel s'approche des inclinations.

I/57
Par grand discord la trombe tremblera,
Accord rompu, dressant la teste au ciel,
Bouche sanglante dans le sang nagera,
Au sol la face oingte [oincte] de laict et miel.

I/58
Trenché [Tranche] le ventre, naistra avec deux testes,
Et quatrebras, quelques ans entiers vivra,
Iour qui Alquil[l]oye celebrera ses festes,
Foussan [Fossen], T[h]urin, chef Ferrare suyvra [suyura].

I/59
Les exilez deportez dans les Isles,
Au changement d'un plus cruel Monarque,
Seront meurtris, et mis deux les scintil[l]es,
Qui de parler ne seront esté parque[s].

I/60
Un Empereur naistra pres d'Italie,
Qui à l'Empire sera vendu bien cher,
Diront avec quels gens il se ralie
Qu'on trouvera moins Prince que boucher.

I/61
La republique miserable infelice
Sera vastée [gastee] du nouveau Magistrat,
Leur grand amas de l'exil malefice,
Fera Sueue ravir [rauir] leur grand contract.

I/62
La grande perte las! que seront [feront] les lettres
Avant le cicle [Ciel] de laton a [Latona] parfaict,
Feu, grand deluge, plus par ignares sceptres
Que de long [l'on] siecle ne se verra refaict.

I/63
Les fleaux [fleurs] passez diminue le monde,
Long-temps la paix, terres inhabitez [inhabitees],
Seur marchera [Surmarchera] par le ciel, terre, mer et onde,
Puis de nouveau les guerres suscitez.

I/64
De nuict Soleil penseront [ont penser] avoir veu [auoit veu],
Quand le pourceau demy homme on verra,
Bruit, chant, bataille au Ciel battre apperceu,
Et bestes brutes à parler on [l'on] orra.

I/65
Enfant sans mains, jamais veu si grand foudre
L'enfant Royal au jeu d'esteuf [d'estoeuf] blessé:
Au puy brisez, fulgures allant mou[l]dre,
Trois sur [souz] les chaines par le milieu trouffé [troussez].

I/66
Celuy, qui lors portera les nouvelles,
Apres un [un peu] il viendra respirer,
Viviers, Tournon, Montferrant et Pradelles,
Gresle et tempeste, le fera souspirer.

I/67
La grand famine que je sens approcher,
Souvent tourner puis estre universelle,
Si grande et longue qu'on viendra arracher,
Du bois racine, et l'enfant de mam[m]elle.

I/68
O quel horrible et malheureux tourment!
Trois innocens qu'on viendra à livrer,
Poison suspecte, mal garde tradiment,
Mis en horreur par bourreaux enyvrez.

I/69
La grand montagne ronde de sept [e]stades,
Apres paix, guerre, faim, inondation,
Roulera loin[g], abysmant grand[s] contrades,
Mesmes antiques, et grand fondation.

I/70
Pluye, faim, guerre, en Perse non cessée,
La foy trop grande, trahira le Monarque
Par la finie en Gaule commencée,
Secret augure pour à un estre parque.

I/71
La Tour Marine trois fois pri[n]se et repri[n]se,
Par Espagnols, Barbares, Ligurins,
Marseille et Aix, Arles par ceux de Pise
Vast, feu, fer, pille, Avignon des Thurins.

I/72
Du tout Marseille des habitan[t]s changée,
Course et poursuitte jusques [au]pres de Lyon.
Narbon, T[h]oloze par Bordeaux outragée,
Tuez, captifs, presque d'un million.

I/73
France à cinq parts par negle[c]t assaillie
Tunis, Argiels [Argal] esmeuz par Persiens,
Leon, Seville, Barcelonne faillie
N'aura la classe par les Venitiens.

I/74
Apres sejourné vogueront en Epire
Le grand secours viendra vers Antioche,
Le noir poil crespe tendra fort à l'Empire
Barbe d'airain [d'aerain] le [se] rostira en broche.

I/75
Le tyran Siene occupera Savone [Savonne],
Le fort gaigné tiendra classe marine,
Les deux armées par la marque d'Ancon[n]e.
Par effrayeur le chef s'en examine.

I/76
D'un nom farouche tel proferé sera,
Que les trois soeurs [seurs] auront fato le nom:
Puis grand peuple par langue et fai[c]t duira [dira],
Plus que nul autre aura bruit et renom.

I/77
Entre deux mers dressera promontoire
Que puis mourra par le mords [mort] du cheval,
Le sien Neptune pliera voille noire,
Par Calpte [Calpre] et classe aupres de Rocheval.

I/78
D'un chef vieillard naistra sens hebeté,
Degenerant par scavoir et par armes:
Le chef de France par sa soeur redouté,
Champs, divisez [Champ diuisés], concedez aux gens-d'garmes?

I/79
Bazax[r], Lectore [Lestore], Condon, Ausch, Agine,
Esmeus par loix, querelles et monopole,
Car Bourd, Thoulouse [Tholoze], Bay, mettra en ruyne,
Renouveller voulant leur tauropole.

I/80
De la sixiesme claire splendeur celeste,
Viendra tonner[tourner] si fort en la Bourgongne:
Puis naistra monstre de tres-hydeuse neste [beste],
Mars, Auril, May, Iuin, grand charpin et rongne.

I/81
D'humain troupeau neuf seront mis à part:
De jugement et conseil separez,
Leur fort [sort] sera divisé en depart,
Cap [Kappa], Thita, Lambda mor[t]s bannis esgarez.

I/82
Quand les colomnes de bois grande tremblée,
D'auster conduicte couverte de rubriche,
Tant vuidera dehors une assemblée [grande assemblee],
Trembler Vienne et le pays d'Austriche.

I/83
La gent estrange divisera butins
Saturne et [en] Mars son regard furieux,
Horrible [e]strange aux Toscans et Latins,
Grecs qui seront à frapper curieux.

I/84
Lune obscurcie aux profondes tenebres,
Son frere passe de couleur ferrugine:
Le grand caché long temp soubs[sous]les tenebres,
Teindra fer dans la playe sanguine [sanguinaire].

I/85
Par la response de Dame, Roy troublé,
Ambassadeurs mespriseront leur vie,
La grand ses freres contrefera doublé,
Par deux mourront ire, haine et envie.

I/86
La grande Royne quand se verra vaincue
Fera excez de masculin courage:
Sur cheval fleuve passera toute nue,
Sui[t]te par fer, à soy fera outrage.

I/87
Ennosigée [En nosigee] feu du centre de terre,
Fera trembler autour de Cité neufue [neuue]:
Deux grands rochers longtemps feront la guerre,
Puis Arethusa[Arethuse] rougira nouveau Fleuve.

I/88
Le divin mal surprendra le grand Prince,
Un peu devant aura femme espousée:
Son puy [Son appuy] et credit à un coup viendra mince,
Conseil mourra pour la teste rasée.

I/89
Tous ceux de Il[l]erde seront dedans [dans] la Moselle
Mettant à mort tous ceux de Loyre et Saine,
Secours[Le cour] marin viendra pres d'haute velle,
Quand l'Espagnol[Espagnolz] ouvrira toute veine.

I/90
Bourdeaux, Poi[c]tiers, au son de la campagne,
A grande classe ira jusques à l'Angon,
Contre Gaulois sera leur tramontane,
Quand monstre hydeux naistra pres de Orgon,

I/91
Les Dieux feront aux humains apparence,
Ce qu'ils seront autheurs de grand confli[c]t,
Avant ciel veu serain, espee et lance
Que vers main gauche sera plus grand afflict.

I/92
Sous un la paix par tout sera calmée [clamee],
Mais non long temps, pille et rebellion
Par refus, ville, terre et mer entammée,
Mort et captifs, le tiers d'un million.

I/93
Terre Italique pres des monts tremblera,
Lyon et Coq; non trop confederez,
En lieu de peur, l'un l'autre s'aidera,
Seul Castulon et Celtes moderez.

I/94
Au port Selin le tyran mis à mort,
La liberté non pourtant recouvrée
Le nouveau Mars par vindicte et remort,
Dame par force [focre] de frayeur honorée.

I/95
Devant monstier [moustier] trouvé enfant besson
D'heroic[q] sang de moyne et ve[s]tustique,
Son bruit par secte, langue et puissance son,
Qu'on dira soit [fort] eslevé le Vopisque.

I/96
Celuy qu'aura la charge de destruire
Temples et sectes, changées [changez] par fantaisie,
Plus aux rochers qu'aux vivans viendra nuyre [nuit],
Par langue ornée d'oreilles rassaisie.

I/97
Ce que fer, flamme n'a sc[e]u parachever,
La douce langue au conseil viendra faire
Par repos, songe, le Roy fera resuer,
Plus l'ennemy en feu, sang militaire.

I/98
Le chef qu'aura conduict peuple infiny
Loing de son ciel, de moeurs [meurs] et langue estrange
Cinq mil[le] en Crete, et Thessal[i]e finy,
Le chef fuyant sauvé en la marine grange,

I/99
Le grand Monarque que fera compagnie,
Avec deux Roys unis par amitié,
O quel sou[s]pir fera la gand [grande] mesgnie,
Enfans Narbon a l'entour quel pitié.

I/100
Long temps au ciel sera [fera] veu gris oyseau,
Aupres de Dole et de Tosquane Tosacane] terre,
Tenant au bec un verdoyant rameau
Mourra tost grand, et finira la guerre.

Centurie II

II/1
Vers Aquitaine par insuls Britaniques
Et [De] par eux mesmes grandes incursio[n]s
Pluyes, gelees feront terroi[r]s iniques,
Port Selyn fortes fera invasions.

II/2
La teste bleue fera la teste blanche
Autant de mal que France à fai[c]t leur bien,
Mort à l'anthen[n]e, grand pendu sur [sus] la branche,
Quand des prins siens [prins des siens] le Roy dira combien.

II/3
Pour la chaleur solaire sus la mer
De Negrepont [Negre pont] les poissons demy cuits,
Les habitans les viendront entam[m]er,
Quand Rhod et Gennes [Cennes] leur f[r]audra le biscuit.

II/4
Depuis Monech[Monach] jusqu'au pres de Sicil[l]e,
Toute la plage demourra desolée,
Il n'y aura faux-bourgs [faubourgs], Cité ne Ville
Que [Qui] par Barbares pillée [ne] soit et vollée.

II/5
Quand[Qu'en]dans poisson[s] fer et lettre enfermée
Hors sortira qui pis [puis] fera la guerre,
Aura par mer sa classe bien ramée [armee]
Apparoissant pres de Latine terre.

II/6
Aupres des portes et dedans deux citez
Seront deux fleaux [et] onc n'apperceu un tel,
Faim dedans peste, de fer hors gens boutez,
Crier secours au grand Dieu immortel.

II/7
Entre plusieurs aux isles deportez,
L'un estre nay à deux dents en la gorge
Mourront de faim, les arbres esbro[u]tez
Pour eux neuf Roy nouuel edict leur forge.

II/8
Temples sacrez prime facon Romaine,
Reietteront les goff[r]es fondemen[t]s,
Prenant leurs loix premiere[s] et humaines
Chassant, non tout, des saints [Saincts] les cultemen[t]s.

II/9
Neuf ans le regne le maigre en paix tiendra
Puis il cherra en soif si sanguinaire
Pour luy grand peuple sans [sang] foy et loy mourra,
Tué [par] un beaucoup debonnaire.

II/10
Avant long temps le tout sera rangé
Nous esperons un siecle bien senestre,
L'estat des masques et des seuls bien changé
Peu trouveront qu'a son rang vueillent [vueille] estre.

II/11
Le pro[s]chain fils de l'aisner parviendra
Tant esleve jusques au regne des for[t]s,
Son aspre gloire un cha[s]cun la craindra,
Mais ses enfans du regne jettez hors.

II/12
Yeux clos ouverts d'antique fantasie
L'[h]abit des seuls seront mis à neant:
Le grand monarque chastira leur frenaisié
Ravir des temples le t[h]resor par devant.

II/13
Le corps sans ame plus n'estre en sacrifice,
Iour de la mort mis en nativité
L'esprit divin fera l'ame felice
Voyant le verbe en son eternité.

II/14
A Tours, Gien [Guien], gardé seront yeux penetrans,
Descouvriront de loing la grand'Sereine:
Elle et sa suite au port seront entrans,
Combat[s], poussez, puissance souveraine.

II/15
Un peu devant monarque trucidé,
Castor Pollux en nef, astre crinite,
L'erain [L'aerain] public par terre et mer vuidé,
Pise, Ast, Ferrare, Turin, terre interdicte.

II/16
Naples, Palerme, Sicil[l]e, Syracuses,
Nouveaux tyrans, fulgures, feux celestes
Force de Londres, Gand, Bruxelles et Suses,
Grand hecatombe, [et] triumphe [triomphe], faire festes.

II/17
Le champ [camp] du temple de la vierge vestale,
Non esloigné d'Ethene et mon[t]s Pyrenées:
Le grand condui[c]t est caché dans la male,
North, getez fleuves [fleuues], et vignes mastinées.

II/18
Nouvelle [Nouuelle] et pluye subite, impetueuse,
Empeschera subit deux exercic[t]es,
Pierre, ciel, feux faire la mer pierreuse
La mort de sept, terre et marin subites.

II/19
Nouveaux venus, lieu basty[i] sans deffence,
Occuper place par [pour] lors inhabitable,
Prez, maisons, champs, villes prendre à plaisance,
Faim, peste guerre, arpen[t] long labourable.

II/20
Freres et Soeurs [seurs] en plusieurs [diuers] lieux captifs,
Se trouveront passer pres du Monarque
Les contempler ses rameaux ententifs,
Desplaisant voir menton, frond [front], nez les marques.

II/21
L'ambassadeur envoyé par Byremes [biremes],
A my-chemin d'incogneu[r]s repoussez,
De tel [sel] renfort viendront quatre triremes,
Cordes et chaines en Negrepont troussez.

II/22
Le camp Asop d'Eurotte [Ascop d'Europe] partira.
S'adjoignant proche de l'isle submergée,
D'A[a]rton classe phalange pliera,
Nombril du monde plus grand voix subrogée.

II/23
Palais[x], oyseau, par oyseau dechassé,
Bien tost apres le prince parvenu:
Combien qu'hors fleuve ennemy repoussé [repoulsé],
Dehors saisi trait d'oyseau soustenu.

II/24
Bestes farouches de faim fleuves tranner,
Plus par du champ encontre Hister sera,
En cage de fer le grand fera trainner [traisner],
Quand Rin [rien] enfant de Germain observera.

II/25
La garde estrange trahira forteresse,
Espoir et ombre [umbre] de plus haut mariage,
Garde deceu[e], fort pri[n]se dans la presse,
Loy[i]re, Soon [Saone] Rosne, Gar, à mort outrage[z].

II/26
Pour [la] faveur que la cité fera,
Au grand qui tost perd[e]ra champ de bataille
Puis le rang Pau, et Thesin versera
De sang, feux [fou], mors, noyez, de coup[s] de taille,

II/27
Le divin verbe sera du ciel frappé
Qui ne pourra proceder plus avant,
Du res[s]errant le secret estoupé
Qu'on marchera par dessus et devant.

II/28
Le penultie[s]me du surnom de [du] prophete,
Prendra Diane pour son jour et repos,
Loing vaguera par frenetique teste,
Et delivrant un grand peuple d'imposts [impos].

II/29
L'Oriental sortira de son siege,
Passer les monts Apennois [Apenniens] voir la Gaule,
Transpercera du [le] ciel, les eaux et neige[s]
En [Et] un chacun frappera de sa gaule.

II/30
Un qui les Dieux d'An[n]ibal infernaux,
Fera renaistre, effrayeur des humains
Oncq plus d'horreur, ne plus pire[dires] journeaux
Qu'aduint[Qu'auint] viendra par Babel aux Romains.

II/31
En campagne [Campanie] Cassilin fera tant,
Qu'on ne verra que d'eau[x] les champs couverts,
Devant, apres, la pluye de long temps
Hors mis les arbres rien l'on verra de vert[s].

II/32
Laict, sang, greno[u]illes escoudre en Dalmatie,
Confli[c]t donné, peste pres, de Baleine [Balennes]
Cry sera grand par toute Esclauonie,
Lors naistre[a] monstre pres et dedans Ravenne.

II/33
Par le torrent qui descend de Veronne,
Par lors qu'au Pol [Pau] gui[n]dera son entrée,
Vn grand naufrage, et non moins en Garonne
Quand ceux de Gen[n]es marcheront leur contrée.

II/34
L'ire insensé du combat furieux,
Fera à table par freres le fer luyre,
Les departir mort blesse curieux,
Le fier duelle viendra en France nuyre.

II/35
Dans deux logis de nuict le feu prendra,
Plusieurs dedans estouffez et ro[s]tis,
Pres de deux fleuves pour seur [seul] il adviendra
Sol, l'Arq et Caper, tous seront amortis.

II/36
Du grand prophete les lettres seront prinses,
Entre les mains du tyran deviendront,
Frauder son Roy seront ses entreprinses,
Mais ses rapines bien tost le troubleront.

II/37
De ce grand nombre que l'on envoyera,
Pour secourir dans le fort assiegez [asseigez],
Peste et famine tous les devorera,
Hors mis septante qui seront profligez.

II/38
Des condamnez serait fai[c]t un grand nombre.
Quand les Monarques seront conciliez:
Mais à l'un d'eux viendra si mal encombre,
Que guerre [gueres] ensemble ne seront raliez.

II/39
Un an devant le confli[c]t Italique
Germains, Gaulois, Espagnols pour le fort,
Cherra l'escolle maison de republique,
Ou, hors mis peu, seront suffoquez morts.

II/40
Un peu apres non point longue intervalle
Par mer et terre sera fai[c]t grand tumulte.
Beaucoup plus grande sera pugne navalle,
Feux, animaux, qui plus feront d'insulte.

II/41
La grand, estoille par sept jours bruslera,
Nuee fera deux soleils apparoir,
Le gros mastin toute nuict hurlera,
Quand grand pontife changera de terroir.

II/42
Coq, chiens, et chats de sang seront repeus,
Et de la playe du tyran trouvé mort:
Au lict d'un autre jambes et bras rompus,
Qui n'avoit peu mourir de cruel[le] mort.

II/43
Durant l'estoille chevelue apparente,
Les trois grands Princes seront fai[c]ts ennemis,
Frappez du ciel paix [et] terre tremblante.
Pau, Tymbre [Tybre], u[v]ndans, serpens sur le bord[t] mis.

II/44
L'aigle posée [poussee] entour de pauillons,
Par autres oyseaux d'entour sera chassée,
Quand bruit des czmbres [tymbres], tube[s] et sonnaillons
Rendront le sens de la dame insensée.

II/45
Trop le ciel pleure l'Androgin procrée
Pres de ce ciel, sang humain respandu,
Par mort trop tard grand peuple recrée,
Tard et tost vient le secours attendu.

II/46
Apres grand trouble [trosche] humain plus grand s'appreste,
Le grand moteur les siecles renouvelle,
Pluye, sang, laict, famine, feu [fer], et peste,
Au ciel veu feu, courant longue estincelle.

II/47
L'ennemy grand vieil dueil meurt de poison,
Les souverains par infinis [infirmes] subjuguez,
Pierres plouvoir cachez soubs la toyson,
Par mort articles en vain sont alleguez.

II/48
La grand copie qui passera les monts,
Saturne en l'Arc tournant du poisson Mars,
Venins cachez soubs testes de Saulmons,
Leur ch[i]ef pendu à fil de polemars.

II/49
Les conseillers du premier monop[o]le,
Les conqueran[t]s seduits par le [la] Melite,
Rhodes [Rode] Bisance pour leurs exposant pole,
Terre faudra les poursuivan[t]s de fuit[t]e.

II/50
Quand ceux d'Hainault, de Gand et de Bruxelles,
Verront à Langres le siegé devant mis,
Derrier leurs flancs seront guerres cruelles,
La playe antique, fera [sera] pis qu'ennemys.

II/51
Le sang du juste à Londres fera faute,
Bruslez par foudres de vingt trois les six,
La dame antique cherra de place haute,
De mesme[s] secte plusieurs ser[r]ont occis.

II/52
Dans plusieurs nuicts la terre tremblera,
Sur le printemps de deux efforts la suit[t]e,
Corinthe, Ephese aux deux mets [mers] nagera,
Guerre s'esmeut par deux vail[l]ants de Iuit[t]e.

II/53
La grande peste de cité maritime
Ne cessera que mort ne soit vengée:
Du juste sang par pris damné sans crime,
De la grand'dame par fainte [feinte] n'outragée.

II/54
Par gent estrange, et de Romains loingtaine,
Leur grand cité apres eau[e] fort troublée,
Fille sans main, trop different domaine,
Prins chef, sasseure [ferreure] n'avoir esté riblée.

II/55
Dans le confli[c]t le grand qui peu valloit
A son dernier fera cas merveilleux:
Pendant qu'Hadrie verra ce qu'il falloit,
Dans le banquet pongna le l'orgueilleux.

II/56
Que peste et glaive n'a peu sceu definer,
Mort dans le puys, sommet du ciel frappé,
L'abbé moura quand verra ruyner
Ceux du nauf[f]rage, l'escueil voulant grapper.

II/57
Avant confli[c]t le grand mur tombera,
Le grand à mort, mort trop subite et plainte,
Nef imparfaict [Nay my parfaict], la plus part nagera,
Aupres du fleuve de sang la terre tainte

II/58
Sans pied ne main dent aygue et forte
Par globe au fort de porc [port] et l'aisné [layné] nay,
Pres du portail desloyal se transporte,
Silene luyt petit grand emmené.

II/59
Classe Gauloise par appuy de grand'garde,
Du grand Neptune, et ses tridens soldats [souldars],
Rongée provence pour soustenir grand'bande,
Plus Mars, Narbon, par javelots et dards.

II/60
La foy Punique en Orient rompue,
Gang, Ind. [Grand Iud,] et Rosne, Loyre et Tag, changeront
Quand du mulet la faim sera repue,
Classe espargie sang et corps nageront.

II/61
Euge, Tamins, Gironde et la Rochelle,
O sang Troien mort [Mars] au port de la flesche,
Derriere le fleuve au fort mise l'eschelle,
Pointes feu grand meurtre sus la bresche.

II/62
Mabus puis tost alors mourra, viendra,
De gens et bestes une horrible deffaite [defaicte],
Puis tout à coup la vengeance on verra,
Cent, main, soif, faim, quand courra la comet[t]e.

II/63
Gaulois, Ausone, bien peu subjuguera,
Pau [Pan], Marne, et Seine fera Perme l'urie:
Qui le grand mur contre eux dressera,
Du moindre au mur le grand perdra la vie.

II/64
Seicher de faim, de soif gent Genevoise,
Espoir prochain viendra au def[f]aillir,
Sur point tremblant sera loy Gebenoise [Geneuoise],
Classe au grand port ne se peut accueillir.

II/65
Le parc enclin grande calamité,
Par l'Hesperie et Insubre [in subre] fera,
Le feu en nef [enef], peste et captivité,
Mercure en l'arc, Saturne fenera.

II/66
Par grands dang[i]ers le captif eschappé,
Peu de temps grand a fortune changée.
Dans le palais le peuple est attrapé,
Par bon augure la Cité assiegée.

II/67
La blonde [Le blonds] au nez forche viendra commettre
Par le duelle et chassera dehors,
Les exilez dedans fera remettre
Aux lieux marins commettant les plus forts.

II/68
De l'Aquilon les efforts seront grands,
Sur l'Oc[c]ean sera la porte ouverte,
Le regne en l'isle [Lille] sera reintegrand,
Tremblera Londres par voille descouverte.

II/69
Le Roy Gaulois par la Celtique dextre
Voyant discord de la grand Monarchie,
Sur [Sus] les trois parts fera fleurir [florir] son sceptre,
Contre la cappe de la grand Hierarchie.

II/70
Le dard du Ciel fera son estendue,
Mor[t]s en parlant grande execution,
La pierre en l'arbre la fiere gent rendue,
Bruit humain monstre, purge expiation.

II/71
Les exilez en Sicile viendront,
Pour delivrer de faim la gent estrange:
Au point du jour les Celtes lui faudront,
La vie demeure, à raison Roy se range.

II/72
Armee Celtique en Italie vexée,
De toutes parts confli[c]t et grand perte,
Romains fuit [fuis], o Gaule repoussée [repoulsee],
Pres du Thesin, Rubicon pugne incerte.

II/73
Au lac Fucin de Benac le rivage,
Prins du Leman ou [au] port de l'Orguion.
Nay de trois bras predict belliq[ue], image,
Par trois couronnes au grand [d']Endymion.

II/74
De Sens, d'Autun viendront jusque au Rosne,
Pour passer outre vers les monts Pyrennées,
La gent sortir de la marque d'Anconne,
Par terre et mer suyvra à grand train[n]ées.

II/75
La voix ouye de l'insolit[e] oyseau,
Sur le canon du respiral estage,
Si haut viendra du froment le boisseau,
Que l'homme d'homme sera Antropophage.

II/76
Foudre en Bourgo[n]gne fera cas portenteux,
Que par engin vagues [oncques] ne pourroit faire:
De leur senat sacriste fai[c]t boyteux,
Fera scavoir aux ennemis l'affaire.

II/77
Par arcs, feux, poix, et par feux repoussez,
Crys, hurlemen[t]s sur la minui[c]t ouys:
Dedans sont mis par les ramparts [rempars] cassez,
Par cunicule [canicule] les traditeurs fuys.

II/78
Le grand Neptune du profond de la mer,
De gent bunqiue [punique] et sang Gaulois meslé:
Les isles à sang, pour le tardif ramer [armer],
Plus luy nuyra que l'occult mal celé.

II/79
La barbe crespe et noire par engin,
Subjuguera la gent cruelle et fiere:
Un [Le] grand Chiren [CHIREN] ostera du longin,
Tous les captifs par Seline baniere.

II/80
Apres confli[c]t du lesé l'éloquence,
Par peu de temps se trame faim [faint], repos,
Point [l']on n'admet les grands à delivrance,
Des en[n]emis sont remis à propos.

II/81
Par feu du Ciel la cité pres qu'aduste [presque aduste],
Urna [L'vrne] menace encor Deucalion,
Vexée[s] Sarda[i]gne par la punique fuste,
Apres que Libra lairra son Phaeton.

II/82
Par faim la proye fera loup prisonnier,
L'assaillant hors [lors] en extreme detresse:
Un [Le] nay ayant au devant le dernier,
Le grand n'eschappe au milieu de la presse.

II/83
Par le[Le gros] traffic du[d'vn] grand Lyon changé
[Et] la plus-part tourné en pristine ruine.
Proye aux soldats [soldars] par pille vendangé,
Par Iura mont [et] Sueve [Seueue] bruine.

II/84
Entre C[h]ampagne,S ienne, Flora,Tulscie[Tustie],
Six mois neuf jours ne pleuvra [pleuuera] une goutte:
L'estrange langue en terre Dalmatie,
Cou[u]rira sus, gastant [vastant] la terre toute,

II/85
Vieux plains de [Le vieux plain] barbe sou[b]s le statut severe
A Lyon fai[c]t dessus l'Aigle Celtique:
Le petit grand trop outre persevere,
Bruit d'armes [d'arbre] au ciel, mer rouge Lygustique.

II/86
Naufrage à classe pres d'onde [H]adriatique,
La terre [tremble] esmeue sus l'air en terre mis,
Egypte tremble augment Mahometique,
[L']Heraut se [soy] rendre à crier est commis.

II/87
Apres viendra des extremes contrées,
Prince Germain, sus le throsne doré:
En [La] servitude et [par] eaux rencontrées,
La dame serve, son temps plus n'adoré.

II/88
Le circuit du grand fai[c]t ruyneux,
Le nom septiesme du cinquiesme sera:
D'un tiers plus grand l'estrange belliqueux
Mouton, Lutece, Aix ne garantira [garentira].

II/89
Un jour seront amis[demis] les deux grand maistres
Leur grand pouvoir se verra augmenté:
La terre neufue [neuue] sera en ses hauts estres,
Au sanguinaire, le nombre racompté [raconté].

II/90
Par vie et mort changé regne d'Hongrie,
La loy sera plus aspre que service:
Leur grand cité d'urlemens plain[c]ts et crie,
Castor et Pollux ennemis dans la lice.

II/91
Soleil levant un grand feu [l']on verra,
Bruit et clarté vers Aquilon tendants:
Dedans lo [le] rond mort et cris [l']on orra,
Par glaive, feu, faim mort les attendan[t]s.

II/92
Feu couleur[s] d'or du ciel en terre veu,
Frappé du haut n'ay [nay], fai[c]t cas merveilleux:
Grand meurtre humain, prinse du grand neveu,
Morts de spectacles eschappé l'orgueilleux.

II/93
Bien pres du Tymbre presse la Libytine,
Un peu devant grand inondation:
Le chef du nef prins, mis à la sentine,
Chasteau, palais en conflagration.

II/94
Gran, Po, [Grand Pau], grand mal pour Gaulois recevra,
Vaine terreur au maritin Lyon:
Peuple infiny par la mer passera,
Sans eschapper un quart d'un million.

II/95
Les lieux peuplez seront inhabitables,
Pour champs avoir grande division:
Regnes livrez à pruden[t]s incapables,
Entre [Lors] les [grands] freres mort et dissention.

II/96
Flambeau ardant au ciel soir sera [fera] veu,
Pres de la fin et principe du Rosne,
Famine, glaive, tard le secours pourveu,
La Perse tourne enuahit [envahir] Macedoine.

II/97
Romain Pontife garde de t'approcher.
De la cité que deux fleuves arrouse:
Ton sang viendra aupres de la cracher,
Toy et les tiens quand fleurira la rose,

II/98
Celuy du sang reperse le visage,
De la victime proche sacrifi[c]ée,
Tonant [Tenant] en Leo augure [par] presage,
Mais [Mis] estre à mort lors pour la fiancée.

II/99
Terroir Romain qu'interpretoit augure,
Par gent Gauloise par trop sera vexée
Mais nation Celtique craindra l'heure,
Boreas, classe trop loing l'avoir poussée.

II/100
Dedans les isles si horrible tumulte,
Bien on n'orra qu'une bellique brigue,
Tant grand sera des prediteurs [predateurs] l'insulte,
Qu'on se viendra ranger à la grand ligue.

Centurie III

III/1
Apres combat et bataille navale [naualle],
Le grand Neptune à son plus haut bef[f]roy
Rouge adversaire de peur deviendra [viendra] pasle [palle]
Mettant le grand Ocean en effroy.

III/2
Le divin Verbe donra à la substance,
Comprins ciel, terre, [or] occult au fait [laict] mystique,
Corps, ame, esprit ayant toute puissance,
Tant soubs ses pieds comme au siege Celique.

III/3
Mars et Mercure et l'argent joint ensemble
Vers le midy extreme siccité,
Au fond d'Asie on dira terre tremble,
Corinthe, Ephese lors en perplexité.

III/4
Quand seront proche[s] le deffaut des lunaires.
De l'un à l'autre ne distant grandement:
Froid, siccité, dangers vers les frontieres,
Mesme où l'oracle à prins commencement.

III/5
Pres loing defaut de deux grand luminaires
Qui surviendra entre l'Auril et Mars,
O quel cherté! mais deux grands debonnaires,
Par terre et mer secourront toutes parts.

III/6
Dans temple[s] clos le foudre y entrera,
Les citadins dedans leur fort[s] grevez:
Chevaux, b[o]eufs, hommes, l'onde leur [mur] touchera
Par Faim, soif soubs les plus foibles armez.

III/7
Les fugitifs feu du ciel sur [sus] les piques,
Confli[c]t prochain des corbeaux s'esbatans:
De terre on crie aide secours celiques,
Quand pres des murs seront les combat[t]ans.

III/8
Les Cimbres joints aves[c]ques leurs voisins,
Depopuler [De populer] viendront[s] presque l'Espa[i]gne:
Gens amassez, Guienne et Limo[u]sins
Seront en ligue et leur feront compagne.

III/9
Bo[u]rdeaux, Rouan, et la Rochelle joints,
Tiendront autour [de] la grand[e] mer Oc[c]eane:
Anglois, Bretons, et les Flamans conjoints,
Les chasseront jusques aupres de Rouane.

III/10
De sang et faim plus grand calamité,
Sept fois s'appreste à la marine plage:
Monech de faim, lieu pris captivité,
Le grand mené croc enfer[r]ée cage.

III/11
Les armes battre au ciel longue saison,
L'arbre au milieu de la cité tombé:
Vermine [Verbine], rongne, glaive en face tyson,
Lors le Monarque d'Hadrie succombé.

III/12
Par la tumeur de Heb. Po, Tag. Tymb. [Timbre] et Rome [Rosne],
Et par l'estang Leman et Aretin:
Les deux grands chefs et citez de Garonne,
Prins, morts, noyez, partir humain butin.

III/13
Par foudre en l'arche or et argent fondu,
De deux captifs l'un l'autre mangera,
De la cité [le] plus grand estendu,
Quand submergée la classe nagera.

III/14
Par le rameau du vaillant personnage,
De France infime par le pere infelice:
Honneurs richesses, travail en son vieil[viel] aage,
Pour avoir creu le conseil d'homme nice.

III/15
Coeur, vigueur, gloire, le regne changera,
De tous points, contre ayant son adversaire:
Lors France enfa[e]nce par mort subjuguera,
Le [Vn] grand Regent sera lors plus contraire.

III/16
Le [Vn] Prince Anglois Mars à son coeur de ciel,
Voudra poursuyure [poursuiure] sa fortune prospere:
De[s] deux duels [duelles] l'un percera le fiel,
Hay de luy, bien aymé de sa mere.

III/17
Mont Aventin[e] brusler nuict sera veu,
Le ciel obcur tout à un coup en Flandres:
Quand le Monarque chassera son neueu,
Les [Leurs] gens d'Eglise commettront les esclandres.

III/18
Apres la pluye [de] laict, assez longuette,
En plusieurs lieux de R[h]eims le ciel toucher[é],
O quel confli[c]t de sang pres d'eux s'appreste!
Pere[s] et fils, Roys n'oseront approcher[é].

III/19
En Luques sang et laict viendra pleuvoir [plouuoir],
Vn peu devant changement de preteur,
Grand peste et guerre, faim et soif fera voir,
Loin[g] ou mourra leur prince [et grand] recteur.

III/20
Par les contrées du grand fleuve Bethique
Loin[g] d'Ibere au royaume de Grenade,
Croix repoussées par gens Mahometiques,
Un de Cordube trahyra la contrade.

III/21
Au Crustamin par mer Hadriatique,
Apparoistra un horrible poisson,
De face humaine et la fin aquatique,
Qui se prendra dehors de l'[h]amecon.

III/22
Six jours l'assaut devant citè donné,
Livrée sera forte et aspre [apres] bataille,
Trois la rendront et à eux pardonné,
Le reste à feu et [à] sang tranche taille.

III/23
Si, France, passe outre mer Lygustique,
Tu te verras en isles et mers enclos,
Mahommet contraire, plus mer Hadriatique
Chevaux et d'asnes [Asnes] tu rongeras les os

III/24
De l'entreprinse grande confusion,
Perte de gens, t[h]resor innumerable:
Tu ny [n'y] dois faire encore extension [tension],
France, à mon dire fais que sois recordable.

III/25
Qui au Royaume Navarrois parviendra,
Quand le Sicile et Naples seront join[c]ts:
Bigor[r]e et landes par fois larron [Loron] tiendra,
D'un qui d'Espagne sera par trop conjoints [enioinct].

III/26
Des Roys et Princes dresseront simulac[h]res,
Augures cruez [creuz], eslevez aruspices:
Corne victime dorée, et d'azur, d'acre[s],
Interpretez seront les exti[s]pices.

III/27
Prince libijque puissant en Occident,
Francois d'Arabe viendra tant enflammer:
Scavans [Scauant] aux lettres sera [fera] condescendent,
La langue Arabe en Francois translater.

III/28
De terre foible et pauvre parentelle
Par bout et paix parviendra dans l'Empire,
Long temps regner une jeune femelle,
Qu'oncq[ues], en regne n'en survint un si pire.

III/29
Les deux nepueux [neueux] en divers lieux nourris,
Navale pugne, terre pierres [peres] tombez,
Viendront si haut eslevez enguerris,
Venger l'injure, ennemys succombez.

III/30
Celuy qu'en luitte et fer au fai[c]t bellique,
Aura porté plus grand que luy le pris:
De nui[c]t au li[c]t six luy feront la pique,
Nud sans harnois subit sera surprins.

III/31
Aux champs de Mede, d'Arabe et d'armenie
Deux grands copies trois fois s'assembleront:
Pres du riuage d'Araxes la mes[g]nie,
Du grand Soliman en terre tomberont.

III/32
Le grand sepulchre du peuple Aquitanique,
S'approchera aupres de la Toscane:
Quand Mars sera pres du coing Germanique,
Et au terroir de la gent Mantuane.

III/33
En la cité ou le loup entrera,
Bien pres de la les ennemis seront:
Copie estrange grand pays gastera,
Aux monts [murs] et Alpes les amis passeront.

III/34
Quand le def[f]aut du Soleil lors sera,
Sur le plein [plain] jour le monstre sera veu:
Tout autrement on l'interpretera,
Cherté n'a garde, nul n'y aura pourveu.

III/35
Du plus profond de l'Occident d'Europe,
De pauvres gens un Ieune enfant naistra:
Qui par sa langue seduira grande troup[p]e,
Son bruit au regne d'Orient plus croistra.

III/36
Ensevely non mort apopletique,
Sera trouvé avoir les mains mangées,
Quand la cité damnera l'heretique,
Qu'avoit leurs loix ce leur sembloit changées.

III/37
Avant l'assaut l'oraison prononcée,
Milan prins d'Aigle par embusches deceus:
Muraille antique par canon[s] enfoncée,
Par feu et sang à mercy peu receus.

III/38
La gent Gauloise et nation estrange,
Outre les monts morts, prins et profligez:
Au moys [moins] contraire et proche de vendange
Par les Seigneurs en accord redigez.

III/39
Les sept en trois seront mis en concorde,
Pour subjuguer des Alp[h]es Ap[p]ennines:
Mais la tempeste et ligure couarde,
Les profligent en subjets [subites] ruynes.

III/40
Le grand theatre se viendra redresser,
Les dez jetté, et les rets ja tendus:
Trop le premier en glaz viendra lasser,
Par arc prostrai[t]s de longtemps ja fendus.

III/41
Bossu sera esleu par le conseil,
Plus hydeux monstre en terre n'apperceu;
Le coup vo[u]lant Prelat [prela] creuera l'oeil,
Le traistre au Roy pour fidelle receu,

III/42
L'enfant naistra à deux dents en la gorge,
Pierre[s] en Tulcie [Tuscie] par pluye tomberont:
Peu d'ans apres ne sera bled ne [ni] orge,
Pour saoul[l]er ceux qui de faim failliront.

III/43
Gens d'alentour de Tain [Tarn], Loth, et Garonne
Gardez les monts Ap[p]ennines passer,
Vostre tombeau apres [pres] de Rome et d'Anconne,
Le noir poil crespe fera trophée dresser.

III/44
Quand l'animal à l'homme domestique,
Apres grand peines et sauts viendra parler:
Le [De] foudre à vierge sera si malefique
De terre prinse et suspendue en l'air.

III/45
Les cinq estrange[r]s entrez dedans le temple.
Leur sang viendra la terre prophaner;
Aux Tholo[u]sains sera bien dur exemple
D'un qui viendra ses loix exterminer.

III/46
Le Ciel (de Plancus la cité) nous presage
Par clairs [clercs] insignes et par estoilles fixes,
Que de son change subit s'approche l'aage
Ne pour son bien ne pour les [ses] malefices.

III/47
Le vieux monarque de chassé [dechassé] de son regne
Aux Oriens son secours ira querre,
Pour peur de[s] croix ployera son enseigne,
En Miti[y]lene ira par port et [par] terre.

III/48
Sept cens captifs attachez rudement,
Pour la moitié meurdrir [meurtir], donné le sort:
Le proche espoir viendra si promptement,
Mais non si tost qu'une quinziesme mort.

III/49
Regne Gaulois tu seras bien changé,
En lieu estrange est translaté l'Empire,
En autres loix et moeurs [moeurs et loix] seras rangé,
Roue[a]n et Chartres te fera [feront] bien du pire.

III/50
La republique de la grande Cité,
A grand rigueur ne voudra consentir:
Roy sortir hors par trompette cité,
L'eschelle au mur, la cité repentir.

III/51
Paris conjure un grand meurtre commettre,
Blois le fera sortir en plain [plein] effect:
Ceux d'Orleans voudront leur chef remettre,
Ang[i]ers, Troye[s], Langres: leur feront grand forfait [seront vn meffait].

III/52
En la c[h]ampaigne sera si longue pluye,
Et en la Pouille si grande siccité,
Coq verra l'Aigle l'aisle mal ac[c]omplie,
Par lyon mise sera en extremité.

III/53
Quand le plus grand emportera le pris
De Nuremberg, d'Auspurg [Ausbourg], et ceux de Basle [Basle],
Par Agrip[p]ine chef Frankfort repris,
Traverseront par Flamans [Flament] jusqu'en Gal[l]e.

III/54
L'un des plus grands fuyra aux Espa[i]gnes,
Qu'en longue playe apres viendra seigner [saigner]
Passant copies par les hautes montaignes,
Devastant tout et puis en paix regner.

III/55
En l'an qu'un oeil en France regnera,
La court [Cour] sera en un bien fascheux trouble:
Le grand de Bloys son amy tuera,
Le regne mis en mal et doubte double.

III/56
Montauban, Nismes, Auignon, et Besiers,
Peste, tonnerre, et gresle à fin de Mars:
De Paris pont Lyon mur, Montpellier,
Depuis six cens et sept xxiii. [vingt trois] par[t]s.

III/57
Sept fois changer verrez gent Britannique,
Taints en sang en deux cens nonante an:
Franc[h]e, non point par appuy Germanique,
Ariez[s] doubte son pole Bastarnan.

III/58
Aupres du R[h]in des monta[i]gnes M[n]oriques
Naistra un grand de gens trop tard venu,
Qui def[f]endra Saurome et Pannoniques,
Qu[u]'on ne scaura qu'il sera devenu.

III/59
Barbare Empire par le tiers usurpé,
La plus[grand] part de[s] son sang mettre[a] à mort:
Par mort senile par luy, le quart frappé,
Pour peur que sang par la [le] sang ne soit mort.

III/60
Par toute Asie gran[d] proscription,
Mesmes en Mysie, Lysie, et Pamphylie:
Sang versera par absolution,
D'un jeune noir remply de felonnie.

III/61
La grande bande et secte crucigere,
Se dressera en Mesopotamie,
Du proche fleuve compagnie legere,
Que telle loy tiendra pour ennemie.

III/62
Proche del duero par mer Tirene [Tyrenne] close,
Viendra percer les grands monts Pyrenées.
La main plus courte et sa percée glose [gloze]
A Carcassonne conduira ses menées.

III/63
Romain pouvoir sera du tout à bas
Son grand voisin imiter ses [les] vestiges:
Occultes haines civiles et debats
Retarderont aux bouffons leurs fol[l]ies.

III/64
Le chef de Perse remplira grands [grande] Olchade[s],
Classe trireme contre gent Mahometique,
De Parthe et Mede, et pilliers [piller] les Cyclades,
Repos longtemps au grand port Ionique.

III/65
Quand le sepulchre du grand Romain trouvé
Le jour apres sera esleu pontife:
Du senat guer[r]es il ne sera prouvé,
Emprisonné [Empoisonné] son sang au sacré scyphe.

III/66
Le grand Baillif d'Orleans mis à mort,
Sera par un de sang vindicatif:
De mort merite ne mourra que par sort,
Des pieds et mains mal le faisoit captif.

III/67
Une nouvelle secte de Philosophes,
Mesprisant mort, or, honneurs et richesses,
Des monts Germains ne seront limitrophes,
A les en fuyvre [ensuiure] auront appuy et presses.

III/68
Peuple sans chef d'Espa[i]gne [et] d'Italie,
Morts, profligez dedans le Cher[r]ones[s]:,
Leur duict trahy par legere folie,
Le sang nager par tout à la traverse.

III/69
Grand exercite condui[c]t par jouvenceau,
Se viendra rendre aux mains des ennemis:
Mais le vie[i]llard nay au demy pourceau,
Fera Chalon et Mascon estre amis.

III/70
La grand Breta[i]gne comprinse d'Angleterre,
Viendra par eaux [eaulx] si fort [haut] à inonder:
La lique neufve [neuue] d'Ausonne fera guerre,
Que contre eux ils se viendra [viendront]bander.

III/71
Ceux dans les isles de long temps assiegez,
Prendront vigueur force contre ennemis,
Ceux par dehors morts de faim profligez
En plus grand faim que jamais seront mis.

III/72
Le bon vieillard tout vif ensevely,
Pres du grand fleuve par faux [fausse] soupcon,
Le nouveau vieux de richesse ennobly:
Prins à chemin tout l'or de la rancon.

III/73
Quand dans le regne parviendra le boiteux,
Comped[t]iteur aura proche bastard,
Luy et le regne viendront si fort ro[i]gneux,
Qu'ains qu'il guerisse son fai[c]t sera bien tard.

III/74
Naples, Florence, Favence, et Imole,
Seront en termes de telle fascherie,
Que pour complaire aux malheureux de Nol[l]e,
Plain[c]t d'avoir fai[c]t à son chef moquerie.

III/75
Pau, Veron[n]e, Vincence, Sarragousse,
De glaives loings, terroirs de sang humides:
Peste si grande viendra a la grand gousse,
Proche secours et bien loing les remedes.

III/76
En Germanie naistront diverses sectes,
Sapprochant fort de l'heureux paganisme,
Le coeur captif, et petites receptes
Feront retour à payer le vray disme.

III/77
Le tiers climat sous Aries comprins,
L'an mil sept cens vingt et sept en Octobre,
Le Roy de Perse par ceux d'Egypte prins,
Conflit, mort, perte, à la croix grand opprobre.

III/78
Le chef d'E[s]cosse, avec six d'Al[l]emagne,
Par gens de mer Orientaux captif,
Traverseront le Calpre et Espagne,
Present en Perse au nouveau Roy craintif.

III/79
L'ordre fatal sempiternel par chai[s]ne,
Viendra tourner par ordre consequent:
Du port Phocen sera rompue [rempue] la chai[s]ne,
La cité prinse l'ennemy quant et quant.

III/80
Du regne Anglois le digne dechasse[r],
Le conseiller par ire mis a feu:
Ses adherans iront si bas trasser [tracer],
Que le bastard sera demy receu.

III/81
Le grand criard sans honte audacieux,
Sera esleu gouverneur de l'armée,
La hardiesse de son contentieux
Le pont rompu, Cité de peur pasmée.

III/82
Freins [Erins], Antibol[r], villes autour de Nice,
Seront vastées, fort par mer et par terre,
Les sauterelles terre et mer vent propice,
Prins, morts, troussez, pillez sans loy de guerre.

III/83
Les longs cheveux de la Gaule Celtique,
Accompagnez d'estranges nations,
Mettront captif la gent Aquitanique,
Pour succomber à leurs intentions.

III/84
La grand cité sera bien desolée,
Des habitans un seul ny [n'y] demourra,
Mur, sexe, temple, et vierge violée,
Par fer, feu, peste canon, peuple mourra.

III/85
La [Par] Cité prinse par tromperie et fraude,
Par le moyen d'un beau ieune attrapé,
[L']Assaut donné, Roubine [Raubine] pres de
L'AUDE [LAUDE],
Luy et tous morts pour auoir bien trompé.

III/86
Un chef d'Ausonne aux Espa[i]gnes ira,
Par mer fera [sera] arrest dedans Marseille,
Auant sa mort un long temps languira,
Apres sa mort [l']on verra grand merueille.

III/87
Classe Gauloise n'aproche[s] de Corseigne.
Moins de Sardaigne tu t'en repentir[t]as:
Trestous mourrez frustrez de l'aide grogne,
Sang nagera captif ne me croiras.

III/88
De Barcelon[n]e par mer si grande armée,
Tout[r]e Marseille de frayeur tremblera,
Isles saisies de mer ayde fermée,
Ton traditeur en terre nagera.

III/89
En ce temps là sera frustré Cypres.
De son secours de ceux de mer Egée.
Vieux trucidez, mais par masles [mesles] et
lyphres,
Seduict leur Roy, Royne plus outragée.

III/90
Le grand Satyre et Ty[i]gre d'Hycarnie
[d'Hircanie],
Don presenté à ceux de l'Occean:
Un chef de classe istra de Carmanie,
Qui prendra terre au Tyrran [Tyrren]Phocean.

III/91
L'arbre qu'estoit par [si] long temps mort se[i]ché,
Dans une nuict viendra à reverdir:
Cron, Roy malade, Prince pied estaché,
Craint d'ennemis fera voile bondir.

III/92
Le monde proche du dernier periode,
Saturne encor tard sera de retour:
Translat empire [deuers] nation Brodde:
L'oeil arraché à Narbon par autour.

III/93
Dans Avignon tout le chef de l'empire,
Fera apprest [arrest] pour Paris desolé:
Tricast tiendra l'Annibalique ire,
Lyon par change sera mal consolé.

III/94
De cinq cens ans plus compte l'on tiendra,
Celuy qu'estoit l'ornement de son temps:
Puis à un coup grande clarté donr[r]a,
Que par ce siecle les rendra trescontens.

III/95
La loy Mor[r]icque on verra deffaillir,
Apres une autre beaucoup plus seductive,
Boristhennes [Beristhennes] premier viendra
faillir,
Par dons et langue[s] une plus attractive.

III/96
Chef de Fossan [defossan] aura gorge coup[p]ée,
Par le ducteur du limier et leurier:
Le fait paré [patré] par ceux du mont Tarpée,
Saturne en leo treziesme Feurier [xiij de Feurier].

III/97
Nouvelle loy terre neuve occuper,
Vers la Syrie, Iudée, et Palestine:
Le grand Empire Barbare courreur [corruer],
Avant que Phebes son siecle determine.

III/98
Deux Royals freres si fort guerroyeront.
Qu'entr'eux sera la guerre si mortelle:
Qu'un chacun places fortes occuperont,
De regne et vie sera leur grand querelle.

III/99
Aux champs herbeux d'alein et du Varneigne,
Du mont Lebron proche de la Durance
Camp[s] de[s] deux parts confli[c]t sera si aigre,
Mesopotamie defaillira en [la] France.

III/100
Entre Gaulois le dernier honoré,
D'homme ennemy sera victorieux,
Force et terroir en moment exploré,
D'un coup de trai[c]t quand mourra l'envieux.

Centurie IV

IV/1
Cela du reste de sang non espandu,
Venise quiert secours estre donné,
Apres auoir bien long temps attendu,
Cité liurée au premier cornet sonné.

IV/2
Par mort la France prendra voyage à faire,
Classe par mer, marcher monts Pyrenées,
Espa[i]gne en trouble, marcher gent militaire,
Des plus grand, dames en France emmenées.

IV/3
d'Arras et Bourges de Brodes grands enseignes
Un plus grand nombre de Gascons battre à pied,
Ceux long du Rosne saigneront les Espa[i]gnes,
Proche du mont ou Sagonte s'assied.

IV/4
L'impotent Prince fasché, plain[c]ts et querelles,
De rap[t]s et pilles [pillé], par coqs[z] et par lybiques
Grand est par terre, par mer infinies voilles,
Seure [Seule] Italie sera chassant Celtiques.

IV/5
Croix paix soubs un accomply diuin verbe,
[L']Espaigne et Gaule seront unis ensemble,
Grand clade proche, et combat tresacerbe,
Coeur si hardy ne sera qui ne tremble.

IV/6
D'habits nouveaux apres faicte la treuve,
Malice tramme et machination:
Premier mourra qui en fera la preuve,
Couleur Venise insidiation.

IV/7
Le mineur fils du grand et hay prince,
De lepre aura à vingt ans grand tache:
De dueil sa mere mourra bien triste et mince,
Et il mourra là où tombe cher la[s]che.

IV/8
La grand cité d'assaut prompt et repentin,
Surprins de nuict, garde[s] interrompus:
Les excubies et veilles sain[c]t Quintin,
Trucidez gardes et les portails rompus.

IV/9
Le chef du camp au milieu de la presse,
D'un coup de flesche sera blessé aux cuisses,
Lors que Geneve en larmes et [en] detresse
Sera trahy [trahie] par Lozan et Souysses.

IV/10
Le jeune Prince accusé faussement [faulsement],
Mettra en trouble le camp et en querelles:
Meurtry le chef pour le soustement [soustenement],
Sceptre apaiser, puis guerir escrouelles.

IV/11
Celuy qu'aura couvert de la grand cappe,
Sera indui[c]t à quelque cas patrer:
Les douze rouges viendront fouiller [souiller] la nap[p]e,
Soubs meurtre, meurtre se viendra perpetrer.

IV/12
Le camp plus grand de route mis en fuite,
Gueres plus outre ne sera pourchassé:
Ost recampé et region [legion] reduicte,
Puis hors de Gaule [des Gaules] du tout sera chassé.

IV/13
De plus grand perte nouvelles rapportées,
Le rapport fait le camp s'eslongnera [s'estonnera]:
Bandes unies encontre revoltées,
Double phalange grand abandonnera.

IV/14
La mort subjette [subite] du premier personnage
Aura changé et mis un autre au regne:
Tost, tard venu a si haut et bas aage,
Que terre et mer faudra qu'on [que on] le craigne.

IV/15
D'où pensera faire venir famine,
De là viendra le rassasiement:
L'oeil de la mer par avare canine,
Pour de l'un l'autre donra huille [huyle] froment.

IV/16
La Cité franche de liberté fait serve,
Des profligez et resueurs fait azyle [asyle]:
Le Roy changé, à eux non si proterve,
De cent seront devenus plus de mille.

IV/17
Changer à Beaune, Nuy, Cha[a]lons, [et] Dijon
Le duc voulant amender la Barrée,
Marchant pres fleuve, poisson, bec de Plongeon,
Verra le queue: porte sera serrée.

IV/18
Des plus lettrez dessus les fai[c]ts celestes
Seront par princes ignorans reprouvez,
Punis d'edi[c]t, chassez, comme scelestes,
Et mis à mort là où seront trouvez.

IV/19
Devant Rouan d'Insubres mis se [le] siege,
Par terre et mer enfermez les passages,
D'Haynaut: et Flandres de Gand et ceux de Liege,
Par dons laenées [lenees] raviront les rivages.

IV/20
Paix uberté long temps Dieu [lieu] louera
Par tout son regne desert la fleur de lis,
Corps morts d'eau, terre là l'on apportera,
Sperants vain heur d'estre là ensevelis.

IV/21
Le changement sera fort difficile,
Cité, province au change gain sera [fera]:
Coeur haut, prudent mis, chassé luy habile,
Mer, terre, peuple, son estat changera.

IV/22
La grand copie qui sera dechassée
Dans un moment sera [fera] besoin[g] au Roy,
La foy promise de loing sera faussée,
Nud se verra en piteux desarroy.

IV/23
La legion dans la marine classe
Calcine, Magne[s] souphre [soulphre] et poix bruslera:
Le long repos de l'ass[e]uree place,
Port Selin, Hercle feu les consumera.

IV/24
Ouy sou[b]s terre saincte d'ame [dame], voix sainte,
Humaine flamme pour divine veoir [voire] luire,
Fera des seuls de leur sang terre tainte,
Et les sain[c]ts temples pour les impurs destruire.

IV/25
Corps sublimes sans fin à l'oeil visibles,
Obnubiler viendra[viendront] par ses[ces] raisons,
Corps, front comprins, sens, chef et inuisibles.
Diminuant les sacrées oraisons.

IV/26
Lou grand eyssame le [se] levera d'abelhos,
Que non sauran don, te signen[siegen] venguddos,
Denuech l'e[m]bousq, lougach [des]sous las tailhos [treilhos]
Ciutat[d] trahido per cinq leugos[lengos] non nudos,

IV/27
Salon, Mansol, Tarascon de SEX. l'arc,
Où est debout encor la pyramide:
Viendront livrer le prince Dannemarc,
Racha[p]t honny au temple [au prince] d'Arta[e]mide.

IV/28
Lors que Venus du Sol sera couvert:
Soubs [Sus] l'esplendeur sera forme occulte:
Mercure au feu les aura descouvert,
Par bruit bellique sera mis à l'insulte.

IV/29
Le Sol caché ec[c]lipsé par Mercure,
Ne sera mis que pour le ciel second:
De Vulcan Hermes sera fai[c]te pasture,
Sol sera veu pur rutilant et blond.

IV/30
Plus onze fois Luna Sol ne voudra,
Tous augmentez et baissez de degré:
Et si bas mis que peu or [l']on coudra,
Qu'apres faim, peste, de[s]couvert le secret.

IV/31
La lune au plain de nuict sur le haut mont
Le nouveau sophe [Sophir] d'un seul cerveau l'a veu,
Par ses disciples estre immortel semond,
Yeux au midy, en seins mains corps au feu.

IV/32
Es lieux et temps chair au poisson donra lieu,
La loy commune sera fai[c]te au contraire,
Vieux tiendra fort puis osté du milieu,
Le Pantacoina [Panta chiona] Philon mis fort arriere.

IV/33
Iupiter join[c]t plus Venus qu'a la Lune,
Apparoissant de plenitude blanche:
Venus cachée sous la blancheur Neptune,
De Mars frappée par la granée [grauee] branche.

IV/34
Le grand mené captif d'estrange terre,
D'or enchainé au Roy CHY[I]REN offert:
Qui dans Ausone, Mil[l]an perdra la guerre,
Et tout son os[t] mis à feu et à fer.

IV/35
Le feu estaint les vierges trahiront,
La plus grand part de la bande nouvelle?
Foudre à fer, lance les seuls Roy garderont
Etrusque et Corse de nuict gorge allumelle.

IV/36
Les ieux nouveaux en Gaule redressez.
Apres victoire de l'Insubre champaigne:
Monts d'Esperie, les grands liez troussez,
De peur trembler la Romane [Romagne] et l'Espa[i]gne.

IV/37
Gaulois par saults, monts viendra penetrer,
Occupera le grand lieu de l'Insubre:
Au plus profond son ost fera entrer,
Gennes, Monech pousseront classe rubre.

IV/38
Pendant que Duc, Roy, Royne occupera,
Chef Bizantin captif en Samothrace:
Avant l'assaut l'un l'autre mangera,
Rebours serré suyura de [du] sang la trace.

IV/39
Les R[h]odiens demanderont secours,
Par le neglet de ses hoirs de laissée [delaissee],
L'empire Arabe revalera son cours,
Par Hesperies la cause radressée [redressee].

IV/40
Les forteresses des assiegez serrez,
Par poudre à feu profondes[z] en abysme:
Les proditeurs seront tous vifs serrez,
Onc aux Sacristes n'aduint si piteux scisme.

IV/41
Gymnique sexe captive par hostage,
Viendra de nuict custodes decevoir:
Le chef du camp deceu par son lignage [langage],
Lairra à la gente, ferra piteux avoir [à voir].

IV/42
Geneue et Langres par ceux de Chatres et Dol[l]e.
Et par Grenoble captif au Montlimart[d],
Seysset, Lausanne [Losanne], par fraudulente dole,
Les trahyront par or soixante marc.

IV/43
Seront ouys au Ciel les armes battre:
Celuy au [an] mesme les divins ennemis,
Voudront loix sainctes injustement debat[t]re,
Par foudre et guerre bien croyants [croyns] à mort mis.

IV/44
Deux gros de Mende [et] de Rhodes [Roudes] et Milhau,
Caho[u]rs, Ly[i]moges, Castres malo sepmano,
De nuech l'intrado, de Bo[u]rdeaux vn cailhau,
Par Perigort au roc [toc] de la campano.

IV/45
Par confli[c]t Roy, regne abandonnera,
Le plus grand chef faillira au besoing,
Morts profligez, peu en rechapera,
Tous destranchez [destrangez], un en sera tesmoing.

IV/46
Bien deffendu le fai[c]t par excellence.
Garde toy Tours de ta proche ruyne,
Londres et Nantes par Reims fera deffence,
Ne passe[z] outre au temps de la bruyne.

IV/47
Le Noir farouche quand aura essayé,
Sa main sanguine par feu, fer, arcs tendus,
Trestout le peuple sera tant effrayé,
Voir les plus gran[d]s par col et pieds pendus.

IV/48
Planure, Ansonne fertil[l]e, spacieuse,
Produira taons et [si] tant de sauterelles,
Clarté solaire deviendra nubileuse,
Ranger [Ronger] le tout, grand peste venir d'elles.

IV/49
Devant le peuple sang sera respandu,
Que du haut ciel ne viendra eslo[i]gner,
Mais d'un long-temps ne sera entendu,
L'esprit d'un seul le viendra tesmoigner.

IV/50
Libra verra regner les Hesperies,
De ciel et terre tenir la Monarchie,
D'Asie forces nul ne verra peries,
Que sept ne tiennent par rang la Hierarchie.

IV/51
Ve [Vn] Duc cupide son ennemy ensuyure,
Dans entrera empeschant la phalange,
Hastez à pied si pres viendront poursuyure,
Que la journée conflite pres de Gange.

IV/52
En cité obsesse aux murs hommes et femmes
Ennemys hors le chef prest a soy rendre:
Vent sera fort encontre les gens-d'armes,
Chassez seront par chaux, poussiere et cendre.

IV/53
Les fugitifs et bannis revoquez,
Peres et fils grand garnissant les hauts puits:
Le cruel pere et les siens sussoquez [suffoquez],
Son fils plus pire submergé dans le puits.

IV/54
Du nom qui oncquez[s] ne fut au Roy Gaulois,
Iamais ne fu[s]t un fou[l]dre si craintif,
Tremblant l'Italie l'Espa[i]gne et les Anglois,
De femme estrange[s] grandement attentif.

IV/55
Quand la Corneille sur tour [tout] de brique jointe,
Durant sept heures ne fera que crier,
Mort presagée de sang statue tain[c]te,
Tyran meuttry [meurtry], aux Dieux peuple prier.

IV/56
Apres victoire de rabieuse langue,
L'esprit tempté en tranquil et repos:
Victeur sanguin par confli[c]t fait harangue,
Ro[u]stir la langue et la chair et les os.

IV/57
Ignare enuie du grand Roy supportée,
Tiendra propos deffendre les escri[p]ts:
Sa femme non femme par un autre tentée,
Plus double deux, ne feront fort ne cris [criz].

IV/58
Soleil ardent dans le gosier couler [coller],
De sang humain arro[u]ser terre Etrusque:
Chef seille d'eau, mener son fils filer,
Captive dame condui[c]te en terre Turque.

IV/59
Deux assiegez en ardente fureur [ferueur],
De soif estain[c]ts dedans [pour] deux plaines tasses;
Le fort limé, et un vieillard resueur,
Aux Genevois de Nira monstra trasses.

IV/60
Les sept enfans en hostage laissez,
Le tiers viendra son enfant trucider:
Deux par son fils seront d'[e]stoc percez,
Gennes, Florence, lors viendra circonder [inconder].

IV/61
Le vieux mocqué, et privé de sa place,
Par l'estranger qui le subornera:
Mains de son fils mangées devant sa face
Le frere à Chartres, Orleans [Orl.], Rouen [Rouan] trahira,

IV/62
Un coronel machine ambition,
Sa saisira de la plus grande armée,
Contre son prince feinte [fainte] invention,
Et descouvert sera sou[b]s la [la] ramée.

IV/63
L'armee Celtique contre les monta[i]gnars,
Qui seront sceus[z] et prins à la lipée [pipee]:
Paysans fresz pous[s]eront tost faoguars [faugnars],
Precipitez tous au fils de l'espée.

IV/64
Le defaillant en habit de bourgeois,
Viendra le Roy tenter de son offence:
Quinze soldats la plus part Ustagois,
Vie derniere et chef de sa chevance.

IV/65
Au deserteur de la grand forteresse,
Apres qu'aura son lieu abandonné:
Son adversaire fera si grand prouesse,
L'Empereur tost mort sera condamné.

IV/66
Sou[b]s couleurs feinte [fainte] de sept testes rasées,
Seront semez divers explorateurs:
Puyts et fontaines de poysons arrousées,
Au fort de Gennes humains devorateurs.

IV/67
L'an [Lors] que Saturne et Mars esgaux combust,
L'air fort seiché, longue trajection:
Par feux secrets, d'ardeur grand lieu adust,
Peu pluye, vent, chau[l]t, guerres, incursions.

IV/68
En l'an [lieu] bien proche [non] esloigné de Venus,
Les deux plus grands de l'Asie et d'Affrique:
Du Rin [Ryn] et Hister [H ster] qu'on dira sont venus,
Cris, pleurs à Malte et costé Lygustique.

IV/69
La cité grande les exilez tiendront,
Les citadins morts meurtris et chassez:
Ceux d'Aquilée à Parme promettront,
Monstrer l'entrée par les lieux non trassez.

IV/70
Bien contigu[e] des grands monts Pyrenées,
Un contre l'aigle grand copie addresser:
Ouverte vaines [veines], forces exterminées,
Que jusqu'à Pau le chef viendra chasser.

IV/71
En lieu d'espouse les filles trucidées,
Meurtre à grand faute ne sera superstit[l]e,
Dedans le puys [puits] vestu les [vestules] inondées,
L'espouse estainte pur hauste d'Aconile [d'Aconite].

IV/72
Les Artomiques par Agen et Lectore [l'Estore],
A saint Felix feront le [leur] parlement:
Ceux de Basas viendront à la malheure,
Saisir Condon et Marsan promptement.

IV/73
Le nepueu grand par force[s] prouverà,
Le pache fait du coeur pusillanime:
Ferrare [Farrare] et Ast le Duc esprouvera,
Par lors qu'au soir sera la [le] pantomine [pantomime].

IV/74
Du lac Leman et ceux de Brannonices,
Tous assemblez contre ceux d'Aquitaine,
Germains beaucoup, encore plus Souysses,
Seront de[s]faicts avec ceux du Maine [d'Humaine].

IV/75
Prest à combattre fera defection,
Chef adversaire obtiendra la victoire:
L'arriere garde fera defension,
Les defaillans mort au blanc territoire.

IV/76
Les Nictobriges par ceux de Perigort,
Seront vexez tenant jusques au Rosne:
L'associé de Gascons et Begorne
Trahir le temple, le prestre estant au prosne.

IV/77
Selin monarque, l'Italie pacifique,
Regnes unis [par] Roy Chrestien du monde:
Mourant voudra coucher en terre belgique [blesique],
Apres pyrates avoir chassé de l'onde.

IV/78
La grand armée de la pugne civil[l]e,
Pour de nuict Parme à l'estrange trouvéee
Septante neuf meurtris dedans la ville,
Les estrangers passez tout à l'espée.

IV/79
Sang Royal fuis Mon[t]hurt, Mas, Eguillon,
Remplis seront [de] Bourdelois les Landes,
Navarre, Bygorre, poin[c]tes et eguillons,
Profonds de faims vorer de Liege glandes.

IV/80
Pres du grand fleuve grand fosse terre aggeste [egeste]
En quinze part [pars] sera l'eau divisée:
La cité prinse, feu, sang, cris, confli[c]t m[o]este,
Et la plus part concerne au collisée.

IV/81
Pont on fera promptement de nacelles,
Passer l'armée du grand prince Belgique:
Dans profondrez et non loing de Brux[c]elles,
Outre passez, de[s]tranchez sept à picque.

IV/82
Amas s'approche venant d'[E]sclavonie,
L'Olestant vieux cité ruynera:
Fort desolée verra sa Romanie,
Puis la grand flamme estaindre ne scaura,

IV/83
Combat nocturne le vaillant capitaine
Vaincu fuyra, peu de gens profligez [profligé]:
Son peuple esmeu sedition non vaine,
Son propre fils le tiendra assiegez [assiegé].

IV/84
Vn grand d'Auxerre mourra bien miserable
Chassé de ceux qui sou[b]s luy ont esté,
Serré de chai[s]nes, apres d'un rude cable,
En l'an que Mars Venus, Sol joints esté [mis en esté].

IV/85
La charbon blanc du noir sera chassé,
Prisonnier fai[c]t mené au tumbereau [tombereau],
More Chameau sus pieds entre lassé,
Lors le puisné filera [sillera] l'aubereau.

IV/86
L'an que Saturne en eau sera conjoinct,
Avecques Sol, le Roy fort et puissant,
A Reims et Aix sera receu et oingt,
Apres conquestes meurtrira innocent.

IV/87
Un fils du Roy tant de langues ap[p]rins
A son aisné au regne different,
Son pere beau au plus beau [grand] fils comprins,
Fera perir principal adherent [adherant].

IV/88
Le grand Ant[h]oine du moindre [du nom] [de] fai[c]t sordide
De Pht[h]yriase à son dernier rongé,
Un qui de plomb voudra estre cupide,
Passant le port d'esleu sera plongé.

IV/89
Trente de Londres secret conjureront,
Contre leur Roy sur le pont l'entreprinse:
Luy, fatellites [satalites] la mort desgousteront,
Un Roy esleu blond[e], [et] natif de Frize.

IV/90
Les deux copies aux murs ne pour[r]ont joindre
Dans cest instant trembler Milan, Ticin:
Faim, soif, doutance si fort les viendra poindre
Chair, pain, ne viures, n'auront un seul boucin.

IV/91
Au Duc Gaulois contrainct battre au duelle,
La nef Meselle [Melle le] Monech n'approchera,
Tort accusé prison perpetuelle,
Son fils regner avant mort taschera.

IV/92
Teste trenchée du vaillant Capitaine,
Sera jetté[e] devant son adversaire,
Son corps pendu de sa [la] classe à l'antenne,
Consus [Confus] fuira par rame[s] à vent contraire.

IV/93
Vn serpent veu proche du lict Royal,
Sera par dame, nuict chien[s] n'ab[b]ayeront:
Lors naistre en France un Prince tant loyal[royal]
Du Ciel venu tous les princes verront.

IV/94
Chassez seront deux grands freres d'Espaigne
[Deux grand freres seront chassez d'Espaigne],
L'aisné vaincu sou[b]s les monts Pyrenées:
Rougir mer, Rosne sang Leman d'Alema[i]gne,
Narbon, Blyterre[s], d'Ath [d'Agath], contaminées.

IV/95
Le regne à deux lais[s]é bien peu tiendront,
Trois ans sept mois passez feront la guerre:
Les deux vestales contre rebelleront,
Victor puis nay en Armonique [Armenique] terre.

IV/96
La soeur aisnée de l'Isle Britannique,
Quinze ans devant le frere aura naissance,
Par son promis moyennent verrifique,
Succedera au regne de Balance.

IV/97
L'an que Mercure, Mars, Venus retrograde,
Du grand Monarque la ligne ne faillir,
Esleu du peuple L'usitain [l'vsitant] pres de Graudale [Gag/h/ndole],
Qu'en regne et paix [paix et regne] viendra fort envie[i]llir.

IV/98
Les Albanois passeront dedans Rome,
Moyennant Langres [tang] de miples affublez,
Marquis et Duc ne pardonner à homme,
Feu, sang morbilles, point d'eau, faillir les bleds [blez].

IV/99
L'aisné vaillant de la fille du Roy,
Repoussera si profond [si profond] les Celtiques,
Qu'il mettra foudres, combien en tel arroy,
Peu et loing, puis profond és Hesperiques,

IV/100
De feu celeste au Royal edifice,
Quand la lumiere de Mars def[f]aillira,
Sept mois grand'guerre, mort gent de malefice,
Roven [Rouan], Evreux, au Roy ne faillira.

Centurie V

V/1
Avant venue de ruyne Celtique,
Dedans le temple deux parlementeront,
Poignart[d] coeur, d'un monté au coursier, et pi[c]que,
Sans faire bruit le grand enterreront.

V/2
Sept conjurez au banquet feront luire,
Contre les trois le fer hors de navire,
L'un les deux classes au grand fera conduire,
Quand par le mal[,] dernier au front luy tire.

V/3
Le successeur de la Duché viendra,
Beaucoup plus outre que la mer de Toscane,
Gauloise branche la Florence tiendra,
Dans son giron d'accord nautique Rane.

V/4
Le gros mastin de cité dechassé
Sera fasché de l'estrange alliance,
Apres aux champs avoir le cerf chassé,
Le loup et l'ours se donront defiance.

V/5
Sous ombre faincte d'oster de servitude
Peuple et cité l'usurpera luy-mesme,
Pire fera par fraux de jeune pute,
Livré au champ lisant le faux proesme.

V/6
Au Roy l'augur sur le chef la main mettre,
Viendra prier pour la paix Italique:
A la main gauche viendra changer de [le] sceptre,
De Roy viendra Empereur pacifique.

V/7
Du triumvir seront trouvez les os,
C[h]erchant profond t[h]resor [a]enigmatique:
Ceux d'alentour ne seront en repos,
Ce concaver marbre et plomb metalique.

V/8
Sera laissé feu vif, [et] mort caché,
Dedans les globes horrible espouventable
De nuict à classe cité en poudre la[s]ché,
La cite a feu, l'ennemy favorable.

V/9
Iusques au fond la grand arq [de]molue,
Par chef captif l'amy anticipé,
Naistra de dame front face chevelue,
Puis [Lors] par astuce Duc à mort attrappé.

V/10
Un chef Celtique dans le confli[c]t blessé,
Aupres de cave voyant siens mort ab[b]at[t]re:
De sang et playes et d'ennemis pressé,
Et secourus par incongneuz[s] de quatre.

V/11
Mer par solaires seure ne passera,
Ceux de Venus tiendront toute l'Affrique:
Leur regne plus Saturne n'occupera,
Et changera la part Asiatique.

V/12
Aupres du Lac Leman sera conduite,
Par garse [grace] estrange cité voulant trahir,
Avant son meurtre à Ausbourg la grand suit[t]e,
Et ceux du Rhin la viendront invahir.

V/13
Par grand fureur le Roy Romain Belgique,
Vexer voudra par phalange barbare:
Fureur grinssant chassera gent Lybique
Depuis Pannons jusques Hercules la hare.

V/14
Saturne et Mars en Leo Espagne captive [captifve],
Par chef Lybique au confli[c]t attrapé:
Proche de Malt[h]e, Herod[de] [Heredde] prinse vive,
Et Romain sceptre sera par Coq frappé.

V/15
En navigant captif prins grand pontife;
Grand apres [apprets] faillir les clercs tumultuez:
Second esleu absent son bien debife,
Son favory bastard à mort tué.

V/16
A son hau[l]t prix [pris] plus la lerme Sabée,
D'humaine chair pour [par] mort en cendre mettre,
A l'Isle Pharos par Croisars perturbée,
Alors qu'a Rhodes paroistra dur espectre.

V/17
De nuict passant le Roy pres d'une Andron[n]e,
Celuy de Cypres et principal guette,
Le Roy failly la main fuit [fut] long du Rosne,
Les conjurez l'iront à [la] mort mettre.

V/18
De dueil mourra l'infelix profligé,
Celebrera son vitrix l'hecatombe:
Pristine loy, franc Edict redigé,
Le mur et Prince au septiesme jour tombe.

V/19
Le grand Royal d'or, d'airain augmenté,
Rompu la pache, par jeune ouverte guerre,
Peuple affligé par un chef lamenté,
De sang barbare sera couvert[t]e terre.

V/20
Delà les Alpes grand armée passera,
Un peu devant naistra monstre vapin:
Prodigieux et subit tournera,
Le grand Toscan [Tosquan] à son lieu plus propin.

V/21
Par les trespas du Monarque Latin,
Ceux qu'il aura par regne secourus:
Le feu luyra, divisé le butin,
La mort publique aux hardis incourus,

V/22
Avant qu'a Rome grand aye rendu l'ame,
Effrayeur grande à l'armée estrangere:
Par escadrons [esquadrons] l'embusche pres de Parme,
Puis les deux rouges ensemble feront chere.

V/23
Les deux conten[t]s seront unis ensemble
Quant la plu[s]part à Mars sera [seront] conjoinct:
Le grand d'Affrique en effrayeur et tremble,
DUUMVIRAT par [la] classe desioin[c]t.

V/24
Le regne et loy sou[b]s Venus eslevé,
Saturne aura sus Iupiter empire:
La loy et regne par le Soleil levé,
Par Saturnins endurera le pire:

V/25
Le Prince Arabe, Mars, Sol, Venus, Lyon,
Regne d'Eglise par mer succombera:
Devers la Perse bien pres d'un million,
Bisance, Egypte, ver. serp. [sepr.] invadera.

V/26
La gent esclave par un heur martial,
Viendra en haut degré tant eslevé:
Changeront prince, naistra un provincial,
Passer la mer copie aux monts levé.

V/27
Par feu et armes non loing de la marnegro [mar negro],
Viendra de Perse occuper Trebisonde:
Trembler Phato, Methelin, Sol alegro,
De sang Arabe d'Adrie [d'Adrio] couvert onde.

V/28
Le bras pendant et [à] la jambe liée,
Visage pasle au sein poignard caché:
Trois qui seront jurez de la meslée,
Au grand de Gennes sera le fer lasché.

V/29
La liberté, ne sera recouvrée,
L'occupera noir, fier, vilain inique,
Quand la matiere du pont ser ouvrée,
D'Hister, Venise faschée la republique.

V/30
Tour [Tour] à l'entour de la grande cité,
Seront soldats logez par champs et ville,
Donner l'assaut Paris, Rome incité,
Sur le pont sera faicte grande pille,

V/31
Par terre Attique chef de la sapience,
Qui de present est la rose du monde:
Pont ruyné et sa grand preeminence
Sera subdite et naufragé des ondes.

V/32
Ou tout bon est, tout bien Soleil et Lune,
Est abondant, sa ruyne s'approche,
Du ciel s'aduance [de] vaner [varier] ta fortune,
En mesme estat que la septiesme roche.

V/33
Des principaux de cité rebellée
Qui tiend[r]ont fort pour liberté ravoir:
Detrancher masles infelice meslee,
Cris, hurlemens à Nantes; piteux voir.

V/34
Du plus profond de l'Occident Anglois.
Ou est le chef de l'isle Britannique:
Entrera classe dans Gyronde par Blois,
Par vin et sel, feux cachez aux barriques.

V/35
Par cité franche de la grand mer Seline,
Qui porte encore[s] à l'estomach la pierre,
Angoisse classe viendra sous la bruine,
Un rameau prendre du grand ouverte guerre.

V/36
De soeur le frere par simulte faintise,
Viendra mesler rosée en myneral:
Sur la placente donne à vieille tardiue,
Meurt le goustant sera simple et rural.

V/37
Trois cens seront d'un vouloir et accord,
Que pour venir au bout de leur attainte:
Vingt mois apres tous [feront] et records,
Leur Roy trahir [trahy] simulant haine fainte.

V/38
Ce grand monarque qu'au mort succedera,
Donnera vie illicite et lubrique:
Par nonchalance à tous concedera,
Qu'a la parfin faudra la loy Salique.

V/39
Du vray rameau de[s] fleur de lys yssu,
Mis et logé heritier d'Hetrurie:
Son sang antique de longue main yssu [tissu],
Fera Florence florir en l'armoirie.

V/40
Le sang Royal sera si tres meslé,
Contrain[c]t[s] seront Gaulois de l'Hesperie:
On attendra que terme soit coulé,
Et que memoire de la voix soit perie.

V/41
Nay sous les u[o]mbres et journée nocturne
Sera en regne et bonté souveraine:
Fera renaistre son sang de l'antique vrne,
Renouvellant siecle d'or pour l'airain.

V/42
Mars esleve en son plus haut bef[f]roy,
Fera retraire [retraite] les Allobrox de France:
La gent Lombarde fera si grand effroy,
A ceux de l'Aigle compri[n]s sous la Balance.

V/43
La grand ruyne des sacrez[és] [secrez] ne
s'esloigne,
Provence, Naples, Sicile, Seez et Ponce,
En Germanie, au R[h]in et à [la] Colongne,
Vexez à mort par tous ceux de Magonce.

V/44
Par mer le rouge sera prins de pyrates,
La paix sera par son moyen troublée:
L'ire et l'avare commettra par sainct acte,
Au grand Pontife sera l'armee doublée.

V/45
Le grand Empire sera tost desolé,
Et translaté pres d'arduen[n]e silve,
Les deux bastards par l'aisné decollé,
Et regnera Aenobarb, nez de milue [milve].

V/46
Par chappeaux rouges querelles et nouveaux
scismes,
Quand on aura esleu le Sabinois:
On produira contre luy grands sophismes,
Et sera Rome lesée par Albanois.

V/47
Le grand Arabe marchera bien avant,
Trahy sera par les Bisantinois,
L'antique Rodes luy viendra au devant,
Et plus grand mal par au[s]tre Pannonois.

V/48
Apres la grande affliction du sceptre,
Deux ennemis par eux seront def[f]ai[c]ts:
Classe d'Affrique aux Pannons viendra naistre,
Par mer et terre seront [feront] horribles faicts.

V/49
Nul de l'Espa[i]gne mais de l'antique France,
Ne sera esleu pour le tremblant nacelle:
A l'ennemy sera faicte fiance,
Qui dans son regne sera peste cruelle,

V/50
L'an que les freres du lys seront en aage,
L'un d'eux tiendra la grande Romanie:
Trembler les monts, ouvert Latin passage,
Pache marcher contre fort d'Armenie.

V/51
La gent de Dace, d'Angleterre et Polonne,
Et de Boesme feront nouvelle ligue:
Pour passer outre d'Hercules la colonne,
Barcins Tyrrens dresser cruelle brigue.

V/52
Vn Roy sera [fera] qui donra l'opposite,
Les exilez eslevez sur le regne:
De sang nager la gent caste hyp[p]olite,
Et florira long temps sou[b]s telle enseigne.

V/53
La loy de [du] Sol, et Venus contendans
[contendus],
Appropriant l'esprit de prophetie:
Ne l'un ne l'autre ne seront entendans
[entendus],
Par Sol tiendra la loy du grand Messie.

V/54
Du pont Euxine [Euxime] et la grand Tartarie,
Un Roy sera qui viendra voir la Gaule,
Transpercera Alane et l'Armenie,
Et dans Bisance lairra sanglante Gaule.

V/55
De la felice Arabie contrade,
Naistre[a] puissant de loy Mahometique:
Vexer l'Espa[i]gne, conquester la Grenade,
Et plus par mer à la gent Lygustique,

V/56
Par le trespas du tref-vieillard pontife,
Sera esleu [vn] Romain de bon aage:
Qu'il sera [Qui sera] di[c]t que le Siege debiffe
Et long tiendra et de picquant ouvrage.

V/57
Istra du mont Gaufier [Gaulsier] et Aventin,
Qui par le trou advertira l'armée,
Entre deux rocs sera prins le butin,
De Sext. [SEXT.] mansol faillir la renommée.

V/58
De l'aqueduct d'Uticense, Gardoing,
Par la forest et mont inac[c]essible:
Emmy du pont sera transché [tasché] au poing,
Le chef Nemans qui tant sera terrible.

V/59
Au chef Anglois à Nimes trop sejour [freiour],
Devers l'Espa[i]gne au secours Aenobarbe,
Plusieurs mourront par Mars ouvert ce jour,
Quand [Quant] en Artois faillir estoille en barbe.

V/60
Par teste rase viendra bien mal eslire,
Plus que sa charge ne porte[r] passera:
Si grand fureur et rage fera dire,
Qu'à feu et sang tout sexe trenchera [tranchera].

V/61
L'enfant du grand n'estant à sa naissance,
Subjuguera les hauts monts Apenni[n]s:
Fera trembler tous ceux de la Balance,
Et des monts feux jusques à Mont senis [Senis].

V/62
Sur les rochers sang on verra plouvoir [pleuvoir],
Sol, Orient, Saturne Occidental,
Pres d'Orgon guerre, à Rome grand mal voir,
Nefs parfond[r]ées et prins le Tridental.

V/63
De vaine emprinse l'honneur ind[e]ue plain[c]te,
Gall[i]ots erran[t]s, par latins, froid, faim vagues,
Non loing du Tymbre de sang la terre tain[c]te
Et sur humains seront diverses plagues.

V/64
Les assemblez par repos du grand nombre,
Par terre et mer, conseil contremandé [contre mandé]:
Pres de l'Auto[m][n]ne Gennes, Nice de l'ombre,
Par champs et villes le chef contrebandé.

V/65
Subit venu l'effrayeur sera grande,
Des principaux de l'affaire cachez:
Et dame en braise [embraise] plus ne sera en veue,
De [Ce] peu à peu seront les grands fa[s]chez.

V/66
Sous les antiques edifices vestaux,
Non eslo[i]gnez d'aqueduct ruyné,
De Sol et Lune sont les luysan[t]s metaux,
Ardante lampe Trayan [Trian] d'or [dor] buriné [butine].

V/67
Quand chef Perous[s]e n'osera sa tunique,
Sans [Sens] au couvert tout nuds expolier [nud s'expolier],
Seront prins sept faict Aristocratique,
Le pere et fils morts par poincte au col[l]ier.

V/68
Dans le Dan[n]ube et du Rin viendra boire,
Le grand Chameau, ne s'en repentira:
Trembler du Rosne et plus fort ceux de Loire,
Et pres des Alpes Coq le[s] ruynera.

V/69
Plus ne sera le grand en faux sommeil,
L'inquietude viendra prendre repos:
Dresser phalange d'or, azur et vermeil,
Subjuger Affrique la ronger jusques os [aux os].

V/70
Des regions subjet[c]tes à la Balance,
Feront troubler les monts par grande guerre,
Captif[s] tout sexe deu et tout[e] Bisance,
Qu'on criera à l'aube terre à terre.

V/71
Par la fureur d'un qui attendra l'eau,
Par la grand rage tout l'exercice esmeu,
Chargé des nobles à dix-sept barreaux [bateaux],
Au long du Rosne tard messager venu.

V/72
Pour le plaisir d'edict voluptueux,
On meslera mestera la poison dans l'aloy [la foy]:
Venus sera en cours si vertueux,
Qu'of[b]fusquera du Soleil tout aloy [à loy].

V/73
Persecutée de Dieu sera [sera de Dieu] l'Eglise,
Et les saints Temples seront expoliez:
L'enfant la mere mettra nud en chemise,
Seront Arabes aux Polons ral[l]iez.

V/74
De sang Troyen naistra coeur Germanique,
Qui deviendra en si haut puissance:
Hors chassera gent estrange Arabique,
Tournant l'Eglise en pristine préeminence.

V/75
Montera haut sur le bien plus à dextre,
Demourera [Demeurera, Demourra] assis sur la pierre quarée:
Vers le Midy posé a sa [la] fenestre,
Baston tortu en main, bouche serrée [ferree].

V/76
En lieu libre [libere] tendra son pavillon,
En ne voudra en citez prendre place:
Aix, Carpen, l'Isle volce, mont Cavaillon
Par tous les [ses] lieux abolira sa trasse.

V/77
Tous les degrez d'honneur Ecclesiastique,
Seront changez en dial quirinal:
En Martial quirinal flaminique,
[Puis] Un Roy de France le rendre vulcanal.

V/78
Les deux unis ne tiendront longuement,
Et dans tre[i]ze ans au[x] barbare s'atrappe [barbare satrape]:
Aux deux costez feront tel perdement,
Qu'un benira le barque et sa cappe.

V/79
[La] Par sa[e]crée pompe viendra baisser les aisles
Par la venue du grand Legislateur:
Humble haussera, vexera les rebelles,
Naistra sur terre aucun aemulateur.

V/80
Logmion grande Bisance approchera,
Chassée sera la barbarique ligue:
Des deux loix l'une l'e[s]tinique la[s]chera,
Barbare et franche en perpetuelle brique.

V/81
L'oyseau Royal sur la Cité solaire,
Sept mois devant fera nocturne augure:
Mur d'Orient cherra, tonnerre esclaire,
Sept jours aux portes les ennemis à l'heure.

V/82
Au conclud pache hors de la forteresse,
Ne sortira celuy en desespoir mis:
Quand [Quant] ceux d'Albois [d'Arbois], de Langres contre Bresse
Auront moins [mont] Dol[l]e, bouscade d'ennemis.

V/83
Ceux qui auront entreprins subuertir
Nom[n]pareil regne puissant et inuincible,
Feront par fraude, nuicts trois advertir,
Quand [Quant] le plus grand à table lira Bible.

V/84
Naistra du gouphre et cité immesurée,
Nay de paren[t]s obscurs et tenebreux:
Quand [Qui] la puissance du grand Roy reverée,
Voudra destruire par Rouan et Eureux [Evreux].

V/85
Par les Sueues et lieux circonvoisins,
Seront en guerre[s] pour cause des nuées:
Camp [Gamp et] marins locustes et cousins [confins],
Du Leman fautes seront bien desnuées.

V/86
Par les deux testes et trois bras separez,
La cité grande par eau[x] sera vexée,
Des grands d'entr'eux par exil esgarez,
Par teste Perse, Bisance fort pressée.

V/87
L'an que Saturne [sera] hors de serv[n]age,
Au franc terroir sera d'eau inondé:
De sang Troyen sera son mariage,
Et sera seur d'Espa[i]gnols circondé.

V/88
Sur le sablon par un hideux deluge,
Des autres mers trouvé monstre marin:
Proche du lieu sera fai[c]t un refuge,
Tenant Sauone [Savone] esclave de Turin.

V/89
Dedans Hongrie par Boheme, Navarre,
Et par banniere feintes [fainctes, sainctes] seditions:
Par fleurs de lys pays portant la barre,
Contre Orleans fera esmotions.

V/90
Dans les cyclades en Perinthe et Larisse,
Dedans Sparte tout le Pelopon[n]esse;
Si grand famine, peste, par faux connisse,
Neuf mois tiendra et tout le cherronesse.

V/91
Au grand marché qu'on di[c]t des mensong[i]ers,
Du tout [bout] Torrent et c[h]amp Athenien:
Seront surprins par les chevaux leg[i]ers,
Par Albanois Mars, Leo, Sat. un [en, au] versien.

V/92
Apres le siege tenu dix sept ans,
Cinq changeront en tel revolu terme:
Puis sera [l'un] esleu de mesme temps,
Qui des Romains ne sera trop conformé.

V/93
Sous le terroir du rond globe lunaire,
Lors que sera dominateur Mercure:
L'Isle d'Escosse fera un luminaire,
Qui les Anglois mettra à de[s]confiture.

V/94
Translatera en la grand Germanie,
Brabant et Flandres, Gand, Bruges et Bolongne
La treve feinte [fainte, saincte] le grand Duc d'Armenie,
Assaillira Vienne et la Coloigne.

V/95
Nautique rame invitera les umbres,
Du grand Empire, lors viendra conciter:
La mer Aegee des lignes les encombres,
Empeschant l'onde Tyrrene de floter [defflotez].

V/96
Sur le milieu du grand monde la rose,
Pour nouveaux fai[c]ts sang public espandu:
A dire vray on aura bouche close,
Lors au besoin[g] viendra tard l'attendu.

V/97
Le nay difforme par horreur suffoqué,
Dans la cite du grand Roy habitable:
L'edi[c]t severe des captifs revoqué,
Gresle et tonnere Condon inestimable.

V/98
A quarante-huict degre climat[t]erique,
A fin [Afin] de Cancer si grande se[i]cheresse,
Poisson en mer, fleuve: lac cuit hectique
Bearn, Bigorre par feu ciel en detresse.

V/99
Milan, Ferrare, Turin et Aquilleye.
Capue [Capne] Brundis vexez par gent[s] Celtique,
Par le Lyon et phalange aquilée,
Qaund [Quant] Rome aura le chef vieux Britannique.

V/100
Le boute-feu par son feu attrapé,
De feu du ciel à Carcas et Cominge,
Foix, Aux, Mazere[s], haut vieillard[t] eschappé,
Par ceux de Hasse, de[s] Saxons et Turinge.

Centurie VI

VI/1
Autour des monts Pyrennées grans amas,
De gent estrange, secourir Roy nouveau:
Pres de Garonne du grand temple du Mas,
Un Romain chef le craindra dedans l'eau.

VI/2
En l'an cinq cens octante plus et moins,
On attendra le siecle bien estrange:
En l'an sept cens et t[r]ois (cieux en tesmoin[g]s,
Que plusieurs regnes un à cinq feront change.

VI/3
Fleuve qu'esprouve le nouveau nay [né, naty] Celtique,
Sera en grande de l'Empire discorde:
Le jeune Prince par gent Ecclesiastique,
Offera [Ostera] le sceptre coronal de concorde.

VI/4
Le Celtiq[ue] fleuve changera de rivage,
Plus ne tiendra la cité d'Agripine:
Tout transmue, [h]ormis le vieil langage,
Saturne, Leo, Mars, Cancer en rapine.

VI/5
Si grand famine par o[u]nde pestifere,
Par pluye longue le long du pol[l]e arctique:
Samatobryn cent lieux de l'hemisphere,
Viv[e]ront sans loy, exempt de pol[l]itique.

VI/6
Apparoistra Vers le Septentrion,
Non loing de Cancer l'Estoille chevelue:
Sus[z]e, Sienne, Boece, Eretrion,
Mourra de Rome grand, la nuict dispa[e]rue.

VI/7
Norneigre [et] Dace, et l'isle Britan[n]ique,
Par les unis freres seront vexées:
Le chef Romain issu de sang Gallique,
Et les copies aux forests repous[l]sees.

VI/8
Ceux qui estoient en regne pour scavoir
Au Royal change deviendront appovris [appauuris, apourvris]:
Uns exilez sans ap[p]uy, or n'avoir,
Lettes [Lettrez] et lettres ne seront à grand pris.

VI/9
Au temples saints [sacrez Temples] seront faicts [grands] schandales,
Comptez seront par honneur et louanges:
D'un que [l']on grave d'argent, d'or les meda[i]lles [medall]
La fin sera en to[u]rmens bien estranges.

VI/10
Un peu de temps les temples des couleurs,
De blanc et noir des deux entremeslée:
Rouges et jaunes leur [s]embleront les leurs,
Sang, terre, peste, feu, d'eau affol[l]ée.

VI/11
Des sept rameaux à trois seront redui[c]ts,
Les plus aisnez seront surprins par mort,
Fratricider[z] les deux seront sedui[c]ts,
Les conjurez en dorman[t]s seront morts.

VI/12
Dresser [Dreffer] copies pour monter à l'Empire,
Du Vatican le sang Royal tiendra:
Flamans, Anglois, Espa[i]gne avec Aspire,
Contre l'Italie et France contendra.

VI/13
Un dubiteux [dubieux] ne viendra loing du regne.
La plus grand part le voudra soustenir
Un capitole ne voudra point qu'il regne,
Sa grande charge ne pourra maintenir.

VI/14
Loing de sa terre Roy perdra la bataille,
Prompt eschappé poursuivy suyvant prins,
Ignare prins soubs la dorée maille,
Soubs fain[c]t habit et l'ennemy surprins.

VI/15
Dessou[b]s la tombe sera trouvé le Prince,
Qu'aura le pris[x] par dessus Nuremberg:
L'Espa[i]gnol Roy en Capricorne mince,
Fain[c]t et trahy par le grand Vritemberg [Witemberg, Vuitemberg].

VI/16
Ce que ravy sera du jeune Milue [Milve],
Par les Normans de France et Picardie:
Les noirs du temple du lieu [de] Negrisilu[v]e,
Feront Aulberge et feu de Lombardie.

VI/17
Apres les limes[z] bruslez les [r]asiniers,
Contraints seront changer habits divers,
Les Satur[n]ins bruslez par les m[e]usniers,
Hors la pluspart qui ne sera couvers,

VI/18
Par les phisiques le grand Roy delaissé,
Par sort non art de l'Ebrien [l'Ebrieu] est en vie:
Luy et son genre au regne hau[l]t poussé,
Grace donnée à gent qui Christ envie.

VI/19
La vraye flamme engloutira la dame,
Que voudra mettre les innocens à feu,
Pres de l'assaut l'exercite s'enflamme,
Quand [Quant] dans Seville monstre en boeuf sera veu.

VI/20
L'union fainicte sera peu de durée,
Des uns changez reformez la pluspart:
dans les vaiss[e]aux sera gent endurée,
Lors aura Rome un nouveau Liepart.

VI/21
Quant ceux du pol[l]e arctic [artiqque] unis ensemble,
En Orient grand effrayeur et crainte,
Esleu nouveau soustenu le grand temple[tremble],
Rodes, Bisance de sang barbare tain[c]te.

VI/22
Dedans la terre du grand temple Celique [Celtique],
Nepueu [Neveu] à Londres par paix faincte meurtry,
La barque alors deviendra scismatique,
Liberté faincte sera au corn. et cry.

VI/23
D'esprit de regne musni[s]mes descriées,
Et seront peuples esmeus[z] contre leur Roy,
Paix, fai[c]t nouveau, sainctes loix empirées,
Rapis onc fut en si tresdur arroy.

VI/24
Mars et le sceptre se trouvera conjoin[c]t,
Dessou[b]s Cancer calamiteuse guerre:
Un peu apres sera nouveau Roy oingt,
Qui par long temps pacifiera la terre,

VI/25
Par Mars contraire sera la Monarchie,
Du grand pescheur en t[r]rouble ruyneux:
Ieune noir [roy] rouge prendra la hierarchie,
Les proditeurs iront jour bruyneux.

VI/26
Quatre ans le siege quelque peu bien tiendra,
Un surviendra libidineux de vie:
Ravenne et Pise, Veronne soustiendront,
Pour eslever la croix de Pape envie.

VI/27
Dedans les isles de cinq fleuves à un,
Par le croissant du grand Chyren Selin:
Par les bruynes de l'air fureur de l'un,
Six eschap[p]ez, cachez fardeaux de li[y]n.

VI/28
Le grand celtique entrera dedans Rome,
Menant amas d'exilez et bannis:
Le grand pasteur mettra à mort tout homme
Qui pour le coq estoit [estoyent] aux Alpes unis.

VI/29
La vefue [vefue, veuve] saincte entendant les nouvelles,
De ses rameaux mis en perplex et trouble:
Qui sera duict appaiser les querelles,
Par son pourchas des razes sera comble.

VI/30
Par l'apparence de saincte saincteté,
Sera trahy aux ennemis le siegé,
Nuict qu'on cuidoit dormir en seureté,
Pres de Braban[t] marcheront ceux du [de] Liege,

VI/31
Roy trouvera ce qu'il desiroit tant,
Quant [Quand] le Prelat sera reprins à tort:
Respons[c]e au Duc le rendra mal content,
Qui dans Milan mettra plusieurs à mort.

VI/32
Par trahison de verges à mort battu,
Prins surmonté sera par son desordre:
Conseil frivole au grand captif sentu,
Nez par fureur quant [quand] Berich [Begich] viendra mordre.

VI/33
Sa main derniere par Alus sanguinaire,
Ne se pourra plus [par] la mer garentir [guarentir];
Entre deux fleuves craindre main militaire,
Le noir l'ireux le fera repentir.

VI/34
De feu volant la machination,
Viendra troubler au grand chef [chefs] assiegez:
Dedans sera telle sedition,
Qu'en desespoir seront les profligez.

VI/35
Pres de Rion, et proche à blanche laine,
Aries, Taurus, Cancer, Leo, la Vierge:
Mars, Iupiter, le Sol ardra grand plaine
Bloys [Bois] et cités [citez] lettres cachez au cierge.

VI/36
Ne bien ne mal par bataille terrestre,
Ne parviendra aux confins de Perouse:
Rebelle[r] Pise, Florence voit [voir] mal estre,
Roy nuict blessé sur mulet à noire hous[s]e.

VI/37
L'oeuvre ancienne se p[a]rachevera,
Du toict cher[r]a sur le grand mal ruyne,
Innocent faict mort on accusera,
Nocent caché, taillis à la bruine.

VI/38
Aux profligez de paix les ennemis,
Apres avoir l'Italie sup[p]erée:
Noir sanguinaire, rouge sera commis,
Feu, sang verser, eau de sang colorée.

VI/39
L'enfant du regne par paternelle prinse,
Expolié [Expolier] sera pour delivrer:
Apres [Aupres] du lac Trasimen l'azur prinse,
La troupe hostage par trop fort s'enyurer.

VI/40
Grand de Magonce pour grande soif estaindre
Sera privé de la [sa] grand dignité:
Ceux de Cologne si fort le [se] viendront plaindre
Que le grand groppe au Rhin sera jetté.

VI/41
Le second chef du regne Dannemarc
[d'Annemarc],
Par ceux de Fris[z]e et l'isle Britannique,
Fera despendre plus de cent mille marc,
Vain exploiter [esploicter] voyage en Italique.

VI/42
A Logmyon sera laissé le regne,
Du grand Selin qui plus fera de faict,
Par les Itales estendra son enseigne,
Regy sera par prudent contrefai[c]t.

VI/43
Long temps sera sans estre habitée,
Ou Seine [Signe] et Marne autour vient arrouser
De la Tamise et martiaux temptée [tentee],
De ceux [Deceus] les gardes en cuidant repousser.

VI/44
De nuict par Nantes Lyris apparoistra,
Des arts marins susciteront la pluye:
Arabiq goulfre grand classe parfondra,
Un monstre en Saxe naistra d'ours et truye.

VI/45
Le gouverneur du regne bien scavant,
Ne consentir voulant au fai[c]t Royal:
Mellile classe par le contraire vent,
Le remettra à son plus desloyal.

VI/46
Un juste sera en exil renvoyé,
Par pestilence aux confins de Nonseg[g]le,
Response au rouge le fera desvoye[r],
Roy retirant à la Rane et à l'aigle,

VI/47
Entre deux monts les deux grand[s] assemblez,
De laisseront leur simulte secrette,
Bruc[x]elle et Dol[l]e par Langres accablez,
Pour a Malignes executer leur peste.

VI/48
La saincteté trop fain[c]te et seductive,
Accompagné d'une langue discrete [diserte]:
La cité vieille et Parme trop hastive,
Florence et Sienne rendront plus desertes.

VI/49
De la partie [patrie] de Mammer[t] grand pontife,
Subjuguera les confins du Danube:
Chasser les crois[x], par fer raffe ne riffe,
Captifs, or, bagues plus de cent milles rubes.

VI/50
Dedans le puits [puys] seront trouvez les os,
Sera l'incest[e], commis par la mara[s]tre:
L'estat changé on querra bruit et los,
Et aura Mars ascendant [attendant] pour son
astre.

VI/51
Peuple assemblé, voir noveau expectacle
Princes et Roys par plusieurs assistans,
Pilliers faillir, murs, mais comme miracle,
Le Roy sauvé et trente des instans.

VI/52
En lieu du grand qui sera condamné,
De prison hors, son amy en sa place:
L'espoir Troyen en six mois joint[s] mort né,
Le Sol a l'urne seront prins [peins] fleuve[s] en
glace.

VI/53
Le grand Prelat Celtique à Roy suspect,
De nuict par cours sortira hors du regne:
Par Duc fertile à son grand Roy, Bretai[g]ne
Bisance à Cypres et Tunes insuspect.

VI/54
Au poinct du iour au second chant du coq
Ceux de Tunes, de Fez, et de Bugie [Begie],
Par les Arabes captif le Roy Maroq,
L'an mil six cens et sept de Liturgie.

VI/55
Au chalmé Duc en arrachant l'esponce,
Voil[l]e Arabesque voir, subit de[s]couverte:
Tripolis, Chio, et ceux de Trapesonce,
Duc prins, Marnegro, et la cité [de] deserte.

VI/56
La crainte armée de l'ennemy Narbon,
Effrayera si fort les Hesperiques:
Parpignan vuide par l'aveugle d'arbon:
Lors Barcelon par mer donra les piques.

VI/57
Celuy qu'estoit bien avant dans le regne,
Ayant chef rouge proche à la hierarchie,
Aspre et cruel, et se fera tant craindre,
Succedera a sacré monarchie.

VI/58
Entre les deux monarques eslo[i]gnez,
Lors que le Sol par Selin clair perdue:
Simulte grande entre deux indignez,
Qu'aux isles et Sienne la liberté rendue.

VI/59
Dame en fureur par rage d'adultere,
Viendra à son Prince conjurer non de dire
Mais bref cogneu sera le vitupere,
Que seront mis dix sept à martire.

VI/60
Le Prince hors de son terroir Celtique,
Sera trahy deceu par interprete:
Rouan, Rochelle par ceux de l'Armorique
Au port de Blaye [Blaue] deceus par moine
[moyen] et prestre.

VI/61
Le grand tappis plié ne monstrera,
Fors qu'a demy la pluspart de l'histoire:
Chassé du regne loing aspre apparoistra,
Qu'au fai[c]t bellique chacun le viendra croire.

VI/62
Trop tard tous deux, les fleurs seront perdues,
Contre la loy serpent ne voudra faire:
Des ligueurs forces par gallots conf[r]ondues,
Sava[o]ne, Albing[u]e par Monech grand martire.

VI/63
La dame seul[l]e au regne demeurée,
L'unic estaints premier au lict d'honneur,
Sept ans sera de douleur explorée,
Puis longue vie au regne par grand heur.

VI/64
On ne tiendra pache aucune arresté,
Tous recevans iront par tromperie:
De paix et tresue [treve] terre et mer protesté,
Par Barcelone classe prins d'industrie.

VI/65
Gris et Bureau, demie ouverte guerre,
De nuict seront assailliz[s] et pillez:
Le bureau prins passera par la serre,
Son temple ouvert deux au[x] plastre[s] grillez.

VI/66
Au fondement de la nouvelle secte,
Seront les os du grand Romain trouvez,
Sepulchre en marbre apparoistra couverte,
Terre trembler en Auril, mal enfouez.

VI/67
Au grand Empire parviendra tost [tout] un autre
Bonté distant plus de felicité:
Regi par un issu non loing du peautre,
Corruer regnes grand infelicité.

VI/68
Lors que soldats fureur seditieuse,
Contre leur chef seront de nuict fer luire.
Ennemy d'Albe soit par main furieuse,
Lors vexer Rome et principaux seduire.

VI/69
La [grand] pitié [grande] sera sans long [loing] tarder,
Ceux qui donnoient seront contraints de prendre
Nuds affamez de froid, soif, soy bander,
Les monts passer commettant [en faisant] grand esclandre.

VI/70
Au [Un] chef du monde le grand CHIREN sera:
PLUS OVTRE apres aymé, craint, redouté:
Son bruit et los [lors] les cieux surpassera,
Et du seul ti[l]tre Victeur fort contenté.

VI/71
Quand on viendra le grand Roy parenter,
Avant qu'il ait du tout l'ame rendue:
Celuy qui moins le viendra lamenter,
[On le verra bien tost apparenter],
Par Lyons, d'Aigles, croix, couronne vendue.

VI/72
Par fureur feincte [fainte] d'esmotion divine,
Sera la femme du grand fort violée:
Iuges voulans damner telle doctrine,
Victime au peuple ignorant immolée.

VI/73
En cité grande un moyne et artisan,
Pres de la porte logez et aux murailles:
Contre Modene secret, caue disant,
Trahis pour faire sous couleur d'espousailles.

VI/74
Là dechassée au regne tournera,
Ses ennemis trouvez des conjurez:
Plus que jamais son temps triomphera,
Trois et septante à mort trop asseurez.

VI/75
Le grand Pilot par Roy sera mandé,
Laisser la classe pour plus haut lieu attaindre:
Sept ans apres sera contrebandé,
Barbare armée viendra Venise craindre.

VI/76
La cité antique d'antenorée forge,
Plus ne pouvant le tyran supporter:
Le manche fe[a]inct au temple couper gorge,
Le siens le peuple à mort viendra bouter.

VI/77
Par la victoire du deceu fraudulente,
Deux classes une, la revolte Germaine,
Le chef meurtry et son fils dans la tente,
Florence, Imole pourchassez dans Romaine.

VI/78
Crier victoire du grand Selin croissant,
Par les Romains sera l'Aigle clamé,
Ticcin [Trecin], Milan, et Gennes ny [n'y, y] consent,
Puis par eux mesmes Basil grand reclamé.

VI/79
Pres de Tesin les habitans de Loyre,
Garonne, Saone, Seine, Tain, et Gironde,
Outre les monts dresseront promontoire,
Confli[c]t donné, Pau, Granci, submergé onde.

VI/80
De Fez le regne paruiendra à ceux d'Europe,
Feu leur cité, et lame trenchera:
Le [La] grand d'Asie terre et mer à grand troupe,
Que bleux, per[e]s, croix, à mort de chassera.

VI/81
Pleurs, cris et plain[c]ts hurlemens, effrayeur[s],
Coeur inhumain, cruel, noir, et transy [cruel Roy et transy]:
Leman[s], les Isles, de Gennes le[s] majeurs,
Sang espancher, fro[m]faim, à nul mercy.

VI/82
Par les deserts de lieu, libre et farouche,
Viendra errer nepuen [nepueu, neveu] du grand Pontife:
Assom[m]é à sept avecques lourde souche,
Par ceux qu'apres occuperont le Cyphe.

VI/83
Celuy qu'aura tant d'honneur et caresses,
A son entrée en la [de la] Gaule Belgique,
Un temps apres [à pres] fera tant de rudesses,
Et sera contre à la fleur tant bellique.

VI/84
Celuy qu'en Sparthe Claude ne peut regner,
Il fera tant par voye seductive:
Que du court, long, le fera araigner [ataigner],
Que contre Roy fera sa perspective.

VI/85
La grand cité de Tharse par Gaulois
Sera destruite: captifs tous à Turban:
Secours par mer du grand Portugalois,
Premier d'esté le jour du sacre Vrban.

VI/86
Le grand Prelat un iour apres son songe
Interpreté au rebours de son sens:
De la Gasco[n]gne luy surviendra un monge
Qui fera eslire le grand Prelat de Sens.

VI/87
L'Election faicte [de]dans Fran[c]fort,
N'aura nul lieu, Milan s'opposera:
Le sien plus proche semblera si grand fort,
Qu'autre [Qu'outre] le Rhin es mareschs c[h]assera.

VI/88
Vn regne grand demour[r]a desolé,
Aupres de l'Hebro se feront [seront] assemblées:
Monts Pyrenées le rendront consolé,
Lors que dans May seront terres tremblées.

VI/89
Entre deux cymbes pieds et mains estachez [attachez],
De miel face oingt, et de laict substantè:
Guespes et mouches fitine amour fachez,
Poccilateur[s] faucer, Cyphe tenté.

VI/90
L'honnissement puant abominable
Apres le faict sera felicité:
Grand excusé pour n'estre favorable,
Qu'à paix Neptune ne sera incité.

VI/91
Du conducteur de la guerre navale,
Rouge effrené, severe, horible grippe,
Captif eschappe de l'aisné dans la baste:
Quand il naistra du grand un fils Agrippe,

VI/92
Prince [sera] de beauté tant venuste,
Au chef menée, le second faict trahy:
La cité au glaive de poudre face aduste,
Par trop grand meurtre le chef du Roy hay.

VI/93
Prelat avare, d'ambition trompé,
Rien ne fera [sera] que trop cuider viendra [viendra cuider]:
Ses messagers, et luy bien attrapé,
Tout au rebours voir qui le bois fendra [fendroit].

VI/94
Vn Roy iré sera aux sedifragues [fedifragues],
Quand interdicts seront harnois de guerre:
La pois[s]on tainte au succre par le[s] fragues,
Par eaux meurtris, morts disant serre, serre.

VI/95
Par detracteur calomnié à puis nay:
Quand istront [seront] faicts enormes et martiaux:
La moindre part dubieuse à l'aisné [l'aisnay],
Et tost au regne seront faicts partiaux.

VI/96
Grande cité à soldats abandonnée,
Onc n'y [ny] eut mortel tumult si proche,
O qu'elle hideuse mortalité s'approche,
Fors une offense n'y sera pardonnée.

VI/97
Cinq et quarante degrez ciel bruslera,
Feu approcher de la grand cité neuve,
Instant grand flamme esparse sautera,
Quand on voudra des Normans faire preuve.

VI/98
Ruyne aux Volsques de peur si fort terribles,
Leur grand cité taincte, faict pestilent:
Piller Sol, Lune, et violer leurs temples:
Et les deux fleuves rougir de sang coulant.

VI/99
L'ennemy docte se tournera confus,
Grand camp malade, et de faict par embusches,
Monts Pyrenées et Poenus luy seront faicts refus,
Proche du fleuve de[s]couvrant antiques roches [oruches, cruches].

VI/100
Fille de l'Aure, asyle du mal sain,
Où jusqu'au ciel se void l'amphitheatre,
Prodige veu, ton mal est fort prochain,
Seras captive, et deux fois plus de quatre.

Die neu entdeckte Quelle weist darauf hin, daß der „Bannspruch gegen die Kritiker“ eben nicht der 100. Vierzeiler der VI. Centurie ist, wie bislang allgemein angenommen, sondern daß es einen „eigentlichen“ 100. Vers gab und gibt, und der „Bannspruch“ einen zusätzlichen Einschub darstellt. Das zieht für die meisten Nostradamusdeutungen erhebliche Konsequenzen nach sich; vieles muß nun revidiert und neu erarbeitet werden.

LEGIS CANTIO [CAVTIO] CONTRA INEPTOS CRITICOS.

Qui legent hosce versus, maturé [maturè] censunto,
Profanum [Prophanum, Pro anum] vulgus et inscium ne attrectato:
Omnesque Astrologi Blenni[s], Barbari procul sunto,
Qui aliter facit, is rite [irrite], sacer esto.

Centurie VII

VII/1
L'arc du t[h]resor par Achilles deceu,
Aux procrées [progrez] sceu la quadrangulaire:
Au faict Royal le comment sera sceu,
Corps veu pendu au veu du populaire.

VII/2
Par Mars ouvert Arles ne [le] donra guerre,
De nuict seront les soldats estonnez:
Noir, blanc à l'inde dissimulez en terre,
Sous la feincte [fainte] ombre traistre[s] veuy [verez] et sonnez.

VII/3
Apres la France la victoire navale,
Les Barchinons, Sa[i]llinons, les Phocens,
Lierre d'or, l'enclume serré dedans la balle,
Ceux de Ptolon au fraud seront consens.

VII/4
Le Duc de Langres assiegé dedans Dol[l]e,
Accompagné d'Autun et Lyon[n]ois:
Geneve, Ausbourg, joinct ceux de Mirandole,
Passer les monts contre les Anconnois.

VII/5
Vin sur la table en sera respandu,
Le tiers n'aura celle qu'il pretendoit:
Deux fois du noir de Parme descendu,
Perouse à Pize fera ce qu'il cuidoit.

VII/6
Naples, Palerme, et toute la Cecile,
Par main barbare sera inhabitée,
Corsicque, Salerne et de[s] Sardeigne l'Isle,
Faim, peste, guerre, fin de maux intentée.

VII/7
Sur le combat des grands chevaux legers,
On criera le grand croissant confond.
De nuict tuer, monts, habits de bergers,
Abismes rouges dans le fossé profond.

VII/8
Flora, fuis, fuis le plus proche Romain,
Au Fesulan sera conflict donne:
Sang espandu, les plus grands prins à main,
Temple ne [ni] sexe ne sera pardonné.

VII/9
Dame à l'absence de son grand capitaine,
Sera priée d'amour du Viceroy,
Feincte [Fainte] promesse et malheureuse estreine:
Entre les mains du grand Prince Barroy [Barois].

VII/10
Par le grand prince limitrophe du Mans,
Preux et vaillant chef du grand exercite:
Par mer et terre de Gallots et Normans,
Caspre passer Barcelonne pillé Isle.

VII/11
L'enfant Royal contemnera la mere,
Oeil, pieds blessez, rude, inobeissant,
Nouvelle à dame estrange et bien amere,
Seront tuez des siens plus de cinq cens.

VII/12
Le grand puisnay fera fin de la guerre.
Aux dieux assemble [avec] les excusez:
Cahors, Moissac iront long [loing, loin] de la serre,
Refus Lestore, les A[n]genois rasez.

VII/13
De la cité marine et tributaire
La teste raze prendra la satrapie:
Chasser sordide qui puis sera contraire,
Par quatorze ans tiendra la tyrannie.

VII/14
Faux exposer viendra topographie,
Seront les cruches des monuments ouvertes:
Pulluler secte, saincte philosophie,
Pour blanches, noires, et pour antiques vertes.

VII/15
Devant cité de l'Insubre contrée,
Sept [ans] sera le siege devant mis:
Le tresgrand Roy y fera son entrée,
Cité plus libre hors de ses ennemis.

VII/16
Entrée profonde par la grand[e] Royne faicte,
Rendra le lieu puissant inaccessible:
L'armee des trois Lyons sera deffai[c]te,
Faisant dedans cas hideux et terrible.

VII/17
Le Prince rare de pitie et clemence,
Viendra changer par mort grand cognoissance:
Par grand repos le regne trauaillé,
Lors que le grand tost sera estrillé.

Alternativ dazu existiert auch:

Le Prince rare de pitie et clemence,
Apres avoir la paix aux siens baillé,
Viendra changer part mort cognoissance,
Par grand repos le regne travaillé.

VII/18
Les assiegez couleront [couloureront] leurs
paches,
Sept jours apres feront cruelle issue,
Dans repoulsez, feu sang. Sept mis à l'hache
Dame captive qu'avoit la paix tissue.

VII/19
Le fort Nicene ne sera combatu,
Vaincu sera par rutilant metal,
Son faict sera un long temps debatu
Aux citadins estrange espouve[a]ntal.

VII/20
Ambassadeurs de la Toscane langue,
Auril et May Alpes et mer passer [passee],
Celuy de veau exposera l'harangue,
Vie Gauloise ne venant effacer.

VII/21
Par pestilente inimitié Volsicque,
Dissimulée chassera le tyran:
Au pont de [le] Sorgues se fera la traffique,
De mettre à mort luy et son adherant.

VII/22
Les Citoyens de Mesopotamie
Ires [Irez] encontre amis de Tarraconne,
Ieux, ris [rits, rites], banquets, toute gent
endormie
Vicaire au Rosne, prins cité, ceux [de] d'Ausone.

VII/23
Le Royal sceptre sera contrainct de prendre,
Ce que ses predecesseurs avoient engagé:,
Puis que l'an[n]eau on fera mal entendre,
Lors qu'on viendra le palais saccager.

VII/24
L'ensevely sortira du tombeau,
Fera de [s]chaines lier le fort du pont:
Empoisonné auec oefs de Barbeau,
Grand de Lorraine par le Marquis du Pont.

VII/25
Par guerre longue tout l'exercice expulser
[expuiser],
Que pour soldats ne trouveront pecune:
Lieu d'or, d'argent, cuir on viendra cuser,
Gaulois aerain, signe croissant de Lune.

VII/26
Fustes et galeres autour de sept navires,
Sera livrée une mortelle guerre:
Chef de Madric receura coup de vires,
Deux eschapez [eschappees] et cinq menez
[menees] à terre.

VII/27
Au ceinct [cainct] de Vast la grande cavalerie,
Proche à Ferrage empesché[e] au bagage,
Pompe [Prompt] à Turin feront tel volerie,
Que dans le fort raviront leur hostage.

VII/28
Le capitaine conduira grande proye,
Sur la monta[i]gne des ennemis plus proche:
Environné, par feu fera telle voye,
Tous eschappez, or trente mis en broche
[enbroche].

VII/29
Le grand Duc d'Albe se viendra rebeller,
A ses grands peres fera le tradiment:
Le grand de Guise le viendra debeller,
Captif mené et dressé monument.

VII/30
Le sac s'approche, feu, grand sang espandu,
Po, grand[s] fleuves, aux bouviers l'entreprinse:
De Gennes, Nice, apres long attendu,
Foussan, Turin, à Sauillan la prinse.

VII/31
De Languedoc, et Guijnne plus de dix,
Mille voudront les Alpes repasser:
Grands Allobroges marcher contre Brundis,
Aquin et Bresse les viendront recasser.

VII/32
Du mont Royal naistra d'une casane,
Qui cave, et compte viendra tyranniser,
Dresser copie de la marche Millane,
Favene [Fauence], Florence d'or et gens espuiser.

VII/33
Par fraude regne, forces expolier,
La classe obsesse, passages à l'espie:
Deux saincts amis se viendront r'allier,
Esveiller haine de long temps assoupie.

VII/34
En grand regret sera la gent Gauloise,
Coeur vain, leger croira temerité:
Pain, sel, ne vin, eau, venin ne cervoise,
Plus grand captif, faim, froid, necessité.

VII/35
La grande pe[s]che viendra plaindre, leurer [plorer],
D'avoir esleu: trompez seront en l'aage,
Guiere avec eux ne voudra demeurer [demourer]:
Deceu sera par ceux de son langage.

VII/36
Dieu, le ciel tout le divin verbe à l'onde,
Porté par rouges sept razes a Bizance,
Contre les oingts trois cens de Trabisonde [Trebisconde]
Deux loix mettront, et horreur, puis credence.

VII/37
Dix envoyez, chef de nef mettre à mort,
D'un adverty, en classe guerre ouverte,
Confusion chef, l'un se picque et mord,
Leryn, stecades nefs, cap dedans la nerte.

VII/38
L'aisné Royal sur coursier voltigeant,
Picquer viendra si rudement courir:
Gueulle, lipée, pied dans l'estrein [l'estrieu] pleingnant,
Trainé, tiré, horriblement mourir.

VII/39
Le conducteur de l'armée Francoise,
Cuidant perdre le principal phalange:
Par sus pavé de l'avaigne et d'ardoise,
Soy parfondra par Gennes gens [gent] estrange.

VII/40
Dedans tonneaux hors oingts d'huile et gresse [greffe],
Seront vingt un devant le port fermez,
Au second guet par mort feront prouesse,
Gaigner[Gaignez] les portes, et du guet assommez.

VII/41
Les os des pieds et des mains enserrez,
Par bruit maison long temps inhabitée,
Seront par songes concavant deterrez,
Maison salubre et sans bruit habitée.

VII/42
Deux de poison saisis nouveaux venus,
Dans la cuisine du grand Prince verser:
Par le souillard tous deux au faict cogneus,
Prins qui cuidoit de mort l'aisné vexer.

Im kürzlich entdeckten Quellenband, auf den wir uns hier wesentlich stützen, finden sich sechs weitere Verse. Die Verszahlen lauten dort zunächst 43 und 44, und dann – das ist bemerkeneswert - 73, 80, 82 und 83. Bellecour druckt im Faksimile noch sechs Vierzeiler ab, die von 43 bis 48 nummeriert sind. Patrian stellt einen weiteren Vierzeiler mit der Nummer 44 vor. Bei Leoni endet die VII. Centurie mit dem 42. Vers.

VII/43
Lors qu'on verra les deux licornes
L'une baissant l'autre abaissant,
Monde au milieu, pilier aux bornes
S'en fuira [S'enfuira] le neveu [neueu] riant.

VII/44
Alors qu'un bour fera [sera] fort bon,
Portant en soy les marques de iustices,
De son sang lors portant son [lon] nom
Par fuite injuste receuera son supplice.

VII/45-73
Renfort des sieges manubis et maniples
Changez [Changé] le sacre et passe sur le prosne,
Prins et captifs n'arreste les prez triples,
Plus par fonds mis, eslevé [esleué], mis au trosne.

VII/46-80
L'Occident libres les isles Britanniques
Le recogneu passer le bas, puis haut
Ne content triste Rebel, corrss. Escotiques
Puis rebel[l]er par plus et par nuict chaut.

VII/47-82
La stratageme simulte sera rare
La mort en voye rebelle par contrée,
Par le retour du voyage Barbare
Exalteront la protestante entrée.

VII/48-83
Vent chaut [chant], conseil, pleurs, timidité,
De nuict au lit assailly sans les armes,
D'oppression grande calamité,
L'epithalme converti [conuerty] pleurs et larmes.

Vor die folgende VIII. Centurie war die Epistel an Heinrich II. gestellt. Auch hier wurde die Originalschreibweise des Ursprungstextes, die keine Absätze und so fort enthält, ausdrücklich beibehalten.

A L'INVICTISSIME;
TRES - PUISSANT;
et Tres Chrestien Henry roy de France second:
Michel Nostradamus son tres-humble,
et tres obeisant serviteur et subiect,
Victoire et felicite.

Pour icelle souveraine observation que i'ay eu, o Tres-Chrestien et tres victorieux Roy, depuis que ma face estant long temps obnubilee se presente au devant de la deité, de vostre Majesté, immesuree, depuis en ca i'ay esté, perpetuellement esblouy, nedesistant d'honorer et dignement venerer iceluy iour que premierement devant icelle ie me presentay, comme à une singulière Maiesté tant humaine. Or cherchant quelque occasion pour laquelle ie peusse manifester le bon coeur et franc courage, que moyennant iceluy mon pouvoir eusse faict ample extension de cognoissance envers vostre serenissime Maiesté. Or voyant que par effets le declarer ne m'estoit possible, ioint avec mon singulier desir de ma tant longue obtenebration et obscurité estre subitement esclaircie et transportée au devant de la face du souverain oeil, et du premier Monarque de l'Univers: tellement que i'ay esté en doute lonmguement à qui ie vendrois consacrer ces trois Centuries du restant de mes Propheties parachevant la milliade, et après avoir longuement cogité d'une temeraire andace, ay prins mon adresse envers vostre Maiesté, n'estant pour cela estonné, comme raconte le gravissime autheur Plutarque en la vie de Lycurgue, que voyant les offres et presens qu'on faisoit par sacrifices aux temples des dieux immortels d'iceluy temps, et à celle fin que l'on ne s'estonnast par trop souvent desdicts fraiz et mises ne s'osoyent presenter aux temples. Ce nonobstant voyant vostre splendeur Royalle accompagnee d'une incomparable humanité, ay prins mon addresse, non comme aux Rois de Perse, qu'il n'estoit nullement permis d'aller à eux, ny moins s'en approcher. Mais àun tresprudent, à un tressage Prince i'ay consacré, mes nocturnes et prophetiques supputations, composees plustost d'un naturel instinct, accompagné, d'une fureur poetique, que par reigle de poesie, et la plus part composé, et accordé à la calculation Astronomique, correspondant aux ans, moys et sepmaines des regions, contrees, et de la plus part des Villes et Citez de toute l'Europe, comprenant de l'Affrique, et une partie de l'Asie, par le changement des regions, qui s'approchent la plus part de tous ces climats, et composé d'une naturelle faction: respondra quelqu'un qui auroit bien besoin de soy moucher, la rithme estre autant facile comme l'intelligence du sens est difficile. Et pource, o tres-humanissime Roy, la plus part des quatrains prophetiques sont tellement scabreux, que l'on n'y scauroit donner voye ny moins aucuns interpreter, toutesfois esperant de laisser par escrit les ans, villes, citez, regions ou la plus part adviendra, mesmes de l'annee 1585, et de l'anne 1606, accommencement depuis le temps present, qui est le 14 de Mars 1557, et passant outre bienloing iusques à l'advennement qui sera apres au commencement du 7. millenaire profondement supputé, tant que mon calcul astronomique et autre scavoir s'a peu estendre, ou les adversaires de Iesus-Christ et de son Eglise, commenceront plus fort de pulluler, le tout a estè composè et calculè, en iours et heures d'election et bien disposees, et le plus iustement qu'il ma estè, possible. Et le tout Minerva libera, et non invita supputant presque autant des adventures du temps advenir, comme des cages passez, comprenant de present, et de ce que par le cours du temps par toutes regions l'on cognoistra advenir tout ainsi nommement comme il est escrit, n'y meslant rien de superflu, combien que l'on die: Quod de futuris non est determinata omnino veritas. Il est bien vray, Sire, que pour mon naturel instinct qui m'a esté donné, par mes auites ne cuidant presager, et adioustant et accordant iceluy naturel instinct avec ma longue supputation uny, et vuidant l'ame, l'esprit, et le courage de toute cure, solicitude, et fascherie par repos et tranquillité, de l'esprit. Le tout accordé, et presagé l'une partie trepode aeneo. Combien qu'ils sont plusierus qui m'attribue ce qu'est autant à moy, comme de ce que n'en est rien, Dieu seul eternel, qui est prescrutateur des humains courages pie, iuste, et misericordieux, en est le vray iuge, auquel ie prie qu'il me vueille desendre de la calomnie des meschans, qui voudroyent aussi calomnieusement s'enquerir pour quelle cause tous vos antiquissimes progeniteurs Rois de France ont guery des escrouelles, et des autres nations ont guery de la morsures des serpens, les autres ont eu certain instinct de l'art divinatrice, et d'autres cas qui seroyent long ici à racompter. Ce nonobstant ceux à qui la malignité, de l'esprit malin ne sera comprins par le cours du temps apres la terrenne mienne extinction, plus sera mon escrit qu'àmon vivant, cependant si à ma supputation des ages ie faillois ou ne pourroit estre selon la volonté, d'aucuns. Plaira à vostre plus qu'imperialle Majesté, me pardonner, protestant devant Dieu et ses Saincts, que ie ne pretends de mettre rien quelconque par escrit en la presente epistre, qui soit contre la vraye foy Catholique, conferant les calculations Astronomiques, iouxte mon scavoir: car l'espace de temps de nos premiers, qui nous ont precedez sonts tels, me remettant sous la correction du plus sain iugement, que le premier homme Adam fut devant Noé, environ mille deux cens quarante deux ans, ne computante les temps par la supputation des Gentils, comme a mis par escrit Varon: mais tant seulement selon les sacrees Escriptures, et selon la foiblesse de mon esprit, en mes calculations Astronomiques. Apres Noé, de luy et de l'universel deluge, vint Abraham environ mille huictante ans, lequel a esté souverain Astrologue, selon aucuns, il inventa premier les lettres Chaldaiques: apres vint Moyse environ cinq cens quinze ou seize ans, et entre le temps de David et Moyse, ont esté, cinq cens septante ans la environ. Puis apres entre le temps de David, et le temps de notre Sauveur et Redempteur Iesus-Christ, nay de l'unique Vierge, ont esté, (selon aucuns Cronographes) mille trois cens cinquante ans: pourra obiecter quelqu'un cette supputation nestre veritable, pource qu'elle differe à celle d'Eusebe. Et depuis le temps de l'humaine redemption iusque à la seduction detestable des Sarranzins, sont esté six cens vingt et un ans, là environ depuis en ca l'on peut facilement colliger quels temps sont passez, si la mienne supputation n'est bonne et valable par toutes nations, pour ce que le tout a esté calculé par le cours celeste, par association d'esmotion infuse à certaines heures delaissees par l'esmotion de mes antiques progeniteures: Mais l'iniure du temps, o serenissime Roy, requiert que tels secrets evenemens ne soyent manifestez que par enigmatique sentence, n'ayant qu'un seul sens, et unique intelligence, sans y avoir rien mis d'ambigue n'amphibologique calculation: mais plustost sous obnubilée obscurité par une naturelle infusion approchant à la sentence d'un des mille et deux Prophetes, qui ont est, depuis la creation du monde, iouxte la supputation et Chronique punique de Ioel. Effundam spiritum meum super omnem carnem et prophetabunt filii vestri, et filiae vestrae. Mais telle prophetie procedoit de la bouche du S.Esprit, qui estoit la souveraine puissance eternelle, adioincte avec la celeste à d'aucuns de ce nombre ont predit de grandes et esmerveillables adventures: Moy en cet endroit ie ne m'attribué nullement tel tiltre. Ia à Dieu ne plaise, ie confesse bien que le tout vient de Dieu, et luy en rends graces, honneur, et louange immortelle sans y avoir meslé de la divination que provient a fato: mais a Deo, a natura, et la pluspart accompagnee du mouvement du cours celeste, tellement que voyant comme dans un mirouer ardant, comme par vision obnubilee, les grand evenements tristes, prodigieux, et calamiteuses adventures qui s'approchent par les principaux culteurs. Premierement des temples de Dieu, secondement par ceux qui sont terestrement soustenus s'aprocher Telle decadence, avecques mille autres calamiteuses adventures, que par le cours du temps on cognoistra advenir: car Dieu regardera la longue sterilité de la grand dame, qui puis apres concevra deux enfants principaux: mais elle periclitant, celle qui luy sera adioustee par la termerité de l'aage de mort periclitant dedans le dixhuictiesme, ne pouvant passer le trentesixiesme qu'en delaissera trois masles, et une femelle, et en aura deux, celuy qui n'en eut iamais d'un mesme pere, des trois freres seront telles differences, puis unies et accordees, que les trois et quatre parties de l'Europe trembleront: par le moindre d'age sera la monarchie Chrestienne soustenue, augmentee, sectes eslevees, et subitement abaissees, Arabes reculez, Royaumes unis, nouvelles Loix promulguees : des autres enfans le premier occupera les Lions furieux couronnez, tenants les pattes dessus les armes intrepidez. Le second se pronfondera si avant par les Latins accompagné que sera faicte la seconde voye tremblante et furibonde au mont Iouis descendant pour monter aux Pyrennees, ne sera translatee á l'antique monarchie, sera faicte la troisiesme inondation de sang humain, ne se trouvera de longtemps Mars en Caresme. Et fera donnee la fille par la conservation de l'Eglise Chrestienne, tombant son dominateur á la paganisme secte des nouveaux infideles, elle aura deux enfans l'un de fidelité et l'autre d'infidelité par la confirmation de l'Eglise Catholique. Et l'autre qui à sa grande confusion et tarde repentance la voudra ruiner, seront trois regions par l'extreme difference des ligues, c'est assavoir la Romanie, la Germanie, L'Espaigne, qui seront diverses sectes par main militaire, delaissant le 50 et 52 degrez de hauteur, et feront tous hommages des religions longtaines aux regions de l'Europe et de Septentrion de 48. degrez d'hauteur, qui premier par vaine timidité, tremblera, puis les plus occidentaux, meridionaux et orientaux trembleront, telle sera leur puissance, que ce quei se fera par concorde et union insuperable des conguestes belliques. De nature seront esgaux : mais grandement differents de foy. Apres cecy la dame sterille de plus grande puissance que la seconde sera receue par deux peuples, par le premier obstiné par celuy qui a eu puissance sur tous, par le deuxiesme et par le tiers qui estendra ses forces vers le circuit de l'Orient de l'Europe aux pannons l'a profligé et succombé et par voille marine fera ses extensions à la Trinacrie Adriatique par Mirmidons et Germaniques du tout succombé, et fera la secte Barbarique du tout des Latins grandement affligee det deschassee. Puis le grand empire de l'Antechrist commencera dans la Arda et Zersas descendre en nombre grand et innumerable, tellement que la venue du sainct Esprit procendant du 24. degrez, fera transmigration, deschassant à l'abomination de l'Antechrist, faisant querre contre le royal qui sera le grand Vicaire de Iesus-Christ, et contre son Eglise, et son regne per tempus et in occasione temporis et precedera devant une eclypse solaire le plus obscur, et le plus tenebreux, que soit esté depuis la creation du monde iusques à la mort et passion de Iesus-Christ, et de la iusques iscy, et sera au moys d'Octobre que quelqu grande translation sera faicte, et telle que l'on cuidera la pesanteur de la terre avoir perdu son naturel mouvement, et estre abismee en perpetuelles tenebres, seront precedans au temps vernal, et s'en ensuyant apres d'extremes changemens, permutations de regnes, par grands tremblements de terre, avec pullulation de la neufve Babylonne, fille miserable augementee par l'abomination du premier holocauste, et ne tiendra tant seulement que septante trois ans, sept moys, puis apres en sortira du tige celle qui avoit demeuré tant long temps sterille, procedant du cinquantiesme degré, qui renouvellera toute l'Eglise Chrestienne. Et sera faicte grande paix, union et concorde entre un des enfans des fronts esgarez, et separez par divers regnes: et sera faicte telle paix que demeurera attaché au plus profond baratre le suscitateur et promoteur de la martialle faction par la diversité des religieux, et sera uny le Royaume du Rabieux qui contrefera le sage. Et les contrees, villes, Citez, regnes, et provinces qui auront laissé les premieres voyes pour se delivrer, se captivant plus profondement, seront secrettement fachez de leur liberté, et parfaicte religion perdue, commenceront de frapper dans la partie gauche, pour tourner á la dextre, et remettant la saincteté, profligee de long temps, avec leur prestin esrit, qu'apres le grand chien sortira le plus gros mastin, qui fera destruction de tout, mesmes de ce qu'auparavant sera esté perpetre, seront redressez les temples comme au premier temps, et sera restituté, le clerc à son pristin estat, et commencera à meritriquer et luxurier, faire et commettre mille forfaits. Et estant proche d'une autre desolation, par lors qu 'elle sera à sa plus haute et sublime dignité, se dresseront de potentats et mains militaires, et luy seront ostez les deux glaives, et ne luy demeurera que les enseignes, desquelles par moyen de la curvature qui les attire, le peuple le faisant aller droit, et ne voulant se condescendre à eux par le bout opposite de la main argue, touchant terre, voudront stimuler iusques à ce que naistra d'un rameau de la sterile, de long temps, qui delivrera le peuple univers de celle servitude benigne et volontaire, soy remettant à la protection de Mars, spoliant Iupiter de tous ses honneurs et dignitez, pour la cité libre, constitue et assise dans une autre exigue Mezopotamie. Et sera le chef et gouverneur iecté du milieu, et mis au haut lieu de l'air, ignorant la conspiration des coniurateurs, avec le second Trasibulus, qui de long temps aura manié tout cecy: alors les immundicitez, les abominations seront par grand honte obiectees et manifestees aux tenebres de la lumiere obtenebree, cessera devers la fin du changement des son regne: et les clefs de l'Eglise seront en arriere de l'amour de Dieu, et plusieurs d' entre eux apostarizeront la vraye foy, et des trois sectes, celle du milieu, par les culteurs d'icelle, sera un peu mis en decadence. La prime totallement par l'Europe, la plus part de l'Affrique exterminee de la tierce, moyennant les pauvres d'esprit, que par insensez eslevez par la luxure libidineuse adultereront. La plebe se levera soustenant, dechassera les adherans des legislateurs, et semblera que les regnes affoiblis par les Orientaux que Dieu le Createur aye deslié Satan des prisons infernalles, pour faire naistre le grand Dog et Doham, lesquels feront si grand fraction abominable aux Eglises, que les rouges ne les blance sans yeux ne sans mains plus n'en iugeront, et leur sera ostee leur puissance. Alors sera faicte plus de persecutions aux Eglises, que ne fut jamais. Et sur ces entrefaictes naistra la pestilence si grande, que des trois parts du monde plus que les deux defaudront. Tellement qu'on ne se scaura no cognoistre les appartenans des champs et maisons, et naistra l'herbe par les rues des citez plus haute que les genoulx. Et au clergé, sera faicte toute desolation, et usurperont les martiaulx ce que sera retourné de la cité du Soleil de Melite, et des isles

Stechades, et sera ouverte la grand chaisne du port qui prend sa denomination au boeuf marin. Et sera faite nouvelle incursion par les maritimes plages, volant le sault Castulum deburer de la premiere reprinse Mahumetane. Et ne seront du tout faillement vains, et au lieu que iadis fut l'habitation d'Abraham, sera assaillie par personnes qui auront en veneration les Iouialistes. Et icelle cité de Achem sera environee et assaillie de toutes parts en tresgrande puissance de gens d'armes. Seront affoiblies leurs forces maritimes par les Occidentaux. Et à ce regne sera faicte grande desolation, et les plus grandes citez seront depeuplees, et ceux qui entreront dedans, seront comprins à la vengeance de l'ire de Dieu. Et demeurera le sepulchre de tant grande veneration par l'espace de long temps soubs le serain à l 'universelle vision des yeux du Ciel, du Soleil, et de la Lune. Et sera converty le lieu sacré en hebergement de toupeau menuet grand, et adapté, en substances prophanes. O quelle calamiteuse affliction sera par lors aux femmes enceinctes! et sera par lors du principal chef Oriental, la plus part esmeu par les Septentrionaux et Occidentaux vaincu, et mis à mort, profligez, et le reste en fuite et ses enfans de plusieurs femmes emprisonnez et par lors sera accomplie la prophetie du Royal Prophete: U audiret gemitus compenditorum, ut solveret filios interemptorum. Quelle grande opression que par lors sera faicte sur les Princes de gouverneurs des Royaumes, mesmes de ceux qui seront maritimes et Orientaux, et leurs langues entremeslees à grande societé: la langue des Latins et des Arabes, par la communication Punique, et seront tous ces Roys Orientaux chassez, profligez, exterminez, non du tout par le moyen des forces des Roys d'Aquilon, et par la proximité de nostre siecle par moyen des trois unis secrettement cerchant la mort, et insidies par embusches l'un de l'autre, et durera le renouvellement de Triumvirat sept ans, que la renommee de telle secte fera son estendue par l'univers, et sera soustenu le sacrifice de la saincte et immaculee hostie: et seront lors les Seigneurs deux en nombre d'Aquilon, victorieux sur les Orientaux, et sera en iceux faict si grand bruit et tumulte bellique, que tout iceluy Orient tremblera de la frayeur d'iceux freres, non freres Aquilonaires. Et pource, Sir, que par ce discours ie mets presque confusement ces predictions, et quand ce pourra estre et l'advenement d'iceux, pour le denombrement du temps que s'enfuit, qu'il est nullement, ou bien peu conforme au superieur: lequel, tant par voye Astronomique, que par autre, mesmes des sacrees Escriptures, qui ne peuvent faillir nullement, que si ie voulois à un chacun quatrain mettre le denombrement du temps, se pourroit faire: mais à tous ne seroit aggreable, ne moins les interpreter, iusques à ce, Sire, que vostre Majesté m'aye octroyé ample puissance pour ce faire, pour ne donner cause aux calomniateurs de me mordre. Toutefois, contans les ans depuis la creation du monde, iusques à la naissance de Noè, sont passez mil cinq cens et six ans, et depuis la naissance de Noé iusques à la parfaicte fabrication de l'Arche, approchant de l'universelle inondation, passerent six cens ans (si les dons estoyent Solaires ou Lunaires, ou de dix mixtions) ie tiens ce que les sacrees Escriptures tiennent qu'estoyent Solaires. Et à la fin d'iceux six ans, Noé entra dans l'Arche, pour estre sauvé du deluge: et fut iceluy deluge universel sur la terre, et dura un an et deux mois. Et depuis la fin du deluge iusques à la nativité d'Abraham, passa le nombre des ans de deux cens nonante cinq. Et depuis la nativité d'Abraham iusques à la nativité d'Isaac, passerent cinq cent ans. Et depuis Isaac iusques à Iacob, soixante ans, des l'heures qu'il entra en Egypte iusques à l'yssue d'iceluy, passerent cent trente ans. Et depuis l'entree de Iacob en Egypte iusques à l'yssue d'iceluy passerent quatre cens trente ans. Et depuis l'yssue d'Egypte iusques à l'edification de temple faicte par Salomon au quatriesme an de son regne, passerent quatre cens octante, ou quatre vingts ans. Et depuis l'edification du Temple iusques à Iesus-Christ, selon la supputation des hierographes, passerent quatre cens nonante ans. Et ainsi par ceste supputation que i'ay faicte colligee par les sacrees lettres, sont environ quatre mille cent septante trois ans et huict mois, peu ou moins. Or de Iesus-Christ en ca par la diversité des sectes, ie le laisse, et ayant supputé et calculé les presentes Propheties, le tout selon l'ordre de la chaisne qui contient sa revolution, le out par doctrine Astronomique, et selon mon naturel instinct, et apres quelqu temps et dans iceluy comprenant depuis le temps que Saturne qui tournera entrer à sept du mois d'Avril, iusques au 25 d'Aoust, Iupiter à 14 de Iuin iusques au 7 Octobre, Mars depuis le 17 d'Avril, iusques au 22 de Iuin. Venus depuis le 9 d'Avril, iusques au 22 de May, Mercure depuis le 3 de Fevrier, iusques au 24 dudit. En apres de premier de Iuin, iusques au 24 dudit, et du 25 de Septembre iusques au 16 d'Octobre. Saturne en Capricorne, Iupiter en Aquarius, Mars en Scorpio, Venus en Pisces, Mercure dans un mois en Capricorne, Aquarius et Pisces, la Lune en Aquarius, la teste du Dragon en Libra: la queue à son signe oppofite suyvant une conionction de Iupiter à Mercure, avec un quadrin aspect de Mars àMercure, et la teste du Dragon sera avec uns conionction du Soleil à Iupiter, l'annee sera pacifique sans eclipse, et non du tout, et sera le commencement comprenant se de ce que durera et commencant icelle annee sera faicte plus grand persecution à l'Eglise Chrestienne, que n 'a esté faicte en Affrique, et durera ceste ici iusques à l'an mil sept cens nonante deux que l'on cuidera estre une renovation du siecle: apres commencera le peuple Romain de se redresser, et dechassez quelques obsucres tenebres recevant quelque peu de leur pristine clarté, non sans grand division et continuels changemens. Venise en apres en grande force et puissance levera ses aisles si treshaut, ne distant gueres aux forces de l'antique Rome. Et en iceluy temps grands voilles Bisantines associees aux Liqustiques par l'appuy et puissance Aquilonaire, donnera quelque empeschement que des deux Cretenses ne leur sera la Foy tenue. Les arcs edifiez par les antiques Martiaux, s'accompagneront aux ondes de Neptune. En l'Adriatique sera faicte discorde grande, ce que sera uny sera separé, approchera de maison ce que paravant estoit et est grande cité, comprenant le Pempotam de Mesopotamie de l'Europe à quarante cinq, et autres de quarante un, quarante deux et trente sept. Et dans iceluy temps, et en icelles contrees la puissance infernalle mettra a l'encontre de l'Eglise des Iesus-Christ la puissance des adversaires de sa loy, qui sera le second Antechrist, lequel persecutera icelle Eglise et son vray Vicaire, par moyen de la puissance des Roys temporels, qui seront par leur ignorance seduiucts par la langues, qui trencheront plus que nul glaive entre les mains de l'insensé. Le susdict regne de l'Antichrist ne durera que iusques au definement de ce nay pres de l'age et de l'autre à la cité de Plancus, accompagnez de l'esleu de Modone Fulcy, par Ferrare maintenu par Liguriens Adriactiques, et de la proximité de la grand Trinacrie. Puis passera le mont Iouis. Le Galique ogmium, accompagné de si grand nombre que de bien loing l'Empire de la grand loy sera presenté, et par lors et quelque temps apres sera espanché, profuseement de sang des Innocens par le nocens un peu eslevez: alors par grands deluges la memoire des choses contenues de tels instrumens recevra innumerable perte, mesmes les lettres: qui sera devers les Aquilonaires par la volonté divine, et entre une fois lie Satan. Et sera faicte paix universelle entre les humains, et sera delivree l'Eglise de Iesus-Christ de toute tribulation, combien que par les Azos rains voudrot mesler dedans le miel du fiel, et leur pestifere seduction: et cela sera proche du septiesme millenaire, que plus le sanctuaire de Isus-Christ ne sera conculqué par les infideles qui viendront de l'Aquilon, le monde approchant de quelque grande conflagration, combien que par mes supputations en mes propheties, le cours du temps aille beaucoup loing. Dedans l'Epistre que ses ans passez ay dediee à mon fils Cesar Nostradamus i'ay assez apertement declaré aucuns poincts sans presage. Mais icy, o Sire, sont comprins plusieurs grands et mervielleux advenemens, que ceux qui viendront apres le verront. Et durant icelle supputation Astrologique, conferee aux sacrees lettres, la persecution des gens Ecclesiastiques prendra son origine par la puissance des Roys Aquilonaires, unis avec les Orientaux. Et celle persecution durera onze ans, quelque peu moins, que par lors défaillira le principal Roy Aquilonaire, lesquels ans accomplis surviendra son uny Meridional, qui persecutera encore plus fort par l'espace de trois ans les gens d'Eglise, par la seduction apostastique, d'un qui tiendra tout puissance absolue à l'Eglise militante, et le sainct peuple de Dieu observateur de sa loy, et tout ordre de religion sera grandement persecuté et affligé, tellement que le sang des vrays Ecclesiastiques nagera par tout, et un des horribles Roys temporels, par ses adherans luy seront donnees telles louanges, qu'il aura plus respandu de sang humain des innoncens Ecclesiastiques, que nul ne scauroit avoir du vin: et iceluy Roy commettra de forfaicts envers l'Eglise incroyables, coulera le sang humain par les rues publiques et temples comme l'eau par pluye impetueuse et rougiront de sang les plus prochains fleuves,et par autre guerre navale rougira la mer, que le rapport d'un Roy à l'autre luy sera dit: Bellis rubuit navalibus aequor. Puis dans la mesme annee et les suyvants s'en ensuyvra la plus horrible pestilence, et la plus merveilleuse par la famine precedente, et sie grandes tribulations que iamais soit advenue telle depuis la premiere fondation de l'Eglise Chrestienne, et par toutes les regions Latines. Demeurant par les vestiges en aucunes contrees de Espaignes. Par lors le tiers Roy Aquilonaire entendant la plaincte du peuple de son principal tiltre, dressera si grande armee, et passera par le destroits de ses derniers avites et bisayeulx, qui remettra la plus part en son estat, et le grand Vicaire de la cappe sera mis en son pristin estat: mais desolé, et puis du tout abandonné, et tournera estre Sancta sanctorum destruicte par Paganisme, et le vieux et nouveau Testament seront dechasses, bruslex, en apres l'Antichrist sera le prince infernal, encores par la derniere foy trembleront tous le Royaumes de la Chrestienté et aussi des infideles, par l'espace de vingt cinq ans, et seront plus grieves guerres et batailles et seront villes, citez, chasteaux, et tous autres edifices bruslez, desolez, destruicts, avec grande effusion de sang vestal, mariees, et vefves violees, enfans de laict contre les murs des villes allidez et brisez, et tant de maux se commettront par le moyen de Satan, prince infernal, que presque le monde universel se trouvera defaict et desolé: et avant iceux advenemens aucuns oyseaux insolites crieront par l'air, Huy, Huy et seront apres quelque temps esvanouys. Et apres que tel temps aura duré longuement, sera presque renouvellé un autre regne de Saturne, et siecle d'or, Dieu le Createur dira entendant l'affliction de son peuple, Satan sera mis et lié dans l 'abysme du barathre dans la profonde fosse: et adonc commencera entre Dieu et les hommes une paix universelle, et demeurera lié environ l'espace de mille ans, et tournera en sa plus grand force, la puissance Ecclesiastique, et puis tourne deslié. Que toutes ces figures sont iustement adaptees par les divines lettres aux choses celestes visibles, c'est à scavoir, parSaturne, Iupiter, et Mars, et les autres conioinct, comme plus à plain par aucuns quadrins l'on pourra veoir. I'eusse calculé plus profondement et adapté les uns avecques les autres. Mais voyant, o Serenissime Roy, que quelques uns de la censure trouveront difficulté, qui sera cause de retirer ma plume à mon repos nocturne: Multa etiam o Rex omnium potentissime praeclara et sane in brevi ventura, sed omnia in hac tua epistola innectere non possumus, nec volumus : sed ad intelligenda quaedam facta horrida fata, pauca libanda sunt, quamvis tanta fit in omnes tua amplitudo et humanitas homines, deosque pietas ut solus amplissimo et Christianissmo Regis nomine, et ad quem summa totius religionis auctoritas deferatur dignus esse videare. Mais tant seulement ie vous requiers, o Roy tres-clement, par icelle vostre singuliere et prudente humanité, d'entendre plustot le desir de mon courage, et le souverain estude que i'ay d'obeyr à vostre serenissime Maiesté, depuis que mes yeux furent si proches de vostre splendeur solaire, que la grandeur de mon labeur n'attainct ne requiert.

De Salon, ce 27 Iuin, Mil cinq cens cinquante huict.
Faciebat Michael Nostradamus Salonae Petreae Provinciae.

Centurie VIII

VIII/1
PAV, NAY, LORON plus feu qu'a san[g] sera,
Laude nager, fuir grand aux surrez,
Les agassas entrée refusera,
Pampon, Durance les tiendra enserrez.

VIII/2
Condon et Aux et autour de Mirande
Ie voy du ciel feu qui les environne,
Sol Mars conjoint au Lyon, puis Marmande,
Foudre, grand gresle, mur tombe dans Garonne.

VIII/3
Au fort chasteau de Vigilanne et Resviers
Sera serré le puisnay de Nancy:
Dedans Turin seront ards les premiers,
Lors que de dueil Lyon sera transy.

VIII/4
Dedans Monech le coq sera receu,
Le Cardinal de France apparoistra
Par Legation Romain sera deceu,
Foiblesse à l'Aigle, et force au Coq naistra.

VIII/5
Apparoistra temple luisant orné,
La lampe et cierge à Borne et Bretueil.
Pour la Lucerne le canton desto[u]rné,
Quand on verra le grand Coq au cercueil,

VIII/6
Clarté fulgure à Lyon apparante
Luysant, print Malte, subit sera est[r]ainte [éteinte]:
Sardon, Mauris traitera decevante,
Geneve à Lond[r]es à Coq trahison fain[c]te [feinte].

VIII/7
Ve[r]ceil, Milan donrà intelligence,
Dedans Tycin sera faite la playe.
Courir par Seine eau, sang feu par Florence,
Vnique cheoir [choir, choix] d'hault en bas faisant maye.

VIII/8
Prés de Linterne dans de tonnes fermez,
Chiu[v]az fera pour l'Aigle la menée,
L'esleu cassé luy ses gens enfermez,
Dedans Turin rapt espouse emmenée.

VIII/9
Pendant que l'Aigle et le Coq à Savone
Seront unis, Mer, Levant et Ongrie.
L'armée à Naples, Palerne, Marque d'Ancone
Rome, Venise, par Barbe horrible crie.

VIII/10
Puanteur grande sortira de Lausanne,
Qu'on ne scaura l'origine du fait.
Lon mettra hors toute la gent loingtaine
Feu veu au ciel, peuple estranger desfait.

VIII/11
Peuple infiny paroistra a Vicence
Sans force, feu brusler la basilique
Prés de Lunage deffait [desfait] grand de Valence,
Lors que Venise par mort[e] prendra pique.

VIII/12
Apparoistra aupres de Buffalor[r]e
L'hau[l]t et procere entré dedans Milan
L'abbé de Foix avec ceux de sainct Morre
Feront la forbe habillez en vilain [vilan].

VIII/13
Le croisé frere par amour effrenée
Fera par praytus Bellorophon mourir,
Classé à mil ans la femme forcenée
Beu le breuvage, tous deux apres perir.

VIII/14
Le grand credit, d'or et d'argent l'abondance
Fera aveugler [Aveuglera] par libide l'honneur:
Sera cogneu [Cogneu sera] d'adultere l'offense,
Qui parviendra à son grand deshon[n]eur.

III/15
Vers Aquilon grands efforts par hommasse
Presque l'Europe et l'univers vexer,
Les deux eclypses mettra en telle chasse,
Et aux Pannons vie et mort renforcer.

VIII/16
Au lieu que Hieron [HIERON, HIESON] feit sa nef fabriquer
Si grand deluge sera et si subite,
Qu'on n'aura lieu ne terres s'ataquer,
L'onde monter Fesulan Olympique.

VIII/17
Les bien aisez subit seront desmis,
Par les trois freres le monde mis en trouble.
Cité marine saisiront ennemis,
Faim, feu, sang, peste, et de tous maux le double.

VIII/18
De FLORE [Flora] issue de sa mort sera cause,
Vn temps devant par jeunsne et vieille bueyre
Par les trois Lys luy feront telle pause,
Par son fruit sauve [fauve] comme chair crue mueyre.

VIII/19
A soustenir la grande cappe troublée,
Pour l'esclaircir les rouges marcheront
De mort famille sera presque accablée,
Les rouges le rouges rouges assommeront.

VIII/20
Le faux message par election fainte
Courir par urben [vrbe, vrben] rompue pache arreste,
Voix aceptées [achetees], de sang chapelle tainte,
Et à un autre l'empire contracte [contraincte].

VIII/21
Au port de Agde trois fustes entreront
Portant l'infect non foy et pestilence
Passant le pont mil milles embleront,
Et le pont rompre à tierce resistance.

VIII/22
Gorsan, Narbonne, par le sel aduertir
Tucham, la grace [et] Parpignan trahie,
La ville rouge n'y voudra consentir,
Par hau[l]te vol drap gris vie faillie.

VIII/23
Lettres trouvées de la Royne les coffres,
Point de subscrit sans aucun nom d'aut[h]eur:
Par la police seront cachez les offres,
Qu'on ne scaura qui sera l'amateur.

VIII/24
Le lieutenant à l'entrée de l'huys
Assom[m]era le grand de Parpignan,
En se cuidant sauver [à] Montpertuis,
Sera deceu bastard de Lusignan.

VIII/25
Coeur de l'amant ouvert d'amour furtiue [fertive]
Dans le ruisseau fera ravir la Dame,
Le demy mal contrefera lassive,
Le pere à deux privera corps de l'ame.

VIII/26
De Caton es trouvez en Barcelonne,
Mys descouver[t]s lieu retrouvez [terrovers] et ruyne,
Le grand qui tient ne tient voudra Pamplonne,
Par l'abbage de Monferrat bruyne.

VIII/27
La voye auxelle l'un sur l'autre fornix,
Du muy deser[t] hors mis brave et genest,
L'escript d'empereur le fenix [Phenix]
Veu en [à] celuy ce qu'a nul autre n'est.

VIII/28
Les simulac[h]res d'or et d'argent enflez,
Qu'apres le rapt [lac] au feu furent jettez
Au descouvert estaincts tous et troublez,
Au marbre escripts, perscripts [prescripts] interjettez.

VIII/29
Au quart pillier l'on sacre à Saturne,
Par tremblant terre et deluge fendu
Sou[b]s l'edifice Satur[n]in trouvée urne,
D'or Capion ravy et puis rendu.

VIII/30
Dedans Tholouse [Tholoze] non loing de Beluzer
Faisant un puis loing, palais d'espectacle
Thresor trouvé un chacun ira vexer,
Et en deux locs[z] tout et pres des vesacle [de l'usacle].

VIII/31
Premier grand fruict le Prince de Pe[r]squiere,
Mais puis viendra bien et cruel malin,
Dedans Venise perdra sa gloire fiere,
Et mis à mal par plus joyeux [jeune, ioyue] Celin.

VIII/32
Garde[-]toy Roy Gaulois de ton nepueu [nepveu, neveu],
Qui fera tant que ton unique fils
Sera meurtry à Venus faisant voeu,
Accompagné de nuict que trois et six.

VIII/33
Le grand naistra de Veronne et Vincence,
Qui portera un surnom [sur nom] bien indigne.
Qui à Venise vou[l]dra faire vengeance,
Luy mesme prins homme du guet et signe.

VIII/34
Apres victoire du Lyon au Lyon
Sus la montagne de IVRA Secatombe,
Delues et brode[s] septiesme million,
Lyon, Ulme à Mausol mort et tombe.

VIII/35
Dedans l'entrée de Garonne et Bayse,
Et la forest non loing de Damaz[s]an,
Du marsaves [mar suaues] gelées, puis gresle et biz[s]e
Dordonnois gelle par erreur de Mezan.

VIII/36
Sera commis conte oindre a duché [aduché],
De Saulne et sainct Aulbin et Beloeuvre [Bel l'oevre]
Paver de marbre de Tours [tours] loing espluché
Non Bleteran resister et chef d'oeuvre.

VIII/37
La forteresse aupres de la Tamise
Cherra par lors, le Roy dedans serré,
Aupres du pont sera veu en chemise
Un devant mort, puis dans le fort barré.

VIII/38
Le Roy de Bloys dans Avignon regner
Une autre fois le peuple en monopole [emonopolle],
Dedans le Rosne par murs [meurs] fera baigner
Iusque[s] à cinq le dernier prés de Nol[l]e.

VIII/39
Qu'aura esté par Prince Bizantin,
Sera tollu par Prince de Tholouse:
La foy de Foix par le chef Tholentin,
Luy faillira ne refusant l'espouse.

VIII/40
Le sang du Iuste par Taur[er] et la Dorade [Daurade],
Pour se venger contre les Saturnins
Au nouveau lac plongeront la maynade,
Puis marcheront contre les Albanins.

VIII/41
Esleu sera Renard ne sonnant mot,
Faisant le saint public vivant pain d'orge,
Tyran[n]izer apres tant à un cop [coup],
Mettant à pied des plus grands sur la gorge.

VIII/42
Par avarice, par force et violence
Viendra vexer les siens chefs d'Orleans,
Prés sainct Memire assault et resistance.
Mort dans sa tente diront qu'il dort leans.

VIII/43
Par le decide de deux choses bastards,
Nepueu [Neveu] du sang occupera le regne,
Dedans lectoyre seront les coups de dards
Nepueu [Neveu] par pleur pliera [pleira] l'enseigne.

VIII/44
Le procrée naturel d'ogmion [Dogmion],
De sept à neuf du chemin desto[u]rner
A roy de longue et amy a amy hom [et aumy hom, au mi-homme],
Doit à Navarre fort de PAU prosterner.

VIII/45
La Main escharpe et la jambe bandée,
Longs puis nay de Calais portera,
Au mot du guet la mort sera tardée,
Puis dans le temple à Pasques saignera.

VIII/46
Pol mensolée mourra [à] trois lieues du rosne,
Fuis les deux prochains tarasc destrois:
Car Mars fera le plus horrible trosne,
De coq et d'Aigle de France freres trois.

VIII/47
Lac Trasmenien portera tesmoignage,
Des conjurez serrez [sarez] dedans Perouse
Un despollé contrefera le sage,
Tuant Tedesq de sterne et minuse.

VIII/48
Saturne en Cancer, Iupiter avec Mars,
Dedans Feurier C[h]aldondon salu[a]terre [salvaterre].
Sault Castallon assailly de trois pars,
Pres de Verbiesque confli[c]t mortelle guerre.

VIII/49
Satur. [Saturne] au beuf [boeuf] joue en l'eau, Mars en fleiche,
Six de Feurier mortalité donra,
Ceux de Tardaigne, à Bruge si grand breche,
Qu'à Ponteroso chef Barbarin mourra.

VIII/50
La pestilence l'entour de Capadille,
Vne autre faim pres de Sagont [Sagone] s'ap[p]reste:
Le cheualier bastard de bon senille,
Au grand de Thunes fera trancher la teste.

VIII/51
Le Bizantin faisant oblation,
Apres avoir Cordube à soy reprinse:
Son chemin long repos pamplation,
Mer passant proy par la Golongna prinse.

VIII/52
Le Roy de Bloys dans Avignon regner,
D'Amboise et seme[r] viendra le long de Lyndre
Ongle à Poytiers sainctes aisles ruyner
Devant Boni.

VIII/53
Dedans Bologne voudra laver ses fautes,
Il ne pourra au temple du soleil,
Il volera faisant choses si hau[l]tes,
En hierarchie n'en fut onq [onc, oncq] un pareil.

VIII/54
Soubs la couleur du traicté mariage,
Fait magnanime par grand Chyren selin.
Quintin, Arras recouvrez au voyage
D'espagnols fait second banc macelin.

VIII/55
Entre deux fleuves se verra enserré,
Tonneaux et caques unis à passer outre,
Huict ponts rompus chef à tant enferré [enserré],
Enfans parfaicts sont jugulez en coultre [oultre].

VIII/56
La bande foible la [le] terre occupera
Ceux du hau[l]t lieu feront horribles cris,
Le gros troupeau d'estre coin troublera,
Tombe pres D.Nebro [Dinebro] descouvers les escris [escrits].

VIII/57
De soldat simple parviendra en empire,
De robe courte [contre] parviendra à la longue
Vaillant aux armes en eglise ou plus pyre,
Vexer les prestres comme l'eau fai[c]t l'esponge.

VIII/58
Regne en querelle aux freres divisé,
Prendre les armes et le nom Britannique
Titre [Tiltre, Tistre] Anglican sera tard advisé,
Surprins de nuict mener à l'air Gallique.

VIII/59
Par deux fois hau[l]t, par deux fois mis à bas
L'orient aussi l'occident foiblira
Son adversaire apres plusieurs combats,
Par mer chassé au besoing faillira.

VIII/60
Premier en Gaule, premier en Romanie,
Par mer et terre aux Anglois et Paris
Merveilleux faits par celle grand mesnie
Violant, Terax [terax] perdra le NORLARIS.

VIII/61
Iamais par le decouvrement du jour
Ne parviendra au signe sceptrifere
Que tous ses sieges ne soient en sejour,
Portant au coq don du TAG armifere.

VIII/62
Lors qu'on verra expiler le sain[c]t temple,
Plus grand du Rhosne leurs sacrez [et sacrez] prophaner
Par eux naistra pestilence si ample,
Roy faict [fuit] injuste ne fera condamner.

VIII/63
Quand l'adultere blessé sans coup aura
Meurdry la femme et le fils par despit,
Femme assommée l'enfant estranglera:
Huict captifs prins, s'estouffer sans respit:

VIII/64
Dedans les Isles les enfans transportez,
Les deux de sept seront en desespoir:
Ceux du terrouer en seront supportez,
Nom pelle prins des ligues fuy l'espoir.

VIII/65
Le vieux frustré du principal espoir,
Il parviendra au chef de son empire:
Vingt mois tiendra le regne à grand pouvoir,
Tiran, cruel en delaissant un pire.

VIII/66
Quand l'escriture D.M. trouvée,
Et cave antique à lampe descouverte,
Loy, Roy, et Prince Vlpian esprouvée,
Pavillon Royne et Duc sous la couverte.

VIII/67
PAR. CAR. NERSAF, à ruine grand discorde,
Ne l'un ne l'autre n'aura election,
Ner.saf du peuple aura amour et concorde,
Ferrare, Colonne grande protection:

VIII/68
Vieux Cardinal par le jeune deceu,
Hors de sa charge se verra desarmé,
Arles ne monstres double soit aperceu,
Et Liqueduct et le Prince embaumé [embausmé].

VIII/69
Aupres du jeune le vieux Ange baisser,
Et le viendra sur monter à la fin:
Dix ans esgaux aux plus vieux rabaisser,
De trois deux l'un huictiesme Seraphin.

VIII/70
Il entrera vilain, meschant, infame
Tyrannisant la Mesopotamie
Tous amis fai[c]t d'adulterine dame,
Terre horrible noir de phisonomie.

VIII/71
Croistra le nombre si grand des Astronomes
Chassez, bannis et livres censurez,
L'an mil six cens et sept par sacre glomes,
Que nul aux sacres ne seront asseurez.

VIII/72
Cham[p] Perusin ô l'enorme deffaite [desfaite]
Et le conflict tout aupres de Ravenne
Passage sacre lors qu'on fera la feste,
Vainqueur vaincu cheval manger l'avenne.

VIII/73
Soldat Barbare le grand Roy frappera,
Injustement non eslongné de mort,
L'avare mere du fai[c]t cause sera
Conjurateur et regne en grand remort.

VIII/74
En terre neufve [neusve] bien avant Roy entré
Pendant subje[c]ts lui viendront faire ac[c]euil,
Sa perfidie aura tel rencontré,
Qu'aux citadins lieu de feste et recueil.

VIII/75
Le pere et fils seront meurdris ensemble,
Le prefecteur [perfectuer, persecteur] dedans son pavillon
La mere a Tours du fils ventre aura enfle,
Cache verdure de fueilles papillon.

VIII/76
Plus Macelin que Roy en Angleterre,
Lieu obscur nay par force aura l'empire:
Lasche sans foy sans loy saignera [seignera] terre,
Son temps s'aproche si pres que ie souspire.

VIII/77
L'antechrist trois bien tost annichilez,
Vingt et sept ans sang durera sa guerre,
Les heretiques morts, captifs exilez,
Sang, corps humain, eau rougie [rogie] gresler terre.

VIII/78
Vn Bragamas [Braganas] avec la langue torte
Viendra des dieux [piller] le sanctuaire,
Aux heretiques il ouvrira la porte
En suscitant l'eglise mili[a]taire.

VIII/79
Qui par fer pere perdra nay de Nonnaire
De Gorgon [sur] la sera sang preferant [perfetant],
En terre estrange fera si tout de taire,
Qui bruslera luy mesme et son enfant.

VIII/80
Des innocens le sang de vefve et vierge,
Tant de maux fai[c]ts par moyen se grand Roge,
Saints simulachres trempez en ardant cierge,
De frayeur crain[c]te ne verra nul que boge.

VIII/81
Le neuf empire en desolation,
Sera changé du pole aquilonaire,
De la Sicile viendra l'e[s]motion,
Troubler l'emprise à Philip, tributaire.

VIII/82
Rouge [Ronge], long, sec, faisant du bon val[l]et,
A la par fin [par fin] n'aura que son congie,
Poignant poyson, et lettres au collet,
Sera saisi eschappé en dangie.

VIII/83
Le plus grand voile hors du port de Zara,
Prés de Bisance fera son entreprise.
D'ennemy perte et l'amy ne sera,
Le tiers à deux fera grand pille et pri[n]se.

VIII/84
Parterne orra de la Sicil[l]e crie,
Tous les aprests du goulphre de Trieste,
Qui s'entendra jusque[s] à la Trinacrie,
De tant de voiles, fuy, fuy l'horrible peste.

VIII/85
Entre Bayonne et à sainct Iean de Lux,
Sera posé de Mars la promo[n]toire:
Aux Hanix d'Aquilon Nanar [Nanat] hostera lux,
Puis suffoqué au lict sans adiutoire.

VIII/86
Par Arnani Tholoser Ville Franque,
Bande infinie par le mont Adrian,
Passe riviere, Hutin par pont la planque
Bayonne entrer tous Bichoro criant.

VIII/87
Mort conspirée viendra en plein effect,
Charge donnée et voyage de mort.
Esleu, crée, receu, par siens deffai[c]t,
Sang d'innocent [d'innocence] devant foy par remort.

VIII/88
Dans la Sardaigne un noble Roy viendra,
Qui ne tiendra que trois ans le Royaume,
Plusieurs couleurs avec soy conjoindra,
Luy mesme apres soin sommeil marrit scome.

VIII/89
Pour ne tomber entre mains de son oncle,
Qui ses enfans par regner trucidez,
Orant au peuple mettant pied sur Peloncle
Mort et traisné entre chevaux bardez.

VIII/90
Quand des croisez un trouvé de sens trouble
En lieu du sacre verra un boeuf cornu
Par vierge porc son lieu lors sera comble,
Par Roy plus ordre ne sera soustenu.

VIII/91
Parmy [Frymy] les champs des Rodanes entrées
Où les croisez seront presques unis,
Les deux braissieres en pisces rencontrées,
Et un grand nombre par deluge punis.

VIII/92
Loin[g] hors du regne mis en hazard voyage
Grand ost duyra, pour soy l'occupera,
Le Roy tiendra les siens captif ostage,
A son retour tout pays pillera.

VIII/93
Sept mois sans plus obtiendra prelature
Par son decez grand scisme fera naistre:
Sept mois tiendra un autre la preture,
Pres de Venise paix union renaistre.

VIII/94
Devant le lac où plus cher fut jetté [gette]
De sept mois, et son ost desconfit
Seront Hispans par Albannois gastez,
Par delay perte en donnant le conflict.

VIII/95
Le seducteur sera mis en [a] la fosse,
Et estaché jusques à quelque temps,
Le clerc uny le chef avec sa crosse
Pycante droite attraira les contens.

VIII/96
La Synagogue sterile sans nul fruit
Sera receue entre les infideles
De Babylon la fille du poursuit
Misera et triste lui trenchera les aisles.

VIII/97
Aux fins du VAR changer le Pompotans [Pom potans],
Prés du rivage les trois beaux enfans naistre,
Ruyne au peuple par aage competans
Regne au pays charger et [changer] plus voir croistre.

VIII/98
Des gens d'Eglise sang sera espanché,
Comme de l'eau en si grande abondance
Et d'un long temps ne sera restranché [restanché, retranché]
Vae, vae [Ve ve, Veveau] [au] clerc ruine et doleance.

VIII/99
Par la puissance des trois Roys temporels:
En autre lieu sera mis le sainct Siege:
Où la substance de l'esprit corporel,
Sera remis et receu pour vray siege.

VIII/100
Pour l'abondance de l'arme respandue
Du hau[l]t en bas par le bas au plus hau[l]t
Trop grande foy par ieu vie perdue,
De soif mourir par habondant deffau[l]t.

Sowohl unsere neue Quelle als auch Bellecour bringen am Ende der VIII. Centurie sechs weitere von 1. bis 6. nummerierte Vierzeiler, und zwar unter der der gleichlautenden Überschrift:

„AVTRES QUATRAINS cy devant imprimez soubz la Centurie huictiesme.“

(VIII/1)
Seront confus plusieurs de leurs attenté,
Aux habitans ne sera pardonné;
Qui bien pensoient perseverer l'attente
Mais grand loisir ne leur sera donné.

(VIII/2)
Plusieurs viendront, et parleront de paix
Entre Monarques et Seigneurs bien puissans;
Mais ne sera accordé de si pres,
Que ne se rendent plus qu'autres obeissans.

(VIII/3)
Las quelle fureur! helas quelle pitié,
Il y aura entre beaucoup de gens!
On ne vit onc telle [vne, vue] amitié,
Qu'auront les loups à courir diligens.

(VIII/4)
Beaucoup de gens voudront parlementer
Aux grans Seigneurs qui leur feront la guerre,
On ne voudra en rien les escouter,
Helas! si Dieu n'envoye paix en terre.

(VIII/5)
Plusieurs secours viendront de tous costez,
De gens loingtains qui voudront resister.
Ils seront tout à [vn] coup bien hastez,
Mais ne pourront pour ceste heure assister.

(VIII/6)
Las quel desir ont Princes estrangers!
Garde toy bien qu'en ton pays ne vienne,
Il y auroit de terribles dangers,
En maints contrées, mesme en la Vienne.

Centurie IX

IX/1
Dans la maison du traducteur de Bourc
Seront les lettres trouvées sus [sus] la table,
Borgne, roux, blanc, chenu tiendra de cours,
Qui changera au nouveau Connestable.

IX/2
Du hault du mont Aventin voix ouye,
Vuidez, vuidez de tous le[s] deux costez,
Du sang des rouges sera l'ire assomie,
D'Arimin Prato, Columna debotez.

IX/3
La magna vaqua à Ravenne grand trouble,
Conduicts par quinze enserrez à Fornase:
A Rome naistra deux monstres à teste double,
Sang, feu, deluge, les plus grand à l'espace.

IX/4
L'an ensuyvant descouverts par deluge,
Deux chefs esleuz, le premier ne tiendra
De fuyr ombre à l'un d'eux le refuge,
Saccagée case qui premier maintiendra.

IX/5
Tiers doigt [doibt, doit] du pied au premier semblera,
A un nouveau Monarque de bas haut,
Qui Pyse et Luques Tyran occupera
Du precedent corriger le deffau[l]t.

IX/6
Par la Guyenne infinité d'Anglois
Occuperont par nom d'Anglaquitaine,
Du Languedoc Ispalme Bourdelois,
Qu'ils nommeront apres Barboxitaine.

IX/7
Qui ouvrira le monument trouvé,
Et ne viendra le serrer promptement,
Mal luy viendra, et ne pourra prouvé
Si mieux doit estre Roy Breton ou Normand.

IX/8
Puisnay Roy fait son pere mettra à mort,
Apres conflict de mort tres-inhonneste:
Escrit trouvé soupcon donra remort,
Quand loup chassé pose sur la couchette.

IX/9
Quand lampe ardente de feu inextinguible
Sera trouvée [trouué] au temple des Vestales,
Enfant trouvé feu, eau passant par crible:
Perir eau, Nismes [Nymes], Tholose cheoir les hal[l]es.

IX/10
Moyne moynesse d'enfant mort exposé,
Mourir par ourse et ravy par verrier.
Par Fois et Pamyes le camp sera posé
Contre Tholos[z]e Carcas dresser forrier [fourier].

IX/11
Le juste à tort à mort l'on viendra mettre
Publiquement, et du milieu estaint:
Si grande peste en ce lieu viendra naistre,
Que les jugeans fuyr seront contraints.

IX/12
Le tant d'argent de Diane et Mercure
Les simulachres au lac seront trouvez:
Le singulier [figulier] cherchant argille neufve
Luy et les siens d'or seront abbreuvez.

IX/13
Les Exilez autour de la So[ullongne,
Conduicts de nuict pour marcher [en] [à] l'Auxois [Lauxois],
Deux de Moden[n]e truculent de Bologne,
Mis descouverts par feu de Burancois.

IX/14
Mis en planure chauderon d'infecteurs,
Vin, miel et huyle, et bastis sur fourneaux
Seront plongez, sans mal di[c]t mal facteurs
Sept.fum. extaint [extinct] au canon des bo[u]rdeaux [borneaux].

IX/15
Prés de Parpan les rouges detenus,
Ceux du milieu parfondrez menez loing:
Trois mis en pieces, et cinq mal soustenus,
Pour le Seigneur et Prelat de Bourgoing.

IX/16
De castel Franco sortira l'assemblée,
L'ambassadeur non plais[s]ant sera scisme:
Ceux de Ribiere seront en la meslée,
Et au grand goulphre [gouffre] desnieront [desnier ont] l'entrée.

IX/17
Le tiers premier pis que ne fit Neron,
Vuidez vaillant que sang humain respandre:
R'édifier fera le forneron,
Siecle d'or, mort, nouveau Roy grand esclandre.

IX/18
Le lys Dauffois portera dans Nansi,
Iusques en Flandres Electeur de l'Empire,
Neufve obturée au grand Montmorency,
Hors lieux prouvez delivre à clere peine.

IX/19
Dans le milieu de la forest Mayenne,
Sol au Lyon la foudre tombera,
Le grand bastard yssu du grand du Maine,
Ce jour Fougeres pointe en sang entrera.

IX/20
De nuict viendra par la forest de Reines,
Deux pars vaultore Herne la pierre blanche,
Le moine noir en gris dedans Varennes
Esleu cap, cause tempeste, feu sang tranche.

IX/21
Au temple hau[l]t de Bloys sacre Salonne,
Nuict pont de Loyre, Prelat, Roy pernicant:
Curseur [Cuiseur] victoir[e] aux marests de la Lone [Sone, Ione],
D'où prelature de blancs abormeant.

IX/22
Roy et sa cour au lieu de langue halbe,
Dedans le temple vis à vis du palais
Dans le jardin Duc de Mantor et d'Albe,
Albe et Mantor poignard langue et palais.

IX/23
Puisnay jouant au fresch dessous la tonne,
Le hau[l]t du toict du milieu sur la teste:
Le pere Roy au Temple sain[c]t Salonne [Solonne],
Sacrifiant sacrera fum de feste.

IX/24
Sur le palais au rochier de fenestres
Seront rauis les deux petits royaux,
Passer aurelle Luthece Denis cloistres,
Nonnain, Mallods avaller verts noyaux.

IX/25
Passant les Ponts venir prés des rosiers,
Tard arrivé plustost qu'il cuydera,
Viendront les nones [noves, noues] Espanols à Besiers,
Qu'[a] icelle chasse emprinse cassera.

IX/26
Nice sortie sur nom des lettres aspres,
La grande cappe fera present non sien:
Proche de Vultry aux murs des vertes capres
Apres plombim le vent à bon essien.

IX/27
De bois la garde, vent clos rond pont sera,
Hau[l]t le receu frappera le Dauphin,
Le vieux teccon bois unis passera,
Passant plus outre du Duc le droi[c]t confin.

IX/28
Voille Symacle port Massiliolique,
Dans Venise port marcher aux Pannons:
Partir du goulfre et Synus Illyrique,
Vast à Socille, Ligurs coups de canons.

IX/29
Lors que celuy qu'a nul ne donne lieu,
Abandonner voudra lieu prins non prins:
Feu ne[u]f par saignes, bitument à Charlieu,
Feront Quintin Balez et puis reprins.

IX/30
Au port de PUOLA et de sainct Nicolas,
Peril Normande au goulfre Phanatique,
Cap. de Bisance rues crier helas,
Secours de Gaddes et du grand Philippique.

IX/31
Le tremblement de terre à Mortara,
Cassich sainct George à demy perfondrez,
Paix assoupie, la guerre esveillera,
Dans temple à Pasques abysmes enfondrez.

IX/32
De fin porphire profond collon trouvée,
Dessous la laze escripts capitolin:
Os poil retors Romain force prouvée,
Classe agiter au port de Methelin.

IX/33
Hercules Roy de Rome et d'Annemarc,
De Gaule trois le Gujon [Guion] surnommé,
Trembler l'Itale et l'onde [l'un] de sainct Marc,
Premier sur tous Monarque renommé.

IX/34
Le part soluz [La part sous] mary sera mitré,
Retour conflict passera sur la thuille:
Par cinq cens un trahyr sera tiltré,
Narbon et Saulce par cou[n]taux avons d'huille.

IX/35
Et Ferdinand blonde sera descorte,
Quitter la fleur, suyuve [suiure] le Macedon:
Au grand besoin defaillira sa routte,
Et marchera contre le Myrmidon.

IX/36
Vn grand Roy prins entre les mains d'un jeune [loyne],
Non loin[g] de Pasques, confusion coup cultre,
Perpet, captifs [temps] que foudre en la hu[i]ne,
Lors que trois freres se blesseront et meurtre
[Trois freres lors se blesseront, et murtre].

IX/37
Pont et mo[u]lins en Decembre versez,
En si hau[l]t lieu montera la Garonne:
Murs, edifice, Tholose renversez,
Qu'on ne scaura son lieu autant matronne.

IX/38
L'entrée de Blaye par Rochelle et l'Anglois,
Passera outre le grand Aemathien,
Non loing d'Agen attendra le Gaulois,
Secours Narbonne deceu par entretien.

IX/39
En Arbissel à Veront et Carcari,
De nuict conduicts par Savone attraper,
Le vif Gascon Turby, et la Scerty [Scerry],
Derrier mur vieux et neuf palais griper,

IX/40
Prés de Quintin dans la forest bourlis,
Dans l'Abbaye seront Flamans tranchés [ranchés]:
Les deux puisnais de coups my estourdis,
Suitte oppressée et garde tous achés [achez, hachés].

IX/41
Le grand CHYREN soy saisit[r] d'Avignon,
De Rome lettres en miel plein d'amertume
Lettre ambassade partir de Chanignon,
Carpentras pri[n]s par duc noir rouge plume.

IX/42
De Barcelonne, de Gennes et Venise,
De la Secille peste Monet unis:
Contre Barbare classe prendront la vise,
Barbar poulsé bien loing jusqu'a Thunis.

IX/43
Proche à descendre l'armee Crucigere,
Sera guetté par les Ismaelites,
De tous co[s]tez batus par nef Raviere,
Prompt assaillis de dix galeres eslites.

IX/44
Migrés, migrés de Geneve [Genefue] trestous,
Saturne d'or en fer se changera,
Le contre RAYPOZ exterminera tous,
Avant l'advent le Ciel signes fera.

IX/45
Ne sera soul jamais de demander,
Grand MENDOSUS obtiendra son empire,
Loing de la cour fera contremander,
Piedmont [Pymond], Picard[t], Paris Tyrton [Tyron] le pire.

IX/46
Vuyder, fuyer de Tholo[u]se les rouges
Du sacrifice faire [ex]piation,
Le chef du mal dessous l'ombre des courges
Mort estrangler carne omination.

IX/47
Les soulz [soubz] signez d'indigne delivrance,
Et de la multe auront contraire [contre] advis:
Change monarque mis en perille pence,
Serrez en cage se verront vis à vis.

IX/48
La grand' cite d'Occean maritime
Environnée de marets en c[h]ristal:
Dans le solstice hyemal et la prime,
Sera tentée de vent espouva[e]ntal.

IX/49
Gand et Brucel[l]es marcheront contre Anvers,
Senat de Londres mettront à mort leur Roy,
Le sel et vin luy seront à l'envers,
Pour eux avoir le regne en desarroy.

IX/50
MENDOSUS tost viendra à son haut regne,
Mettant arriere un peu le Nolaris [les Norlaris]:
Le Rouge blesme, le masle à l'interregne,
Le jeune crainte et frayeur Barbaris.

IX/51
Contre les rouges sectes se banderont,
Feu, eau, fer, corde par paix se minera,
Au point mourir ceux qui machineront,
Fors un que monde sur tout ruynera.

IX/52
La paix s'approche d'un costé et la guerre
Oncques ne fut la poursuit[t]e si grande,
Plaindre homme, femme, sang innocent par terre,
Et ce sera de France à toute bande.

IX/53
Ne Neron ieune dans les trois cheminées
Fera de paiges vifs pour ardoir jetter,
Heureux qui loing sera de tels menées,
Trois de son sang le feront mort guetter.

IX/54
Arrivera au port de Corsibonne,
Prés de Ravenne qui pil[l]era la dame,
En mer profonde legat [leger] de la Vlisbonne
Sous roc cachez raviront septante ames.

IX/55
L'horrible guerre qu'en l'Occident s'appreste,
L'an ensuivant viendra la pestilence
Si fort terrible [horrible], que jeune, vieil [vieux] ne beste.
Sang, feu, Mercur.[e], Mars, Iupiter en France.

IX/56
Camp pres de Noudam passera Goussan ville,
Et à Mai[j]otes laissera son enseigne.
Convertira en instant plus de mille,
Cherchant les deux remettre en chaine et legne.

IX/57
Au lieu de DRVX un Roy reposera,
Et cherchera loy changeant d'Anatheme,
Pendant le ciel si tresfort tonnera,
Portée neufve [neufue] Roy tuera soy-mesme.

IX/58
Au costé gauche à l'endroit de Vitry,
Seront guettez les trois rouges de France,
Tous assommez rouge, noir non meurdry,
Par les Bretons remis en asseurance.

IX/59
A la Ferté prendra la Vidame.
Nicol tenu rouge qu'avoit produit la vie.
La grand Loyse [Loyle] naistra que fera clame.
Donnant Bourgo[n]gne à Bretons par en[n]uie.

IX/60
Conflict Barbar en la Cornette noire,
Sang espandu trembler la Dalmatie,
Grand Ismael mettra son promontoire,
Ranes trembler, secours Lusitaine.

IX/61
La pille faite à la coste marine,
In [En] cit[t]a nova [noua] et parens amenez,
Plusieurs de Malte par le fait de Messine,
Estroit serrez seront mal guerdonnez.

IX/62
Au grand de Chera [Cheramon] [aussi] [de] mon[t] agora
Seront croisez par rang [ranc] tous attachez,
Le pertinax [portinav] Oppi, et Mandragora,
Raugon d'Octobre le tiers feront laschez.

IX/63
Plainctes et pleurs, cris et grands hurlemen[t]s
Prés de Narbon à lyonne [Bayonne] et en Foix
O quels horribles calamitez changemens,
Avant que Mars revolu quelques fois.

IX/64
L'Aemathion passer monts Pyrenées,
En Mars Narbon ne fera resistance,
Par mer et terre fera si grand menée,
Cap. n'ayant terre seure pour demeurance.

IX/65
Dedans le coing de Luna viendra rendre,
Où sera prins et mis en terre estrange,
Les fruicts immeurs seront à grand esclandre,
Grand vitupere, à l'un grande louange.

IX/66
Paix, union sera et changement,
Estats, Offices, bas hau[l]t, et hault bien bas.
Dresser voyage, le fruict premier to[u]rment,
Guerre cesser, civil[s] proces[z], debats.

IX/67
Du hault des monts à l'entour de Lizere
Port à la roche, Valent cent assemblez
De chasteau neuf Pierre late en donzere,
Contre le Crest Romans foy assemblez.

IX/68
Du mont Aymar sera noble obscurcie,
Le mal viendra au joinct de Saone et Rosne,
Dans bois cachez soldats jour de Lucie,
Qui ne fut onc un si horrible throsne.

IX/69
Sur le mont de Bailly et la Bresle
Seront cachez de Grenoble les fiers,
Outre Lyon, Vien eulx si grand gresle,
Langoult en terre n'en restera un tiers.

IX/70
Harnois trenchans dans les flambeaux cachez
Dedans Lyon le jour du Sacrement,
Ceux de Vienne seront trestous hachez
Par les cantons Latins, Mascon ne ment.

IX/71
Aux lieux sacrez animaux veu à trixe,
Avec celuy qui n'osera le jour,
A Carcassonne pour disgrace propice
Sera posé pour plus ample sejour.

IX/72
Encor seront les saincts temples pollus,
Et expillez par Senat Tholosain,
Saturne deux trois cicles revol[l]us,
Dans Avril, May, gens de nouveau levain.

IX/73
Dans Fois[x] entrez Roy cerulé [ceiulee] Turban,
Et regnera moins evolu Saturne,
Roy Turban blanc et Bizance coeur ban,
Sol, Mars, Mercure [ensemble] prés la hurne.

IX/74
Dans la cité de Fertsod homicide,
Fait et fait multe beuf [beus] arant ne macter,
Retour encores aux honneurs d'Artemide,
Et à Vulcan corps morts sepulturer.

IX/75
De l'Ambraxie et du pays de Thrace,
Peuple par mer mal et secours Gaulois,
Perpetuelle en Provence la trace,
Avec vestiges de leur coustume et loix.

IX/76
Avec le noir Rapax et sanguinaire,
Yssu du peaultre de l'inhumain Neron,
Emmy deux fleuves mani gauche militaire,
Sera meurtry par Ioyne [jeune] chaulu[v]eron.

IX/77
Le regne prins le Roy conviera,
La dame prinse à mort jurez à fort [sort],
La vie à Royne fils on desniera,
Et la pellix au fort de la confort.

IX/78
La dame Grecque de beauté laydique,
Heureuse faicte de proces innumerable,
Hors translatee au regne Hispanique,
Captive prinse mourir mort miserable.

IX/79
Le chef de classe, par fraude stratageme,
Fera timides sortir de leurs galleres,
Sortis meurtris chef renieux de cresme,
Puis par l'embusche lui rendront les saleres [le salaire].

IX/80
Le Duc voudra les siens exterminer,
Envoyera les plus forts lieux estranges,
Par Tyrannie Bize et Luc ruyner,
Puis les Barbares sans vin feront vendages.

IX/81
Le Roy rusé entendra ses embusches
De trois quartiers ennemis assaillir,
Un nombre estrange larmes de coqueluches
Viendra Lemprin du traducteur faillir.

IX/82
Par le deluge et pestilence forte,
La cité grande de long temps assiegée,
La sentinelle et garde de main morte,
Subite prins, mais de nul ou[l]tragée.

IX/83
Sol vingt de Taurus si fort terre trembler,
Le grand theatre remply ruinera,
L'air, ciel et terre obscurcir et troubler,
Lors l'infidel[l]e Dieu et saincts voq[g]uera.

IX/84
Roy exposé parfaira l'hecatombe,
Apres avoir trouvé son origine,
Torrent ouvrir de marbre et plomb la tombe,
D'un grand Romain d'enseigne Medusine.

IX/85
Passer Guienne, Languedoc et le [la] Rosne,
D'Agen tenans de Marmande et la Roole,
D'ouvrir par foy parroy, Phocen tiendra son trosne,
Conflict aupres sainct Pol de Mauseole [Manseole].

IX/86
Du bourg Lareyne parviendront droit à Chartres
Et feront prés du pont Anthoni pause,
Sept pour la paix cauteleux comme Martres,
Feront entrée d'armée à Paris clause.

IX/87
Par la forest du Touphon essartée,
Par hermitage sera posé le temple,
Le Duc d'Estampes par sa ruse inu[v]entée,
Du mont Lehori prelat donra exemple.

IX/88
Calais, Arras, secours à Theroanne,
Paix et semblant simulera l'escoute,
Soulde d'Alobrox descendra par Roane,
Desto[u]rnay peuple qui defera la routte.

IX/89
Sept ans sera PHILIP. fortune prospere,
Rabaissera des BARBARES [Arabes] l'effort.
Puis son midy [mydi] perplex, rebo[u]rs affaire,
Ieune ogni[y]on abysmera son fort.

IX/90
Vn capitaine de la grand Germanie
Se viendra rendre par simulé secours
Au Roy des Roys ayde de Pannonie,
Que sa revolte fera de sang grand cours.

IX/91
L'horrible peste Perynte et Nicopolle,
Le Chersonne[z] tiendra et Marceloyne,
La Thessalie vastera l'amphi[l]polle,
Mal incogneu, et le refus d'Anthoine.

IX/92
Le Roy voudra dans [en] cité neufve entrer
Par ennemis expugner l'on viendra
Captif libere fau[l]x dire et perpetrer,
Roy dehors estre, loin d'ennemis tiendra.

IX/93
Les ennemis du fort bien esloignez,
Par chariots conduict le bastion,
Par sur les murs de Bourges esgrongnez,
Quand Hercules battra [ba[s]tira] l'Haemathion.

IX/94
Foibles galeres seront unies ensemble,
Ennemis faux le plus fort en rempart:
Foible [Faible] assaillies Vratislave tremble,
Lubecq et Mysne tiendront barbare part.

IX/95
Le nouveau faict conduira l'exercit[c]e,
Proche apamé jusqu'aupres du rivage,
Tendant secours de Mil[l]anoise [Millannoile] eslité,
Duc yeux privé à Milan fer de cage.

IX/96
Dans cité entrer exercit desniée,
Duc entrera par persuasion,
Aux foibles portes clam armée amenée,
Metteront feu, mort, de sang effusion.

IX/97
De mer copies en trois pars divisées,
A la seconde les vivres failleront,
Desesperez cherchant champs Helisées,
Premiers en breche entrez victoire auront.

IX/98
Les affligez par faute d'un seul taint,
Contremenant à partie opposite,
Aux Lygonnois mandera que contraint
Seront de rendre le grand chef de Molite.

IX/99
Vent Aquilon fera partir le siege,
Par murs jetter cendres, chauls[x], et poussiere:
Par pluyes apres qu'il leur fera bien piege,
Dernier secours encontre leur frontiere.

IX/100
Navalle pugne nui[c]t sera superée,
Le feu, aux navez[s] à l'Occident ruine:
Rubriche neufue [neufve, neuve], la grand nef colorée;
Ire à vaincu, et victoire en bruine.

Centurie X

X/1
A l'ennemy, l'ennemy foy promise,
Ne se tiendra, les captifs retenus:
Prins preme mort, et le reste en chemise,
Donnant [Danne, Damné] le reste pour estre
secourus [soustenues].

X/2
Voil[l]e gal[l]ere voil de nef cachera,
La grande classe viendra sortir la moindre,
Dix naves proches le tourneront pousser,
Grande vaincue unies à soy [con]joindre.

X/3
En apres cinq troupeau ne mettra hors
Vn fuytif pour Penelon laschera,
Faux murmurer secours venir par lors,
Le chef, le siege lors abandonnera.

X/4
Sus la minuict conducteur de l'armée
Se sauvera subit esvanouy,
Sept ans apres la fame [femme] non blasmée,
A son retour ne dira onc[q] ouy.

X/5
Albi et Castres feront nouvelle ligue,
Neuf Arriens Libon et Portugues,
Carcas, Tholo[u]se consumeront leur brigue,
Quand chef neuf monstre istra de Lauragués.

X/6
Sardon Nemans si hault desborderont
Qu'on cuidera Deucalion renaistre,
Dans le colosse la pluspart fuyront,
Vesta sepulchre feu estaint apparoistre.

X/7
Le grand confli[c]t qu'on appreste à Nancy,
L'Aemathien dira tout ie soubmets,
L'Isle Britanne par vin, sel en solcy,
Hem. mi. deux Phi. long temps ne tiendra Mets.

X/8
Index et poulse parfondera le front
De Senegalia[r] le Comte à son fils propre
La Myrnamée par plusieurs de prin front
Trois dans sept jours blessez [et] mors [more].

X/9
De Castillon figujeres jour de brune,
De femme infame naistra souverain prince
Surnom de chausses perhume luy posthume,
Onc Roy ne fut si pire en sa province.

X/10
Tasche de meurdre enormes adulteres,
Grand ennemy de tout le genre humain
Que sera pire qu'ayeuls, oncles, ne peres
En fer, feu, eau, sanguin et inhumain.

X/11
Dessous Ionchere du dangereux passage
Fera passer le postume sa bande,
Les monts Pyrens passer hors son bagage
De Parpignan couvrira [courira] Duc à Tende.

X/12
Esleu en Pape, d'esleu sera mocqué,
Subit soudain esmeu prompt et timide,
Par trop bon doux à mourir provoqué,
Crainte esta[e]inte la nuict de sa mort guide.

X/13
Sou[l]z la pasture d'animaux ruminant[s]
Par eux conduicts au ventre herbipolique
[helbipolique],
Soldats cachez, les armes bruit menant[s],
Non loing temptez de cité Antipolique.

X/14
Vrnel Vaucile sans conseil de soy mesmes
Hardit timide, par crainte prins vaincu,
Accompagné de plusieurs putains blesmes
A Barcellonnne aux chartreux convaincu.

X/15
Pere duc vieux d'ans [dans] et de soif chargé,
Au jour extreme fils desniant l'esguiere
Dedans le puis vif mort viendra plongé,
Senat au fil la mort longue et legere.

X/16
Heureux au regne de France, heureux de vie
Ignorant sang, mort fureur et rapine,
Par mon [non, nom] flateurs seras mis en envie,
Roy desrobé trop de foy[e] en cuisine.

X/17
La Royne Ergaste voyant sa fille blesme,
Par un regret dans l'estomach enclos,
Cris lamentables seront lors d'Angolesme,
Et au[x] germain[s] mariage forclos.

X/18
Le rang [grand] Lorrain fera place à Vendosme,
Le haut mis bas, et le bas mis [en] hau[l]t,
Le fils d'Hamon [Mamon] sera esleu dans Rome,
Et les deux grands seront mis en defaut.

X/19
Iour que sera par Royne saluée,
Le jour apres le salut, la priere:
Le compte fait raison et valuée [valbuee],
Par avant humble oncques ne fut si fiere.

X/20
Tous les amys qu'auront tenu party,
Pour rude en lettres mis mort et saccagé,
Bien publiez [oubliez] par fixe grand neanty.
Onc Romain peuple ne fut tant outragé.

X/21
Par le despit du Roy soustenant moindre,
Sera meurdry luy presentant les bagues,
Le pere au fils voulant noblesse poindre
Fait comme à Perse jadis feirent les Magues.

X/22
Pour ne vouloir consentir [censentir] au divorce,
Qui puis apres sera cognu indigne,
Le Roy des Isles sera chassé par force,
Mis à son lieu qui de Roy n'aura signe.

X/23
Au peuple ingrat faictes les remonstrances,
Par lors l'armée se saisira d'Antibe,
Dans l'arc Monech feront les doleances,
Et à Frejus l'un l'autre prendra ribe.

X/24
Le Captif prince aux Ital[l]es vaincu
Passera Gennes par mer jusqu'à Marseille,
Par grand effort des fureurs [fore[i]ns] survaincu,
Sauf coup de feu, barril liqueur d'abeille.

X/25
Par Nebro ouvrir de Brisanne passage,
Bien esloignez el rago [tago] fara muestra,
Dans Pelligouxe [Perigueux] sera commis l'outrage
De la grand dame assise sur l'orchestra.

X/26
Le successeur vengera son beau frere,
Occuper regne souz umbre [ombre] de vengeance,
Occis o[b]stacle son sang mort vitupere,
Long temps Breta[i]gne tiendra avec la France.

X/27
Par le cinquiesme et un grand Herculés
Viendront le temple ouvrir de main bellique,
Vn Clement, Iule et Ascans reculés,
Lespée, clef, aigle, n'eurent onc si grand picque.

X/28
Second et tiers qui font prime musique
Sera par Roy en honneur sublimée,
Par grasse et maigre presque [à] demy eticque
Rap[p]ort de Venus fau[l]x rendra deprimée.

X/29
De Pol MANSOL dans caverne caprine
Caché et prins extrai[c]t hors par la barbe,
Captif mené comme beste mastine
Par Begourdans amenée prés de Tarbe.

X/30
Nepueu et sang du saint nouveau venu,
Par le surnom soustient arcs et couvert
Seront chassez [et] mis à mort chassez nu,
En rouge et noir convertiront leur vert.

X/31
Le sainct empire viendra [vienra] en Germanie,
Ismaelites trouveront lieux ouverts,
Anes voudront aussi la Carmanie [Garmanie],
Les soustenans de terre tous couverts.

X/32
Le grand empire chacun an devoit estre,
Vn sur les autres le viendra obtenir,
Mais peu de temps sera son regne et estre,
Deux ans par [aux] naves se pourra soustenir.

X/33
La faction cruelle a robbe longue,
Viendra cacher souz les pointus poignards
Saisir Florence le duc et lieu diphlongue,
Sa descouverte par imm[e]urs et flangnards.

X/34
Gaulois qu'empire par guerre occupera,
Par son beau frere mineur sera trahy,
Par cheval rude voltigeant trainera,
Du fait le frere long temps sera hay.

X/35
Puisnay royal flagrand d'ardant libide,
Pour se jouyr de cousine germanine
Habit de femme au temple d'Arthemide:
Allant meurdry par incognu du Maine [Marne].

X/36
Apres le Roy du soucq guerres parlant,
L'isle Harmotique le tiendra à mespris:
Quelques ans bons rongeant un et pillant,
Par tyrannie à l'Isle changeant pris.

X/37
Grande assemblée prés du lac du [de] Borget,
Se rallieront prés de Montmelian:
Marchans[t] [Passans] plus outre pensifs feront proj[g]et,
Chambry, Moriant [Moriane] combat Sainct-Iulian.

X/38
Amour alegre non loin[g] pose le siege,
Au sainct barbar seront les garnisons,
Vrsins Hadrie pour Gaulois feront plaige,
Pour peur rendus de l'armée aux Grisons.

X/39
Premier fils veufve mal'heureux mariage,
Sans nuls enfans deux Isles en discord,
Avant dixhuict incompetant aage [eage],
De l'autre prés plus bas sera l'accord.

X/40
Le jeune nay au regne Britannique.
Qu'aura le pere mourant recommandé,
Iceluy mort LONOLE donra topique,
Et à son fils le regne demandé.

X/41
En la frontiere de Caussade [Caussa] et [de] Charlus,
Non gu[i]eres loing du fond de la val[l]ée,
De ville Franche musique à son de luths,
Environnez combouls et grand mittée.

X/42
Le regne humain d'Ang[e]lique geniture,
Fera son regne paix union tenir,
Captive guerre demy de sa closture,
Long temps la paix leur fera maintenir.

X/43
Le trop bon temps, trop de bonté royal[l]e,
Fai[c]t et deffai[ct]s prompt, subit, negligence:
Leg[i]er[s] croira faux d'espouse loyal[l]e,
Luy mis à mort par sa benevolence.

X/44
Par lors qu'un Roy sera contre les siens,
Natif de Bloys [Bloye] subjuguera Ligures:
Mammel, Cordube et les Dalmatiens,
Des sept puis l'ombre à Roy estrennes et lemures.

X/45
L'ombre du regne de Navarre non vray,
Fera la vie de sort illegitime,
La veu promis incertain de Cambray,
Roy Orleans donra mur legitime.

X/46
Vie, sort, mort, de L'OR vilaine indigne,
Sera de Saxe non nouveau electeur:
De Bruinsiuc [Brunsvic] mand[e]ra d'amour signe,
Faux le rendant au peuple seducteur.

X/47
De Bourze vil[l]e à la dame Guyrlande,
L'on mettra sus par la trahison faicte,
Le grand prelat de Leon par Formande,
Faux pellerins et ravisseurs deffaicte.

X/48
Du plus profond de l'Espaigne enseigne,
Sortant du bout et des fins de l'europe,
Troubles passant aupres du pont de Laigne,
Sera deffaicte par bande sa grand troupe.

X/49
Iardin du monde aupres de cité neufve,
Dans le chemin des montagnes cavées,
Sera saisi et plongé dans la cuve,
Be[a]uvant par force eaux soulphre envenimées.

X/50
Le [La] Meuse au jour terre de Luxembourg,
De[s]couvrira Saturne et trois en l'urne [lurne].
Monta[i]gne et ple[a]ine, ville, cité et bourg,
Lorrain deluge, trahison par grand hurne.

X/51
Des lieux plus bas du pays de Lorraine,
Seront des basses Allema[i]gnes unis,
Par ceux du siege Picards, Normans, du Maisne
Et aux cantons se seront reunis.

X/52
Au lieu où LAYE et Scelde se marient,
Seront les nopces de long temps maniées,
Au lieu d'Anvers où la crappe charient,
Ieune vieillesse conforte [consorte] intaminée.

X/53
Les trois pel[l]ices de loing s'entrebatron,
La plus grand moindre demeurera à l'escoute:
Le grand Selin n'en sera plus patron,
Le nommera feu pelt[r]e blanche routte.

X/54
Né en ce monde par concubine furtive [fertive],
A deux hault mise par les tristes nouvelles,
Entre ennemis sera prinse captive,
Et amenée à Malings et Bruxelles.

X/55
Les mal'heureuses nopces celebreront
En grande joye mais la fin mal'heureuse:
Mary et mere nore desdaigneront,
Le Phybe mort, et nore plus piteuse.

X/56
Prelat royal son baissant trop tiré,
Grand flux de sang sortira par sa bouche,
Le regne Anglicque par regne respiré,
Long temps mort vifs en Tunis comme souche.

X/57
Le sublevé ne cognoistra son sceptre,
Les enfans jeunes des plus grands honnira:
Oncques ne fut un plus ord cruel estre,
Pour leurs espouses à mort noir bannira.

X/58
Au temps du dueil que le felin monarque,
Guerroyera le jeune Aemathien:
Gaule bran[s]ler, perecliter la barque,
Tenter Phossens au Ponant entretien,

X/59
Dedans Lyon vingt et cinq d'une halaine,
Cinq citoyens Germains, Bressans, Latins,
Par dessous noble conduiront longue traine,
Et descouver[t]s par abbois de mastins.

X/60
Ie pleure Nisse, Mannego, Pize, Gennes,
Savon[n]e, Sienne, Capue, Modene, Malte:
Le dessus sang et glaive par estrennes,
Feu, trembler terre, eau, mal'heureuse nolte.

X/61
Betta, Vienne, Emorre, Sacarbance,
Voudront livrer aux Barbares Pannone:
Par picque et feu, enorme violance,
Les conjurez descouverts par matrone.

X/62
Prés de Sorbin pour assaillir Ongrie,
L'heraut de Brudes les viendra a[d]vertir,
Chef Biz[s]antin, Sallon de Sclavonie,
A loy d'A[a]rabes les viendra convertir.

X/63
Cydron, Raguse, la cité au sainct Hieron,
Reverdira le medicant secours:
Mort fils de Roy par mort de deux heron,
L'Arabe, Ongrie feront un mesme cours.

X/64
Pleure Milan, pleure Lucques, Flora[e]nce,
Que ton grand Duc sur le char montera,
Changer le siege pres de Venise s'advance,
Lors que Colonne à Rome changera.

X/65
O vaste Rome ta ruine s'approche,
Non de tes murs, de ton sang et substance:
L'aspre par lettres fera si horrible coche,
Fer poinctu mis à tous jusques au manche:

X/66
Le chef de Londres par regne l'Americh,
L'Isle d'Escosse tempiera [t'empiera, t'emptera] par gelée:
Roy Rebauront [Reb auront] un si faux Antechrist,
Qui les mettra trestous dans la meslée:

X/67
Le tremblement si fort au mois de May,
Saturne, Caper, Iupiter, Mercure au boeuf:
Venus aussi, Cancer [Venus aussi Cancer], Mars en Nonnay,
Tombera gresle lors plus grosse qu'un oeuf.

X/68
L'armée de mer devant cité tiendra,
Puis partira sans faire longue allée:
Citoyens grande proye en terre [enterre] prendra,
Retourner classe reprendre grande emblée.

X/69
Le fer luisant de neuf vieux eslevé,
Seront si grands par midy, Aquilon,
De sa seur propre grandes alles levé,
Fuyant meurdry au buisson d'ambellon.

X/70
L'oeil par object fera telle excroissance,
Tant et ardente que tombera la neige.
Champ arrousé viendra en decroissance,
Que le primat succombera à Rege.

X/71
La terre et l'air geleront si grand eau,
Lors qu'on viendra pour jeudy venerer:
Ce qui sera jamais ne fut si beau,
Des quatre parts le viendront honorer.

X/72
L'an mil neuf cens nonante neuf sept mois,
Du ciel viendra un grand Roy d'effrayeur,
Resusciter le grand Roy d'Ango[u]lmois,
Avant apres Mars regner par bon heur.

X/73
Le temps present avecques le passé
Sera jugé par grand Iovialiste:
Le monde tard [par] luy sera lassé,
Et desloyal par le clergé juriste.

X/74
Au revolu du grand nombre septiesme,
Apparoistra au temps jeux d'Hecatombe,
Non esloigné du grand aage milliesme,
Que les entrez sortiront de leur tombe.

X/75
Tant attendu ne reviendra jamais
Dedans l'Europe, en Asie apparoistra
Un de la ligue yssu du grand Hermés,
Et sur tous Roys des Orients croistra.

X/76
Le grand Senat decernera [discernera] la pompe,
A [l']un qu'apres sera vaincu, chassé [chassez],
Des [Ses] adherans seront à son de tromps,
Biens publiez, ennemys dechassé [dechassez].

X/77
Trente adherans de l'ordre des quirettes
Bannis, leurs biens donnez ses adversaires,
Tous leurs bienfaits seront pour demerites
Classe espargie delivrez aux corsaires.

X/78
Subite joye en subite tristesse,
Sera à Rome aux graces embrassées,
Dueil, cris, pleurs, larm. [l'arm] sang excellent liesse
Contraires bandes surprinses et troussees [troulfées].

X/79
Les vieux chemins seront tous embellis,
L'on [Lon] passera à Memphis somentrées,
Le [Se] grand Mercure d'Hercules fleur de lys
Faisant trembler terre mer, et contrées.

X/80
Au regne grand du grand regne regnant,
Par force d'armes les grands portes d'airain
Fera ouvrir, le Roy et Duc joignant,
Port demoly, nef à fons, jour [our] serain.

X/81
Mis t[h]resor temple citadins Hesperiques
Dans iceluy retiré en secret lieu
Le temple ouvrir les liens fameliques.
Reprens, ravis, proye horible au milieu.

X/82
Cris, pleurs, larmes viendront avec couteaux
Semblant fuir donront dernier assault
L'entour parqués planter profon[d]s plateaux,
Vifs repoussez et meurdris de plein sault [prinsau[l]t].

X/83
De batailler ne sera donné signe,
Du parc seront contraints de sortir hors,
De Gand l'entour sera cogneu l'ens[e]igne,
Qui fera mettre de tous les siens a morts.

X/84
La [Le] naturelle à si hault[e] non bas,
Le tard retour fera mar[r]is contens:
Le Recloing ne sera sans debats,
En emploiant et perdant tout son temps.

X/85
Le vieil tribun au point de la trehemide
Sera pressé captif ne delivrer,
Le v[u]eil, non v[u]eil le mal parlant timide
Par legitime à ses amis livrer.

X/86
Comme un gryphon viendra le Roy d'Europe
Accompagné de ceux d'Aquilon,
De rouges et blancs conduira grand troup[p]e
Et iront contre le Roy de Babylon.

X/87
Grand roy viendra prendre port pres de Nisse
Le grand empire de la mort si en fera
Aux Antipolles, posera son genisse,
Par mer la Pille tout esvanouyra.

X/88
Pieds / Cheval à la seconde veille
Feront entrée vastant [vastient] tout par la mer,
Dedans le poil entrera de Marseille,
Pleurs, crys, et sang, onc nul temps si amer.

X/89
De brique en marbre seront les murs redui[c]ts,
Sept et cinquante années pacifique[s],
Ioye aux humains, renoue l'aqueduict,
Santé, grands frui[c]ts, joye et temps mel[l]ifique.

X/90
Cent fois mourra le tyran inhumain,
Mis à son lieu scavant et debonnaire,
Tout le senat sera dessou[b]s sa main,
Fasché sera par malin temeraire.

X/91
Clergé Romain l'an mil six cens et neuf,
Au chef de l'an fera election
D'un gris et noir de la Compagn[i]e yssu,
Qui onc ne fut si maling.

X/92
Devant le pere l'enfant sera tué,
Le pere apres entre cordes de jonc,
Genevois peuple sera esvertué,
Gisant le chef au milieu comme un tronc.

X/93
La barque neufve recevra les voyages,
Là et aupres transfereront l'empire:
Beaucaire, Arles retiendront les hostages,
Prés deux colom[n]nes trouvées de porphire.

X/94
De Nismes, d'Arles, et Vienne contemner,
N'obeyr [tout] à l'edict d'Hespericque:
Aux labourier [labouriez] pour le grand condamner,
Six eschappez en habit seraphicque.

X/95
Dans les Espa[i]gnes viendra Roy tres-puissant,
Par mer et terre subjuguant le [or] midy:
Ce mal fera, rabaissant le croissant,
Baisser les aesles [aisles] à ceux du vendredy.

X/96
Religion du nom des mers vaincra,
Contre la secte fils Adaluncatif,
Secte obstinée deplorée craindra,
Des deux blessez par Aleph et Aleph.

X/97
Triremes pleines tout aage captifs,
Temps bon à mal, le doux pour amertume:
Proye à Barbares trop trost seront hastifs,
Cupide de voir plaindre au vent la plume.

X/98
La splendeur claire à pucelle joyeuse
Ne luyra plus long temps sera sans sel:
Avec marchans, ruffiens, loups odieuse,
Tous pesle mesle monstre universel.

X/99
La fin le loup, le lyon, boeuf et l'asne,
Timide dama seront avec mastins,
Plus ne cherra à eux la douce manne,
Plus vigilance et custode aux mastins.

X/100
Le grand Empire sera par Angleterre,
Le Pempotan [Pempotam] des ans plus de trois cens:
Grandes copies passer par mer et terre,
Les Lusitains n'en seront pas contens.

FIN

Adjousté depuis l'impression de 1568.

Quand le forchu sera soustenu de deux paux,
Avecsix demi cors, et six sizeaux ouvers:
Le trespuissant Seigneur, heritier des crapaux,
Alors subjuguera, sous soy tout l'univers.

ANHANG

Literaturverzeichnis - Eine Auswahl

Deutschsprachige Literatur

Allgeier, Kurt: »Die Prophezeiungen des Nostradamus«, München 1988
Allgeier, Kurt: »Die geheimen Rezepte des Nostradamus. Gesammelt und für unsere Zeit aufbereitet«
Allgeier, Kurt: »Prophezeiungen über unser Schicksal vor der Jahrtausendwende«
Centurio, N. Alexander: »Nostradamus – Prophetische Weltgeschichte, Bietigheim, 9. Aufl. 1977
Dimde, Manfred: »Nostradamus entschlüsselt«*, Bergen 1987. (560 Seiten, als Privatdruck, DM 48,–, Scheck an Nostradamus-Leserservice, Postfach 1, D-59395 Olfen)
Dimde, Manfred: »Die Weissagungen des Nostradamus – Neu entschlüsselt«*, München, 3. Aufl. 1992
Dimde, Manfred: »Nostradamus – Das apokalyptische Jahrzehnt. Was uns zwischen 1994 und 2004 erwartet«
Dimde, Manfred: »Das Nostradamus Jahrbuch 1995«, Heyne, München – Im Frühjahr 1995 erscheint vom Verfasser Goethes geheimes Vermächtnis – Die Entschlüsselung des Faust, ebenfalls im Bettendorf Verlag Essen.
Drude, Karl: »Nostradamus«, Berlin 1968 (Privatdruck)
Drude, Karl: »Das magische Quadrat des Nostradamus«
Eilenberg-Kraus: »Entschlüsselte Zukunft – Gedeutete Vergangenheit«, Langen 1981 (Privatdruck)
Fontbrune, Max de: »Was Nostradamus wirklich sagte«, Wien 2. Aufl. 1981
Fuchs, Eberhard: »Nostradamus«, Rastatt 1987
Greene, Liz: »Ich, Nostradamus, Magier und Prophet«, München 1983 (vermutlich vergriffen)
Noah, Bruno: »Nostradamus – Prophetische Weltgeschichte von 1547 bis gegen 3000«, Berlin 1928
Patrian, Carlo: »Nostradamus – Die Prophezeiungen«, Fribourg 1982 (vermutlich vergriffen)
Putzien, Rudolf: »Friede unter den Völkern – Die Weissagungen des Michael Nostradamus«, München 1968

* aus der Sicht des Autors besonders empfehlenswert

Rösch, Eduard: »Das Schicksalsbuch der Weltgeschichte«, Pfullingen 1982
Rohr, Wulfing von: »Nostradamus – Seher, Astrologe«, München 1994
Shulman, Sandra: »Enzyklopädie der Astrologie«, London 1976
Voldben, A.: »Nostradamus und die großen Weissagungen«, Frankfurt/M. – Berlin 1991
Winkler, Bruno: »Nostradamus und seine Prophezeiungen für das zwanzigste Jahrhundert«, Görlitz 1939
Wöllner, Christian: »Das Mysterium des Nostradamus«, Leipzig 1926

Französischsprachige Literatur

»Les Prophéties de M. Michel Nostradamus«, Nizza 1981
Bellecour, Elisabeth: »Nostradamus Trahi«, Paris 1981
Corvaja, Mireille: »Les Prophéties de Nostradamus«, Paris 1977
Fontbrune, Jean Charles de: »Nostradamus – Historien et Prophete«, Monaco 1982
Hutin, Serge: »Les Prophéties des Nostradamus«, Paris, 3. Aufl. 1981
Kert, Christian: »Nostradamus – Le mage de Salon«, Salon o.J.
Laroche-Valmont, Jean-Quentin: »Les Prophéties de Nostradamus«, Paris 1981
Leroy, Edgar: »Nostradamus – Ses origines, sa vie, son oeuvre«*, Bergerac 1982
Rouvier, Camille: »Nostradamus et Les de Nostredame«*, Marseille o.J.

Englische Literatur

Cheetham, Erika: »The Man Who Saw Tomorrow«, New York, 18. Aufl. 1987
Cheetham, Erika: »The Further Prophecies of Nostradamus«, New York, 11. Aufl. 1985
Francis, David Pitt: »Nostradamus – Prophecies of Present Times?«, Wellingborough, 2. Aufl. 1986
Leoni, Edgar: »Nostradamus and His Prophecies«*, New York 1982
McCann, Lee: »Nostradamus – The Man Who Saw Through Time«, New York, 8. Aufl. 1986
Robb, Stewart: »Prophecies on World Events by Nostradamus«, New York 1961
Roberts, Henry C.: »The Complete Prophecies of Nostradamus«, Oyster Bay, 46. Aufl. 1981

Andere weiterführende Literatur

Singh, Darshan: »Liebe auf Schritt und Tritt - Vom Wunder der inneren Welten«*, CH-Münsingen 1990

Rohr, Wulfing von: »Meditation – Kraft aus der Mitte«, München, 2. Aufl. 1993
»Das Sechste Chakra – Ort der Kraft«*, Videogespräch mit Singh, Rajinder, mit Text, Freiburg 1990

Astrologische Literatur

Rohr, Wulfing von: »Die Heyne Planetenbücher«, München 1993 und 1994
Mertz, Bernd A.: »Das Grundwissen der Astrologie«, München 1992
»Die Astrodata-Horoskopkarten«, Zürich 1993, ISBN 3-907029-34-8

In der Kurzinterpretation des Nostradamus-Geburtshoroskops benutzte weitere astrologische Fachliteratur:

Ebertin, Reinhold: »Kombination der Gestirneinflüsse«, Freiburg, 10. Aufl. 1979
Mertz, Bernd A.: »Grundlagen der klassischen Astrologie«, München, 2. Aufl. 1991
Mertz, Bernd A./Ebertin, Reinhold: »Das Horoskop – Seine Deutung und Bedeutung«, Freiburg, 2. Aufl. 1984
Paris, Ernst-Günther: »Der Schlüssel zum Horoskop«, CH-Neuhausen 1977

Nostradamus-Brief

Anregungen zur Interpretation von Nostradamus

Manfred Dimde gibt einen vierteljährlich erscheinenden Nostradamus-Brief heraus, dessen Bezug z.Zt. DM 44,– pro Jahr kostet. Bestellungen richten Sie bitte unter Beilage eines Euroschecks an den

Nostradamus-Leserdienst, Postfach 1, D 59399 Olfen.

Falls Sie eigene Erfahrungen mit den in diesem Buch vorgestellten Methoden machen, auf interessante Deutungen stoßen oder neue Entschlüsselungsmethoden finden, so können Sie ebenfalls an den Nostradamus-Textservice schreiben. Ihre Anregungen werden unter Umständen gern aufgegriffen und ganz oder teilweise in einer Neuauflage oder in einem der kommenden Nostradamus-Jahrbüchern oder dem vierteljährlichen Nostradamus-Rundbrief abgedruckt, die ab 1994 jedes Jahr bis zur Jahrtausendwende erscheinen sollen. Ihre Zuschrift wertet der Nostradamus-Textservice als Zustimmung zur Veröffentlichung. Bitte vermerken Sie unbedingt auch, ob Sie namentlich genannt werden möchten oder nicht. Bei Abdruck erhalten Sie ein Exemplar des Rundbriefs und/oder Jahrbuches kostenlos zugesandt.

Computer-
Text- und
Entschlüsselungs
programm

Nostradamus-
Computertexte

Erstmals gibt es eine Computerdiskette zur eigenen Deutung mit Original-Nostradamustexten und einem Ent-Codierungsprogramm für die Original-Texte.
WRAGE Hamburg und POSIVITA Zürich bieten eine von Manfred Dimde in Zusammenarbeit mit Historikern, Computerspezialisten und Journalisten entwickelte Computerdiskette mit Anleitungsheft an für Nostradamusforscher, Hobbydeuter und allgemein Interessierte.

Sie liefert folgende Texte und Möglichkeiten:
- den vollständigen französischen Text aller zehn Centurien
- den vollständigen französischen bzw. lateinischen Text der Vorrede an César
- den vollständigen französischen bzw. lateinischen Text der Huldigung an Heinrich II.
- den Text der deutschen Standardübersetzung nach Manfred Dimde für die Jahre 1900 bis 2500
- das selbstlernende (und damit individuell erweiterbare!) Übersetzungslexikon zur systematischen Erforschung von Buchstabenketten unter Berücksichtigung des alt-französischen Sprachgebrauchs

- diverse Formatierungsprogramme, um Texte nach verschiedenen Darstellungsformen systematisch zu überprüfen (»strahlender Becher«, automatischer Buchstabentausch, »große Texttafel«, »Fünfer-Quadrate« Weitere Informationen zu diesen Spezialthemen finden Sie in den Bücher von Manfred Dimde (siehe Literaturverzeichnis.)

Anfragen und Bestellungen bitte für
Deutschland und Österreich an:

WRAGE Versand,
Schlüterstr.4, D20146 Hamburg 13,
Fax(040)442469;

für die Schweiz an:

POSIVITA,
Rotbuchstr.16, CH8033 Zürich,
Tel(01)3623040, Fax 3623039.

Preis z.Zt. DM 198,-/sfr 190,- plus Versandspesen (DM/sfr 6,-). Senden Sie bitte mit der Bestellung Ihren Euroscheck über den entsprechenden Betrag. Bei Anfragen legen Sie einen selbstadressierten und frankierten Briefumschlag bei.

Entschlüsseln Sie selbst die Geheimen Botschaften

Suchen Sie in Ihrem Urlaub
nach versteckten Botschaften
und Hinweisen
auf geheimnisvolle versteckte,
unentdeckte Schätze oder
literarische Sensationen.

Alte Kirchen, Klöster,
alte Grabsteine,
alte Bibliotheken
sind voll davon.

Es geht ganz einfach!

Hier finden Sie besonders viele Hinweise:

Italien	Malta
Südfrankreich	Zypern
Spanien	Adriaküste
Rom	Arles
Florenz	Nimes
Siena	Montpellier

Auf Grabsteine von Geistlichen, in Schlössern und Ruinen.
In Kirchen auch auf den Fußboden achten!

Und so wird's gemacht:

Schreiben Sie den Text, den Sie gefunden haben,
in die Schablone des »strahlenden Bechers*«
in der Reihenfolge 1–11.

Schablone schreiben:	**Beispiel:**
1–2–3	**N–O–S**
5–4	**R–T**
6	**A**
8–7	**A–D**
9–10–11	**M–U–S**

Schablone lesen:

1+2+3=NOS**
9+10+11=MUS**

---

unsere 1000 gebrauche*

5+2+4+6=ROTA**
7+10+8=DUA**

---

drehe zweifach*

* Die geheime Botschaft besagt in diesem Fall, daß die 1000 Verse zweimal zu verwenden sind.
** Diese vier Wörter aus dem »strahlenden« Becher bilden die geheime Botschaft. Ein Latein-Wörterbüchlein ist hier nützlich.

Kopieren Sie diese Seite,
oder benutzen Sie kariertes Papier.
Tragen Sie den von Ihnen entdeckten Text
in die Schablone ein.
Ist der Text länger als 11 Buchstaben:
bitte nächste Schablone benutzen usw.
Es sind vier Blankoschablonen 1–11 abgedruckt,
in die bequem ein Text eingetragen werden kann.

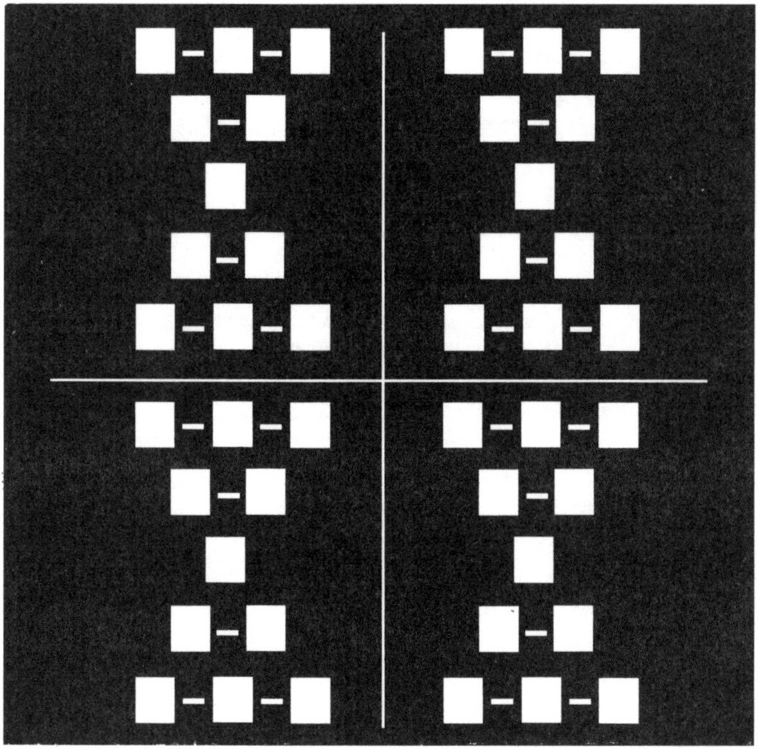

VORHERSAGEN, DIE SICH ERFÜLLTEN

1615	Warnung vor dem Dreißigjährigen Krieg
1683	Vormarsch der Türken auf Wien
1718	Sieg über die Türken
1804	Napoleon Kaiser von Frankreich
1815	Napoleon kehrt aus der Verbannung zurück
1857	Lincoln wird Präsident der USA
1858	Bürgerkrieg und Sklavenbefreiung in den USA
1865	Attentat auf Lincoln
1904	Russisch-japanischer Krieg
1910	Vorzeichen des 1. Weltkrieges mehren sich
1918	Wilhelm II. dankt ab
1929	Ankündigung der Weltwirtschaftskrise
1930	Hitler an der Macht
1935	Judenverfolgung
1937	Konzentrationslager
1939	Beginn des II. Weltkrieges
1940	Ankündigung der Teilung Deutschlands
1942	Afrikafeldzug
1945	Erste Atombombe gegen Menschen
1952	Indochina-Krieg der Franzosen
1957	De Gaulle, neue Verfassung für Frankreich
1959	Wahl des Papstes Johannes XXIII.
1965	Landung auf dem Mond innerhalb der nächsten vier Jahre
1970	Vietnamkrieg
1973	Ankündigung Khomeinis
1983	Unruhen in Polen als Auftakt weitreichender Veränderungen
1987	Waldsterben und Brennrodung des Regenwaldes
1990	Golfkrieg: Die brennenden Ölquellen. Deutschland vergrößert (vereinigt) sich. Blutbad in Jugoslawien
1992	Ozonloch
1993	Gewalt gegen das russische Parlament
1994	Das Blutbad von Hebron

VORHERSAGEN FÜR MORGEN

1995	Papstwahl
1996	Krieg in Nahost
1998	Atom-GAU in Frankreich
2006	Eine neue Waffe versetzt die Menschheit in Angst und Schrecken
2008	Innerhalb von sieben Tagen werden vier Regierungschefs getötet
2010	Eine Art III. Weltkrieg beginnt
2014	Ende des Krieges
2020	Japan/China neue Weltmacht
2028	Entdeckung billigster Energiegewinnung
2045	Ersatzorgane für Menschen problemlos
2048	Spanien neue Macht in Europa
2064	Rom fällt in die Hände des Islam
2076	Beginn der klassenlosen Gesellschaft
2099	Erste künstliche Sonne für die Nachtseite
2100	Die Ursachen des Alterns werden bekannt – die Menschen beginnen, sehr lange zu leben
2230	Erste Kolonien unter Wasser entstehen
2273	Aus der Vermischung der Weltbevölkerung sind drei neue Rassen entstanden
2302	Die Formel (Verbund) der Weltschöpfung wird entdeckt
2423	Die letzten Geheimnisse der Chemie werden gelüftet
2560	Die Weltreligionen teilen sich die Erde auf